국가의 질병 관리 역사

－질병 통제에서 보건 의료까지－

이 저서는 2020년 대한민국 교육부와 한국연구재단의 지원을 받아 수행된 연구임(NRF-2020S1A5C2A02092567).

국가의
질병 관리 역사

질병 통제에서 보건 의료까지

이화 의료사 총서2

이방원 김대기 김성수
신명주 신지혜 임채성
장중민 전광석 황혜진
지음

이화여자대학교출판문화원

머리말

2019년 11월 최초의 신종 코로나바이러스 감염증(코로나19) 환자가 보고된 이래 이듬해 1월 한국에서도 첫 감염자가 발생했다. 코로나19의 등장 이후 각국에서는 다양한 방역 정책을 내놓았고, 2년여가 지난 현재까지도 여전히 변이 바이러스인 오미크론에 대한 방역과 관련 전망 등으로 세상은 어수선하다. 코로나19 시기 한국 정부는 질병관리본부를 질병관리청으로 승격했다. 질병관리청은 연일 코로나19 발생 및 예방접종 현황을 보고하고, 관련 법령 및 각종 지침을 공포하면서 방역의 중추기관으로서의 역할을 담당하고 있다. 코로나 팬데믹 시기 국민은 국가의 질병 관리 능력을 어느 때보다 강하게 요구하고 있고, 코로나 방역이 정부 능력 평가에서도 주요 항목이 된 지 오래다.

이화여자대학교 이화사학연구소는 이전부터 의료사 연구에 대한 관심으로 학술대회를 진행해온 바 있다. 이 경험을 토대로 2020년 한국연구재단 인문사회연구소 지원사업에 지원했고 '질병과 국가'라는 연구주제로 선정됐다. 이에 '질병과 국가' 연구사업팀은 전근대와 근현대의 시기를 망라하고, 한국을 비롯한 전 세계의 국가 및 공동체가 행한 질병 관리 노력에 대해 살펴봄으로써 향후 국가 질병 관리의 시사점을 제시하고자 '이화의료사총서'를 기획했다. 그 첫 번째 저서로 의약 지식의 확산 및 개인의 질병 경험과 건강 관리, 국가의 질병 관리와 통제에 관한 내용을 묶어 『질병 관리의 사회문화사: 일상생활에서 국가정책까지』를 2021년 4월 출간했다. 이후 연구사업팀은 학술대회를 비롯한 국내외 학자 초청, 콜로키움, 세미나 등 다양한 성격의 연구 모임을 개최해오고 있다. 이 책은 연구사업팀이 1차년도 학술대회 '동서양 역사 속 국가의 질병 관리: 기관과 제도'에서 발표한 논문 및 해당 주제에 적합한 기존 연구논문들을 묶은 두 번째 책으로, 동서양 역사에서 각 국가가 구성원의 질병을 예방·치료·관리·통제한 의도와 목적, 방법 등에 대한 고민, 그리고 그 실천의 내용을 담았다.

이 책은 총 3부 9장으로 구성되어 있다. 제1부의 제목인 '박시제중(博施濟衆)'은 '백성들에게 널리 베풀고 사람들을 구제한다'는 뜻으로 국가 의료정책 방향과 그 대상의 확대를 의미한다. 여기서는 의료환경에서 소외되어 있던 빈곤자, 유민, 식민지민 등을 위한 의료기관을 설치하여 자선, 구제, 구료, 시혜 등의 이름으로 질병을 치료한 국가들의 다양한 명분과 의도, 그리고 행정적 효과를 가지고 시행된 의료기관의 모습을 확인할 수 있다. 1장에서는 조선 전기 조선인들이 질병을 일으킨다고 생각한 요인이 무엇인지 알아보고, 일상의 질병을 담당한 혜민서(惠民署)와 유민의 질병 및 전염병을 치료한 활인서(活人署)가 조선을 건국한 사대부들의 정치철학과 그 실천을 보여주는 상징적 존재였음을 밝힌다. 2장에서는 12세기 초반 송대 의료 구제 기구로서 기능한 안제방(安濟坊)의 모습을 확인하고, 12세기 중반 재해로 유이민 수가 폭증한 시기에 기존 빈민 수양기구였던 거양원(居養院)과 병자 수양 치료 기구였던 안제방의 기능이 양제원(養濟院)으로 수렴·통합된 양상을 추적한다. 3장은 일제 시기 도립의원(道立醫院)에 관한 연구로, 도립의원 관련법, 진료 분과와 의무 직원, 세입·세출 양상을 분석하여 당시 조선총독부의 도립의원에 대한 평가와 식민지 조선인이 경험한 근대 의료의 질적·양적 수준에 괴리가 있었음을 밝힌다.

제2부의 '사회적 신체'는 개인의 몸이면서도 사회의 관리 및 통제하에서 사회 규범에 영향을 받는 존재, 국가가 국가 운영에 유용한 대상과 배제할 대상을 규정하고 이들의 행동규범을 관리·통제하는 과정에서 그 사회가 요구하는 바람직한 행동 양식을 갖추게 되는 존재로 정의한다. 여기서는 특정 시기의 국가가 특정 대상에 주목하고 그들의 질병을 관리함으로써 그들 자신의 역할을 효율적으로 수행할 수 있도록 한 사례, 그리고 특정 대상을 격리함으로써 그들의 이동을 통제한 사례들을 모았다. 4장에서는 고대 로마 시기 군대의 규모가 커지고 장거리 원정이 일반화됨에 따라 군대 내에 구축된 전문 의료체제와 다양한 전공 출신 군의의 복무 양상, 대규모 군단이 장기 주둔하는 지역에 군병원이 지어진 상황 등을 유물·유적을 통해 복원한다. 5장에서는 1900년대 초 미연방정부가 인디언의 질병 통제에 직접 개입했음을 보여주는 사례인 캔튼 인디언 정신병원을 중심으로, 당시 미국 사회가 정신질환과 인디언의 이동성을 어떻게 이해하고 정의했는지 논한다. 6장에서는 1900년대 초·중반의 일본 전매 연초 공장을 대상으로 고용 구조와 노동 환경, 특정 질병의 발생 빈도, 전매 당국 내부 의료시스템과 공제조합에 대해 고찰하고, 직공의 신체가 국가 자본에 의해 관리됨으로써 생산성 향상에 이바지하고 국가 재정을 지탱했음을 밝힌다.

제3부 '끝나지 않은 실험'에서는 근현대의 주요 정치 세력 및 국가

가 보편 및 평등의 개념 아래 질병 치료와 건강 관리를 위해 설립한 의료정책·제도에 관한 내용을 묶었다. 현재 진행되고 있는 보건 의료정책의 시작과 발전, 그리고 그 안에서 풀어야 할 과제들을 중국, 한국, 영국의 사례를 통해 확인해본다. 7장에서는 1927~1949년 중국 공산당 근거지 시기 중국 공산당의 협력 대상에 대해 공산당 정권이 위생 및 의료와 관련된 모든 것을 혁명으로 귀결시키며 민중의 신체와 의료진 등을 관리함으로써 위생에 입각한 의료제도를 실천했던 양상을 살핀다. 8장에서는 1977년 한국에서 시행된 의료보험을 낮은 수준의 보편적 평등의 기원으로 규정하고, 당시의 정치 상황과 그 내용을 확인한 후 이 제도가 낮은 수준의 복지를 보충하는 새로운 정책 과제를 남겼으며 의료보장, 사회보험, 그리고 사회보장을 형성하는 기준이 됐음을 밝힌다. 9장에서는 1948년 설립 시기부터 이어지고 있는 영국 국민보건서비스(NHS)의 이주 노동력에 대한 높은 의존성을 살피고, 시대와 출신 국가, 인종과 종교, 담당 업무의 성격에 따른 NHS 구성원의 경험 변화 양상, 또 이를 통해 NHS 안에서 노출되는 불평등과 그 의미를 짚어본다.

이 책을 통해 파악할 수 있는 국가 질병 관리의 양상을 다음의 세 가지로 생각해볼 수 있다. 첫째, 국가가 질병 관리를 위해 설립한 기관과 제도는 각 시대 및 지역의 정치적 환경과 밀접하게 연관되어 있다. 고대 로마 시기 국가의 존립과 영토 확장을 위해 전투의 최선전에 있던 군인, 그리고 산업화에 들어서던 1900년대 초·중반 일본에서 경제 역군으로 활약한 노동자에 대해 국가가 이들의 질병 치료와 건강 관리를 위해 의료기관과 제도를 설립한 사례 등을 통해 국가 발전에 도움이 되는 주요 구성원을 특별 관리한 모습을 확인할 수 있다. 또한 특정 질병에 걸린 특정 대상을 특정 공간에 수용하고 이동을 통제하는 모습 역시 발견할 수 있다. 조선 전기 전염병에 걸린 유민들에 대해 그들을 구제한다는 명분으로 '활인서'라는 의료기관에 수용해 치료한 것은 구제 차원의 질병 관리인 동시에 건강한 사람들과 도읍을 보호하기 위해 공간을 마련하고 구분한 사례이기도 하다. 또 20세기 초 미국에서는 인디언 정신질환자를 위험군으로 분류하고 이들의 이동을 통제함으로써 사회적 안정을 담보하며 정권의 안정 역시 확보하고자 했다.

둘째, 근현대로 올수록 국가 질병 관리의 개념과 영역, 대상의 범위가 넓어진다. 질병은 인류의 시작과 함께했으며 끊임없이 발생한 질병들은 의학기술의 발달로 치료·극복되어가고 있다. 초기 국가 단계에서는 질병 관리의 개념이 제한적인 관리 혹은 통제의 영역에 국한되어 있었으나 점차 확대되어 보건 의료의 영역까지 다양한 정의를 아우르게 되었다. 또한 초기에는 국가 권력과 집단이 의학지식을 독점하면서 권력에 충성하는 특권층을 위한 치료에 관리의 초점을 맞췄다면, 국가의 기틀이 완성되고 행정 체제가 확립되며 의학지식이 축적된 시점에 이르러서는 국가가 빈곤층, 즉 자력으로 질병을 치료하기 힘든 이들을 주 치료 대상으로 삼아 이들을 위한 특수 의료기관을 설립하는 것을 볼 수 있다. 이러한 의료기관의 실질적 성과를 차치하고라도 그 영역과 대상 범위의 확대는 눈여겨볼 만하다. 근현대로 오면서 국가는 전 국민을 위한 질병 관리를 실시하고 나아가 전 국민을 보건 의료 대상으로 삼고자 지속적으로 의료 정책 및 제도의 내용 영역을 확대했으며, 국가가 운영하는 의료기관의 종류 및 수를 전국적으로 확산하는 모습을 확인할 수 있다.

셋째, 근현대의 정치 권력과 국가는 의료 정책 및 제도, 기관의 설립을 선전하며 국가 운영의 정당성을 얻고 있다. 일제 식민지 당국이 문명국가로서 의료적 시혜를 베풀어 국민의 질병을 선진 기술을 통해 치료한다는 명분 아래 도립의원을 설립·증설한 경우, 노동자·농민 등 중국 공산당의 협력 대상에게 위생 이념을 정치적·계급적으로 선전하고 약품과 의료기구를 원조받아 위생정치를 실천하고자 한 경우, 현대 한국과 영국에서 논의되고 시행된 의료보장에 대한 다양한 법과 제도 등이 그러한 양상을 잘 보여주는 사례이다. 그럼에도 아직 각 제도는 국가 구성원들을 위한 양질의 질병 관리와 보건 의료를 수행하기에 한계가 있다. 이에 각국은 자신이 안고 있는 제도·기관·인력 등에 있어서의 과제를 인식하고, 그에 대한 문제의식을 기반으로 부족한 면들을 지속해서 보완하고 있다.

국가의 질병 관리는 정치적 이념이 아니라 국민이 인간다운 삶을 영위하기 위한 가장 기본 조건이다. 이를 위해 국가는 의료정책의 목적 및 목표가 무엇인지 고민하고 이를 달성하기 위한 방법을 계속해서 고안하고 실천해 나가야 할 것이다. 현재 이화사학연구소 '질병과 국가' 연구사업팀은 2차년도 사업을 수행하고 있다. 금년 하반기 해당 연구주제인 감염병과 국가의 대응을 다룬 '이화 의료사 총서'의 세 번째 책이 출간될 것이다. 더불어 이후로도 관련 연구자 및 일반인들의 관심과 참여로 이화 의료사 총서는 꾸준히 이어질 예정이다. '질병과 국가' 연구사업팀이 국가 질병 관리에 대해 연구하고 정리한 구체적인 사례들이 국가가 질병을 관리하기 위한 정책을 마련하고 한국과 현 사회에 적합한 이상적인 모델을 논의하는 데 있어서 하나의 장(場)으로서 기능할 수 있기를 기대한다.

2021년 4월
저자를 대표하여 이방원

차례

2부 사회적 신체: 질병 관리와 구성원 통제

3부 끝나지 않은 실험: 근현대 정치 문화와 보건 의료

1부

박시제중(博施濟衆): 질병 통제와 구제

1장 조선 전기 국가의 질병 관리

혜민서와 활인서

김성수

'생로병사(生老病死)'. 사람의 일생을 표현하는 짧고 강렬한 말이다. 이 과정에 빠지지 않고 관여하는 학문이 의학이며, 접하는 사람들은 의사, 장소는 병원이다. 현대인은 산부인과에서 태어나 아프면 병원에 가고, 나이 들어 요양병원에 있다가 의사의 사망 진단으로 그 삶을 마친다. 첫 숨만이 아니라 삶의 마지막 숨 역시도 병원에서 경험하는 것이 현대인의 생사라고 한다면 전근대 시대의 사람들은 그와는 사뭇 달랐다. 대부분 자기 집에서 태어나 마찬가지로 집에서 생을 마쳤다. 생로병사의 과정은 동일하지만 시대적 상황에 따라 거쳐가는 과정은 다르게 진행되었다.

전근대 시기를 살았던 사람들의 삶과 죽음, 그 안에서 작동되는 국가의 인민 지배 특성이 무엇인지 파악하는 일은 과거의 역사를 새롭게 이해하게 하는 계기가 된다. 제도적·문화적 특징만을 강조하는 것이 아니라, 그것이 작동하는 근거인 인간의 심성을 이해할 수 있게 해주기 때문이다. 피할 수 없는 질병은 인간에게 운명을 강요하고,

부여받은 운명을 따라 사는 것은 삶의 도리로 받아들여진다.

조선 전기를 통해 전근대 시기의 전반적인 모습을 살펴보려는 의도가 바로 여기에 있다. 조선 전기는 중국으로부터 선진의학을 도입하는 한편 의학 연구가 본격적으로 진행되기 시작한 시기라고 할 수 있다. 아울러 고려가 갖고 있던 국가적·사회적 한계와 문제를 극복하고 조선을 건국한 세력들은 고려보다 강력한 국가 체제를 수립하고자 했다. 곧, 국가에 의한 의학의 장려(혹은 통제)가 본격화된 시기가 바로 조선 전기였다. 향약(鄕藥)을 장려하고 의료기구를 설치 및 재정비한 것은 국가가 의료에 개입하는 모습이었다.

물론 이러한 시도가 당시 식자들이 기대한 만큼의 성과를 거두었는지 판단하기는 어렵다. 무엇보다 중세적 경제의 한계가 국가 개입의 확대에 있어서 장애 요인이 되었으며, 의학의 역량은 제대로 발휘되기 어려웠다. 그러나 적극적인 국가 의료 정책을 요구하는 전통은 여전히 살아남았다. 어쩌면 국가주의적 의료에 대한 기대감은 한국인의 DNA에 각인된 것으로 보이는데, 그 전초를 보여주는 시기가 바로 조선 전기이다.

이 장에서는 조선 전기의 질병 양상을 크게 일상의 질병과 전염병으로 구분하고, 이에 대응하는 의료기구로 각각 혜민서와 활인서를 검토하고자 한다. 이렇게 구분하는 것은 조선의 의료 정책에서 전염병이 차지하는 비중이 매우 높았다는 사실과 대민 의료를 담당하는 기구가 크게 혜민서와 활인서로 구분되었다는 점 때문이다.

종6품 관서에 불과한 혜민서와 활인서였지만, '혜민(惠民)과' '활인(活人)'은 조선을 건국한 사대부들의 정치철학의 일단을 보여주는 상징적 개념이었다.[1] 그러나 전근대 의학의 한계를 굳이 말하지 않더라도, 중세 경제의 불안정과 신분제 사회가 내포한 의료의 차별화는 이

두 의료기구에 있어서 성공과 실패가 공존하도록 만들었다.

1. 조선의 질병들

1) 일상의 질병

조선 전기를 살았던 사람들은 과연 어떠한 질병을 앓았을까? 그 구체적이고 상세한 상황을 파악하기란 쉽지 않다. 물론 관련 기록들을 전부 확인하여 정리할 수도 있겠지만, 그것이 당시 현실을 정확히 반영한다고 보기는 어렵다. 대신 조선 전기에 편찬된 의서를 살펴보면 대략의 사정은 알 수 있다. 그러나 그렇다고 하더라도 이 역시 질병 발생 상황의 전부가 되기에는 어렵다. 그럼에도 질병 발생 정황에 대한 통계가 별도로 존재하지 않으며, 또한 의서에 당시 중시했던 질병들이 언급되어 있다는 점에서 확인할 필요는 있다.

조선 전기에 간행된 의서 가운데 현존하는 의서는 많지 않다. 정종 대에 간행된 『향약제생집성방(鄕藥濟生集成方)』은 일부만 존재하며, 15세기에 간행된 의서는 『향약집성방(鄕藥集成方)』과 『의방유취(醫方類聚)』 등을 빼고는 남아 있는 것이 거의 없다. 그 때문에 세종 대에 편찬된 『향약집성방』을 살펴보는 것은 적어도 당시 사람들이

---

1 조선 전기 의료기구, 특히 혜민서와 활인서의 설치와 연력, 성격에 대해서는 다음의 연구를 참조. 김두종, 『한국의학사』, 탐구당, 1966; 박훈평, 「조선 시대 활인서 연구: 연혁 및 상비처방을 중심으로」, 『한국의사학학회지』 33-1, 2020; 손홍렬, 『한국중세의 의료제도연구』, 수서원, 1988; 이경록, 「조선전기 의료기구 개편의 성격과 그 의의」, 『의사학』 29-1, 2020; 이상협, 「조선시대 동·서활인서에 대한 고찰」, 『향토서울』, 56, 1996.

이해하고 있었던 질병의 범주를 파악할 수 있게 한다는 면에서 의미가 있다.[2] 세종 15년(1433)에 간행된 『향약집성방』은 총 85권의 책으로, 여기에는 959개의 증상, 1만 706개의 처방이 실려 있다고 한다. 거의 1,000여 개에 달하는 증상은 크게 문(門)으로 분류되어 있는데, 여기에 실려 있는 질병을 열거해보면 <표 1-1>과 같다.

개략적으로 질병을 분류해보면 『향약집성방』에서 가장 중요하게 생각한 것은 중풍과 상한이었음을 알 수 있다. 후한(後漢)의 장중경(張仲景)이 저술한 『상한론(傷寒論)』 이래 상한과 중풍은 이른바 대병(大病)으로 불리며 언제나 중시되었다.[3] 외감(外感)의 질병을 일으키는 원인인 육음(六陰), 즉 풍한서습조화(風寒暑濕燥火) 가운데서도 상한과 중풍은 증상의 변화와 정도가 심했기 때문이다. 『향약집성방』에도 이러한 이해가 그대로 반영되었다고 할 수 있는데, 중간에 열병이 언급된 점은 매우 특이하다. 이는 전염병에 대한 각별한 관심이 반영된 결과로 보인다.

그 외에는 병이나 통증이 발생하는 부위로 구분하거나 특유의 증상을 통해 나누었다. 안문, 이문, 비문, 인후문, 구설문, 치아문 등이나 심통, 비위, 각기, 요통 등이 이 범주에 해당한다. 또 곽란(霍亂), 현훈(眩暈), 경계(驚悸), 노채(勞瘵), 적취(積聚), 산(疝), 구토, 열격(噎膈)[4] 등

2 『향약집성방』과 『의방유취』는 차례의 구성이 다르다. 특히 총론과 오장문(五臟門)이 서두에 나오는 『의방유취』는 학문적 정리라는 측면에 충실하다면, 『향약집성방』은 임상에 집중한 면이 뚜렷하게 보인다.

3 고려 말기에서 조선 전기의 중풍과 상한에 대한 이해는 다음의 연구를 참조. 이경록, 「조선전기 『의방유취』의 성취와 한계: '상한'에 대한 인식을 중심으로」, 『한국과학사학회지』 34-3, 2012; 이경록, 「고려와 조선전기 중풍의 사회사」 『태동고전연구』 30, 2013.

4 '열격'은 음식이 목구멍으로 잘 넘어가지 못하거나 넘어갔다 해도 위에까지 내려가지 못하고 곧 토하는 병증을 말한다.

〈표 1-1〉『향약집성방』에 실려 있는 질병

번호	병문	소재 권수	번호	병문	소재 권수
1	風門	1-4	24	諸咳門	24-25
2	傷寒門	5-8	25	諸氣門	25
3	熱病門	9	26	痰飮門	25
4	暑門	9	27	嘔吐門	26
5	濕門	9	28	噎膈門	26
6	積熱門	10	29	脾胃門	27
7	瘧病門	10	30	蠱毒門	27
8	脚氣門	11	31	鼻衄門	28-29
9	腰痛門	12	32	頭門	29-30
10	霍亂門	12-13	33	眼門	30-32
11	眩暈門	13	34	耳門	33
12	諸虛門	14	35	鼻門	33
13	驚悸門	15	36	口舌門	34
14	虛損門	15	37	齒牙門	34-35
15	勞瘵門	16	38	咽喉門	36
16	三痟門	16-17	39	諸痢門	37-38
17	水病門	17	40	痔漏	39
18	黃病門	18	41	癰疽瘡瘍門	40-47
19	大小便門	19-20	42	折傷跌撲門	47-48
20	諸淋門	20-21	43	諸損傷門	48-49
21	諸疝門	21	44	蟲獸傷門	49-51
22	積聚門	22	45	中諸毒門	51
23	心痛門	23	⋮	이하 부인·소아문	⋮

은 특유의 증상으로 질병을 구분한 것이라고 할 수 있다.

질병의 원인을 중심으로 분과별로 전문화된 오늘날의 질병 분류 체계와는 사뭇 다른 모습이다. 또한 『향약집성방』의 편찬에 많은 영향을 미쳤다고 평가받는 『태평성혜방(太平聖惠方)』이나 『성제총록(聖濟總錄)』 등과 비교하여도 분류에 있어서 상당한 차이가 나타난다. 그 이유가 명확하게 밝혀져 있지는 않지만, 아마도 『향약집성방』의 편찬자들이 조선의 상황에 어느 정도 부합하는 의서를 만들려고 했기 때문이라고 추정해볼 수 있다. 즉 질병 혹은 병증의 배열이 조선에서 자주 발생하여 주목할 만한 것을 기준으로 했을 가능성이다.

중풍과 상한 이하 열병, 서증, 적열, 학병 등은 대부분 발열의 증상을 나타내는 질병군이라고 할 수 있다. 다음으로 각기는 고대부터 중시되던 질병이며, 영양의 불균형으로 인하여 발생했다고 볼 수 있다. 곽란은 통상 토사곽란(吐瀉癨亂)으로 불리는 병으로, 토하고 설사하는 증상을 갖는다. 다음으로 현훈(어지럼증), 제허, 경계, 허손, 노채 등은 대부분 오장육부의 기운이 약해져서 발생하는 질병으로, 대개 허로(虛勞)라는 큰 범주에서 묶일 수 있는 질환들이다.

그리고 삼소(三痟), 수병, 황병 등은 현대의학적으로 말한다면 당뇨와 유사한 일군의 성인병이라고 할 수 있다. 이어서 배설과 관련된 대소변, 림(淋), 산, 적취 등을 거론한다. 이후 호흡기 질병으로, 유행성 혹은 계절성 감기의 증상에서 주로 발견되는 기침, 가래 등을 다루는 제해(諸咳), 제기(諸氣), 담음이 있으며, 소화계통의 병으로 구토, 열격, 비위, 고독 등이 거론된다. 마지막으로 이비인후 분야가 나오며, 이질, 치질, 옹저, 창진, 물건이나 해충 및 동물 등에 상해를 입는 것, 중독에 관한 내용이 서술된다.

『향약집성방』에서 서술되는 질병을 이상과 같이 몇 가지로 범주화할 수 있지만, 실제의 배열이 범주적 구분과 완전히 일치하게 작성되지는 않았다. 그렇지만 적어도 이를 통해서 조선 전기의 사람들, 특히 성인의 경우 계절적으로 발생하는 유행병과 영양의 문제로 인한 허약증, 호흡기 및 소화기 계통의 질병, 배설 기능의 문제 등을 주요하게 여겼다고 파악할 수 있다. 아울러 전근대 시기에는 소아 사망률이 높았지만, 사망하지 않고 중장년에 이르게 되면 성인병의 발병 사례 역시 다수 존재했다.

이러한 사정은 16세기 인물인 이문건(李文楗)의 『묵재일기(默齋日記)』에도 그대로 나타난다. 질병의 양태는 개인적 차이가 존재하지만, 앞서 살핀 것과 유사하게 계절과 관련한 질병으로 상한과 이질(痢疾)이 나온다. 상한은 오한과 발열을 동반하는 질병을 통칭하는데, 일반적으로는 인플루엔자와 같이 고열을 동반하는 전염병이 해당했다. 그런데 조선에서는 이와 함께 우리가 보통 감기라고 부르는 증상을 주로 상한이라고 했고, 일기에 따르면 대체로 겨울에 자주 등장했다. 아무래도 난방에 취약한 주택 구조와 함께 연료 사정이 충분하지 않았던 조선의 상황에서는 일반적인 증상이었을 것인데, 이문건은 이를 치료하기 위한 처방을 자주 사용했다.

한편 이질은 겨울에도 기록된 사례가 종종 있지만 보통 여름철에 자주 등장했다. 이때의 이질은 통상 서증(暑症)에 의한 것으로, 현재는 장염이라고 부르는 질환의 일종이라고 생각하면 될 것 같다. 여름의 더위로 인하여 찬 음식을 주로 찾게 되고, 또한 더위로 인하여 음식이 상하면서 발생할 가능성이 높았다. 계속된 설사와 무기력증을 호소하는 서증에 대한 기록이 곳곳에 있는데, 이문건은 이때 이중탕(理中湯) 등을 이용했다.

또한 개인 위생의 문제로서 충치가 등장하기도 하며, 특히 노년이라는 점에서 눈의 문제가 심각하게 대두되었다. 50대 초반부터 노안 때문인지 눈이 흐려지기 시작하고, 70대 초반에는 아예 한쪽 눈이 실명하게 된다. 그 증상을 청맹(靑盲)이라고 기록했는데, 눈동자 부위에 푸른 막과 같은 것이 생기면서 시력을 상실하는 증상으로 오늘날의 백내장에 해당한다고 할 수 있다. 백내장의 원인은 여러 가지가 있지만 보통은 노화의 과정에서 발생하기 마련이었으며, 오랜 시간을 거치면서 진행되는 것이 일반적이었다. 그러나 당시로서는 이를 치료할 방법이 없었고, 일반적으로 다른 쪽 눈까지 병이 진행되어 이문건 역시 이로 인해 완전히 실명하게 되었다.[5]

2) 전염병 귀신[癘鬼]

여러 질병 가운데 당시 사람들이 (국왕을 비롯한 지배층이건 피지배층이건 관계없이) 가장 두려워한 것은 전염병이었다. 조선의 역사 가운데 전염병이 발생한 횟수는 헤아릴 수 없이 많다. 1392년부터 1917년까지를 연대기적으로 기록하고 있는 『조선왕조실록(朝鮮王朝實錄)』에서 전염병 기록은 1,500여 건이며, 전 시기의 거의 5분의 3에 해당하는 300여 년에 걸쳐 전염병이 발생했다고 기록하고 있다. 여기서 실록의 기록을 어떻게 파악하느냐에 따라 빈도는 달라질 여지가 있고, 또한 전염병 기사가 실록에서 누락되었을 가능성도 있기에 실제 전염병의 발생은 더욱 빈번했을 것으로 보인다.

그런데 이렇게 자주 발생하는 전염병의 정체가 구체적으로 무엇인지를 파악하기란 쉽지 않다. 현대식 전염병의 명칭은 철저히 원인이 되는 세균이나 바이러스 등에 의해서 정해진다. 하지만 조선시대는 현미경과 같은 기초 의료기구가 없던 시기이고, 전근대 의학에서는 발현되는 증상에 따라 질병을 구분했기 때문에 각 전염병의 정체를 정확하게 알기 어렵다. 그럼에도 조선 전기에 간행되었던 의서를 통해서 살펴보면, 가장 중요하게 언급된 전염병은 크게 두창(痘瘡)과

5 김성수, 「『묵재일기』가 말하는 조선인의 질병과 치료」, 『역사연구』 24, 2013.

온역(溫疫)이라고 할 수 있다. 두창은 급격한 전염성과 함께 사망률마저 30~50% 이상에 이를 정도로 위험한 질병이었기에 조선 전기부터 국가에서도 높은 관심을 기울이고 있었다.[6] 또한 온역 역시 높은 전염성으로 많은 인명 피해를 낳았다.[7]

먼저 두창은 『조선왕조실록』과 같은 연대기에 자주 등장하지는 않지만, 『창진집(瘡疹集)』이라는 전문 의서가 일찍이 편찬되었다는 사실에서 중시되는 질병이었음을 알 수 있다. 세종은 중국의 여러 의서를 수집하여 새롭게 정리하는 작업을 국가적으로 진행했다. 『창진집』의 서문에서 밝히듯 세종이 내의원에 명령하여 처방서들을 모았다는 것은 『의방유취』 편찬 작업을 말하는데, 그 과정에서 창진에 속하는 것을 따로 묶어서 편찬한 것이 바로 『창진집』이다. 그러나 『창진집』은 세종 대에 편찬이 완료되었어도 바로 간행되지는 못했고, 몇 차례의 개정을 거쳐 세조 대에 간행되었다.

일상화된 두창에 대처하기 위해서는 치료법을 익히고 전문 의사를 육성하는 일이 필요했다. 이에 세조 대에는 예조(禮曹)에서 의서 습독관을 권장·서용(敍用)하기 위한 조치의 일환으로 읽어야 할 의서에 『창진집』을 넣었으며,[8] 예조에서 정·종 5품의 의원을 취재할 때 시험을 보는 의서에도 『창진집』을 포함했다.[9] 『창진집』과 함께 포함된 의서로 『소아약증직결(小兒藥證直訣)』도 있었는데, 이것은 북송(北宋)의 소아과 의사로 유명한 전을(錢乙)이 저술한 의서였다. 소아과 전문 의서였던 만큼 소아의 창진, 즉 두창에 관한 내용 역시 상당

6 김성수, 「조선전기 두창 유행과 『창진집』」, 『한국한의학연구원 논문집』 16-1, 2010.
7 이경록, 「조선 중종 19~20년의 전염병 창궐과 그 대응」, 『중앙사론』 39, 2014.
8 『世祖實錄』 卷27, 世祖 8年 2月 己卯.
9 『世祖實錄』 卷32, 世祖 10年 正月 乙卯.

한 부분을 차지하고 있었다는 사실에서 조선 전기 두창에 대한 치료를 국가에서 얼마나 중요시했는지 알 수 있다. 이처럼 의서 습독을 권장하거나 의원 취재 과목으로 소아과 의서와 창진 혹은 두창 전문서를 정하는 조치는 이후로도 몇 차례 강조되어 나타났다.[10]

두창이 소리 없이 많은 피해를 낳고 있었다면 온역은 그야말로 조선을 휩쓸면서 사람들을 공포로 몰아넣었다. 온역은 겨울철 추위에 몸이 상했다가 봄이 되어 그것이 병으로 나타나는 것이라고 전통의학에서는 보았다. 조선 초기부터 온역에 대한 언급이 자주 등장하여, 건국에 따른 새로운 수도 건설을 위한 인력 동원, 군사 훈련 등의 경우에서도 종종 발생이 보고되었다. 그런 까닭에 『향약집성방』에서는 온역을 열병의 항목에 덧붙여서 설명한다. 그러나 16세기 온역의 대유행을 거치면서, 『동의보감(東醫寶鑑)』에서는 온역을 잡병 가운데 하나의 독립된 질병으로 편제해 서술했다. 그만큼 온역이 조선에 끼친 피해가 컸으며, 그에 대한 의학적 대응이 요구되었음을 반영한다고 볼 수 있다.

이러한 온역의 피해가 가장 컸던 사례는 중종 19년에서 20년 8월까지의 대략 1년 반 동안 2만 2,349명[11]의 사상자를 낸 평안도 지역의 온역이었다. 조선시대의 인구를 정확하게 파악하기 어려워서 학자마다 추정하는 수치는 매우 다르지만, 중종 14년(1519)의 경우 가구 수는 75만 4,146호, 인구는 374만 5,481명으로 조사되었다고 밝힌다. 이를 감안하고 생각한다면 평안도에서만 2만 명이 죽었다는 것은 엄청난 피해였다. 당시의 사관이 "불쌍한 우리는 왜 이다지 곤

---

10 『世祖實錄』 卷33, 世祖 10年 5月 丁卯.

11 『中宗實錄』 卷53, 中宗 20年 8月 戊子.

궁한 운명을 만났는가"[12]라고 심경을 고백할 정도였다.

물론 전염병으로 인한 사망자 수를 그대로 믿어도 될지는 의문이다. 16세기에는 호적이 제대로 정리되지 못하고 있었기 때문에, 아마도 사상자 수로 기록된 숫자가 호적에 등재된 사람들만을 지칭했으리라는 점을 고려하면 실제 사상자는 훨씬 많았을 것이다. 반면에 전염병이 발생했을 때 기아에 허덕이다 죽는 경우도 많았는데, 아사(餓死)로 밝혀지면 지방관이 처벌받는다는 점 때문에 아사자를 전염병으로 사망했다고 보고하는 경우도 꽤 되었다. 이 경우 실제 전염병으로 죽은 사람의 수는 줄게 된다. 현재로서는 그러한 사정을 모두 감안하여 수치화할 수 없기에 우선 기록을 그대로 따라 사상자 수를 대략 2만 명으로 본다면, 이는 절대로 적은 수가 아니다.

이외에도 많은 전염병이 조선인들을 괴롭혔다. 약을 쓰지 않아도 대체로 낫는다고 이해된 유행병인 학질(瘧疾)도 그중 하나였다. 한열이 왕래하는 학질의 경우 크게 위험한 것은 아니었다지만, 그렇다고 하더라도 제대로 치료를 받지 못하면 죽음에까지 이를 수 있는 질병이었다. 따라서 학질이 한번 발생하면 다수의 환자를 발생시켰다. 『묵재일기』에는 이문건의 손자가 학질로 인해 열흘 정도 고생했지만, 이문건의 적극적인 치료로 큰 고비는 겪지 않고 회복되었다고 나온다. 같은 시기 손자와 함께 손녀 역시 학질을 앓았으며, 또한 가노(家奴)도 전염되어 고통을 받았다. 이렇듯 사망에는 이르지 않는다고 하더라도, 발병·전염에 따른 고통과 피해는 적지 않았다.

또한 얼굴에 흉한 흔적을 남기고 팔다리가 잘려 나가기도 하는 나병(癩病) 역시 곳곳에서 발생했다. 그리고 황해도 지역에서는 15세기

12 『中宗實錄』 卷96, 中宗 36年 11月 庚子, "史臣曰 … 哀我人斯 一何運命之窮也?"

초반 원인을 알 수 없는 전염병이 계속되어 백성들이 오랫동안 피해를 입었다. 성종 대까지 연이어 발생한 이 질병은 황해도 전 지역에 만연했고, 봉산군(鳳山郡)이나 문화현(文化縣) 같은 경우에는 16세기 전반에 아예 읍치(邑治)를 옮겨야 할 정도로 황폐해졌다.

2. 일상의 질병과 혜민서

1) 혜민서의 설치와 의의

조선이 건국되고 나라의 기본적인 제도가 차츰 정비되는 과정에서, 의료제도 면에서는 고려의 유제를 많이 채용하면서 변화를 꾀했다. 고려는 중앙에 상약국(尙藥局), 태의감(太醫監), 동서대비원(東西大悲院), 혜민국(惠民局) 등을 설치하고 서경(西京)에 의학원(醫學院), 기타 지역에는 의학박사(醫學博士)나 의학(醫學) 등을 파견함과 동시에 약점(藥店)을 설치했다.[13] 조선에서는 이를 바탕으로 의료제도를 정비하여, 최종적으로 성종 때 『경국대전(經國大典)』을 편찬하면서 중앙을 삼의사, 즉 내의원·전의감·혜민서 체제로 완비했다.

왕실의 구료를 담당했던 내의원(內醫院)과, 내용(內用) 약재(藥材)의 조달, 왕실(王室) 및 조관(朝官)의 진료, 약재의 사여(賜與), 약재의 재배와 채취, 외국 약재의 구입 및 판매, 의서 편찬, 의학교육 그리고 취재 등 국가의 모든 의료 사업을 관장했던 전의감(典醫監)이 있었다. 그리고 고려의 혜민국을 계승한 혜민서(惠民署)는 약을 전매(典

13 손홍렬, 『한국중세의 의료제도연구』 1988, 88-116쪽.

賣)하고 일반 민의 구료를 담당하는 기관이었다.

혜민서는 태조 원년(1392) 직제 창정 때에 혜민국으로 불렸고 4명의 판관(判官)만이 있었으나[14] 태조 4년(1395) 7품의 령(令) 2인과 8품의 승(丞) 2인이 추가되었다.[15] 태종 9년(1409)에는 의업 출신의 한산한 인원을 별좌(別坐)로 지정하여, 출사하여 "존비(尊卑)의 구별 없이 병든 집에서 부르거나 청하면 곧 가서 치료하게 할 것"으로 정했다.[16] 이후 세종 5년(1423)에는 인원 감축이 일부 이루어져, 혜민국의 제조에서 2명을 감하는 한편, 부제조를 없애고 별좌를 4명에서 2명으로 줄이기도 했다.[17] 이로 인해서인지는 분명하지 않지만, 세종 20년(1438)에 가서는 월령 등으로 배정된 인원이 많은 까닭에 약의 조제와 판매를 감당하기 어렵다고 하여 사역원, 전옥서, 군기감 등에 속한 월령의 업무를 다시 조정하는 과정을 겪기도 했다.[18] 혜민국의 감축으로 인한 인원 부족 문제였는데, 이로 인해 비슷한 업무를 하는 재생원과의 업무 재조정 내지 기구의 재편이 필요해졌다.

이후 문종 2년(1452) 혜민국 별좌 가운데 한 자리가 줄어들기도 했지만,[19] 세조 6년(1460) 제생원(濟生院)이 합속(合屬)되면서 기구가 확대되었고[20] 세조 12년(1466)에 가서는 혜민국으로 개칭되었다.[21] 이후 『경국대전』이 반포되기 이전 성종 대에 제생서(濟生署)로 개칭

14 『太祖實錄』 卷1, 太祖 元年 7月 丁未.
15 『太祖實錄』 卷7, 太祖 4年 2月 丁丑.
16 『太宗實錄』 卷17, 太宗 9年 2月 庚辰.
17 『世宗實錄』 卷19, 世宗 5年 2月 庚申.
18 『世宗實錄』 卷81, 世宗 20年 5月 丙午.
19 『文宗實錄』 卷13, 文宗 2年 4月 丙寅.
20 『世祖實錄』 卷38, 世祖 12年 正月 戊午.
21 『世祖實錄』 卷21, 世祖 6年 7月 壬寅.

되어 향약의 시여와 의생 및 의녀교육을 주관토록 하는 건의가 있기도 했으나, 혜민서의 명칭은 계속 유지되어 조선 후기까지 존속했다.[22]

혜민서는 수장이 종6품의 주부(主簿)에 불과하며, 관원 역시 소수인 작은 관청이었다. 그러나 혜민서 운영이 갖는 정치적 의미는 적지 않았다. 고려 말 성리학적 정치론(政治論)을 수용하고 조선 건국의 이념으로 삼았던 신흥사대부(新興士大夫)는 불교를 비판하고 성리학적 이상 정치로써 인정(仁政) 혹은 왕정(王政)을 수립할 것을 주장했다. 그들은 토지 개혁을 통해 인민의 경제적 삶을 보장하고자 했으며, 마찬가지로 인명과 관련되는 의학 역시 간과할 수 없었다. 이러한 인식은 세종 대 『향약집성방』과 『의방유취』의 편찬에서도 그대로 드러났는데, 의서의 편찬을 두고 "인정의 본말과 크고 작은 것을 모두 갖추어서 빠짐이 없었다"[23]라고 했다.

백성을 질병에서 구하기 위해 설치된 혜민서의 의미는 조선 초기 국가 체제 정비의 근간으로서 정도전(鄭道傳)이 편찬했던 『조선경국전(朝鮮經國典)』「혜민전약국(惠民典藥局)」 조항에서 나타난다. 태조 3년(1394)에 편찬된 『조선경국전』에서 정도전은 혜민전약국(혜민서의 전신)을 설치하여 국가가 대민 의료를 장악해야 한다고 주장했으며, 이를 어떠한 방식으로 운영해야 하는지에 대해 규정했다.

> 나라에서는, 약재가 본토에서 생산되는 것이 아니어서 만약 질병을 얻게 되면 효성스럽고 인자한 자손들이 약재를 구하러 이리저리 헤매다가 약은 얻지 못하고 병은 더욱 깊어져서 마침내는 병을 치료하

22 『成宗實錄』 卷89, 成宗 9年 11月 壬午.

23 『世宗實錄』 卷60, 世宗 15年 6月 壬辰; 『鄕藥集成方』 序文.

지 못하는 폐단이 있을 것을 생각하여, 이에 혜민전약국을 설치하고, 관에서 약가로서 오승포(五升布) 6,000필을 지급하여 이것으로써 약물을 갖추게 했다. 그리하여 무릇 질병이 생긴 자는 몇 말의 곡식이나 몇 필의 베를 가지고 혜민전약국에 가서 필요한 약을 구할 수 있게 했다. 또 원본의 이식(利息)을 도모하여 10분의 1의 이자를 받아서 항구적으로 약을 비치해둠으로써 빈민들로 하여금 질병의 고통에서 해방되게 하고 요절하는 액운을 면하게 했으니, 살리기를 좋아하는 덕이 이렇듯 컸다. 불행히도 관부에서 지나치게 백성에게 약가를 철저히 징수하고, 권세 있는 사람들이 약물을 강제로 싼 값으로 사들여서 한편으로는 약가가 축나고 다른 한편으로는 빈민이 자활할 수가 없게 되고 있으니, 이것이 어찌 매우 인자스럽지 못한 일이 아니겠는가? 혜민전약국을 관장하는 책임자는 자기의 직책을 충실히 이행하여 국가의 살리기를 좋아하는 덕이 영원히 빛나게 하여야 할 것이다.[24]

그는 혜민전약국이 “나라에서 사람들을 살리고자 하는 큰 뜻[國家好生之德]”을 대표하는 것이므로, 그 운영을 철저히 함으로써 영원히 지켜나가야 함을 강조했다. 이처럼 조선 전기 의료기구의 정비 과정에서, 특히 혜민국이 갖는 의의는 앞서 의서의 편찬을 통해 인정을 구현했다는 인식과 맥을 같이한다. 그러나 혜민국의 운영은 이미 설치 초기부터 어려움에 직면하고 있었다. 정도전이 이 규정을 만들게 된 이유, 즉 권세를 빙자하여 약가를 제대로 지불하지 않음으로써 운영이 어려움에 노출된 것이다.

24 『三峯集』 卷7, 朝鮮經國典上, 賦典, 「惠民典藥局」.

이외에도 혜민서는 의정부, 육조, 충훈부(忠勳府) 등에 설치되는 약방(藥房)에 약재를 조달하게 되면서 급격히 기능이 위축되었다.[25] 대민 의료의 기능에 충실할 수 있도록 향약재 수급 조치가 계속되었지만, 한편에서는 혜민서로 조달된 약재들이 고위 관료들을 위해 설치된 약방으로 유출된 것이다. 이것은 '대민 의료의 강화'라는 조선의 의료 정책 기조가 흔들리게 된 계기였던 동시에, 신분제를 기반으로 하는 중앙집중 관료 국가의 면모가 그대로 드러나는 장면이었다.

2) 일상의 질병 관리

혜민서는 조선 후기까지 존속하면서 일상적인 대민 의료와 관련하여 약을 제조·판매하고 있었으며, 향약의 수급을 주관하고 종약전(種藥田)에서 약재를 재배했다. 그러나 국내에서 구할 수 없는 약재인 경우 중국에서 수입해 사용했던 까닭에, 이들 약재가 포함되면 약가가 상승할 가능성이 매우 컸다. 이러한 사정으로 인하여 정부에서는 특히 약가와 약재 수급 문제에 의료 정책의 초점을 맞췄다.

약가 문제는 조선 초부터 관심을 기울여, 높은 약가를 다시 조정하라는 조처가 몇 차례에 걸쳐 취해졌다. 세종 22년(1440) 세종은 혜민서에서 판매하는 약가가 높으니 청심원(淸心元), 소합원(蘇合元), 보명단(保命丹) 등을 제외하고 약가를 조사하여 조정할 것을 명했다.[26] 이때 재상정의 조치에서 자주 사용되었던 청심원, 소합원 등이 제외된 것은, 처방의 구성에 포함되는 약재를 중국에서 수입해야 했

25 김성수, 「16·17세기 중앙의료기구의 운영실태」, 『서울학연구』 20, 2003.

26 『世宗實錄』 卷90, 世宗 22年 7月 戊辰.

기에 가격 자체를 낮출 수 없었기 때문이다. 특히 소합원에 들어가는 소합유(蘇合油)나 용뇌(龍腦), 사향(麝香)은 귀한 약재여서, 이를 둘러싸고 부정이 일거나 가짜 약이 판치기도 했다.

이에 세종은 약가의 재상정 조치와 함께, 이들 귀한 약재를 경중(京中)의 전의감, 혜민국, 의정부, 육조 등과 외방의 감사(監司) 이외의 곳에서는 사사로이 제조하지 못하도록 조치했다.[27] 약의 제조와 판매 과정에 국가가 깊숙이 개입하기 시작한 것이다. 이후 성종 대에 다시 약가의 재상정 조치가 취해졌다.

> 전지하기를, "전의감과 혜민서의 약값이 너무 비싸서 병을 구원하는 자가 사서 쓰기가 어려우니, 다시 싸고 비싼 것을 참작해서 그 값을 잘 정하여 백성에게 편리하게 하라" 했다.[28]

이처럼 정부에서 약가의 문제에 많은 관심을 기울인 것은 약가가 너무 높게 책정될 경우, 결국 돈이 없는 환자들이 치료받지 못한다는 점 때문이었다. 국가의 개입에도 불구하고 우려한 대로 약가가 오르면서 사용하기 어려운 지경에 이르자 약가를 재상정하게 된 것이다. 그렇지만 이러한 조치가 자주 취해지지는 않았는데, 아마도 국가에서 관장했던 까닭에 그나마 약가의 변동이 심하지 않았기 때문이었던 것으로 보인다.

한편 혜민서 운영을 원활하게 하기 위해서는 약재의 수급이 중요했다. 약재 수급에 차질이 없어야 혜민서 설치의 본의, 즉 저렴하게

---

27 『世宗實錄』 卷91, 世宗 22年 11月 辛酉.

28 『成宗實錄』 卷23, 成宗 3年 10月 辛巳.

약을 이용할 수 있도록 한다는 취지가 지켜질 수 있었기 때문이다. 이를 위해서 조선 초기부터 향약을 개발하는 정책을 적극 추진했다. 특히 세종은 『향약집성방』의 편찬 과정에서 중국의 약재와 국내에서 자생하는 약재가 동일한 것인지 비교·검토하고, 국내에서 자급이 가능한 약재를 지역별로 공납하도록 했다.

또한 국내에 자생하지 않는 약재인 경우 중국에서 그것을 구해다가 이식·생산하는 방안을 검토했다. 혜민서에 지급된 약전에서 이런 약재들이 재배되었을 것으로 보이지만, 자료의 한계로 그 실상을 파악하기는 어렵다. 그 밖에도 향약의 채취를 담당했던 채약인(採藥人)에게 잡역(雜役)의 부담을 없애주는 등의 조치를 통해 약재 수급의 안정화를 꾀했다.[29]

이처럼 혜민서의 운영을 위해 국가가 여러 가지 정책을 실천했던 것과는 별개로, 혜민서가 의학 발전에 미친 영향에 대해서도 살펴볼 필요가 있다. 의도했는지의 여부는 확인하기 어렵지만, 태종 대에 의정부에서 제안한 의약활인(醫藥活人)의 법은 약간의 단서를 준다.

> 의정부에서 의약활인의 법을 아뢰니, 그대로 따랐다. "현임 의관(醫官)이 그 수가 많지 아니하고, 각 녹관(祿官)으로서 맡은 바가 한가하지 못하여, 대소 병인(大小病人)을 일일이 치료할 수 없어서, 병이 깊어져 치료하기 어렵게 되어 일찍 죽는 자가 없지 아니합니다. 원컨대, 의업(醫業) 출신(出身)으로서 한산(閑散)의 인원(人員)들을 전의감에서 품계에 따라 권지(權知)로 삼고, 제생원과 혜민국에서 별좌(別坐)라고 일컬어 구전(口傳)으로 시행하며, 매일 관(官)에 출사시켜 일

---

29 『成宗實錄』卷98, 成宗 9年 11月 壬午.

을 익히게 함으로써 존비(尊卑)의 구별이 없이 병든 집에서 부르거나 청하면 곧 가서 치료하게 할 것입니다. 이 중에 병의 진찰이 정밀하고 익숙하며 약리(藥理)에 자세하고 밝아서 사람을 가장 많이 살린 자는 제조관(提調官)으로 하여금 사실을 징험하여 신문(申聞)하게 하여서 인재를 뽑아 쓰는 데 빙거(憑據)되게 하소서."[30]

이에 따르면 의업 출신들 가운데 일부를 혜민국과 제생원(나중에 혜민국에 합쳐짐)에 나아가 업무토록 하면서 병자의 요청에 따라 진찰하여 치료케 하되, 치료의 성과가 있는지 확인하여 천거하자는 의견이다. 즉 그들의 진료 상황과 실적을 고과(考課)하는 것인데, 이렇게 되면 상세하지는 않더라도 당시 사람들의 질병 발생 상황과 효과적인 처방이 무엇이었는지에 대한 정보가 정리되었을 가능성이 있다. 이러한 규정은 세종 대에 혜민국, 제생원 등에서 의원을 서용(敍用)하게 하는 규정에서, 취재 성적과 함께 병자를 얼마나 치료했는지의 성적을 참고하도록 한 조치에도 그대로 적용되었다.[31]

치료의 성과는 아마도 단순히 수적 통계에 그치지 않았을 것으로 보인다. 혜민국과 함께 향약재의 이용과 보급을 담당하다가 나중에 혜민국에 합쳐진 제생원의 사례에서 약간의 실마리가 보인다. 제생원에서 향약재를 집중적으로 사용한 결과는 정종 원년(1399)의 『향약제생집성방』 편찬으로 나타나는데,[32] 권근(權近)이 지은 발문(跋文)에서는 그 사정을 두고 다음과 같이 말하고 있다.

30 『太宗實錄』 卷17, 太宗 9年 2月 庚辰.

31 『世宗實錄』 卷55, 世宗 14年 正月 甲子.

32 이경록, 「조선초기 『향약제생집성방』의 간행과 향약의 발전」, 『동방학지』 149, 2010.

처음에 평양백(平壤伯)이며 좌정승(左政丞)인 조준(趙浚)과, 상락백(上洛伯)이며 우정승(右政丞)인 김사형(金士衡)이 국사를 다스리던 여가에, 곤궁한 백성들이 병이 들어도 치료하지 못함을 불쌍하게 여겨 널리 구제하고자 동지중추(同知中樞)인 김희선(金希善)과 협력하여 제생원을 설치하고 약제를 모아 치료했으며, 또 예천백(醴泉伯)인 권중화(權仲和)와 더불어 그가 전에 저술한 『향약방(鄕藥方)』을 토대로 다시 더 수집하여 전서(全書)를 만들어서 중외에 반포하고 영원히 전하여, 보는 자로 하여금 모두 지역에 따라 약을 구할 수 있고 병에 따라 치료할 수 있음을 알게 했다.[33]

『향약제생집성방』은 서명에서 드러나듯이 제생원에서 편찬한 향약방으로, 고려 말에 편찬된 『향약혜민경험방(鄕藥惠民經驗方)』이 혜민국에 의해서 이루어진 것과 비슷한 양상이었다고 할 수 있다. 권근은 「서문」에서 제생원의 역할에 대해, "(김희선이) 권중화와 함께 특별히 관약국(官藥局)의 관원에게 모든 방문을 다시 상고하고, 또 우리나라 사람들이 경험한 방문을 채집하여 부문(部門)으로 분류 편집하도록 했다"고 전하고 있다.[34]

이때 거론된 관약국은 바로 제생원이었으며, 소속 의관들이 중점적으로 검토한 방문은 권중화가 이전에 서찬(徐贊) 등과 함께 편찬한 『향약간이방(鄕藥簡易方)』이었다. 이처럼 제생원에서는 향약의 이용을 확대하기 위해서 과거에 편찬된 의서를 검토하는 한편, 향약방을 계속 추가하며 새로운 향약서를 편찬하고 있었다. 따라서 제생원에

33 『陽村集』 卷22, 跋語類, 「鄕藥濟生集成方跋」.

34 『陽村集』 卷17, 序類, 「鄕藥濟生集成方序」.

서 진료하는 환자들을 통해 습득한 의학적 정보 역시 거기에 포함되었을 것이며, 이는 제생원뿐만 아니라 혜민국에서도 그대로 재현되었던 것으로 보인다. 그리고 이러한 노력으로 세종 대에 향약을 이용하는 『향약집성방』이 편찬될 수 있었다.

3. 역병 관리와 활인서

1) 활인서의 설치와 운영

활인서(活人署)는 통상 '활인원'이라고 불렸는데, 태조가 조선을 건국한 이후 관제를 정할 때 전의감, 혜민국과 함께 동서대비원에서 비롯했다. 동서대비원은 고려의 제도로서 진휼을, 특히 전염병이 발생했을 때 구료 업무를 담당했다.[35] 초기에는 활인원 혹은 '대비원'으로 불렸는데, 도성의 동서에 나뉘어 있어서 동서활인원(東西活人院) 혹은 동서대비원으로도 불렸다.[36] 동서활인원의 연혁, 위치와 역할은 『세종실록지리지(世宗實錄地理志)』를 통해 일부 드러난다.

> 동활인원【동소문 밖에 있다.】 서활인원【서소문 밖에 있다. 옛 이름은 대비원이다. 제조(提調)와 별좌(別坐)를 두고, 또 의원과 무당을 두어서 한양 안에 병들고 의지할 곳이 없는 사람을 모두 이곳에 모아 놓고 죽, 밥, 국, 약을 주며, 아울러 옷, 이불, 자리를 주어 편하도록 보

---

35 『世宗實錄』 卷148, 地理志 漢城府. 활인서의 운영에 대해서는 이상협, 「조선시대 동·서활인서에 대한 고찰」, 56, 1996 참조.

36 『太宗實錄』 卷28, 太宗 14年 9月 丙子.

호해주고, 만일 죽는 이가 있으면 잘 묻어준다.】[37]

앞서 언급한 것처럼 활인원에서는 도성의 굶주린 백성의 진휼을 담당했으며,[38] 태종 15년(1415) 이숙번(李叔蕃)의 의견에 따라 활인원에 무격(巫覡)을 소속시켜 환자의 구료를 담당하도록 했다.[39] 활인원의 운영 방침이 구체적으로 정해진 것은 태종 16년(1416)의 일로, 제생원의 건의에 의해서 관직을 정비하고 근무 원칙 등을 정리했다.[40] 이후 세종 원년(1419)에는 이조의 의견에 따라서 동서활인원에 녹관을 새로이 2명을 두고, 동활인원은 제생원, 서활인원은 혜민국에 소속된 의원이 일을 맡아 하도록 했다.[41] 전염병 발생에 따른 활인원 설치의 필요성은 단지 도성에만 한정된 것은 아니어서, 개성류후사(開城留後司)의 요청에 따라 개경에도 설치했다.[42]

이후 활인서의 관제는 여러 차례 변화를 겪었는데, 세종 5년(1423)에는 서활인원의 제조 4명 가운데 1명을 줄이고, 제거(提擧) 1명과 별좌 3명을 줄이는 한편 동활인원의 제거 1명과 별좌 6명을 줄이는 조치가 있었다.[43] 이는 매우 대폭적인 감원으로, 그 사정이 어디에서 연유했는지는 분명하지 않다. 이후 활인원의 개편은 세조 대에 이르러 다시 시행되었는데, 세조 6년(1460)에는 동활인원 부녹사(副錄事)

---

37 『世宗實錄』 卷148, 地理志 京都漢城府.
38 『太宗實錄』 卷19, 太宗 10年 4月 戊戌.
39 『太宗實錄』 卷29, 太宗 15年 6月 庚寅.
40 『太宗實錄』 卷32, 太宗 16年 12月 己未.
41 『世宗實錄』 卷3, 世宗 元年 2月 己丑.
42 『世宗實錄』 卷19, 世宗 5年 正月 壬寅.
43 『世宗實錄』 卷19, 世宗 5年 2月 庚申.

1인, 서활인원 부녹사(副錄事) 1인이 축소되었고,[44] 세조 12년(1466)에는 동서활인원이 활인서로 바뀌고 참봉(參奉)만 하나 있게 되었으며,[45] 이후 『경국대전』으로 법제화되었다.

활인서에서는 기본적으로 제생원과 혜민국이 동서활인원을 겸임하고 있었던 까닭에 당약(唐藥)을 포함한 필요한 약재들을 공급받아 사용했다.[46] 한편으로 토지를 지급받기도 했는데, 세종 19년(1437)에는 선종(禪宗) 및 교종(敎宗)의 각 절에 속한 토지를 분급하는 가운데 140결을 지급받기도 했다.[47] 그러나 활인원에 지급되었던 토지들은 세종 27년(1445) 각사의 공해전(公廨田)이 혁파되는 가운데 함께 혁파되어, 당시 지급받고 있었던 토지는 동활인원 25결, 서활인원 30결이었던 것으로 나타난다.[48] 또한 무격들에게서 걷힌 신포(身布)를 사용했는데, 세종 5년(1423)에 각 고을의 신당(神堂)을 모두 조사하여 동서활인원에 귀속시킴으로써 재원을 일부 확보토록 했다.[49]

활인서에서는 치료와 더불어 성안에 친족이 없는 부랑에게 한 사람당 하루에 쌀 한 되씩을 주도록 했다.[50] 이때 쌀 이외에도 콩이나 소금, 장 등의 식재료와 땔감 등을 지급했다.[51] 그뿐만이 아니라 열병으로 고생하는 환자들에게는 열을 식힐 수 있도록 얼음을 지급하기도 했으며,[52] 혹 환자들이 죽었을 경우에는 관을 지급하여 매장할 수

44 『世祖實錄』 卷20, 世祖 6年 5月 丁酉.
45 『世祖實錄』 卷38, 世祖 12年 正月 戊午.
46 『世宗實錄』 卷46, 世宗 11年 10月 丙子.
47 『世宗實錄』 卷79, 世宗 19年 11月 丙申.
48 『世宗實錄』 卷109, 世宗 27年 7月 乙酉.
49 『世宗實錄』 卷19, 世宗 5年 3月 甲申.
50 『世宗實錄』 卷33, 世宗 8年 7月 癸巳.
51 『世宗實錄』 卷39, 世宗 10年 正月 己酉; 『世宗實錄』 卷48, 世祖 12年 5月 戊午.

있도록 했다.[53]

활인서에 의한 치료와 진휼책은 시기에 따라 운영에 기복이 있었다. 그렇지만 활인서의 설치와 구료 정책이 거둔 실효에 대해서는 세종의 다음과 같은 언급이 참고가 될 것이다.

> 각 도의 감사와 개성부(開城府)의 유수(留守)에게 유시하기를, "근년 이래로 전염병이 대단히 성하여서 1년 동안 사망한 것과 구제된 수효를 상고해 보면 한양 활인원에서는 살아난 사람이 10에 8이나 9가 되는데, 외방에서는 한 도(道)에서만도 사망한 자가 거의 4,000명이나 되니, 어찌하여 한양과 외방이 이같이 서로 다른가. 그 까닭을 캐어보면 활인원에서는 마음을 다하여 약이나 음식을 알맞게 해주기 때문에 살아나는 자가 많고, 외방에서는 구휼할 수가 없어서 드디어 어린아이들까지 제명대로 살지 못하고 죽는 것이 이같이 많은 것이다."[54]

한양에서는 전염병 환자 가운데 8~9할이 치료를 통해 살아났지만 외방에서는 사망한 사람이 4,000명에 달한 결정적인 차이가 활인서에 있다는 것이다. 이후 세조, 성종을 거치며 계속해서 활인서를 통한 진휼과 전염병 치료는 계속되었으나,[55] 그 운영은 점차 방만해져 갔던 것으로 보인다.

성종이 "여염(閭閻)에 질병이 성행하므로 의무(醫巫)를 시켜 약을

52 『世宗實錄』 卷64, 世宗 16年 6月 丙辰.
53 『世宗實錄』 卷76, 世宗 19年 2月 庚午.
54 『世宗實錄』 卷116, 世宗 29年 6月 乙酉
55 『世祖實錄』 卷9, 世祖 3年 9月 丁丑; 『成宗實錄』 卷24, 成宗 3年 11月 己未 등.

가져가서 구료(救療)하라고 이미 전지(傳旨)를 내렸는데, 이제 듣건대 관리가 태만하고 뜻을 다하지 아니하여 숨지는 자가 많다 하니 이는 매우 옳지 않다. 마음을 다하여 구료하라. 도성(都城)에는 인가가 즐비하므로 한 집에서 병을 앓으면 전전하여 서로 옮으니, 또한 염려스럽다"[56]라고 언급한 것이 한 예이다. 이처럼 운영상 부침이 있었지만, 도성에 있는 활인서가 특히 전염병을 대비한 기구였다는 점에서 대민 의료에 있어 중심적인 기구였음은 분명하다.

2) 격리와 치료

전염병에 대처하기 위해 가장 먼저 취해진 조치는 격리였다. 하지만 겨울철 식량이 떨어지는 시기가 문제였다. 한양으로 몰려드는 굶주린 백성들을 위해 한양 도성의 입구라고 할 수 있는 동대문과 남대문 밖의 보제원(普濟院), 이태원(利泰院)에 진제장(賑濟場)을 설치하여 곡식과 소금을 주어서 조치하고 있었는데, 그 진제장 주변에서 전염병이 자주 발생한 것이다. 이에 따라 가급적 전염병의 온상이 될 수 있는 백성들의 한양 운집을 막는 조치가 필요했다. 세종 26년(1444) 온역이 발생하자 내린 조치는 이러한 상황을 잘 보여준다.

> 한성부(漢城府)에 전지하기를, "정사년(세종 19년, 1437)에 주린 백성으로서 한양 도성에 몰려들어 사는 자들을 한곳에 모아서 구제했더니, 주린 자들이 대부분 배불리 먹어 거의 살아났으나 여름이 되매 병에 걸리고 곧 서로 전염되어 마침내 사망한 자가 자못 많았다. 이

56 『成宗實錄』卷43, 成宗 5年 6月 丁巳.

제 만약 주린 백성을 한곳에 모두 모이게 한다면 폐단이 도로 전과 같을까 참으로 염려되니, 마땅히 동서활인원이나 각 진제장에 나누어 거처하게 하여 곡진하게 진휼을 더하고, 질병을 얻은 자는 다른 사람과 섞여 살지 못하게 하며, 본부 낭청(本府郎廳)과 오부 관리(五部官吏)가 고찰(考察)을 나누어 맡아서 의료(醫療)하는 방책을 소홀히 하지 않도록 하라. 만일 한 사람이라도 죽게 되면 벌주고 용서하지 않겠다" 했다.[57]

진제로 인하여 기근은 구제할 수 있었지만, 그 와중에 전염병이 유행하여 사망자가 속출했다. 이에 세종은 기민(飢民)들이 모이지 못하게 활인원과 진제장에 나누어 거처하도록 명령한다. 전염병 예방을 위한 사실상의 격리 조처였다. 그리고 한성부와 오부의 관리들은 병자를 발견하면 곧바로 활인서로 보내도록 하는 조치가 취해졌다. 이후 진제와 격리, 그리고 활인서에서의 치료는 전염병 발생 시 항상 병존하는 조치가 되었다.[58]

활인서의 특징은 바로 격리와 치료가 동시에 이루어지는 공간이었다는 것인데, 위치는 한양의 동소문과 서소문 밖이라지만 어떠한 시설을 갖추고 있었는지는 파악하기가 어렵다. 정부의 공식 관서였다는 점에서 가옥을 갖추었겠지만, 병자를 치료할 공간이나 기타 부속시설이 어떻게 구성되었는지는 불분명하다. 그렇다고 하더라도 음식과 약물을 제공하기 위한 시설과 숙박을 위한 부속건물은 존재했을 가능성이 크다.

57 『世宗實錄』 卷103, 世宗 26年 3月 丙寅

58 『明宗實錄』 卷5, 明宗 2年(1547) 4月 己亥의 사례도 같은 경우이다.

다만 병자를 수용하는 시설은 임시 가옥이었던 것으로 보인다. 태종 16년(1416) 제생원이 활인원 운영과 관련하여 올린 글에서는 병자들이 병막(病幕)에 거처했다고 보고하고 있다.

> 제생원에서 상서(上書)했다. … 1. 서활인원 병막 사방에 수목의 그늘이 없어 더운 때에 병자가 모이면 열기가 이글이글 찌는데, 서늘한 곳이 없으니 그 괴로움이 더욱 심합니다. 원컨대, 원(院)에 속한 전지를 병막 앞에 있는 청파역전(青坡驛田)과 바꾸어서 땅을 개척하고 나무를 심어 병인이 회복하고 휴식할 곳으로 삼으소서.[59]

임시로 설치되었을 병막 주변에 그늘이 없어서, 특히 여름철에는 더위를 피하기 힘들다는 이유로 병막 앞에 있는 토지와 활인원에 속한 토지를 맞교환하여 병자들의 쉼터를 만들어주자고 건의한 것이다.

일반적인 상시 가옥이었다면 굳이 '막(幕)'이라는 표현을 사용하지 않았을 것이라는 점에서 임시 가옥이었음을 유추해볼 수 있다. 그렇다면 왜 임시 가옥으로 운영했던 것일까? 무엇보다 활인원에 수용되는 병자들의 수가 일정하지 않았고, 특히 전염병이 발생한 경우 그 숫자가 폭증했기 때문에 운영상 편의를 위해 가급적 임시로 운영했던 듯하다. 임시 거처로 병자를 수용했지만, 이 임시 거처가 병자들의 휴식에 적절하기 위해서는 주변 환경의 조성이 필요했다. 제생원에서는 이러한 관점에서 건의했고, 국왕의 재가를 얻었지만 제대로 시행되지는 못했다. 그래서 세종 6년(1460) 서활인원의 요청에 따라

59 『太宗實錄』 卷32, 太宗 16年 12月 己未.

성저 10리에 소나무를 심어서 병자들의 휴식처를 만들도록 하는 조치가 다시 취해졌다.[60]

임시적인 시설이었지만 활인원 운영의 재정 규모는 상당했을 것으로 추정된다. 이에 대한 단서는 세종 27년(1445) 전제를 개혁하는 과정에서 추정해볼 수 있다. 전제 상정소에 의해 마련된 전제 개혁안에 따라 전결에 매겨지는 세금이 새로이 규정되었고, 각 관서의 운영 재원 조달을 위해 배정된 위전(位田)이 혁파되었다. 그 가운데 전의감, 혜민국, 제생원, 활인원과 같이 의료를 책임졌던 기관의 위전이 가장 늦게 혁파되었는데, 동서활인원이 각각 25결과 30결이었다. 이는 혜민국보다는 많고, 제생원 및 전의감과는 같거나 약간 모자라는 규모였다. 활인원에서 근무하는 관원의 수가 많지는 않았지만 관원 외에 실제 구료를 담당하는 인력이 많았고, 또한 진휼에도 재원이 필요했으리라는 추정을 가능케 한다.[61]

한편 병자의 치료를 위해서 활인원에는 일정한 약재가 구비되었다. 즉 해마다 대시호탕(大柴胡湯) 각 10첩, 이성구고환(二聖救苦丸) 각 2첩, 진애(陳艾) 6편(編)을 혜민서에서 진배하고, 청심원(淸心元)과 소합원(蘇合元) 각 10알, 평위산(平胃散), 승마갈근탕(升麻葛根湯), 구미강활탕(九味羌活湯) 각 10첩을 전의감에서 배분했다고 한다.[62] 이는 평상시 환자들을 돌보는 데에도 턱없이 부족한 양이었다. 그러한 이유로 활인원에는 치료 시설로서 특별한 장치가 마련되어 있었는데, 그것은 '한증소(汗蒸所)'였다. 한증소는 도성 안에 한 곳, 동서활인

60 『世宗實錄』 卷23, 世宗 6年 正月 丁酉.

61 『世宗實錄』 卷109, 世宗 27年 7月 乙酉.

62 박훈평, 「조선 시대 활인서 연구: 연혁 및 상비처방을 중심으로」, 『한국의사학학회지』 33-1, 2020.

원에 각각 한 곳씩 설치·운영되고 있었다. 그런데 한증소를 관장하는 승려들이 병의 증상을 묻지 않고 모두 땀을 내게 하여 사망에 이르게 하는 일이 빈번했다. 이에 예조에서는 전의감, 혜민국, 제생원의 의원을 각각에 파견하여 병자들의 증상을 파악한 후 이용토록 조치했다.[63]

본래 동서활인원에 각각 제생원과 혜민국의 의원을 배정하도록 조치했음을 감안한다면,[64] 의원들이 상시적으로 병자를 돌보지는 않았던 듯하다. 대신 승려들이 배치되어 간호의 업무를 맡았고, 한증소 역시 그들의 소관이었다. 활인원이 구료를 받는 병자들에게 치료의 대가를 받지 않고 무료로 운영되었다는 점에서 내원 환자 수의 급증은 운영을 압박했을 가능성이 매우 높다. 약재를 제생원과 혜민국에서 조달받기는 했지만 이는 해결책이 되기에 충분하지 않았다. 그런 점에서 한증소는 약재 조달의 문제나 비용 그리고 운영 인력의 문제를 해소하는 데 도움이 되었다. 적어도 발한(發汗)이 필요한 증상에는 효과적으로 이용될 수 있었으므로 사용될 약재의 감축이 기대되는 조치였을 것이다.[65]

* * *

성리학을 기치로 새로운 국가를 건설한 사대부들은 정치 개혁과 토지 개혁 이외에도 국가가 적극적으로 의료에 개입함으로써 성리학의 이상을 실현하고자 했다. 의약으로 인명을 살린다는 '의약활인'

63 『世宗實錄』 卷18, 世宗 4年 10月 丙戌.

64 『世宗實錄』 卷3, 世宗 1年 2月 己丑.

65 김성수, 「조선 시대 한증 요법의 운영과 변천」, 『한국과학학사회지』 38-3, 2016.

은 혜민과 활인의 정치였으며, 무엇보다 왕조 교체의 혼란기에 지친 사람들의 몸과 마음을 위로할 수 있는 좋은 수단이었다. 건국 초기 다수의 의료 담당 기구가 설치되었던 것은 그와 같은 사정 때문이었다. 그러나 관료제 운영의 효율성을 위해 해당 기구들은 점차 체계적으로 정비되었고, 국왕권의 강화와 신분제에 근거한 의료기구의 정착으로 귀결되었다.

내의원과 전의감에 비해서는 한참 아래의 관서에 불과했지만, 혜민서와 활인서는 조선 전기 의료에서 핵심적인 역할을 하는 기구였다. 가난한 이에게 저렴하게 약을 공급하고, 전염병이 발생하면 진휼과 함께 치료를 제공하는 일은 조선왕조가 멸망할 때까지 계속되었다. 물론 재정의 한계나 의학적 효용성 등의 문제로 애초에 의도한 만큼의 성과를 거두었는지는 판단하기 어렵다. 그럼에도 국가 의료기구에 의한 진료를 바탕으로 조선 의학은 성장의 발판을 마련했고, 전염병에 시달리는 사람들은 최소한의 진료를 받을 수 있게 되었다.

21세기 전반의 한국을 비롯한 전 세계는 전염병이라는 커다란 위기에 직면해 있다. 사상자의 속출과 그에 따른 사회적 혼란 속에서도 '국가의 의료는 어떻게 작동해야 하는지'에 대한 물음은 크게 부각되지 않는다. 한쪽에서는 국가의 역할을 강조하고, 다른 한쪽에서는 국가가 전염병에 대해서만 제한적으로 개입해야 한다고 주장하며, 더 나아가 국가의 정책 자체를 거부하는 경우도 종종 발견된다. 민주주의와 자본주의 사이에서 한국의 의료는 어떠한 방향으로 나아가야 할 것인가? 조선 전기의 위정자들이 보여주는 은혜와 자비라는 공통된 인식은 과연 구현될 수 없는 허상일 뿐인지 고민해본다.

2장

송대 자선 기구와 의료 구제

안제방과 양제원[1]

김대기

중국 송대(宋代)는 지역사회의 변모와 더불어 사회구제 정책 또한 새로운 양상을 띠는 시대로 이해된다. 상평창(常平倉), 의창(義倉), 사창(社倉) 등 다양한 창저 제도(倉儲制度)는 물론, 거양원(居養院), 양제원(養濟院), 광혜원(廣惠院)과 같은 빈민 구제 기구, 그리고 혜민약국(惠民藥局), 안제방(安濟坊) 등의 병자(病者) 구제 기구, 누택원(漏澤園), 의총(義塚) 등의 장례 지원 기구 등을 갖춤으로써 앞 시대와 비교하여 구제 범위와 대상이 확대되었다. 그리하여 송대는 중국 사회구제 제도의 발전사에서 중요한 획기를 이룬다고 인식된다. 송대에 확립된 여러 사회구제 제도는 이후 청대(淸代)에 이르도록 기본 골격이 유지·답습된다는 평가를 받고 있다.[2]

---

1 이 글은 『역사와 경계』 제101집(2016)에 실린 저자의 논문 「송대 자선 기구와 의료 구제」를 수정한 것이다.

2 이근명, 「남송시대 사창제의 실시와 그 성격: 복건지방을 중심으로」, 『역사교육』 60, 1996, 157쪽; 「남송시대 황정의 운용과 지역사회: 순희 7년(1180) 남강군의 기근을 중

송대의 사회구제 기구는 대체로 북송 중기 이후, 특히 남송 시기에 이르러서는 상당 부분이 유명무실해지는 지경에 이른다. 그 배경으로는 여러 가지가 논의될 수 있겠으나 중요한 요인은 재원 확보의 문제라든가 통치 질서의 이완 문제 등을 들 수 있을 것이다.[3]

이와 같은 일반적인 관점에서 접근할 때 두 가지 특이한 현상을 발견할 수 있다. 하나는 북송 말 1100년대에 거양원과 안제방의 설립이 두드러진다는 것이다. 다른 하나는 남송 시기 1140년대에 접어들면서 앞의 두 기구가 침체기에 들어서는데, 1160년대에 이르면 양제원이라는 구제 기구가 본격적으로 확대된다는 것이다.[4] 전자와 관련하여 선행연구들에서는 채경(蔡京, 1047~1126)의 집권과 밀접한 상관성이 있다고 언급한다.[5] 즉 채경 개인의 열의가 반영되어 그의 집권기에는 이들 기구가 전국적으로 확대 설치되었으며, 그가 실각한 시기에는 반대로 침체기를 맞았다는 것이다. 여러 사료에서 그러한 증거들을 확인할 수 있다. 반면 후자에 대해서는 아직 이렇다 할 연구가 보이지 않는다.

심으로」, 『전남사학』 제23집, 2004, 79쪽.

3 김대기, 「남송대 향촌 구제 기구와 구제 활동의 성격」, 『동양사학연구』 제116집, 2011, 181-209쪽 참조.

4 후마 스스무(夫馬進)에 따르면, 북송 시기 가장 많이 설치된 빈민 수용 기구는 환과고독자를 수용하는 거양원과 주로 병자를 수용한 안제방이며 남송 시기에는 명청 시기까지 이름이 이어진 양제원이 가장 많이 설치되었다. 북송 시기와 남송 시기 정책에는 차이가 있는데, 남송 시기의 환과고독 정책은 북송 시기를 능가하여 걸개(乞丐) 정책의 성격이 강하다고 보았다. 그것은 임안부, 소흥부, 건강부 등에 금나라의 군대를 피해서 온 사람들 같이 유이(遊離)하는 걸개가 대량으로 유입된 것이 주요 요인이라고 보았다(夫馬進, 『中國善會善堂史硏究』, 同朋舍出版社, 1997, 37-50쪽 참조).

5 金中樞, 「宋代幾種社會福利制度: 居養院·安濟坊·漏澤園」, 『新亞書院學術年刊』 10, 1968, 127-169쪽; 이근명, 「송대 사회구제제도의 운용과 국가권력」, 『동양사학연구』 제57집, 1997, 43-77쪽.

거양원에 대해서는 이미 깊이 있는 연구들이 진행되었다. 반면 안제방에 대해서는 김중추(金中樞)의 선구적인 연구[6] 이래 몇몇 연구가 있긴 하나,[7] 선행연구의 범위를 크게 벗어나지 않고 있다. 이에 이 장에서는 기존의 연구들을 바탕으로 빈궁한 병자들을 치료해주었던 안제방의 의료 구제 측면을 살펴보고자 한다. 더불어 1160년대에 들어서 양제원이 확대된 현상의 배경은 무엇이며, 거양원 및 안제방과는 어떠한 상관관계가 있는지 살펴보고자 한다. 그럼으로써 북송 시기부터 남송 시기로 이어지는 사회구제 기구의 역사적 맥락을 이해하고 송대 사회의 변화상을 이해하기 위한 단초를 얻을 수 있을 것이다.

1. 안제방의 설치와 운영

일반 백성들을 대상으로 하는 자선 양병(養病) 기구는 신종 희녕(熙寧) 연간(1068~1077)에 와서야 비로소 등장했다. 희녕 6년(1073)에 문언박(文彦博)이 사재를 출연하여 낙양(洛陽)에 약료(藥寮)를 설립한 후 병에 걸린 사람들을 구제한 것이 기원이다.[8] 최초의 관영(官營) 양병 기구는 희녕 9년(1076) 조변(趙抃)이 월주(越州: 지금의 절강

---

6 金中樞,「宋代幾種社會福利制度: 居養院·安濟坊·漏澤園」, 1968.

7 王德毅,『宋代災荒的救濟政策』, 中國學術著作獎助委員會, 1970; 張文,『宋朝社會救濟研究』, 西南師範大學出版社, 2001; 甄盡忠,「論宋代安濟坊的設置與管理」,『河南社會科學』第18卷 第6期, 2010; 王子今 等,『中國社會福利史』, 武漢大學出版社, 2013; 郭文佳,『宋代社會保障文化研究』, 中國文史出版社, 2014; 吳保英,「北宋安濟坊所反映的社會保障制度研究」,『商丘師範學院學報』第31卷 第10期, 2015.

8 范祖禹,『范太史集』卷36,「龍門山勝善寺藥寮記」, 文淵閣四庫全書本.

성)에 설립한 병방(病坊)이다. 그해 봄, 월주에서 역병이 창궐했는데 병방은 질병에 걸려 오갈 데 없는 사람들의 거처가 되었다. 병방에는 승려 2인이 배치되어 의약과 음식을 관리했다고 한다.[9]

이후 소식(蘇軾)이 원우(元祐) 4년(1089) 항주(杭州)에 지방관으로 재임하던 시절에 '안락방(安樂坊)'을 설치했다. 당시 항주에 기근이 들고 역병이 발생하자 소식은 전(錢) 2,000민(緡)을 모금하고 여기에 금 50량의 사재를 보태서 '안락'이라는 병방을 설립했다. 그리고 이곳 안락방에서 죽과 약을 마련하고 의사와 관리를 동원하여 여러 병자를 치료했다. 소식이 항주를 떠나 타지로 부임한 이후에도 안락방의 경영 상태는 줄곧 양호하여 휘종 시기(1100~1125)까지 지속되었다. 이에 휘종 숭녕(崇寧) 연간(1102~1106)에는 조정에서 '안제방(安濟坊)'이라는 명칭을 하사했다.[10]

숭녕 원년(1102) 이전에는 항주의 안락방 이외에 전문적인 병방이 존재하지 않았으며, 양병에 관해서는 복전원(福田院)과 거양원에서 담당하고 있었다. 빈곤한 사람과 질병에 걸린 사람이 함께 요양되다 보니 자연히 상호 질병이 전염되는 일이 빈번했을 것이다. 때문에 이러한 문제를 해결하기 위해 빈곤한 사람과 질병에 걸린 사람을 격리하여 요양하는 시설을 갖출 필요성이 생겼다. 숭녕 원년(1102) 8월 20일 송 조정에서는 개봉부(開封府)의 관리였던 오거후(吳居厚)의 상주에 근거하여 전국에 조서를 내려 두루 안제방을 설치토록 했다.[11] 그리고 계절마다 교대로 관원을 파견하여 병자들을 질환의 경중에

---

9 曾鞏, 『元豊類稿』 卷19, 「越州趙公救災記」, 文淵閣四庫全書本.

10 『續資治通鑑長編』 卷435, 元祐4年11月, 中華書局, 2008, 10495-10496쪽(이하 『續長編』으로 통일함).

11 『宋會要輯稿』 食貨 68之129, 「居養院安濟坊漏澤園」(이하 『宋會要』로 통일함).

따라 거처를 달리하여 격리 수용케 함으로써 질병이 전염되는 것을 막고자 했다.

소식이 건설한 안락 병방의 성공적인 운영 사례는 조정의 관심을 끌기에 충분했으며 조정의 정책 결정에 직접적인 영향을 미친 것으로 보인다. 이러한 안제방의 설립에도 거양원과 마찬가지로 당시 조정의 대신이었던 채경이 큰 역할을 한 것으로 보인다. 숭녕 4년(1105) 5월 조령(詔令)에 보면, 환과고독자(鰥寡孤獨者)는 거양법(居養法)으로 보살피고, 질병에 걸린 사람은 안제방을 설치하여 의료 혜택을 받도록 했음을 알 수 있다.[12] 같은 해 10월, 개봉부에 비록 북송 초부터 내려온 복전원이 있기는 하지만 수용 규모를 더 확대할 수 없어 환과고독자를 구제하는 데 부족하다는 판단 아래, 혹서기와 혹한기에 빈궁하여 의지할 데 없는 사람과 질병에 걸린 사람들을 위해 안제방을 설치토록 했다.[13] 그리고 다시 같은 해 12월 개봉부 및 그 관할 지역에 이르기까지 안제방을 확대 설치하기에 이른다. 하지만 숭녕 초의 이러한 조칙에도 불구하고 안제방이 아직 제도적으로 완전히 정착하지는 못했던 것으로 보인다. 숭녕 5년(1106) 9월 2일, 조서에 이르기를 개봉부뿐만이 아니라 규모가 1,000호 이상에 이르는 곳과 현(縣) 단위에 이르기까지 안제방을 확대 설치하여 백성들이 고루 시혜를 누릴 수 있도록 조치했다.[14]

안제방은 가난하고 병든 자, 또는 일가친척이 없어 돌보아줄 사람이 없는 병자를 수용하고 치료해주는 기관이었다. 이때 친척의 기준

12 『宋大詔令集』 卷186, 「恤窮」, 「奉行居養等詔令詔」.

13 『宋大詔令集』 卷186, 「恤窮」, 「開封府置居養安濟御筆手詔」.

14 『宋會要』 食貨60之5, 「恩惠」.

은 시마(緦麻)[15] 이상으로, 즉 수용 대상을 함께 사는 시마 이상의 친척이 없는 병자로 규정했다.[16] 그리고 수용 중인 환자들의 감염 확산을 예방하기 위해 환자의 병세 정도에 따라 상호 격리했음은 물론, 환자와 안제방의 구성원 간 전염에도 주의를 기울였다. 특히 탕약이나 음식을 다루는 사람들은 그들의 업무 공간인 주방을 숙소로 겸하도록 하여 환자와 격리토록 각별히 신경 썼다. 안제방을 운영하기 위해 관사 소속의 인원을 적정 수 파견했으며, 그들의 업무 부담을 덜기 위해 계절마다 교대 근무토록 했다. 안제방의 규모는 대략 10칸 정도로 전운사(轉運司)에서 건물을 짓는 제반 사항을 관장토록 했다.

한편 안제방을 운영하는 데 소요되는 경비의 조달과 운영은 원부령(元符令)에 따르도록 했다. 원부령은 철종 원부(元符) 원년(1098)에 내려진 조령으로 그 내용은 다음과 같다.

> 환과고독하고 가난하여 스스로 생활이 불가능한 자는 각 주(州)와 현(縣)의 지방관이 실태를 조사하고 확인하여 관에서 그들을 부양토록 하라. 질병이 있는 자는 곧 의약을 주고, 감사가 검찰하고 하나하나 조사하여 밝히도록 하라. 응당 거양해야 하는 자는 대(代)가 끊겨 주인이 없는 집에 거주하게 하고, 그것마저 여의치 않으면 관청의 가옥에서 머물도록 하라. 또한 대가 끊겨 주인이 없는 집의 재산으로써 그 비용을 충당하여 달[月]에 제한 없이 나누어주고 걸개법(乞丐法)에 따라 미두(米豆)를 지급하라. 만약 부족하면 상평창에서 생긴

15 삼종 형제(三從兄弟: 8촌 지간), 중증손(衆曾孫), 중현손(衆玄孫)

16 『宋會要』 食貨60之13, 「恩惠」.

이자로 충당하라. 이미 거양하여 자존이 가능한 자는 (부양을) 중지토록 하라.[17]

원부령에 따르면 안제방의 경비는 기본적으로 대가 끊겨 주인이 없는 집의 재산으로 그 비용을 충당하거나, 부족할 경우에는 상평창 운영에서 생긴 이자로 지급했다. 그리고 환자들에 대한 수발 등의 일상사는 승려들을 활용했다. 그런데 그러다 보니 물품과 경비의 수입·지출 등 회계 관리에 허점이 드러났던 것으로 보인다. 그래서 군전(軍典) 1명을 파견하여 이상의 업무를 관장토록 했다. 그런데 병에 걸린 병자와 같은 공간에서 근무하는 것은 서로가 꺼리는 상황이었기 때문에 파견 근무자에 대한 배려가 있었다. 즉 기존의 신분에 할당되는 월급 이외에 매달 쌀과 장채전(醬菜錢) 1관문을 더하여 지급했다. 그렇게 함으로써 그들에게 동기를 부여하고 회계 업무의 효율성을 제고했던 것이다. 그리고 현 단위의 향촌마다 인원을 1명 파견하여, 마찬가지로 수입과 지출 등의 회계·물품을 관리토록 하고 1년에 한 번씩 담당자를 교체토록 했다.[18]

의사는 안제방에 수양(收養)한 환자들을 치료할 때 임상일지를 작성해야 했다. 환자마다 그 병증의 치유 과정은 물론 치료 과정에서 발생한 의사의 과오를 낱낱이 기록했다. 이를 토대로 연말에 그 실적을 중앙에 보고했으며, 그 결과에 상응하여 상벌을 주었다. 이에 대한 관리는 지방에서는 제거상평사(提擧常平司)에게, 경사(京師: 수도지역)에서는 제점형옥사(提點刑獄司)에게 각각 맡겨서 항상 철저히

17 『宋會要』 食貨68之129, 「居養院安濟坊漏澤園」.

18 『宋會要』 食貨60之3-4, 「恩惠」.

검찰하도록 했다.[19]

안제방과 같은 구제 기구의 운영은 규정에 입각하여 각 관할 관청에서 업무에 임해야 했다. 그런데 어려움에 처한 백성에 대한 구제 조치라는 것은 그 대상자에게 제때 시혜가 베풀어져야 효과적이다. 규정에 입각하여 자칫 경직된 조치로 일관함으로써 실기하게 된다면 구제 행정은 그 효과가 반감될 수 있다. 그래서 정부에서는 관할 관사에게 나름의 융통성을 보장해주었다. 즉 선구제조치, 후보고를 허용했다. 뿐만 아니라 각 지역적 특성 또는 재해 상황에 따라 융통성 있는 운영도 허용했다. 예컨대 흉년이나 혹한을 만나면 황제의 재가를 받기 전이라도 담당 관리가 상황에 맞게 우선 조치토록 했다. 특히 겨울철에 큰 한파가 닥쳤을 경우에는 수용 인원의 수에 얽매이지 말고 가능한 한 지원토록 했다.[20]

2. 의료 구제 활동

송대 의료기구는 크게 둘로 구분할 수 있다. 하나는 전문적으로 병자를 치료하는 병원기구이고 다른 하나는 약재를 가공하거나 약품을 제공하는 약국기구이다. 전자에 속하는 기구로서 태의국(太醫局), 한림의관원(翰林醫官院), 안락방, 안제방, 양제원 등이 있었으며, 후자에 속하는 기구로서 화제국(和劑局), 혜민약국(惠民藥局) 등이 있었다. 약국기구에서도 때로는 의사들이 병자를 치료하는 업무를 겸

19 『宋會要』 食貨60之4, 「恩惠」.

20 『宋會要』 食貨60之6, 「恩惠」.

하긴 했지만 그것이 주요 업무는 아니었다.[21]

안제방은 이들 병원기구와 약국기구들의 지원 속에서 송대 의료 구제 기구로서의 기능을 수행했다. 안제방은 주인 없는 빈집이나 사원(寺院)의 공간을 활용했고, 여의치 않을 경우 비어 있는 관청 건물을 활용하여 환자들을 구제했다. 한 예로 고종 소흥(紹興) 13년(1143) 10월 14일, 임안부(臨安府: 지금의 항주)의 전당현(錢塘縣)·인화현(仁和縣)에서는 인근 사원 중에서 적절한 공간을 안제방 건물로 활용했다. 여기에 각기 의사 1명을 파견하여 그들로 하여금 환자들을 진맥하고 병을 치료토록 했다. 필요한 탕약은 태의숙약국(太醫熟藥局)에서 지원했다.[22]

대규모의 유이민이 발생하거나 큰 재해로 대규모의 환자가 발생할 경우에는 중앙정부의 지원 없이 안제방만으로 감당하기 어려운 경우도 많았다. 소흥 16년(1146) 6월에는 무더위가 매우 심했던 것으로 보인다. 임안부에서 환자가 속출하자 한림의관원에서 의관 4명을 파견하여 도시 곳곳을 두루 가서 진찰케 했다. 또한 호부(戶部)로 하여금 화제국에 명하여 적절한 약을 쓰도록 처리했다. 이러한 조치는 이후에도 비슷한 상황이 발생했을 때 지속해서 준용되었다.[23] 소흥 26년(1156)에도 무더위가 극심하여 봄부터 열병 환자가 많이 발생했다. 이에 조정에서는 조서를 내려 약을 처방토록 했다. 이때 주로 소시호탕(小柴胡湯)을 처방한 것으로 보인다.[24]

---

21 梁峻, 『中國古代醫政史略』, 內蒙古人民出版社, 1995; 李經緯·林昭庚 主編. 『中國醫學通史』 古代卷, 人民衛生出版社, 2000 참조.

22 『宋會要』 食貨60之9, 「恩惠」.

23 『宋會要』 食貨59之31, 「恤災」.

24 『宋會要』 食貨59之33, 「恤災」.

12월 26일, 조서를 내려 "양회(兩淮) 지역에 적이 침범하여 백성들이 유린당하고 유이민들이 기근과 추위에 노출되어 점점 질병이 발생하고 있다. 화제국으로 하여금 신속히 적합한 약을 조제하여 4만 첩을 만들어서 회동과 회서 총영소(總領所)에 보내고, 추밀원(樞密院)에서 사신 1명을 파견하여 사태를 파악하고 관장토록 하라. 해당 지역의 관리에게 위임하여 (그들이) 양회 주, 현, 향촌에 도착하면 곧 의사를 보내어 함께 나누어주도록 하라"고 했다.[25]

위 사료는 효종 융흥(隆興) 2년(1164) 12월, 양회 지역에 전란으로 유이민이 대거 발생한 내용과 그 후속 조처에 대한 내용을 담고 있다. 때는 한겨울이었기에 기근과 추위에 노출된 유이민들 사이에서 점점 역병이 증가했다. 이는 안제방에서 해결할 수 있는 차원을 넘어선 상황으로, 조정에서는 화제국으로 하여금 신속히 역병에 효과가 있는 약을 4만 첩 조제하여 회동·회서 총영소로 보내주고, 추밀원에서 관리 1명을 파견하여 관장토록 했으며, 더불어 의사를 지원하여 역병에 대처토록 했다는 내용이다. 송대에는 전쟁이 잦았는데 이로 인한 유이민의 증가는 역병 발생을 촉발하는 요인으로 작용할 수 있었다. 대규모 역병은 안제방 차원에서 감당할 수 있는 수준이 아니었고, 이럴 경우 사료의 내용과 같이 중앙정부에서 지원했음을 알 수 있다.

같은 해 양절(兩浙) 지방에서는 큰 홍수가 나 유이걸식(流移闕食)하는 사람들이 많이 발생했다. 그로 인하여 전염병이 돌고 사망자까지 속출하자 중앙정부에서는 이듬해인 효종 건도(乾道) 원년(1165) 4

25 『宋會要』 食貨59之41, 「恤災」.

월 22일에 조서를 내려 한림원에서 의관 8명을 파견하여 임안부 도시 곳곳의 전염병자를 살피도록 했다. 더불어 증세에 따라 약을 쓰도록 했는데, 그 약은 호부의 주관 아래 화제국에서 지원토록 했다. 그리고 임안부 이외의 지역에서는 해당 지역의 의관에게 맡겨 치료토록 했다. 이때 약재 구입에 필요한 경비는 해당 관사의 경비에서 조달토록 했다.[26]

경사에서 안제방이 감당할 수 없을 정도의 재해나 역병이 발생한 경우에는 중앙 병원기구인 한림의관원과 중앙 약국기구인 화제국에서 인력과 약재의 지원이 이루어졌다. 그렇지만 경사에서 멀리 떨어진 지방에서 이와 같은 상황이 발생했을 때 중앙 의약기구가 인력과 약재를 모두 지원하기란 사실상 한계가 있었다. 더불어 남송 시기에는 시간이 흐를수록 구제 기구에 대한 중앙의 지원이 점차 감소했으며, 대신 지방 자체적으로 재원을 마련하여 구제 조치를 취하는 방향으로 지원이 전개되었다.[27]

그렇다고 중앙의 의약기구들이 지방의 의료 구제 지원에 마냥 손 놓고 있던 것은 아니었다. 다만 의료 인력이나 약재의 지원에는 한계가 있었다. 실제로 지리적으로 멀리 떨어진 지역일수록 중앙에서 일일이 대처하는 데에는 제약이 있을 수밖에 없었다. 재해 또는 환자가 발생한 경우 그에 대한 처방의 효율성은 시간과 밀접한 상관관계가 있기에, 아무리 뛰어난 의술을 지닌 의사라 할지라도, 또 아무리 좋은 약재라 할지라도 제때 환자에게 제공되지 않으면 그 효과는 반감되었기 때문이다.

---

26 『宋會要』 食貨59之42, 「恤災」.

27 김대기, 「남송대 향촌 구제 기구와 구제 활동의 성격」, 2011; 이근명, 「송대 사회구제제도의 운용과 국가권력」, 1997.

이에 정부에서는 영종 가태(嘉泰) 3년(1203) 5월 16일, 태의국에 명하여 민간에서 상용하는 것 중에서 효과가 검증된 것을 골라 간단한 사용법을 1부씩 작성하여 전국 감사(監司)에게 반포토록 했다. 그러면 감사는 주·현에 그것을 시행하고, 주·현에서는 다시 큰 글씨로 각 마을에 게시했다. 그리고 일반 백성이나 빈민들이 약재를 구하기 어려운 사정을 감안해, 각 지방에서는 상평전(常平錢)을 조달해 약물을 사들인 후 그것을 조제하여 환자들에게 골고루 저렴한 가격으로 배분함으로써 그들을 구제했다.[28] 이러한 방식으로 중앙 의약기구는 지방에 적절한 의료 지식을 보급함으로써 의료 인력 및 약재 직접 지원의 한계를 일정 부분 보완했다.

3. 양제원의 확대와 구제 기능의 변화

1) 안제방의 폐단

자선 기구의 구제 활동에 대하여 규정과 조칙이 제정된 것은 사실이나, 현실 사회에서 시행되는 데에는 분명 제도나 규정과의 간극이 존재했다. 안제방을 포함한 구휼 제도는 국가의 재정과 밀접한 상관관계를 맺었다. 오늘날로 이야기하면 일종의 사회보장 제도인 구휼 제도가 제대로 시행되려면 재정의 뒷받침이 필수불가결하며, 그렇지 않으면 그 제도는 유명무실해진다. 더욱이 통치 질서의 이완은 구휼 제도의 효율을 떨어뜨리는 요인으로 작동한다. 관리들의 부패를

28 『宋會要』 食貨58之25, 「賑貸下」.

막기 위해 중앙정부는 철저한 보고와 감찰 규정을 두지만, 그러한 규정만으로 구휼 제도가 잘 작동되고 있다고 단정 지을 수도 없다.

송대에 안제방이 설치되기 시작한 것은 1102년이다. 그런데 불과 10년도 안 되어서 그 본래의 취지가 일선 지방에서 퇴색되고 있음을 보여주는 징후들이 포착되었다. 안제방을 감독해야 할 관사가 그 직무를 태만히 함으로써 본래의 취지가 거의 상실하는 지경에 이르렀던 것이다. 안제방 안에서 모기장을 쳐놓고 육식과 음주를 하며 특전까지 주었으니, 날마다 소비가 늘어나는 것은 당연했다. 심지어 젊고 건장한 자도 놀고 게으름을 피우면서 태연자약하게 기거하며 음식을 축내는데, 관(官)에서는 이를 살피지도 않았다. 그러니 폐단은 더욱 심해졌다. 상황이 이러하니 정부에서는 감찰을 강화할 수밖에 없었을 것이다.[29]

> 휘종 정화(政和) 원년(1111) 11월 19일, 상서성(尙書省)에서 말하길 "거양원, 안제방, 누택원은 요즘 제거상평사 관원이 제대로 살피지 않아서 백성들이 의지할 데가 없는데도 가만히 앉아 보기만 할 뿐 구제하지 않습니다. 심히 조정의 혜양(惠養)의 뜻을 잃었습니다"라고 했다. 이에 조서를 내려 거양(居養), 안제(安濟), 누택원의 일은 전운사, 제점형옥사, 염향사(鹽香司)가 더불어 살피고 낱낱이 밝히도록 했다. 경사에서는 어사대에 맡겨 탄핵하고 아뢰도록 했다.[30]

안제방을 비롯한 거양원, 누택원에 대한 감독 기구인 제거상평사

---

29 『宋會要』 食貨60之5-6, 「恩惠」.

30 『宋會要』 食貨60之6, 「恩惠」.

가 제 직무를 다하지 못하니 정화 원년(1111)부터 지방 기구는 전운사, 제점형옥사, 염향사가 더불어 감찰하게 하고 경사에서는 어사대에 맡겨 탄핵토록 했다는 내용이다. 이러한 관리·감찰의 강화 조치에도 불구하고 북송 말기로 갈수록 관리들의 직무 소홀은 심화했으며, 여기에 더하여 위법 사례까지 증가했다.

정화 4년(1114) 2월 1일, 양절 전운사에 의하면 진강부(鎭江府) 단도현(丹徒縣)의 거양원과 안제방에서는 솜옷을 마련하여 독거노인과 쇠약한 사람들에게 나누어줘야 함에도 불구하고 이러한 조치를 취하지 않았다. 솜옷을 나누어주는 데 써야 할 구제 경비를 부당하게 다른 용도로 유용하거나 횡령한 것이다. 이뿐만이 아니다. 다음날 이어진 신료들의 보고에 의하면 전국 여러 지방에서 거양원과 안제방에 실제로 들어가야 하는 사람들이 제대로 혜택을 받지 못하고 있었다. 거양원 및 안제방의 관계자와 친척이거나 친분이 있어야 입소가 가능했던 것이다. 관리들이 명단을 허위로 작성하여 정작 구제가 필요한 사람을 수시로 내쫓아서 법으로 마땅히 구휼해야 할 사람들이 재차 피해를 당하고 있었다. 상황이 이렇게까지 된 것은 관리들의 상호 묵인과 감찰 업무 태만 때문이었다.

조정에서는 이러한 상황을 파악하고 이후로 각 지방의 안제방과 거양원에 들어온 사람 중에서 친척이나 친분을 통하여 등록된 사람이 있는지 살펴보았으며, 만약 그러할 경우 그와 관련되지 않은 관리 1인에게 맡겨 점검토록 했다. 만약 비리가 있을 경우에는 조작한 쪽이나 비리를 밝히지 못한 쪽 모두 같은 죄로 처벌했다.[31]

정부의 지속적인 조치에도 불구하고 상황은 그다지 호전되지 않

31 『宋會要』 食貨60之6, 「恩惠」.

은 것으로 보인다. 휘종 선화(宣和) 원년(1119) 5월 9일 조서에 따르면 여전히 거양 및 안제 등의 법이 점점 훼손되어서 관리들이 나태해졌다고 한다. 때문에 다시 각 지방의 감사와 염방사(廉訪司)에게 명하여 이를 감찰하고 비위가 적발된 관리들은 무겁게 다스리도록 했다.[32] 이렇듯 감찰 규정이 강화되었다는 것은 역설적으로 그만큼 관리들의 비위 행위가 증가했음을 보여주는 반증이기도 하다. 북송 말기에 이르러 시간이 흐를수록 안제방을 비롯한 구제 기구는 서서히 유명무실해졌다. 『송회요집고(宋會要輯稿)』 식화(食貨)60 「은혜(恩惠)」조에서도 남송 시기 1140년대 이후 안제 또는 안제방에 대한 기사는 점점 줄어든다.

안제방이 쇠퇴하면서 이후 가난한 백성을 수양하고 구제하기 위한 새로운 기구로서 양제원이 점차 확대되기 시작했다. 다음 절에서는 양제원의 확대 배경과 안제방과의 상관관계에 대하여 살펴보도록 하겠다.

2) 양제원의 확대

송 정부는 빈궁한 환과고독자에 대한 구제 조치를 중시했다. 빈궁하여 거주할 곳이 없는 자들은 거양원에서 수양하고, 병자들은 안제방에서 치료해주었으며, 장사 지내줄 일가친척이 없는 경우에는 누택원에 매장하고 장사를 지내주었다. 그런데 남송 시기에 들어서면 북송 시기에 흔히 언급되던 '거양'이라는 용어 대신에 '양제'라는 용어가 빈번히 등장한다. 실제로 남송 시기에 오면 빈궁한 환과고독자

32 『宋會要』 食貨60之7, 「恩惠」.

를 수양하는 기관으로서 '양제원'이 여러 곳 설립·운영되었다.

양제원은 남송 초에 창설되었는데, 빈궁한 사람과 질병에 걸린 사람 모두를 구제 대상으로 하는 최초의 기구였다. 그러나 그 후 일부 지방에서는 양제원이 병자들을 전문으로 치료하는 기구로 변화했다. 그중에서 특히 행려병자를 대상으로 하는 곳이 많았는데 대표적으로 '소흥부(紹興府: 지금의 절강성) 양제원', '융흥부(隆興付: 지금의 강서성) 양제원', '화주(和州: 지금의 안휘성) 양제원'을 들 수 있다.[33]

소흥부에서는 의지할 데 없는 병자들을 양제원에 수용했으며, 관부에서 의관(醫官) 두 사람을 파견하여 치료토록 하고 보조 2인을 두어 탕약을 끓이고 식사를 담당케 했다. 그리고 병자들을 모두 등록하여 1,000명 이상인 경우 이듬해 3월 1일까지 사망자가 5분의 1 미만이면 도첩 1도(道)를 지급했다. 병자가 500명 이상인데 사망자가 5분의 1 미만이면 전 50관을, 병자가 200명 이상인데 사망자가 5분의 1 미만이면 전 20관을 지급했다. 또한 만약 병자가 1,000명 이상인 경우 사망자가 10분의 1 미만이면 특별히 하사했다. 치료 중 사망한 경우 또는 양제원에 입원하지 못하고 병으로 사망한 경우에는 승려를 시켜 외곽의 관청 소유 토지에 묻어주었다. 더불어 매장한 시신의 수가 200구에 이를 때마다 도첩 1도를 지급했다.[34]

융흥부 양제원은 효종 건도 9년(1173)에 설치되어 순희(淳熙) 9년(1182) 이후까지 지속해서 운영되었다. 1173년 강남서로(江南西路) 전운부사(轉運副使) 예휘(芮輝)가 녹봉을 모아 전 1,000민을 마련하여 병자들에게 약을 제공함으로써 구제했으며, 조여우(趙汝遇)는 녹

33 張文, 『宋朝社會救濟研究』, 2001, 182-184쪽 참조.

34 『宋會要』, 食貨68之138, 「恩惠」, 紹興 元年(1131) 12月 14日.

봉을 모아 전 1,004민을 마련하여 밭과 토지를 매입함으로써 병자들에게 음식을 제공했다. 이후 전전(錢佃)은 융흥부 지방관으로 재임하던 중에 전 1,000민을 더하여 장원을 추가 설치하고 건물을 한 채 지었다. 그리고 관리를 파견하여 감독케 하고, 의사를 교대로 파견하여 환자들을 진찰토록 했으며, 매일 음식과 약재도 지급했다.[35]

화주에서는 1200년 2월에 회남동로(淮南東路) 화주 제거사(提擧使) 한정(韓挺)이 밭을 사들여 53장 9척의 장원을 설치하고서 거양원을 세웠다. 그리고 의지할 데 없는 환과고독자 69명을 거두어 매일 미곡 1승을 연말까지 지급했는데, 이것이 영종 가태 원년(1201)에 건립된 양제원의 전신이다. 25칸의 건물에 수용한 인원은 100여 명이었다. 승려들이 1명씩 교대로 돌아가면서 죽과 음식을 점검했고, 음식을 만드는 일, 죽을 끓이는 일, 청소, 심부름 등의 잡일은 병사들이 맡았다. 그리고 의사를 교대로 파견하여 그들로 하여금 병자를 진료하고 약을 써서 치료토록 했다. 여기에 소모되는 돈과 쌀과 약재는 관청에서 지급했다. 거동이 불편한 병자들에게는 입원을 허락했으며, 그들이 완치되면 다시 돈과 쌀을 주어 고향으로 돌려보냈다. 운영과 관리·감독은 해당 현 지방관의 점검을 받았으며 통판(通判)이 감독했다. 당시 화주 양제원을 운영하면서 들어간 비용은 전액 지방 자체 재원으로 충당했다.[36]

지금까지 살펴본 자선 기구들 외에도 송 정부에서는 광혜방(廣惠坊), 자유국(慈幼局), 영아국(嬰兒局) 등의 기구들을 설립·운영했다. 거양원, 안제방, 양제원, 광혜방, 자유국, 영아국 등은 모두 경성(京城)

35 『宋會要』 食貨58之15-16,「賑貸下」.

36 『宋會要』 食貨60之1-2,「恩惠」.

혹은 부·현 단위, 특히 상대적으로 경제가 발달한 도시에 집중되었다는 특징이 있다. 이 중 강남 지역에서는 다른 지역보다 상대적으로 자선사업이 발달했으며, 자유(慈幼), 양로(養老), 의병(醫病), 송장(送葬), 진재(賑災), 제빈(濟貧)의 방면까지 포괄했다.

북송 말기에 집중적으로 설치된 안제방은 병자를 보살펴주고 치료해주는 의료 구제 기구의 중심에 있었다. 그런데 남송 시기로 오면서 안제방의 기능과 역할은 빈궁한 환과고독자의 수양 기관인 거양원의 성격을 이어받은 양제원으로 이관되는 현상을 보이고 있다. 즉 남송 시기에는 양제원이 빈민의 수양과 더불어 병자에 대한 의료 구제 기능을 겸하는 양상을 보인다는 것이다.

안제방은 1102년에 처음 설치된 이래 각 지방의 현급 단위까지 확산되었으나, 10여 년이 지난 후부터 그 운영과 관리·감독이 부실해지기 시작했다. 이에 따라 안제방의 의료 구제 기구로서의 역할은 점차 약화했고, 정부에서도 안제방을 추가 설치하는 것에 대하여 부정적이었던 것으로 보인다. 기존의 많은 연구는 거양원 및 안제방의 존폐와 관계하여 채경의 집권과 연관 지어 해석했다. 즉 이들 자선 구제 기구의 설치에 채경 개인의 열의가 크게 반영되어 그가 집권한 시기에는 이들 구제 기구가 전국적으로 확산되었지만, 채경이 실각한 시기에는 그렇지 못했다는 것이다.

필자도 안제방의 확산 배경에 채경이 주도적인 역할을 했다는 견해에는 큰 이견이 없다. 그렇지만 10년도 못 가서 폐단이 나타나고 제구실을 못하게 된 것은 북송 말기의 시대적 상황과도 연관해 볼 필요가 있다. 이미 여러 연구에서 언급하고 있듯이 북송 말기에는 통치 질서의 이완과 국가 재정의 악화로 인하여 중앙정부의 지방 구제 기구에 대한 관리와 재정 지원이 크게 축소된 것이 사실이다.[37] 특히 대표적인 진휼 기구인 상평창, 의창 등의 재정이 빈곤하여 제구실을 못했다는 것은 주지의 사실이다. 북송 말기 안제방과 같은 사회 구제 기구의 쇠퇴도 이러한 맥락에서 이해할 수 있을 것이다.

남송 시기로 접어들면 '정강의 변' 이후 남천하는 유이민의 증가로 인하여 유리걸식하는 사람들이 넘쳐났다.

> (건염) 3년(1129) 6월 12일, 도성(都省)에서 말하길 "강을 건넌 사람들이 길거리에 넘쳐납니다. 굶주림에 시달리는 자에게는 먹을 것이 없고, 병에 걸린 자에게는 의약이 없습니다"라고 했다. 조서를 내려 회남(淮南), 강(江), 절(浙) 전운사로 하여금 헤아려 돈과 쌀을 주어 진급(賑給)토록 했다. 병에 걸린 자들에게는 의원을 파견하여 치료해주고 실제 혜택이 백성에게 미치도록 힘써 조금이라도 거처를 잃는 일이 없도록 했다.[38]

남송 시기 유이민은 정강의 변 때뿐만 아니라 이후 금과의 전란이 있었던 소흥화의(紹興和議, 1141) 및 융흥화의(隆興和議, 1164)를 전후해서도 크게 증가했다. 본적지를 이탈하여 떠돌아다니는 유이민의 증가는 위정자들에게 사회 불안정성을 가중하는 요인으로 인식되었

37 거양원의 수용 규정의 변화를 살펴볼 필요가 있다. 거양원 설립 초기 연로자의 나이 규정은 60세 이상이었다. 그러다가 휘종 대관(大觀) 원년(1107) 3월에 50세 이상으로 기준을 완화했다. 그러다가 휘종 선화(宣和) 2년(1120)에 60세 이상으로 환원시켰다. 수용 기준을 완화함으로써 수용 대상자가 증가했고 당연히 재정 부담이 늘었을 것이며, 결국 1120년에 와서 당초의 기준인 60세로 상향 조정할 수밖에 없었을 것이다(『宋會要』, 食貨60之7; 오원경, 「중국의 경로 전통과 북송대 노인구제 정책」, 『역사교육논집』 제53집, 2014, 306-307쪽 참조).

38 『宋會要』 食貨59之21, 「恤災」.

다. 당시 위정자들과 지역의 유력가였던 사대부들은 유학적 소양을 갖춘 지식인으로서 인(仁)을 실천하기 위함도 있었겠지만, 향촌사회의 안정성을 확보하기 위해서 유이민을 구제하여 본적지로 돌려보내거나 수용할 필요가 있었던 것이다.

북송 말기에 이미 유명무실화된 여러 사회구제 기구들이 남송 초기 재민들을 모두 구제하기란 한계가 있었다. 그래서 남송 정부에서는 상황에 따라 진제(賑濟)하는 즉자적인 대응에 의존할 수밖에 없었다. 남송 시기에 들어서면 안제(방)에 대한 기사를 찾아보기 어렵다. 안제방과 더불어 북송 말기에 중요한 궁민 수양기구였던 거양(원)에 대한 기사도 남송 초기인 1140년대부터는 보이지 않는다.[39]

『송회요집고』의 기사를 분석하여, '거양(원)', '안제(방)', '양제(원)' 용어의 등장과 소멸 시기를 비교할 수 있도록 <표 2-1>로 정리했다. '거양(원)'이라는 용어는 1146년 11월 5일과 12월 14일 기사 이후 실질적으로 보이지 않다가, 이후 1201년 화주 양제원의 전신으로서 1200년에 존재했다는 기사가 끝이다. 또 안제방이 1102년 설치된 이래 '안제(방)'라는 용어가 등장한 것은 1160년 9월 23일 기사가 끝이다. 반면 '양제(원)'라는 용어는 남송 시기에 오면 1131년 12월 14일 소흥부 양제원 기사에서 처음 등장한다. 그리고 이후 1159년 9월 21일 기사를 기점으로 1160년대에 들어서면 급격히 증가하고 있다.

주목할 부분은 앞에서 언급한 '안제(방)' 관련 마지막 기사인 1160

---

39 『宋會要』의 거양원 관련 조목(條目)의 수효를 분석한 결과, 고종 소흥 10년(1140) 무렵을 분수령으로 하여 점차 줄어들기 시작해 효종 초년을 끝으로 완전히 사라지게 된다. 반면 소흥 말년 이래로 빈민 수양 업무에 관한 기사가 줄어드는 대신 진제와 관련한 기사의 비중은 점차 커져가는 경향을 보인다. 이를 통해 도시 빈민에 대한 정책적 비중이 수양으로부터 진제로 옮겨갔다고 볼 수 있다(이근명, 「송대 사회구제제도의 운용과 국가권력」, 1997, 70쪽).

〈표 2-1〉『송회요집고』 식화60「은혜」조의 거양(원), 안제(방), 양제(원) 언급 기사 시기

용어 / 시기	거양(원)	안제(방)	양제(원)
기사 연월일	… 이전 생략	… 이전 생략	소흥 원년(1131) 12월 14일
	–	소흥 13년(1143) 10월 14일	–
	소흥 14년(1144) 12월 3일	–	–
	소흥 16년(1146) 11일 5일	소흥 16년(1146) 11월 5일	–
	소흥 16년(1146) 12월 14일	소흥 16년(1146) 12월 14일	–
	–	–	소흥 29년(1159) 9월 21일
	–	–	소흥 30년(1160) 2월 12일
	–	소흥 30년(1160) 9월 23일	소흥 30년(1160) 9월 23일
	가태 원년(1201) 3월 11일	–	이후 생략 …

년 9월 23일의 동일한 기사에서 '안제(방)'와 '양제(원)'가 함께 등장한다는 것이다. '구제 기구의 개념과 기능의 변화'라는 측면에서 보면, 남송 초 1140년대까지 빈민 수양기구였던 거양원과 병자 수양 치료기구였던 안제방이 병존하다가 1160년대에 들어서면서 양자의 기능이 양제원으로 수렴·통합되었던 것으로 추론할 수 있겠다. 주로 겨울철에 빈궁한 환과고독자를 시설에 수용하여 진제하는 방식을 '거양(원)'이라고 했고, 빈궁한 병자들을 시설에 입원시켜서 의사를 동원하여 치료하는 것을 '안제(방)'라고 했다. 양제원은 바로 거양원과 안

제방의 이러한 개념 및 기능이 합쳐진 기구였던 것으로 이해할 수 있다. 남송 시기에 가면 '거양'이라는 표현보다 '양제'라는 표현을 주로 사용했다는 것이 이를 뒷받침한다.

『송회요집고』 식화57 「진대 상」, 식화58 「진대 하」, 식화59 「휼재」, 식화60 「은혜」 기사를 분석한 바, 1160년대 이후부터 기사가 급증했음을 <표 2-2>를 통해 확인할 수 있다. 특히 ⑪번과 ⑫번을 주

〈표 2-2〉 『송회요집고』 식화 기간별 기사 수

출처 기간	식화57 「진대 상」	식화58 「진대 하」	식화59 「휼재」	식화60 「은혜」
① 신종 희녕 원년(1068) ~ 신종 희녕 10년(1077)	12	-	7	1
② 원풍 원년(1078) ~ 철종 원우 2년(1087)	37	-	19	4
③ 철종 원우 3년(1088) ~ 소성 5년(1097)	29	-	6	0
④ 철종 대부 원년(1098) ~ 휘종 대관 원년(1107)	6	-	20	21
⑤ 휘종 대관 2년(1108) ~ 정화 8년(1117)	15	-	19	17
⑥ 중화 원년(1118) ~ 흠종 정강 1년(1126)	20	-	38	4
⑦ 고종 건염 원년(1127) ~ 고종 소흥 6년(1136)	20	-	34	11
⑧ 소흥 7년(1137) ~ 소흥 16년(1146)	6	-	16	12
⑨ 소흥 17년(1147) ~ 소흥 26년(1156)	9	-	12	13
⑩ 1156년 이전까지 기간별 평균 수치	17.1	-	19.0	9.2
⑪ 소흥 27년(1157) ~ 효종 건도 2년(1166)	-	43 (35)	66 (43)	28 (19)
⑫ 효종 건도 3년(1167) ~ 순희 3년(1176)	-	70	72[40]	-
⑬ 순희 4년(1177) ~ 순희 13년(1186)	-	24	-	-
⑭ 순희 14년(1187) ~ 녕종 경원 2년(1196)	-	20	-	-

목할 필요가 있는데, 1163년부터 본격적으로 기사 수가 급증하고 있다.[41] 1163~1166년의 수치를 고려할 때[42] 1163년부터 1176년까지의 진대와 휼재, 은혜의 기사는 앞 시기의 평균 수치(⑩번)와 비교하여 3배에 가깝다. 실로 상당한 차이라 하지 않을 수 없다.

한편 <그림 2-1>은 『중국역대천재인화표(中國歷代天災人禍表)』의 자료를 그래프로 재구성한 것이다.[43] 이 그래프상에서도 북송 초기를 제외할 경우 1160년대의 수재, 한재, 기타 재해를 포함한 수치는 이

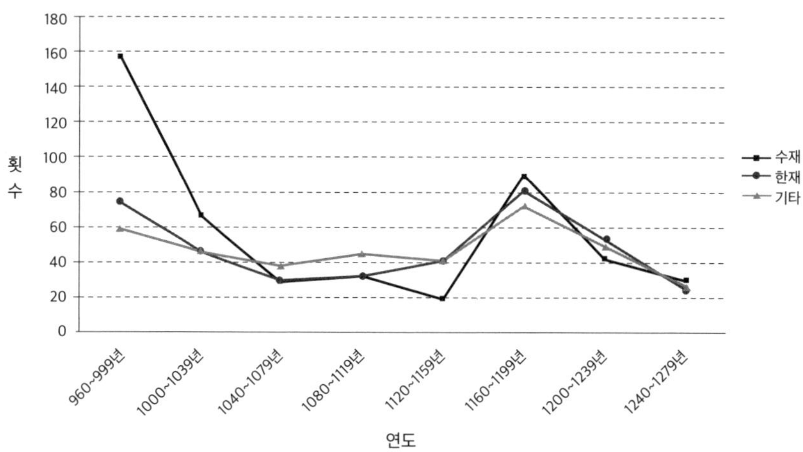

〈그림 2-1〉 송대 재해 발생 빈도[44]

---

40 효종 건도 3년(1167)~순희 3년(1176) 기간의 『宋會要』, 食貨59, 「恤災」 기사는 1173년까지 기록되었다.

41 『宋會要』, 食貨 57, 「賑貸上」과 食貨58 「賑貸下」는 시기가 연결되는 연속 기사이다.

42 <표 2-2> ⑪번 고종 소흥 27년(1157)부터 효종 건도 2년(1166)까지 기간의 수치 하단의 괄호 ( ) 안 수치는 '1163~1166년' 사이 4년간의 증가 폭을 강조하기 위해 별도로 기재한 것이다.

43 陳高傭 等 編, 『中國歷代天災人禍表』 上·中·下, 北京圖書館出版社, 1937/2007.

44 陳高傭 等 編, 『中國歷代天災人禍表』, 1937/2007 참조.

전 시기와 비교할 때 큰 폭으로 증가하는 양상을 보이고 있다. <표 2-2>에서 보이는 『송회요집고』 기사의 분포도와 호응하고 있음을 확인할 수 있다.

북송 말기부터 전해오던 궁민 수양·의료 구제 기구였던 거양원과 안제방은 1140년대를 즈음하여 침체기를 맞이했다. 그러다가 1160년대에 들어서면서 두 기구의 기능을 수렴·통합한 양제원이 성행하기 시작했다. 이러한 현상을 어떻게 설명할 수 있을까? 북송 말기 1100년대 초 안제방과 거양원의 성행은 당시 집권 세력이었던 채경의 개인적 열의로 설명한다고 하더라도 남송 시기 1160년대 양제원의 확대 배경은 무엇으로 볼 수 있을까?

필자는 그 주요 원인으로 다음의 두 가지를 고려하고자 한다. 먼저 정강의 변과 같은 전란이다. 주지하는 바와 같이 정강의 변으로 수많은 인구가 남천했고 그 과정에서 많은 유이민이 발생했다. 정강의 변에 비견될 수 없겠지만 1160년대에도 전란이 있었으니 금(金)과의 전쟁으로, 이 결과 융흥 2년(1164) 12월 금과 융흥화의를 맺었다. 당시 금군은 남송 정벌을 목적으로 1161년 6월 개봉(開封)으로 천도하고 8월부터 공격을 개시했다. 9월에는 주력 부대가 양회 지역을 향해 본격적으로 남침에 돌입했으며, 이후 소강 국면에 접어들었다가 1163년에 재차 출병하여 11월에 회수를 건너 초주(楚州), 호주(濠州), 저주(滁州)를 점령했다.[45] 이때의 피해 상황이 어느 정도였는지는 다음 기사에 잘 드러난다.

45 박지훈, 「남송 효종 대 융흥화의와 화전론」, 『동양사학연구』 제61집, 1998, 71-78쪽 참조.

융흥 2년(1164) 윤11월 19일, 신료들이 말하길 "회남(淮南) 지역에서 백성들이 유이(流移)하여 현재 강절(江浙) 지역의 주(州)와 군(軍)에 무려 십수만 명의 무리가 있습니다. (그들을) 진제하고자 해도 관청이 소유하고 있는 미곡은 한정되어 있습니다"[46]라고 했다.

융흥 2년(1164) 윤11월 25일, 황제께 글을 올리길 "적의 기병이 변경을 침범하자 양회(兩淮)의 백성이 모두 강남으로 갔습니다. 진강(鎮江)의 조류로 수문을 열 수 없어 강의 양안에 정박한 작고 낡은 배가 수천 척에 이릅니다. 근래에 큰 눈으로 모두 비바람에 노출되고 식량이 부족하다는 근심이 있으니 바라건대 진제를 널리 행하여 주십시오"라고 했다.[47]

앞의 두 기사를 보면 융흥 연간 금군이 침범하자 양회 지역 백성들은 전란을 피하여 십수만 명이 강절 지방으로 피난했음을 알 수 있다. 융흥 연간의 전란으로 인한 유이민의 증가는 1160년대 양제원의 수요를 증가시키는 중요한 요인으로 작용했을 가능성이 높다. 그렇지만 융흥화의만으로 1160년대 이후 양제원의 증가 현상을 설명하면 다음의 반론에 직면할 수 있다. 첫째, 1141년에 이루어진 소흥화의 시기와 비교해 볼 경우, <표 2-2>에서 소흥화의 시기에 해당하는 ⑧번 기간의 기사 수치가 ⑩번 기간의 평균 수치 이하임을 확인할 수 있다. 둘째, 융흥화의(1164. 12.) 이후 40여 년간 금과의 큰 전쟁이 없었다는 점을 고려하면, <표 2-2> ⑫번 기간 기사 수치의 증가는 전

46 『宋會要』, 食貨59之40, 「恤災」.
47 『宋會要』, 食貨59之41, 「恤災」.

란과 크게 관계가 없음을 유추해볼 수 있다.

그렇다면 전란 이외에 훨씬 더 큰 요인이 있었다고 보아야 하는데, 그것은 어떤 것일까? 필자는 이 시기 재해의 폭증에 주목하고자 한다. 앞에서 언급한 기사의 분석에 따르면 1160년대, 특히 '1163~1176년'의 재해 증가와 그로 인한 진대 및 구휼 조치에 관한 기사가 급증하는 것이 주요 근거이다.

> 융흥 2년(1164) 7월 24일, 신료들이 말하길 "건강(建康), 진강(鎭江), 평강부(平江府), 상주(常州), 수주(秀州) 등의 지역에서는 올해 가을비가 그치지 않아 홍수 피해를 입었습니다. 미곡의 가격을 눈여겨보니 이미 심하게 올랐습니다. 바라건대 제거사에게 명하여 법에 따라 진제케 하시고 농민이 무리 지어 유이(流移)하지 않게 하십시오. 거듭 각 주의 지방관에 명하여 곡식이 있는 집들은 평상시 가격으로 곡식을 내다 팔도록 권유케 하십시오"라고 했다. 그대로 따랐다.[48]

이것은 1164년 7월 기사로, 금군이 재차 출병한 것이 1164년 11월이니 그들이 회수를 건너기 전이다. 추수 계절인 가을에 연일 계속되는 비로 백성들이 큰 피해를 입었다. 가을 추수기에 재해가 닥치면 그 피해 규모는 여느 계절과 비교할 수 없다. 한 해 농사를 모두 망치게 되기 때문이다. 그렇다면 1160년대부터 이렇게 재해가 급증한 이유는 무엇일까? 기후사의 연구 성과를 빌려 이 문제를 설명할 수 있다.

최근의 중국 기후 변동에 관한 연구에 따르면 1110~1190년대 중

48 『宋會要』 食貨59之41, 「恤災」.

국의 기후는 한랭기에 속한다.[49] 12세기 100년간의 연평균 기온은 1950~1980년대보다 0.33℃ 낮았다. 특히 1140~1160년대는 더 한랭했는데, 동 기간 30년간의 연평균 기온은 1950~1980년대보다 0.5℃ 낮았다. 불순한 일기로 인하여 수재와 한재가 증가했고, 따라서 기근과 기민이 증가하는 것은 당연했다.[50]

구체적인 예로서 12세기 한랭화로 태호 동정산의 감귤이 동해(凍害)를 입었다는 연구 결과가 최근에 나왔다. 송대 동정산은 온난한 기후 조건을 배경으로 중국 제일의 감귤 생산지로 발전했다. 그런데 동정 감귤이 동해를 입었다는 것은 감귤의 북방 한계가 남하했다는 것을 의미한다. 송·원대 '중세 온난기' 가운데서 유독 한랭했던 12세기에는 동정산의 감귤 생산이 심각한 타격을 입었다. 이에 반해 훨씬 남쪽에 위치한 온주(溫州)는 이러한 피해에서 상대적으로 자유로웠다. 천하제일의 동정 감귤이 온주 감귤에 그 지위를 빼앗긴 것은 12세기 한랭화 때문이었던 것이다.[51]

12세기의 한랭화는 특히 후반부에 더 강하게 나타났다. 1160년대 들어 임안부와 양절 지방에서는 기민(饑民)과 걸개인(乞丐人)들의 수가 증가했으며 이에 대한 적절한 조치를 요구하는 기사들의 수도

---

49 丁一匯 主編, 『中國氣候』, 科學出版社, 2015, 452-462쪽 참조. 이외의 연구들에서도 1100~1190년대가 한랭기에 속한다는 데에는 대체로 공통된 견해를 보이고 있다(유소민, 『中國歷史上氣候之變遷』, 박기수·차경애 옮김, 『기후의 반역』, 성균관대학교출판부, 2005).

50 일반적으로 북반구에서 연평균 기온이 1℃ 변할 때마다 농작물의 생장 기간은 3~4주 정도, 양식의 생산량은 10% 정도 차이가 난다고 한다(李伯重, 「气候变化与中国历史上人口的几次大起大落」, 『人口研究』 第23卷 第1期, 1999, 17쪽).

51 김문기, 「'귤화위지'와 중국의 기후변동」, 『동북아문화연구』 제38집, 2014, 233-235쪽; 239-242쪽 참조.

증가했다.[52]

> 건도 원년(1165) 2월 26일, 감찰어사 정숙규(程叔逵)가 말하길 "… 지금 굶주린 사람들이 도시 밖[城外]에 모여 있는데, 죽(粥)을 원하는 자들이 수만 명입니다. 그중에서 병자와 쓰러지는 자가 점점 늘어나고 있다고 합니다. 신이 대략 물어보니, 도시 안[城內]에 관을 짜 매장해 준 자가 이미 70여 명에 달했다고 하니 그 늘어나는 수효가 멈추지 않을까 하여 염려됩니다. 일전에 관청에 조서를 내려 비어 있는 건물을 택하여 그들을 편안히 요양하도록 했고, 또한 의원에게는 약을 가져가서 병을 고치도록 명했으니 가히 덕의(德意)가 두루 미쳤다고 말할 수 있겠습니다. 그러나 신이 백성들이 모인 곳을 살펴보니 질병의 확산세가 퍼져서 점차 전염되고 있어 치료하는 것이 어렵습니다. 마땅히 각 부현(府縣)에 신속히 칙서를 내리시어 법규에 따라 방을 게시하도록 해주십시오. … 의지할 곳이 없는 사람은 곧 병방(病坊)에서 편안히 요양하도록 해주십시오"라고 하니, 그대로 따랐다.[53]

앞의 기사는 1165년 2월 겨울 기사로, 당시의 재해 정도를 짐작할 수 있게 하는 단서를 보여준다. 도성에 굶주린 사람들이 수만 명에 이르렀고, 그들 중 이미 병에 걸려 죽거나 굶주려 죽어 매장한 사람이 70여 명에 다다랐다고 한다. 그러나 이러한 상황은 여기서 그치지

52 한랭화가 진행되면 해안 지방보다 내륙 지방의 기온 하강률이 높다. 때문에 이 시기에 증가한 임안부와 진강부의 유이민은 이 지역민일 수도 있지만, 이 지역보다 경제적으로 낙후되었거나 기온 하강률이 높은 내륙 지방의 지역민들이 상대적으로 생활 조건이 양호한 임안부나 진강부 지역으로 온 경우일 가능성도 배제할 수는 없다.

53 『宋會要』 食貨60之14, 「恩惠」.

않고 더욱 악화하여 굶주린 사람들 사이에서는 전염병이 점차 확산하고 치료조차 쉽지 않은 지경에 이르렀다. 상황이 매우 급박했던 것으로 보인다. 이에 굶주린 사람 중에서 의지할 곳이 없는 사람은 병방에 수용하여 구제토록 했다.

1165년 초 재해로 인한 피해는 쉽게 가라앉지 않았던 것 같다. 같은 해 4월 22일 기사를 보면 임안부에서 굶주린 백성들을 위한 양제 기간을 4월 말까지 연장하라는 조서를 내리고 있다. 통상적으로 양제는 추위가 찾아오는 11월 초부터 따뜻해지기 시작하는 이듬해 3월 이전까지 시행했다. 그렇지만 그해의 피해 정도가 쉽게 잦아들지 않자 양제 기간을 4월까지로 연장했던 것이다. 그럼에도 병방마다 잔질자(殘疾者)와 병자들이 가득 차서 양제를 멈출 수 있는 상황이 아니었기에 또다시 보름을 더 연장하여 5월 중순까지 양제했다.[54]

1160년대 재해의 정도와 횟수가 그전보다 매우 심해진 상황에서, 1140년대부터 거양원과 안제방 같은 굶주린 백성들을 위한 수양기구들은 침체 상태였기에 당시의 재해 국면에 제대로 대처할 수 있는 수양기구는 매우 부족했을 것으로 추측된다. 고종 소흥 시기(1131~1162)부터 나타난, 굶주린 백성에 대한 수양 업무에 관한 기사는 줄어들고 대신 진제와 관련한 기사의 비중은 점차 증가하는 경향이 그러한 이유와 무관하지 않을 것이다.[55] 이러한 상황에서 남송 사회에 사회구제 시스템의 중요성이 부상했을 가능성이 높다.

남송 시기에 오면 거양원이나 안제방과 같은 구제 기구들이 중앙정부의 직접적인 재정 지원에 의존했던 북송 시기와 전혀 다른 양상

54 『宋會要』 食貨60之14-15, 「恩惠」.

55 이근명, 「송대 사회구제제도의 운용과 국가권력」, 1997, 70쪽.

이 나타났다. 남송 시기에는 지방 단위에서 독자적으로 재원을 확보하는 형태로 구제 기구의 재정 상황이 변화했다. 이러한 상황에서 구제 기구의 재정을 자체적으로 책임져야 하는 향촌사회로서는 거양원, 안제방과 같은 각기 기능적으로 특화된 구제 기구를 여러 개 만든다는 것이 여의치 않았을 것이다. 또 재해가 폭발적으로 증가하고 그로 인한 기민이 폭증하는 상황에서 순발력 있게 대응해야 할 필요성도 제기되었을 것이다.

이러한 배경으로 1160년대 이후부터 기존의 굶주린 백성들을 대상으로 한 수양기구였던 거양원과 빈궁한 병자들을 위한 치료기구였던 안제방의 기능을 수렴한 양제원이 성행하지 않았을까 생각된다. 남송 시기에 활성화한 양제원은 이후 명대(明代)를 거쳐 청 말기까지도 유지되었다. 그리고 명·청 시기에 전국적인 규모를 갖춘 의료 구제 시설이 되었으나, 빈민 구제 시설로서의 성격이 강했기에 일반인들은 입원이나 내원을 꺼렸다. 그러면서 이후에는 점차 형식화된 기구로 전락했다.[56]

* * *

중국 송왕조 시기의 의료기구는 크게 둘로 구분할 수 있다. 하나는 전문적으로 병자를 치료하는 병원기구이고 다른 하나는 약재를 가공하거나 약품을 제공하는 약국기구이다. 전자에 속하는 기구로는 태의국, 한림의관원, 안락방, 안제방, 양제원 등이 있으며, 후자에 속하는 기구로는 화제국, 혜민약국 등이 있는데 이들 약국기구에서도

56 신규환, 『질병의 사회사: 동아시아 의학의 재발견』, 살림출판사, 2006, 81쪽.

때로는 의생(醫生)들이 병자를 치료하는 업무를 겸했으나 주요 업무는 아니었다.

안제방은 이들 병원기구와 약국기구들의 지원 속에서 송대 의료 구제 기구로서의 기능을 수행했다. 소식의 안락방에서 직접적으로 영향을 받아 1102년부터 안제방이라는 명칭으로 설치되기 시작했으며, 운영은 기본적으로 원부령에 따랐다. 설치된 지역의 관할 관사가 감독·관리했고 승려와 군전 및 의관을 윤번제로 파견하여 운영했다. 큰 규모의 재해가 닥쳐올 때에는 경사와 가까운 지역일 경우 한림의 관원·태의국·화제국과 같은 중앙정부에서 지원했고, 경사에서 멀리 떨어져 있는 지방일 경우 일부분 중앙의 지원을 받았으나 여전히 한계는 존재했다. 따라서 이를 보완하기 위한 방법으로 중앙에서 긴급히 사용할 수 있는 검증된 처방전을 1부씩 제작하여 지방 관청으로 보냈다. 각 고을에서는 백성들이 활용할 수 있도록 규정에 의거하여 처방전을 게시했다.

안제방은 설치되기 시작한 지 10년도 채 안 되어 그 폐단이 포착되기 시작했다. 첫째는 관리들의 직무 태만이었다. 더불어 시혜 대상자가 아님에도 부정한 방법으로 입원을 하거나 재정을 낭비하는 등의 폐단이 만연했다. 정부에서는 감찰을 강화하라는 조칙을 지속해서 내렸지만, 국가 재정의 악화와 통치 질서의 이완으로 안제방을 원래의 모습으로 바로잡는 데에는 한계가 있었다. 시간이 흐를수록 안제방은 다른 구제 기구와 마찬가지로 서서히 유명무실해졌다. 하지만 정강의 변 이후 남송 초의 혼란한 상황 속에서 안제방은 거양원과 더불어 구제 기구로서의 기능을 유지했다. 그러다가 1140년대에 이르게 되면서 서서히 자취를 감췄으며, 이 시기와 비슷하게 맞물려 양제원이 등장했다.

융흥화의 시기의 전란과 12세기 한랭화 현상으로 인한 재해의 증가가 맞물리면서 유이민의 수는 폭발적으로 증가했다. 특히 1160년대에 들어서면 재해의 정도와 횟수가 그전보다 매우 심해졌다. 『송회요집고』에 나타나는 기사 수를 분석해보면 이 시기 재해와 진제 관련 기사 수는 이전 시기 평균보다 3배 이상 증가하고 있다. 1140년대부터 거양원과 안제방 같은 빈민 수양기구가 침체 상태였기에 당시의 재해 국면에 제대로 대처할 수 있는 수양기구는 매우 부족했을 것으로 추측된다. 고종 소흥 시기부터 나타난, 빈민 수양 업무에 관한 기사는 줄어들고 대신 진제와 관련한 기사의 비중이 점차 늘어난 경향은 그러한 이유와 무관하지 않다.

본적지를 이탈하여 떠돌아다니는 유이민의 증가는 당시 위정자뿐만 아니라 향촌사회 유력자들에게도 사회 불안정을 가중하는 요인으로 인식되었다. 당시 사대부들은 유학적 소양을 갖춘 지식인으로서 인을 실천하기 위함도 있었겠지만, 향촌사회의 안정성을 확보하기 위해서 유이민을 구제하고 그들을 본적지로 돌려보낼 필요성을 느꼈다. 더불어 남송 시기에는 지방 단위에서 자체적으로 재원을 확보하는 형태로 구제 기구의 재정 상황이 변화하고 있었다. 구제 기구를 운영하기 위해 필요한 재원을 확보하고 그것을 관리·감독하는 데는 지방관 개인의 관심과 역량이 크게 영향을 미쳤다. 구제 기구의 재정을 자체적으로 책임져야 하는 향촌사회로서는 거양원, 안제방과 같은 각기 기능적으로 특화된 빈민 구제 기구를 여러 개 만든다는 것이 여의치 않았을 것이다. 또 재해가 폭발적으로 증가하고 그로 인해 굶주린 백성들이 폭증하는 상황에서 순발력 있게 대응해야 할 필요성도 제기되었을 것이다. 이러한 배경으로 1160년대 이후부터 기존의 빈민 수양기구였던 거양원과 빈궁한 병자들의 치료기구였던 안제방의 기능을 수렴한 양제원이 확대된 것으로 이해된다.

'구제 기구의 개념 및 기능의 변화'라는 측면에서, 남송 초 1140년대까지 빈민 수양기구였던 거양원과 병자 수양 치료기구였던 안제방이 병존하다가 1160년대에 들어서며 양자의 기능을 양제원으로 수렴·통합해간 것으로 추론된다. 당시 주로 겨울철에 빈궁한 환과고독자를 시설에 수용하여 진제하는 방식을 '거양'이라고 했고, 빈궁한 병자들을 시설에 입원시켜서 의사를 동원하여 치료하는 것을 '안제'라고 했는데, 이렇게 볼 때 양제원은 바로 거양원과 안제방의 개념 및 기능이 합쳐진 기구였던 것으로 이해할 수 있다.

3장

일제 시기 식민지 의료 정책과 도립의원[1]

이방원

한일병합 이후 조선총독부는 식민지 조선인의 질병 관리를 위해 의료 정책을 구상하고 이를 실시하기 위한 거점 병원을 전국적으로 설립·운영했다. 먼저 대한제국 시기 중앙 의료기관이었던 '대한의원'을 '조선총독부의원'으로 명칭을 바꾸고, 조선 최고 관립 의료기관으로서의 역할을 부여했다. 조선총독부는 조선인들의 반일 감정을 완화하고 식민 통치에 순응케 하고자 조선총독부의원에 빈곤 환자만을 무료로 치료하는 시료부를 별도로 설치한 후 조선어에 능통한 의관(醫官)으로 하여금 이를 전담하도록 했다.[2] '시료(施療)'라는 단어에

1 이 글은 『이화사학연구』 제63집(2021)에 실린 저자의 논문 「일제 시기 도립의원의 성립과 운영」을 수정한 것이다.

2 시료부는 빈민 환자를 위해 설립되었으나, 총독부의원 각 분과 의관과 의원들이 시료부 환자의 치료를 통해 의학교육을 실시하여 '의학강습소부속의원'이라고 칭해졌다. 그리고 '시료부에서는 좋은 약을 쓰지 않고 고명한 의사가 진료를 하지 않기 때문에 많은 수의 환자가 죽는다', '시료부 환자가 죽으면 그 시체를 해부용으로 사용한다'와 같은 소문이 돌며 시료부에 대한 부정적인 인식이 형성되었다. 조선총독부, 『조선총독부구료

는, 그 주체가 발달한 의술을 가지고 선의를 베푸는 문명국가 일본이며, 그 대상은 빈곤하고 선진 의료의 혜택을 받지 못하여 질병의 고통을 받고 있던 낙후된 조선 인민이라는 의미가 내포되어 있었다.[3]

조선총독부는 이러한 인식을 전 조선에 파급하기 위해 한일병합 전후 지방 민을 위한 의료기관인 '자혜의원'을 전국 주요 도시에 설립하기 시작했다. 자혜의원이 개항 이후 지방에 세워진 최초의 관립 의원이었다는 사실은 '발달된 문명의 이식'이라는 구호 아래 이전 조선 정부와의 차별성을 주장할 수 있는 좋은 근거가 되었다. 1909년 8월 21일 반포된 「자혜의원관제」에 따르면 자혜의원은 "빈궁자 질병의 진료에 관한 사무"를 담당하는 기관으로서 원칙적으로 "무료 진료"를 하도록 규정되었다. 「자혜의원관제」 반포 이후 1909년 12월부터 설립되기 시작한 자혜의원은 한일병합 직후인 1910년 9월에 이르기까지 각 도에 1개씩 설립되어 그 수가 총 13개에 이르렀다. 이렇게 조선총독부는 종래 서울에 한정되었던 의료 시혜의 범위를 전국적으로 확대하며 박시제중(博施濟衆)을 선전했다.

1909년 12월부터 1911년 6월까지 총 19개월간 자혜의원에서 진료받은 실제 환자를 민족별로 구분하면 조선인 대 일본인의 비율이 대략 5.4:1 정도로, 조선인이 훨씬 많았다. 특히 조선인 환자의 경우는 시료 환자가 대부분으로 98%를 차지하며, 일본인의 경우는 96%가 보통 환자였다. 이러한 수치는 설립 초기 자혜의원이 그 목적에 맞게 조선인 시료를 중심으로 운영되었음을 보여준다.[4] 식민지 초기

기관』, 1912, 22쪽; 「施療部나 有料部나 조금도 다를 것이 없습니다」, 『매일신보』, 1918. 10. 31.; 이방현·이방원, 『한국 사회복지역사』, 신정, 2018, 285, 288쪽.

3 신동원, 『호환, 마마, 천연두: 병의 일상 개념사』, 돌베개, 2013, 321쪽.

4 신동원, 『한국근대보건의료사』, 한울아카데미, 1997, 372-373쪽.

일제는 『매일신보』에 불치병으로 고생하고 있던 빈곤한 조선인이 조선총독부의원 또는 자혜의원 의사의 '신술(神術)'로 '완치'되어 '감읍'했다는 내용의 기사를 지속하여 게재하면서 시혜적인 측면을 강조했다.[5]

그러나 1910년대 한국인 전체 인구와 한국 내 일본인 수를 감안하여 자혜의원 이용자를 민족별로 살펴보면, 총인구 대비 일본인이 조선인보다 대체로 14배에서 20배 가깝게 더 많이 이용했다. 그리고 조선인들은 "말과 정이 통하지 않는 의료기관에서 진료받기 싫어서", 또는 무료 진료를 받기 위해 거쳐야 할 수속들이 너무 많아 차라리 민간 의사나 외국인이 경영하는 병원에 가는 경우가 적지 않았다.[6] 또한 당시 자혜의원이 설립된 지역을 보면 각 도의 도청 소재지이며 일본 수비대가 주둔하고 있던 중심지였다는 공통점이 있다. 즉 자혜의원은 근대문명 이식의 지표로서 식민지 통치의 정당화, 일본 주둔군 및 일본 식민 이주자들의 건강 보호, 빈궁 시혜로 인한 민심 획득을 목적으로 운영되었음을 알 수 있다.[7]

1910년 9월까지 자혜의원이 13개소에 설치된 이후에도 1912년 교통이 가장 불편하여 시약구료(施藥救療)가 절실하다고 판단되는 다섯 곳에 자혜의원이 증설되었으며,[8] 1916년에는 한센인 치료를 위해 전남 소록도자혜의원이, 1918년에는 국경 건너 간도 용정에 회령 자혜의원 출장원 진료소가 설립되어 총 19개 자혜의원과 1개의 출

5 이방현·이방원, 『한국 사회복지역사』, 2018, 287쪽.

6 박윤재, 『한국 근대의학의 기원』, 혜안, 2005, 256-257쪽.

7 신동원, 『한국근대보건의료사』, 1997; 박윤재, 「조선총독부의 지방 의료정책과 의료 소비」, 『역사문제연구』 21, 2009.

8 박윤재, 『한국 근대의학의 기원』, 2005, 252쪽.

〈표 3-1〉 1909~1918년 설립된 자혜의원

시기	자혜의원 설립 지역	합계
1909~1910년	충북 청주(1909. 12.), 전북 전주(1909. 12.), 함남 함흥(1910. 1.), 경기 수원(1910. 9.), 충남 공주(1910. 9.), 평남 평양(1910.9.), 경북 대구(1910. 9.), 강원 춘천(1910. 9.), 경남 진주(1910. 9.), 함북 경성(1910. 9.), 평북 의주(1910. 9.), 황해 해주(1910. 9.), 전남 광주(1910. 9.)	13
1912년	강원 강릉(1912. 8.), 함북 회령(1912. 8.), 전남 제주(1912. 10.), 경북 안동(1912. 10.), 평북 초산(1912. 10.)	5
1916년	전남 소록도(1916. 2.)	1
1918년	함북 회령 자혜의원 간도출장원 진료소(1918. 4.)[9]	1
합계	19개의 자혜의원과 1개의 출장원 진료소	20

장원 진료소가 존재하게 되었다(<표 3-1> 참조).[10]

1919년 8월 부임한 사이토 마코토(齋藤實) 총독은 한반도 내 일반 인민을 위한 자혜의원 증·개축 및 신설을 재개했다. 조선총독부가 직할하던 자혜의원의 운영권은 1925년 각 도로 이관되었고, 이로 인해 개칭된 도립의원이 자혜의원의 지방 거점 병원으로서의 역할을 이어받아 1945년 해방 시기까지 수행했다. 일제 시기 당국자들은 자혜의원과 도립의원이 지방 민의 질병 치료 및 건강관리를 위한 중추 기관으로서의 역할을 훌륭히 수행했다고 평가했다.

그러나 기존 연구들은 대부분 1910년대 자혜의원의 설립과 기능에 초점이 맞추어져 있으며, 도립의원에 대한 내용은 1925년 자혜의

9 조선총독부에서는 간도에 살고 있는 재외조선인의 복리를 위해 1918년 4월 간도 용정과 1931년 6월 연길에 회령의원의 출장원 진료소를 설치하여 조선인의 의료를 담당했다. 그러던 중 만주국이 건국된 후, 1937년 12월 1일 만주국 치외법권 철폐 및 남만주철도 부속지 행정권 이양과 더불어 간도, 연길에 설치된 회령의원의 출장원 진료소 역시 만주국으로 이양되었다(조선총독부, 『조선도립의원개황』, 1930, 3쪽; 조선총독부, 『조선도립의원요람』 5, 1941, 5쪽).

10 조선총독부, 『조선도립의원요람』 5, 1941, 2쪽.

원이 도립의원으로 변화되는 시기에 대한 간단한 정리만이 있을 뿐이다. 수원과 제주 지역의 연구가 그나마 도립의원의 진료 과목, 직원 수, 환자 수용력 등을 소개하고 있으나 각 시대 배경하에서의 분석은 미흡하다.[11] 1925년 소록도자혜의원을 제외한 모든 자혜의원이 도립의원으로 전환되고, 그 이후에도 증설되어 1945년 해방 시기 조선에는 총 46개의 도립의원이 존재했다. 그리고 대다수의 도립의원은 해방 이후 각 지역의 주요 의료기관으로서 현재까지 존재하고 있어 이에 대한 연구는 현대의 지역 의료 상황을 이해할 수 있게 하는 근간이 되기도 한다.

이에 이 장에서는 일제 시기 1925년 이후 지방의 중추 의료기관의 역할을 담당했던 도립의원에 대해 살펴봄으로써 그동안 연구가 미흡했던 도립의원의 제반 사항에 대해 정리하고 궁극적으로 그 성격을 밝히고자 한다. 이를 위해 『조선총독부관보』, 『조선도립의원개황』, 『조선도립의원요람』, 『조선총독부 30년사』, 『매일신보』 등 당시 주요 신문과 기존 연구 성과를 활용하여, 자혜의원이 도립의원으로 전환된 배경, 도립의원 관련법 분석을 통한 도립의원의 개념과 운영 구조, 도립의원 관련법 개정 분석을 통한 도립의원 구성원의 변화 양상, 도립의원의 분과와 의무 직원, 도립의원의 세입·세출 현황 등을 고찰하고자 한다.

11 한동민, 「근대 수원지역의 공공의료기관: 관립수원자혜의원에서 도립수원의원까지」, 『경기사학』 8, 2004; 박인순, 「일제통치기 제주자혜의원(~전라남도립제주의원) 일고」, 『제주도연구』 46, 2016; 장민숙, 「1910년대 광주자혜의원 연구」, 전남대학교 대학원 석사학위논문, 2020.

1. 도립의원으로의 개편과 관련법 제정

1) 자혜의원에서 도립의원으로의 개편 배경

1919년 3·1운동 이후 8월에 부임한 사이토 마코토 총독은 문치주의를 표방하면서 부임 직후 총독부 관제의 개정과 더불어 제반 정책을 시행했는데, 그중 하나가 위생시설의 정비였다.[12] 한반도 내 일반인을 대상으로 지방에 설립된 관립의원인 자혜의원은 1912년 이후 증설되지 않고 있었다. 사이토 총독은 부실한 의료환경 개선을 위해 기설 의원의 증·개축, 의료분과의 증치, 간호부 양성과 초빙 등을 계획했다. 또한 필요한 곳에 의원(醫院)을 신설하고, 궁벽한 지역에 공의(公醫)의 배치를 늘려 의료기관의 완성을 도모해 제생(濟生) 및 구료(救療)의 결실을 거두겠다고 천명했다.[13]

조선총독부는 자혜의원 설립 당시 경비 절약을 위해 재래 건물을 활용하여 원사를 마련했기 때문에 모두 협소하고 공간의 배치가 진료상 매우 불편하며 다수의 자혜의원은 쇠퇴한 상황이라고 판단하고, 1919년부터 1923년까지 계속비 250만 원을 들여 총독부의원과 이미 설치된 자혜의원의 증·개축 확장을 계획했다.[14] 1920년에는 조선 위생의 보급·개선을 위해 이전의 계속비 250만 원에 더하여 459만여 원을 추가하고 연한을 1925년까지 연장하여 6개년 계속사업으로 자혜의원의 증설 계획도 수립했다.[15] 총독부가 내정한 자혜의원

---

12 박찬승·김민석·최은진·양지혜 역주, 『국역 조선총독부 30년사』, 민속원, 2018, 303-304쪽.

13 박찬승 외 역주, 『국역 조선총독부 30년사』, 2018, 467쪽.

14 조선총독부, 『조선도립의원개황』, 1930, 3-4쪽.

후보지를 해당 도지사에게 제시하여 승인하는 절차를 거치고, 증설되는 자혜의원의 기지와 기지 정리비 등은 해당 지방 유지의 기부로 충당하는 것으로 결정되었다. 이때 증설이 결정된 자혜의원 13개소와 출장소 2개소의 위치는 경기도 개성, 황해도 사리원·해주, 평북 선천, 충남 대전, 전남 순천, 전북 남원, 전북 군산, 함남 북청·혜산진, 함북 성진, 강원도 원주·철원, 경남 부산·마산이었다. 1921년부터 군산, 순천, 남원 등지에서 공사가 시작되었다.[16]

1920년을 전후로 세계 경제가 악화되기 시작하자 1922년 조선총독부는 재정 긴축 방침으로 선회했고, 그 결과 자혜의원 설립비도 삭감되면서 자혜의원 증설의 완성을 1928년까지 연장했다. 자혜의원의 증설 계획은 1919년에는 1923년까지, 1920년에는 1925년까지, 1922년에는 1928년까지로 연장되었고, 결국 1923년 관동대지진으로 사업 공채가 중단되어 자혜의원 신설 계획은 중단될 수밖에 없었다.[17] 조선총독부는 자혜의원 운영비 조달에 어려움을 겪게 되자 1924년 11월, 1925년부터는 직할로 있던 각 도 자혜의원의 경영을 도 지방청에 일임하는 방침을 확정했다. 이런 상황임에도 당시 언론은 총독부가 자혜의원 운용비를 각 지방청에 보조함으로써 재정상 별다른 부담 없이 자혜의원 경영 감독권을 양여하여 지방분임(分任) 주의를 실현하고자 하는 것이니 각 도지사도 만족할 것이라고 했다. 나아가 도지사들에게 그간 자혜의원을 운영하는 과정에서 나타난

---

15 조선총독부, 『조선도립의원요람』 5, 1941, 3쪽.

16 「慈醫增設地, 今明間發表할 모양」, 『동아일보』, 1920. 8. 31.; 「자혜의원건설지 십이처를 결정」, 『동아일보』, 1920. 9. 11.; 「자혜의원증설」, 『동아일보』, 1921. 5. 24.

17 「治療의 便宜를 圖코자 道立病院을 擴張」, 『매일신보』, 1928. 6. 12.; 박찬승 외 역주, 『국역 조선총독부 30년사』, 2018, 468쪽.

관료적 경영으로 인한 불친절, 원내 의원 간 학벌적 당동벌이(黨同伐異)의 폐풍을 개선하며 확장된 권능을 선용하여 실적을 낼 것을 당부했다.[18] 총독부는 자혜의원을 각 도로 이관하기 위해 준비하는 과정에서 도립의원으로 개칭했다.

2) 「조선도립의원관제」와 「도립의원규정」 제정

조선총독부는 1925년 4월 1일 「조선도립의원관제(이하 관제)」(칙령 제86호)와 「도립의원규정(이하 규정)」(조선총독부령 제29호)을 공포하면서 소록도자혜의원을 제외한 모든 자혜의원을 도립의원으로 개편했다. 자혜의원의 토지 및 건물을 비롯한 부동산과 동산 일체가 도 재정에 귀속되면서 자혜의원의 관리는 중앙에서 지방 각 도로 이관되었고 각 도 자혜의원의 조선총독부 직접 운영은 종료되었다.[19] 종래 자혜의원의 운영 자금에 대해 규정했던 「조선의원및제생원특별회계법」도 1924년에 폐지되고, 이에 속한 유지 자금(공채 및 현금) 476만 6,000원은 모두 각 도에 분양해 여기서 나오는 이자, 의원 수익 및 국고보조금 등을 재원으로 도립의원을 경영하도록 했으며, 직원의 봉급과 기타 제 급여, 해당 의원의 설립·유지는 도 지방비로 충당한다고 규정했다(「관제」 제5조).[20] 또한 앞서 예정한 의원의 신설에 대해서는 국고를 보조하여 완성하겠다고 했다.[21]

---

18 「中等學校와 醫院의 移管」, 『매일신보』, 1924. 11. 22.

19 박인순, 「일제통치기 제주자혜의원(~전라남도립제주의원) 일고」, 2016, 127쪽.

20 조선총독부, 『조선도립의원요람』 5, 1941, 3-4쪽.

21 박찬승 외 역주, 『국역 조선총독부 30년사』, 2018, 468쪽; 조선총독부, 『조선도립의원요람』 5, 1941, 3-4쪽; 박윤재, 「조선총독부의 지방 의료정책과 의료 소비」, 2009, 165-166쪽.

조선총독부의 도립의원 운영 방향은 「관제」와 「규정」을 통해 확인할 수 있다. 먼저 「관제」에서 도립의원을 '조선 도 지방비에 의해 설립·유지되는 의원'으로서 '질병의 진료' 및 '조산부와 간호부 양성'에 관한 일을 관장한다(제1조)고 규정하면서 도립의원의 개념과 그 역할을 명시했다. 「자혜의원관제」(칙령 제75호, 1909. 8. 24.)에서 '빈궁자 질병 진료'에 관한 사무를 관장하고(제1조), 진료 역시 원칙적으로 무료로 진행(제2조)된다는 조항은 삭제되었다. 이로써 도립의원은 자혜의원과 달리 빈궁자 대상의 시료 중심 의료기관을 표방하지 않았음을 알 수 있다.

도립의원의 직원은 원장, 의관, 교관, 사무관, 약제관, 의원(醫員), 서기, 약제수, 간호부장으로 구성된다. 원장은 도지사가 임명하고, 의관, 교관, 사무관, 약제관 그리고 의원, 서기, 약제수, 간호부장은 원장이 임명했다(제2조, 제4조). 원장은 의관 중에서 충원했으며, 이들은 도지사의 지휘·감독을 받아 원무를 관리하고 부하 직원을 감독했다(제3조). 도립의원의 질병 진료, 즉 의무는 의관과 의원이 담당하고, 조산부와 간호부의 양성은 교관, 의관, 의원이 담당하며, 사무관과 서기는 서무에 종사하고, 약제관과 약제수는 조제를 주관했다. 간호부장은 의원에 있어서 간호에 관한 일에 종사했다(제4조). 즉 도립의원 구성원은 의무, 조산부와 간호부 양성, 서무, 조제, 간호에 관한 사무에 나뉘어 종사했음을 알 수 있다.

「관제」에 간단하게 규정된 도립의원의 의무 직원인 의관과 의원의 업무에 대해서는 『조선도립의원개황』과 『조선도립의원요람』에 좀 더 자세하게 기술되어 있다. 의무 직원은 일반 환자 진료 외에 진료에 필요한 혈액과 배설물 등의 화학적 검사, 병리학적 검사, 세균학적 검사를 수행하며, 간호부와 조산부의 교양, 응급 환자의 왕진 등의 업무를 담당했다. 대다수의 의무 직원은 직무를 수행하면서 각 전문 분야를 연구했으며, 총독부에 의해 선발된 2명의 의관은 구미 각국에 파견되어 연구할 수 있는 기회를 얻었다. 이외에도 총독부는 매년 의관과 의원을 내지 의과대학 등에 파견하여 그 연구를 장려했다.[22] 의무 직원은 그 업무의 성질상 연중무휴의 상태로 매우 바빴는데, 각 의원(醫院)과 진료 환자가 증가함에 따라[23] 업무량이 더욱 많아졌다. 「관제」에 도립의원의 설립과 폐지 및 직원 정원은 조선 총독이 정한다(제5조)고 규정하여, 전국 도립의원은 총독의 관할하에 있음을 분명히 했다.

「관제」와 같은 날 공포된 「규정」에는 도립의원의 설립, 진료 개시, 세입·세출과 관련된 운영, 폐지 등의 내용이 구체적으로 제시되어 있다. 도립의원을 설립할 때에는 도립의원의 명칭과 위치, 개원 연월일, 부지와 건물의 평면도, 설계도와 구조사양서(構造仕樣書), 병실 수와 그 평수, 설립 예산, 환자 수용 정원, 직원 정원, 분과, 수가와 시료에 관한 규정, 초년도 수지개산(收支概算), 유지 방법 등의 내용을 구비하여 총독의 인가를 받아야 했으며(제1조), 도립의원 진료 개시 10일 전에 총독에게 보고해야 했다(제2조). 폐지할 때에도 그 사유, 폐지 후 조치와 폐지의 기일을 구비하여 총독의 인가를 받아야 했다(제3조). 도지사는 차년도 세입·세출에 관한 계획서와 그 수지 설명서를 작성하고, 그 전년도의 예산과 비교하여 증감한 것은 그 계산의 기본을 설명한 조서를 첨부하여 5월 31일까지 제출해야 했다(제4조). 도지사는 「도립의원사무분장규정」을 정하여 총독에게 보고해야 했

22 조선총독부, 『도립의원개황』, 1930, 15쪽; 조선총독부, 『조선도립의원요람』 5, 1941, 6쪽.
23 조선총독부, 『조선도립의원요람』 5, 1941, 6쪽.

고 이를 변경할 때에도 동일했다(제5조). 이상의 규정으로 도립의원은 도 지방비로 운영되었으나, 총독이 전국 도립의원의 설립과 폐지, 운영에 대한 주요 사항을 관장했음을 알 수 있다.

앞서 「관제」와 「규정」의 조항을 통해 도립의원은 기존 자혜의원의 주 업무였던 '빈궁자'에 대한 '무료 진료'라는 '자혜적' 성격에 대한 조항이 삭제되었으며, 종래 자혜의원의 운영 자금을 각 도로 이관했으나 설립, 폐지, 직원 및 예산 등의 운영에 대해 총독에게 보고하고 인가를 받아야 했음을 확인했다. 이로써 도립의원은 일차적으로 각 도에 소속되어 운영되기는 하나 중요 안건에 대해서는 총독부의 최종 결정에 따라야 하는 국가 기관이었음을 알 수 있다.

2. 「조선도립의원관제」 개정과 구성원의 변동

「조선도립의원관제」는 1925년 4월 1일 제정된 이후 1944년 8월 5일까지 15차례 개정되었고, 1942년 11월 「행정 간소화 실시를 위한 조선총독부 부내(部內) 임시직원 설치 제외(外)26칙령중개정」까지 합하여 총 16번 도립의원 직원 수를 변동했다. 15번의 관제 개정이 있었음에도 직원 수 변동 이외의 변경 사항은 없었다. 이로써 1925년 4월 1일의 「관제」가 도립의원 운영의 근간이 되었음을 알 수 있다. <표 3-2>는 각 개정에 의해 변동된 직원 수를, <표 3-3>은 각 개정 시기를 기준으로 그 이전에 설립된 도립의원을 정리한 것이다.

<표 3-2>와 <표 3-3>에 근거하여 다음의 사실을 확인할 수 있다. 첫째, 일제 시기에 설립된 자혜의원 및 도립의원은 총 49개였다. 그 중 소록도자혜의원은 1925년 4월 1일 「조선도립의원관제」 공포 이

〈표 3-2〉「도립의원관제」 제 · 개정 내용

항목 \ 차수	제정	1차 개정	2차 개정	3차 개정	4차 개정	5차 개정	6차 개정	7차 개정	8차 개정	9차 개정	10차 개정	11차 개정	12차 개정	13차 개정	14차 개정	*	15차 개정
연월일	1925. 4. 1.	1927. 5. 24.	1928. 6. 20.	1930. 5. 17.	1931. 6. 23.	1932. 8. 9.	1933. 11. 22.	1934. 12. 29.	1935. 12. 16.	1936. 11. 17.	1938. 2. 24.	1938. 11. 12.	1940. 2. 24.	1941. 4. 7.	1942. 4. 2.	1942. 11. 9.	1944. 8. 5.
칙령	86	119	112	93	134	208	302	338	309	406	87	716	56	204	218	763	475
의관	73	79	102	107	115	120	129	131	133	144	151	159	173	188	205	195	204
교관	3	3	3	3	3	0	0	0	0	0	0	0	0	0	0	0	0
사무관	2	2	2	2	2	2	2	2	2	2	2	2	4	5	5	5	7
약제관	2	2	2	2	2	2	2	2	2	2	2	2	4	5	5	5	7
의원	114	121	99	102	114	115	117	128	128	128	136	144	160	177	186	166	167
서기	41	43	43	45	47	48	48	48	48	49	50	51	53	55	57	57	52
약제수	28	32	32	33	35	36	37	38	39	43	44	43	45	47	50	50	52
간호 부장	3	3	3	3	3	3	3	3	3	3	3	3	4	6	6	6	6
총수	266	285	286	297	321	326	338	352	355	371	388	404	443	483	514	484	495

* 행정 간소화 실시를 위한 조선총독부 부내 임시직원 설치 제외26칙령중개정.

〈표 3-3〉 일제 시기 자혜의원 및 도립의원의 설립 양상

시기	설립된 자혜의원 및 도립의원	합계
1909~1918년	<표 3-1> 참조	20
1920~1924년	경성 → 나남 이전, 전북 남원(1922. 2.), 전북 군산(1922. 2.), 전남 순천(1922. 2.), 경남 마산(1922. 9.), 평북 강계(1922. 12.), 함북 성진(1923. 8.), 함남 혜산진(1923. 11.)	7
1925. 4. 1.	「조선도립의원관제」 제정 소록도자혜의원은 도립의원으로 변경 안 됨 기존 경북 김천의원(1923. 1.)이 도립의원으로 전환됨 경기 개성(1925.4.)	1
1927. 5. 24. 이전	평남 진남포(1926. 8.), 평북 신의주(1926. 12.)	2
1928. 6. 20. 이전	-	0
1930. 5. 17. 이전	-	0
1931. 6. 23. 이전	강원 철원(1931. 4.), 충남 대전(1931. 6.), 함북 회령 자혜의원 연길출장원 진료소(1931. 6.)	3
1932. 8. 9. 이전	황해 사리원(1931. 7.), 경기 인천(1932. 5.)	2
1933. 11. 22. 이전	-	0
1934. 12. 29. 이전	함남 원산(1933. 7.), 경기 이천(1933. 10.)	2
1935. 12. 16. 이전	-	0
1936. 11. 17. 이전	-	0
1937. 12. 1.	간도, 연길출장원 진료소 만주국으로 이양	-2
1938. 2. 24. 이전	경기 안성(1936. 3.), 충남 홍성(1936. 12.), 함남 북청(1936. 12.), 충북 충주(1937. 5.)	4
1938. 11. 12. 이전	평남 안주(1938. 3.)	1
1940. 2. 24. 이전	강원 장전(1938. 12.), 강원 삼척(1939. 10.)	2
1941. 4. 7. 이전	평북 삭주(1940. 11.)	1
1942. 4. 2. 이전	경북 포항(1941. 7.), 강원 원주(1942. 1.)	2
1942. 11. 9. 이전	-	0
1944. 8. 5. 이전	황해 남천(1943. 5.)	1
합계		46

후 총독부 관할로 남아 있어 도립의원으로 변경되지 않았으며, 김천 도립의원은 1923년 1월 1일 종래 도 지방비로 설립·경영되고 있던 경상북도김천의원이 1925년 「도립의원규정」 시행과 동시에 전환되었다.[24] 1918년 설립된 회령 자혜의원 간도출장원 진료소와 1931년 설립된 회령 자혜의원 연길출장원 진료소는 1937년 12월 1일 이후 관할이 만주국으로 이전되어,[25] 1945년 해방 당시 조선에 존재했던 도립의원은 46개였다. 46개의 도립의원이 배치된 각 도의 위치는 전국을 망라했으며 1945년 해방 당시 가장 많은 도립의원이 있었던 도는 6개 도립의원이 소재한 강원도였고, 경기도와 평안북도에는 5개의 도립의원이 소재했다.

둘째, 도립의원이 증설될 때마다 도립의원 직원의 수 역시 증원되었고, 이에 따라 관제가 개정되었다. 또한 1938년 11월 관제 개정의 경우, 경기도립수원의원 이천출장소와 안성출장소가 도립의원으로 독립 승격되면서 직원이 증원되고, 기존 청주도립의원 등 10개 도립의원 직원이 증원되는 상황에서 이루어졌다.[26] 이를 통해 출장소의 도립의원으로의 승격, 기존 도립의원의 확충 등의 이유로 직원이 증원될 때에도 관제가 개정되었음을 알 수 있다.

셋째, 1927년 5월 24일 개정 이후 1928년 6월 20일 개정이 있기까지 도립의원이 증설되지 않았음에도 1928년 개정에서 의관의 수가 대폭 증가하고, 반면 의원의 수는 그만큼 감소했다. 이는 1928년 개정이 의관 및 의원의 수를 조정하기 위해 이루어진 것임을 말해주는

24 조선총독부, 『조선도립의원요람』 5, 1941, 4쪽.

25 조선총독부, 『조선도립의원요람』 5, 1941, 5쪽.

26 「長箭, 利川, 安城에 道立醫院을 新設, 四日定例閣議서 決定」, 『매일신보』, 1938. 11. 6.; 「利川, 安城의 兩出張所 道立醫院으로 昇格」, 『매일신보』, 1938. 11. 11.

것이며, 당시 도립의원 의관 23명을 증원한 것에 대하여 무라야마 쇼이치로(村山沼一郞) 총독부 위생과장은 다음과 같이 설명했다.

> 현재 전선(全鮮)의 도립의원은 총 30개소로, 일반진료는 물론 궁민환자에 대하여 널리 무료 시료를 행하여 각 지방 구제기관의 중추가 되었다. 도립의원은 지방민의 신뢰를 얻고 있으며, 조선 통합상 기여하는 바 적지 않다. 진료를 받는 환자도 매년 증가하여 작년 1927년 중 입원 외래를 합하여 보통 환자는 80만 6,000여 명, 시료 환자는 14만 6,000여 명으로 합계 95만 3,000명에 달했다. 그러나 각 처의 도립의원의 원사가 협소하고, 종래는 전문 의관 수가 충분치 못한 곳도 있었으며, 특히 소규모의 도립의원에서는 내과, 외과의 두 과에만 의관을 배치하고 산부인과와 같은 과에는 의관을 배치하지 못한 곳도 있으므로, 금번의 증원으로 산부인과는 물론 기타 지방의 상황에 의하여 각기 전문 의관을 배치함으로써 그 진용을 정돈하여 크게 지방의원의 활동을 재촉하고 충분히 지방 인민의 기대에 부합하고자 노력하려 한다.[27]

조선총독부는 당시 지방 의료기관의 중추 역할을 담당하는 도립의원의 의관이 내과와 외과에만 배치되어 있는 상황을 문제로 파악하고 산부인과, 소아과, 안과, 이비인후과와 치과 등에도 의관을 배치해 진료 분과의 완성을 기하는 동시에[28] 의사 부족 상황도 해결하고자 1928년 관제를 개정하여 의관 23명을 증원했다.[29] 반면 의관으로

27 「專門醫官을 增員 道立醫院을 擴張」, 『매일신보』, 1928. 6. 17.; 박찬승 외 역주, 『국역 조선총독부 30년사』, 2018, 557쪽.

28 조선총독부, 『조선도립의원개황』, 1930, 32쪽.

증가된 수만큼 의원의 수는 감소하여, 전체 의무를 담당하는 직원 수는 큰 차이가 없었다.

넷째, 1942년 11월 「행정 간소화 실시를 위한 조선총독부 부내 임시직원 설치 제외26칙령중개정」으로 계속 증가하던 의관과 의원의 수가 각각 10명, 20명씩 감소했다. 의관 및 의원의 수가 감소한 이유는 1942년 초 일제의 동남아 점령이 일단락되면서 점령지 확대에 따른 대동아성 설치, 그리고 효율적인 전쟁 수행을 위한 내외지 행정 일원화 조치가 검토되기 시작했기 때문이다. 일본 내각은 점령지 통치에 필요한 인원을 염출하기 위해 6월 16일 '행정 간소화 실시 요강'을 결정했다.[30] 1942년 5월 29일 부임한 제8대 총독 고이소 구니아키(小磯國昭)도 내각 방침에 따라 1942년 7월 중순 조선의 행정 간소화에 대한 총독부 의안을 결정했고, 8월 21일에는 일본 각의에서 결정되었다. 조선 행정 간소화의 주요 내용은, 후생국과 기획부를 폐지하고 새로이 1국을 신설하는 동시에 칙임 6명을 비롯하여 주임, 판임, 촉탁 등 1만 2,449명을 감원하는 것이었다. 이와 같은 행정 간소화 방침은 능력 있는 인재를 남방의 요원으로 보내어 대동아건설의 일선에서 활약케 하고 그 대신 국내의 행정 사무는 감소한 인원이 근무시간을 연장하여 극복해나가자는 국책에 의한 것이었다.[31]

1942년 10월 15일 「국가총동원법」에 의거하여 의사, 치과의사, 약제사, 간호부를 징용하는 내용과 함께 이들에 대한 급여, 종업(從業) 조건에 관한 「의료관계자징용령」이 발포되었고,[32] 조선총독부는

---

29 「道立醫院에 醫官을 增員」, 『동아일보』, 1928. 6. 18.

30 이형식, 「고이소 총독 시기(1942.5-1944.7) 조선총독부의 운영과 통치이념」, 『일본역사연구』 52, 2020, 133-134쪽.

31 「萬二千의 官吏를 減員-劃期的인 朝鮮行政簡素化決定」, 『매일신보』, 1942. 8. 22.

1942년 11월 행정 합리화와 '관계신체제'를 표방하는 관제 개정을 실시하여 후생국, 기획부를 폐지하고 총무국을 신설했다.[33] 즉 대동아 건설을 표방하며 제국주의 전쟁을 수행하는 과정에서 인적 자원을 염출했고, 의료 관계자인 도립의원 의관과 의원도 징용 대상으로 삼았으며, 이러한 배경으로 1942년 11월 칙령에 따라 의관과 의원의 수가 감소했음을 알 수 있다.

다섯째, 간호부와 조산부 양성·지도를 전담하여 관장했던 교관직이 1932년 개정으로 없어졌다. 교관이 있었던 도립의원은 대구, 평양, 함흥의 세 곳으로 전국적으로 교관은 총 3명이었다.[34] 간호부와 조산부 양성은 의관, 교관, 의원, 간호부장이 담당하여 업무가 중복되므로 교관이 없어도 된다고 판단한 것으로 보인다. 교관이 없어진 이후 간호부와 조산부를 양성하는 도립의원에서는 의관과 의원이 교관 또는 조교가 되어 이들의 교육에 임했다.[35]

여섯째, 도립의원의 서무 회계에 관한 일절 사무는 사무관과 서기가, 조제, 제제와 위생 재료의 보관 및 처분에 관해서는 약제관과 약제수가 담당했다.[36] 사무관과 약제관의 경우 1938년 11월 개정 시기까지 각각 2명으로 대구와 평양의 도립의원에만 존재했다. 1930년경 의관과 의원의 수를 합하여 10명이 되는 도립의원은 광주, 함흥, 나남이었고, 이외의 도립의원 대부분은 10명을 넘지 못했다. 반면 대구도립의원은 16명, 평양도립의원은 22명으로 현격히 많았는데,[37]

32 조선총독부, 「의료관계자징용령」, 『조선총독부관보』, 1942. 10. 15.

33 이형식, 「고이소 총독 시기(1942.5-1944.7) 조선총독부의 운영과 통치이념」, 2020, 135쪽.

34 조선총독부, 「조선도립의원직원정원표」, 『조선도립의원개황』, 1930, 표 15-17쪽.

35 조선총독부, 『조선도립의원요람』 5, 1941, 7쪽.

36 조선총독부, 『조선도립의원개황』, 1930, 15쪽; 『조선도립의원요람』 5, 1941, 7쪽.

37 조선총독부, 「조선도립의원직원정원표」, 『조선도립의원개황』, 1930, 5-17쪽.

도립의원의 규모가 가장 큰 이 두 도립의원에만 사무관과 약제관이 있었음을 알 수 있다.

사무관과 약제관은 1940년 개정으로 함흥과 나남의 도립의원에, 1941년 개정 이후 광주도립의원에, 1944년 개정으로 해주와 대전의 도립의원에도 설치됨으로써 전국적으로 각각 총 7명씩으로 증원되었다. 1941년 당시 의관과 의원의 수가 10명이 넘었던 의원은 평양(27명), 대구(19명), 함흥(19명), 나남(16명), 광주(14명), 군산(14명), 신의주(12명), 춘천(11명), 대전(10명), 해주(10명), 원산(10명)의 11개 도립의원이었다.[38] 즉 사무관과 약제관은 규모가 큰 도립의원에만 존재했고, 비슷한 규모의 군산, 신의주, 춘천, 원산이 아닌 대전과 해주에 약제관과 사무관을 배치한 것은 지역적 안배도 함께 고려했기 때문인 것으로 보인다. 그 외의 도립의원에서는 해당 사무를 서기와 약제수가 담당했다.

일곱째, 간호부장은 "상관의 지휘를 받아 의원에서 간호에 관한 것에 종사한다"고 「관제」에 규정되어 있으며, 『조선도립의원개황』과 『조선도립의원요람』에는 '간호와 간호부·조산부의 양성·지도에 관한 사무에 종사하고 있다'고 서술되어 있다.[39] 즉 간호부장은 의원(醫院)에서 의관 및 의원(醫員)과 간호부 사이에 위치하며 의무 직원

---

38 조선총독부, 「도립의원직원정원」, 『조선도립의원요람』 5, 1941, 제표 3-5쪽; 黃海道在勤ヲ命ス 朝鮮道立醫院藥劑官 西岡和男/朝鮮道立醫院藥劑官,敍高等官七等 朝鮮道立醫院藥劑手兼黃海道技手 西岡和男 (조선총독부관보 제5269호, 서임급사령, 1944. 8. 26.); 忠淸南道在勤ヲ命ス 朝鮮道立醫院藥劑官 山本三郎, 忠淸南道在勤ヲ命ス 朝鮮道立醫院事務官 武藤喜治, 黃海道在勤ヲ命ス 朝鮮道立醫院事務官 岡田長次郎(조선총독부관보 제5327호, 敍任及辭令, 1944. 11. 6.).

39 조선총독부, 『조선도립의원개황』, 1930, 15쪽; 『조선총독부, 조선도립의원요람』 5, 1941, 6-7쪽.

의 명령에 따라 간호를 책임졌고, 실질적으로 간호부를 지휘·감독하고 간호 학생과 간호 견습생의 교육 및 환자의 입·퇴원 수속을 담당했다.[40] 임명된 간호부장은 1925년 4월 1일 「관제」 제정 시 3명으로 대구, 평양, 함흥의 도립의원에만 있었다. 이 세 도립의원에는 당시 조산부와 간호부 양성소가 있어, 간호부장은 이처럼 조산부와 간호부 양성소가 있는 도립의원에만 배치되었음을 알 수 있다. 한편 간호부만을 양성하고 있었던 진주도립의원에는 간호부장이 없었다.

조선에 있어서 간호부와 조산부의 분포는 매우 희박하여 그 보급을 원활하게 할 필요가 있었고, 이에 더해 중일전쟁으로 간호부의 수요가 점차 증가하자 각 도 1개소의 도립의원에 간호부와 조산부 양성소를 설치하고자 했다.[41] 1939년 2월 15일 공포된 「도립의원규정개정」(조선총독부령 제9호)에는 도립의원에 조산부와 간호부 양성소를 설치 및 폐지할 때 조선 총독의 인가를 받도록 하는 새로운 조항이 생겼다. 다시 말해 「도립의원규정개정」으로 조선 총독의 인가를 받으면 도립의원에 조산부와 간호부 양성소를 설치할 수 있게 된 것이다. 1939년 4월 1일부터 조산부와 간호부 양성소가 인천, 대전, 광주, 춘천, 나남 지역의 도립의원에도 개설되었고, 1940년 4월 20일에는 해주도립의원에도 설치되었다. 이로써 전국 8도에 하나씩 조산부와 간호부 양성소가 설치되었으며, 함경도는 함흥과 나남에, 경상도는 대구와 진주에 두 군데씩 설치되었다. 이로써 1945년 해방 이전까지 조산부와 간호부 양성소가 있었던 도립의원은 총 10개가 되었다. 더불어 1939년 개정으로 도립의원에 조산부와 간호부 양성소가 새

---

40 조선총독부, 「경기도립의원처무규정」, 『조선총독부관보』, 1925. 4. 13.; 이꽃메, 『한국근대간호사』, 한울아카데미, 2003, 145쪽.

41 조선총독부, 『조선도립의원요람』 5, 1941, 11-12쪽.

롭게 설립되면서 1925년 도립의원 설립 이후 3명으로 고정되어 있던 간호부장의 수는 1940년 개정으로 대구, 평양, 함흥, 나남의 도립의원에 4명, 1941년 개정으로 대전, 광주의 도립의원에 2명이 배치되어 총 6명으로 증가했다. 하지만 인천, 진주, 해주, 춘천의 도립의원 조산부와 간호부 양성소에는 해방 이전까지 간호부장이 임명되지 않았다.

앞서의 논의를 통해 도립의원의 신설·확장, 독립 도립의원으로의 승격 등의 시점마다 지속해서 질병 치료를 담당하는 의관 및 의원의 수가 증가했으며, 사무관, 약제관, 간호부장은 규모가 큰 몇몇 도립의원, 그리고 조산부와 간호부 양성소가 있는 도립의원에만 존재했음을 알 수 있다. 또한 정책 변화 및 전쟁에 따른 의료 인력의 수급 변동에 따라 의관 및 의원 수의 증감이 이루어졌음도 확인할 수 있다.

3. 도립의원의 진료 분과와 의무 직원

1) 도립의원의 진료 분과

도립의원의 직원은 1925년 「관제」에 의관, 교관, 사무관, 약제관, 의원, 서기, 약제수, 간호부장으로 구분되어 있었는데 1932년 개정으로 교관직이 없어졌다. 또한 1930년대 후반 출간된 『조선도립의원요람』을 통해 기존의 직원 외에 의무촉탁과 사무촉탁으로 구분되는 촉탁, 지방 위생서기 또는 지방 서기, 지방 위생기수, 지방 약제수, 지방 간호부장으로 구분되는 도(道) 이원(吏員), 고원(雇員), 사무용원(傭員), 부수(副手), 간호인, 조산부, 간호부, 기타 용인(傭人) 등으로 세분화된 직명이 신설된 것을 확인할 수 있다. 이렇게 직무가 세분화된 것은 그만큼 도립의원의 활동 영역이 확대되고 활동량 자체가 증가했음을 보여주는 것으로 사료된다. 특히 정규직이 아닌 촉탁을 의무촉탁과 사무촉탁으로 나누어 기존의 의무와 서무를 보완하게 했으며, 도 이원으로 구분되는 서기, 위생기수, 약제수, 간호부장을 따로 설치했다. 이러한 조처가 각 도 차원에서 도립의원의 활성화를 위해 지원한 것임을 알 수 있게 한다. 또한 도립의원 직원을 세밀하게 구분하여 이들을 관리하고 업무의 효율을 높이고자 한 의지로도 볼 수 있겠다. 이 절에서는 질병 치료를 직접적으로 맡았던 의관, 의원, 의무촉탁 등 의무 직원을 중심으로 분석하고자 한다.

도립의원의 진료 업무 분과는 그 지방의 상황에 따라 동일하지는 않으나, 내과, 외과, 소아과, 산부인과, 안과, 이비인후과, 피부과, 치과 등으로 구분되었다.[42] 1919년 사이토 총독 부임 이후 자혜의원의 원사가 증·개축되고 1925년 이후 도립의원이 신설되는 과정에서, 도립의원의 공간은 대개 양관과 일본식 건물로 개축되었고, 본관, 보통병동, 전염병동, 결핵병동, 시료병동, 간호부 기숙사 등으로 용도를 구분해 운영되었다.[43] 1940년대에 들어서면서 대부분의 도립의원은 뢴트겐선, 디아테르미,[44] 태양등 등 신의학에 필수적인 진료용 기구·기

42 박찬승 외, 『국역 조선총독부 30년사』, 2018, 371-372쪽; 주상훈·전봉희, 「1910-1920년대 관립 자혜의원 계획의 시기적 특징과 변화」, 『대한건축학회논문집 계획계』 27-11, 2011, 244-248쪽.

43 조선총독부, 『조선도립의원개황』, 1930, 13-14쪽; 三木榮, 『경기도립수원의원25년사』, 1936, 16-18쪽, 25쪽.

44 '투과열 치료'의 전 용어로, 비교적 낮은 전압과 전파를 인체에 통과시킴으로써 발생하는 저항열을 이용하여 치료하는 방법, 또는 그것을 사용하는 기구를 말한다. 어깨나 허리의 신경통, 류머티즘 같은 병의 치료에 이용한다.

계를 설치하여 의료를 수행했다.[45]

도립의원의 의무 직원들은 각각 한두 개씩의 분과를 담당하고 있었다. 1930년 3월 현재 도립의원의 의무 직원은 의관 96명, 의원 80명, 촉탁 14명으로 총 190명이었으며, 이 중 2개의 분과를 함께 진료하고 있는 자는 21명으로 약 11%가 되었다. 이들은 대체로 내과와 소아과, 외과와 산부인과, 안과와 이비인후과를 함께 진료했다.[46] 1941년 도립의원의 의무 직원은 의관 186명, 의원 177명, 의무촉탁 78명으로 총 441명이었으며, 이 중 2개 이상의 분과를 담당하는 의무 직원은 75명으로 17%에 달했다. 특히 이 시기에는 3개 이상의 분과를 담당한 의무 직원도 12명이나 있었다.[47] 이를 보면 2개 이상의 분과를 진료하는 직원의 비율은 1930년 11%에서 1941년에 17%로 증가했으며, 의무촉탁의 수도 전체 의무 직원의 7.33%에서 17.69%로 증가했다.

의무 직원이 1930년 190명에서 1941년 441명으로 증가한 현상은 도립의원의 수가 30개소에서 43개소로 증가하고 병원 자체의 규모도 확대되면서 총 환자 수가 2배 이상 증가한 것과 밀접한 관련이 있다. 이러한 상황에서 1941년 2개 분과 이상을 진료하는 의무 직원과 비정규직인 의무촉탁의 수가 증가한 것은 전쟁 비용이 증대되면서 도립의원 운영비를 절약해야 하는 재정상의 문제로 인해 필요한 인원을 임시 고용하여 충당한 결과라고 판단된다.

---

45 박찬승 외, 『국역 조선총독부 30년사』, 2018, 372쪽; 조선총독부, 『조선도립의원요람』 5, 1941, 8쪽.

46 조선총독부, 「도립의원직원조」, 『조선도립의원개황』, 1930, 제표 17-32쪽; 「도립의원진료과구별표」, 『조선도립의원개황』, 1930, 52-54쪽.

47 조선총독부, 「도립의원직원정원」, 『조선도립의원요람』 5, 1941, 제표 3-5쪽; 「도립의원직원」, 『조선도립의원요람』 5, 1941, 제표 6-38쪽.

2) 조선인 의무 직원

도립의원의 직원 명단에서는 눈에 띄는 사항이 두가지가 있다. 하나는 조선인 의무 직원의 존재이며, 또 하나는 시료과의 존재이다. 1930년 당시 도립의원의 총 직원은 271명으로, 그중 17%인 46명이 조선인이며, 전체 의무 직원 190명 중에서 이들이 차지하는 비율을 따진다면 24%로 증가한다. 당시 의무 직원 중 조선인이 차지하는 비율이 적지 않았음을 알 수 있다. 조선인은 의관 4명, 의원 39명, 촉탁 2명, 약제수 1명으로, 전체 조선인 직원 중 85%가 의원으로 활동했다. 당시의 조선인 직원 명단은 <표 3-4>와 같다.

〈표 3-4〉 1930년 3월 도립의원 직원 총 271명 중 조선인 46명의 명단[48]

번호	관직	이름	소속	관등 봉급	담임과별	출신학교
1	의관	김형익	해주	5등 8급	외과	경성의학전문학교
2		최영재	혜산진	7등 9급	외과	경성의학전문학교
3		신승우	초산	7등 10급	외과	경성의학전문학교
4		고 달	대구	7등 10급	치과	경성치과의학교
5	의원	조병용	개성	6급	시료	경성의학전문학교
6		민병우	청주	5급	시료	조선검정시험합격
7		윤민섭	공주	4급	안과, 이비인후과	경성의학전문학교
8		박무빈	군산	4급	시료	경성의학전문학교
9		왕정환	남원	6급	시료	-
10		최상채	광주	4급	외과	경성의학전문학교
11		김용남	순천	5급	시료	경성의학전문학교
12		임진해	제주	6급	내과	경성의학전문학교
13		서승해	대구	6급	외과	동경의학전문학교
14		이희철	대구	70?	내과	경성의학전문학교

48 조선총독부, 「도립의원직원조」, 『조선도립의원개황』, 1930, 17-32쪽.

번호	관직	이름	소속	관등 봉급	담임과별	출신학교
15	의원	윤기달	대구	70?	이비인후과	경성의학전문학교
16		허 혼	안동	5급	안과, 이비인후과	조선검정시험합격
17		하주현	김천	5급	외과	경성의학전문학교
18		배진극	해주	5급	치과	조선검정시험합격
19		전시엽	평양	6급	외과	조선검정시험합격
20		이승록	진남포	4급	내과	경성의학전문학교
21		김희철	진남포	6급	안과, 이비인후과	경성의학전문학교
22		황명곤	신의주	4급	소아과	경성의학전문학교
23		정병석	신의주	5급	시료	-
24		이승동	신의주	6급	안과	경성의학전문학교
25		오상옥	의주	5급	안과, 이비인후과	경성의학전문학교
26		차균적	의주	5급	외과	경성의학전문학교
27		한태진	의주	6급	내과, 소아과	경성의학전문학교
28		한종섭	의주	6급	시료	경성의학전문학교
29		김영곤	초산	5급	시료	경성의학전문학교
30		이종환	강계	5급	산부인과, 외과	세브란스의학전문학교
31		김낙영	강계	7급	외과	조선검정시험합격
32		방시영	춘천	5급	시료	경성의학전문학교
33		이예원	강릉	5급	외과	경성의학전문학교
34		이성모	강릉	5급	치과	조선검정시험합격
35		오○형	함흥	4급	외과	경성의학전문학교
36		최재현	함흥	6급	외과	경성의학전문학교
37		임성찬	혜산진	4급	산부인과	경성의학전문학교
38		이종술	혜산진	5급	시료	경성의학전문학교
39		강성구	나남	6급	시료	경성의학전문학교
40		김천증	회령	4급	치과	동경치과의학교
41		김광준	회령	4급	외과	경성의학전문학교
42		배송봉	회령	7급		-
43		김동필	간도	5급	내과, 소아과	-
44	촉탁	지만근	평양	60	시료	-
45		김홍조	평양	50	시료	-
46	약제수	김술제	춘천	5급		조선검정시험합격

출신학교를 확인할 수 없는 6명을 제외한 40명의 의무 직원 중 경성의학전문학교 출신이 29명이고, 그 외에 동경의학전문학교 1명, 세브란스의학전문학교 1명, 조선검정시험 출신 7명, 경성치과의학교 1명, 동경치과의학교 1명으로 절대다수가 경성의학전문학교 출신이었으며, 조선검정시험을 통해 의료인이 된 수도 적지 않았음을 알 수 있다.

이후 조선인의 도립의원 의료 활동 참여 정도를 1930년의 상황과 비교해 보고자, 조선인의 존재를 확인할 수 있는 『조선도립의원요람』을 참고하여 1937년부터 1941년까지에 이르는 시기의 조선인 의무 직원 수를 <표 3-5>로 정리했다.

〈표 3-5〉 1937~1941년 도립의원 총 직원 중 조선인 직원의 수 비교

시기	구분	의관	사무관	약제관	의원	서기	약제수	간호부장	의무촉탁	총수	*
1930년	조선인 수	4	0	0	39	0	1	0	2	46	17
	총수	96	2	2	80	42	32	1	14	271[49]	
1937년	조선인 수	12	0	0	44	0	1	0	17	74[50]	16.7
	총수	144	2	2	128	49	43	3	72	443	
1938년	조선인 수	13	0	0	44	0	1	0	27	85	18.6
	총수	151	2	2	136	50	44	3	70	458	
1939년	조선인 수	14	0	0	49	0	1	0	40	104	21.4
	총수	159	2	2	144	51	43	3	83	487	
1940년	조선인 수	8 (6)	0	0	33 (11)	0	2	0	34 (2)	77 (19)	14.6
	총수	173	4	4	160	55	47	4	80	527	
1941년	조선인 수	6 (5)	0	0	22 (12)	0	2(1)	0	11 (4)	41 (22)	7.4
	총수	186	3	3	177	55	47	6	78	555	

* 전체 직원 대비 조선인 직원의 비율.

** ( ) 안은 창씨개명을 확인할 수 있는 명수.

도립의원의 총 직원 중 조선인은 의관, 의원, 약제수, 의무촉탁에 분포되어 있었으며, 사무관, 약제관, 서기, 간호부장에는 단 한 명의 조선인도 없었다. 약제수의 경우 한두 명 있긴 했으나 그 수가 미흡하여 큰 의미를 두기 어렵다. 조선인의 분포가 가장 많이 보이는 1939년의 경우 일본인 대비 의관은 0.88%, 의원은 34%, 의무촉탁은 48.2%로, 조선인이 도립의원 내에서 가장 많이 진출한 분야는 의원과 의무촉탁이었음을 알 수 있다. 한편 1930년대 후반 증가 추세에 있던 도립의원의 조선인 직원 비율이 1940년 이후로는 급격히 축소된다. 이는 1940년 2월 11일부터 창씨개명 관련법이 시행되기 시작하여 창씨개명을 하지 않은 사람들이 국가 기관인 도립의원에서 업무를 계속하기 어려워 퇴직함에 따른 결과일 가능성과, 창씨개명을 한 조선인의 경우 성만 바꾼 경우는 조선인임을 확인할 수 있으나 이름 전체를 창씨개명한 경우는 조선인인지 확인할 수 없어 누락된 결과일 가능성을 모두 고려해보아야 한다.[51]

창씨개명 여부를 확인할 수 있는 조선인 의무 직원의 비율은 1940년 24.7%에서 1941년 53.7%로 가파르게 증가했다. 1940년과 1941년에는 의관의 경우 50% 이상이 창씨개명했으며, 의원도 1941년에는 50% 이상이 창씨개명했다. 의무촉탁의 경우 그 비율이 낮은 것은 창씨개명에 대한 압박이 상대적으로 적은 비정규직이었기 때문인

---

49 1930년 3월 당시 존재했던 교관 2명을 포함한 총수임.

50 조선총독부, 「도립의원직원정원」, 「도립의원직원」, 『조선도립의원요람』 1, 1937, 제표 3-29쪽. 6-7쪽 원본 페이지의 누락으로 인천, 개성, 수원, 이천도립의원의 조선인 직원은 확인할 수 없었다. 1938년 직원록에 의하면 위 4개의 도립의원에 9명의 조선인 의무 직원이 있었던 것으로 확인되는바, <표 3-5>에 나타난 1937년 조선인 직원 74명에 9명을 더하면 83명이 되며 이는 1938년의 비율과 거의 동일할 것으로 사료된다.

51 조선총독부, 「도립의원직원」, 『조선도립의원요람』 5, 1941, 제표 6-38쪽.

것으로 사료된다. 그러나 당시 창씨개명의 추세로 보아 이후 도립의원의 조선인 직원 대부분이 창씨개명했을 것으로 판단되며, 따라서 1940년 이후 도립의원의 조선인 비율에 대해서는 좀 더 세밀한 고찰이 필요하다. 즉 1930년대 후반 전체 도립의원의 직원 중 조선인이 차지하는 비중이 점차 증가하는 추세였던 것을 감안한다면 도립의원에서 의무 직원으로서 조선인의 역할이 적지 않았을 것으로 판단되며, 이러한 추세가 창씨개명 이후에 어떠한 변화를 맞았는지에 대해서는 보다 심도 있게 규명해야 할 필요가 있다.

3) 시료과의 감소 추세와 폐과

<표 3-6>은 전문 의학 분과 외에 빈민을 위한 시료과가 있었던 도립의원과 담당 의사(의무 직원)를 정리한 것이다. 1930년에 시료과가 있었던 도립의원은 개성, 청주, 군산, 남원, 순천, 평양, 신의주, 의주, 초산, 춘천, 혜산진, 나남으로 당시 총 30개의 도립의원 중 12개였다. 12개 도립의원의 시료과 담당자는 평양도립의원 시료과 담당자 3명 중 1명을 제외하고 모두 조선인이었다. 이처럼 시료과를 조선인이 주로 담당하는 현상은 시료과가 존속한 1940년까지 지속되었다.

시료과를 조선인이 담당한 이유는 무엇일까? 당시 도립의원에서 치료를 받던 조선인 환자들이 도립의원의 의무 직원 대부분이 일본인이어서 언어 소통에 불편을 느끼고 조선인 의사가 파견되기를 요망했던 점을 보면,[52] 당시 시료 환자의 대부분을 차지했던 조선인들과의 원활한 의사소통을 위해 조선인 의사를 배치한 것으로 볼 수 있

52 「朝鮮人의사 配置를 要望」, 『조선일보』, 1933. 11. 3.

〈표 3-6〉 시료과가 설치된 도립의원과 담당 의무 직원

시기[53]	이름(도립의원, 관직)	의원 수	명수
1930년	조병용(개성, 의원), 민병우(청주, 의원), 박무빈(군산, 의원), 왕정환(남원, 의원), 김용남(순천, 의원), 지만근(평양, 촉탁), 김홍조(평양, 촉탁), 長瀧多喜代(평양, 촉탁), 정병석(신의주, 의원), 한종섭(의주, 의원), 김영곤(초산, 의원), 방시영(춘천, 의원), 이종술(혜산진, 의원), 강성구(나남, 의원)	12	14
1937년	고덕규(전주, 의원), 김종중(진주, 의원), 최형찬(해주, 촉탁), 노덕삼(평양, 의원), 김인성(평양, 촉탁), 권영만(춘천, 의원), 김신덕(철원, 의원), 이석우(함흥, 촉탁)	7	8
1938년	島田敏貞(청주, 의관, 외과, 피부비뇨과), 박자항(청주, 촉탁, 외과, 피부과), 박준근(해주, 촉탁), 김용찬(평양, 의원, 외과), 奧保男(평양, 촉탁, 내과), 김신덕(철원, 의원), 이석우(함흥, 의원)	5	7
1939년	송춘화(철원, 의원), 박건주(함흥, 촉탁)	2	2
1940년	박건주(함흥, 촉탁)	1	1
1941년	-	0	0

다. 그런데 만약 시료과에 조선인 의사를 배치한 것이 조선인 환자를 위한 배려였다면, 시료과는 활성화되어야 하고 시료과 담당 조선인 의사는 증원되어야 한다. 그러나 시료를 하나의 분과로 운영했던 도립의원의 수는 점점 감소하는 경향을 보였으며 시료과 담당 의무 직원의 수도 감소했다. 결국 1941년에 이르면 사료에서 시료과가 보이지 않는다. 1938년 청주와 평양의 도립의원의 경우에는 의무 직원 1명이 시료과를 전담한 것이 아니라 일반과를 함께 담당하고 있는데, 이는 1938년의 특이한 현상으로서 시료과를 폐과해가는 과도기적인

53 1930년: 조선총독부, 「도립의원직원조」, 『조선도립의원개황』, 1930, 17-32쪽;「도립의원직원」, 『조선도립의원요람』 1, 1937, 제표 6-29쪽; 「도립의원직원」, 『조선도립의원요람』 2, 1938, 제표 6-31쪽; 「도립의원직원」, 『조선도립의원요람』 3, 1939, 제표 6-32쪽; 「도립의원직원」, 『조선도립의원요람』 4, 1940, 제표 6-35쪽; 「도립의원직원」, 『조선도립의원요람』 5, 1941, 제표 6-38쪽.

모습으로 보인다.

또한 시료과를 담당한 의무 직원의 출신학교를 확인할 수 있는 <표 3-4>를 살펴보면 1930년 시료과 의원 12명 중 왕정환, 지만근, 김흥조, 長瀧多喜代, 정병석 등 5명은 출신학교를 알 수 없다. 이들은 해당 학위를 받지 않았으며, 검정시험으로 국가의 의사 자격 인증도 받지 못한 사람으로 의사로서의 능력을 객관적으로 검증할 수 없는 자들이었다.

의료인으로서의 자격을 갖추지 못한 의무 직원의 시료과 담당, 그리고 시료과의 폐과 등을 통해 당시 도립의원의 시료 환자에 대한 관심과 처우가 어떠했는지를 미루어 짐작할 수 있다. 시료과를 폐과한 당시의 상황에 대해서는 다음 절에서 시료 환자 수 및 시료비의 증감 추세와 함께 분석하도록 하겠다.

4. 도립의원 운영 자금과 세입·세출 현황

1) 도립의원의 운영 자금과 의원 수입

조선총독부의 정책 변화로 자혜의원이 도립의원으로 전환된 이후 도립의원은 점차 독립 자영의 방침으로 운영되었고, 그에 따라 치료 대상도 수가 환자의 비중을 높이는 방식으로 나아갔다. 그 결과 시료 환자의 수와 순회 진료 횟수도 시간이 지나면서 감소했는데, 일부에서는 이에 대한 비난도 있었지만 그럼에도 조선총독부 정책에 따라 진행되었다.[54]

1925년 「조선도립의원관제」 공포 이후 각 도에서는 「도립의원유지자금관리규정」을 8~9월경 고지했다. 조선총독부로부터 도 지방비로 양여된 유가증권과 현금을 도립의원 유지 자금으로 관리함을 명시하고(제1조), 유지 자금의 원금(元本)과 이로부터 발생한 이자를 도립의원의 경비 및 기타 용도에 충당할 수 있도록 규정했다(제2-3조).[55] 각 도에서 공포한 「도립의원유지자금관리규정」은 대동소이하다.

도립의원은 조선총독부가 관리하던 자혜의원 유지 자금을 각 도로 분배한 것 외에 필요한 경비는 자체 수입으로 충당해야 했다. 1925년 4월경 각 도는 「사용료징수규정」, 「사용료급수수료징수규정」 등의 명칭으로 도립의원에서 환자로부터 받는 의료비를 항목별로 구분하고 각각의 요금을 정하여 공포했다. 이 규정에는 <표 3-7>에 정리한 바와 같이 도립의원 의료 활동비를 약가, 수술료, 처치료, 입원료, 왕진료와 간호료, 수수료, 잡품료 등으로 나누어 각 항목별로

〈표 3-7〉 도립의원 수가 분류

번호	분류	수가 기준
1	약가	내복약, 돈복약(頓服藥), 외용약, 소독약 등
2	수술료	-
3	처치료	주사, 붕대와 그 교환, 종두, 조산, 이화학적 요법, 치석제거, 가동의치, 치열교정 등
4	입원료	특등, 1(갑)등, 2(을)등, 3(병)등 병실
5	왕진료와 간호료	원장, 의관, 의원, 조산부, 원내부첨간호부, 원외부첨간호부 등의 직급과 역할, 왕진 지역의 원근에 따라 금액 책정
6	수수료	특별진단서, 보통진단서, 검안서, 감정서와 책정서, 처방전, 진찰료, 건강진단, 소독 등
7	잡품료	투약병, 고약호, 점안병 등

54 三木榮, 『경기도립수원의원이십오년사』, 1936, 17쪽.

55 조선총독부, 「도립의원유지자금관리규정」, 『조선총독부관보』, 1925. 9. 11.

금액을 구분해서 구체적으로 지정했다.[56] 수가 기준을 마련하고 각 치료에 관해 항목을 나누어 가격을 확정한 것은, 도립의원의 일반인을 대상으로 하는 의료체제가 조직화되었음을 알려주는 것이다. 이후 각 도에서 수가의 조정이 필요할 때 이를 공지하며 규정을 개정했다.[57]

2) 도립의원의 세입·세출 양상

도립의원의 운영과 관련된 세입·세출에 대한 항목을 <표 3-8>과 <표 3-9>로 나누어 정리했다. 이 두 표에 제시된 세입·세출의 항목은 전체 항목 중 비중이 높고 의료와 직접적 관련이 있는 항목을 선

〈표 3-8〉 도립의원 세입 양상

시기[58]	자금(이자)	의원 수입	전년도 조월금	국고보조금	…[59]	합계
1929년	240,957[60]	1.184.062	-	636,396		2,202,915
1935년	228,155	2,304,077	565,498	580,527		4,277,094
1936년	227,590	2,558,801	959,361	505,853		4,473,568
1937년	227,220	2,965,228	493,105	614,019		4,827,717
1938년	226,052	3,387,867	785,342	486,334		5,305,298
1939년	228,588	3,933,848	855,546	486,334		5,697,961
1940년	235,738	4,756,015	933,940	525,497		7,112,245
1941년	229,678	4,592,405	593,254	540,790		6,941,013

56 조선총독부, 「도립해주의원사용료징수규정」, 『조선총독부관보』, 1925. 4. 13.

57 조선총독부, 「도립해주의원사용료징수규정중개정」, 『조선총독부관보』, 1928. 4. 19.; 「경상북도립의원사용료급수수료징수규정중개정」, 『조선총독부관보』, 1928. 10. 23.; 「전라남도립의원사용료급수수료징수규정중개정」, 『조선총독부관보』, 1931. 3. 14.; 「전라북도립의원사용료급수수료징수규정개정」, 『조선총독부관보』, 1935. 5. 4.; 「경상북도립의원사용료급수수료징수규정중개정」, 『조선총독부관보』, 1940. 9. 16. 등.

〈표 3-9〉 도립의원 세출 양상

시기[61]	봉급	잡급	환자비	시료비	간호부 양성비	…[62]	합계
1929년	663,540	522,768	633,376	70,308	37,855		2,086,636
1935년	734,502	673,542	999,066	88,541	27,578		3,281,446
1936년	771,897	732.372[63]	1,097,519	89,009	28,194		4,042,754
1937년	811,953	813,331	1,243,121	93,743	30,797		4,053,516
1938년	855,189	856,748	1,550,984	-	27,755		4,427,031
1939년	919,578	903,644	1,839,509	-	39,239		4,721,701
1940년	996,569	1,057,201	2,227,101	-	58,013		5,401,979
1941년	1,271,378	1,095,732	2,133,224	110,277	78,007		6,941,013

별하여 정리한 것이다. 표를 작성함에 있어 1929~1940년까지는 결산표를, 1941년은 예산표를 근거로 정리했다.

---

58 조선총독부, 『조선도립의원개황』, 1930, 46쪽; 「소화4년도지방비예산(의원관계)세입세출조」, 『조선도립의원개황』, 1930, 72-73쪽; 「소화10년도도립의원관계세입출결산」, 『조선도립의원요람』 1, 1937, 제표 145쪽; 「소화11년도도립의원관계세입출결산」, 『조선도립의원요람』 1, 1937, 제표 151쪽; 「소화12년도도립의원관계세입출결산」, 『조선도립의원요람』 2, 1938, 제표 155쪽; 「소화13년도도립의원관계세입출결산」, 『조선도립의원요람』 3, 1939, 제표 161쪽; 「소화14년도도립의원관계세입출결산」, 『조선도립의원요람』 4, 1940, 제표 163쪽; 「소화15년도도립의원관계세입출결산」, 『조선도립의원요람』 5, 1941, 제표 164쪽.

59 잡입, 기채(起債) 수입, 일반 도(道) 재원, 기부금, 물품 매각대 등의 세입 항목이 있음.

60 조선총독부, 『조선도립의원개황』, 1930, 46쪽에는 이자 수입이 24,957로 되어 있으나 240,957의 오기임.

61 조선총독부, 「소화4년도 도립의원비세출예산서」, 『조선도립의원개황』, 1930, 75-77쪽; 「소화10년도도립의원관계세입출결산」, 『조선도립의원요람』 1, 1937, 제표 148쪽;「소화11년도도립의원관계세입출결산」, 『조선도립의원요람』 1, 1937, 제표 154쪽; 「소화12년도도립의원관계세입출결산」, 『조선도립의원요람』 2, 1938, 제표 158쪽; 「소화13년도도립의원관계세입출결산」, 『조선도립의원요람』 3, 1939, 제표 164쪽; 「소화14년도도립의원관계세입출결산」, 『조선도립의원요람』 4, 1940, 제표 166쪽; 「소화15년도도립의원관계세입출결산」, 『조선도립의원요람』 5, 1941, 제표 167쪽; 「소화16년도도립의원관계세입출예산」, 『조선도립의원요람』 5, 1941, 제표 173쪽.

도립의원의 세입을 살펴보면 유지 자금의 이자 수입에는 큰 차이가 없다. 전년도 조월금과 국고보조금의 경우 그 수치의 변동에 일관성이 없어 의미를 부여하기 어려우며, 그 변동 차이가 전체 세입 규모에 있어 유의미하다고 보기 어렵다. 반면 의원 수입은 1929년 당시에도 전체 세입의 50%가 넘었으며, 이 비율은 뒤로 갈수록 높아져 1941년에는 66%에 달했다. 또한 의원 수입의 절대적인 금액은 1929년 대비 1941년에 4배 가까이 증가했다. 이를 통해 도립의원의 세입, 즉 도립의원 운영에 있어 가장 큰 영향을 준 항목은 의원 수입이었음을 알 수 있다. <표 3-7>에서 정리한 수가로 정해진 내역은 의원 수입이 되어 도립의원 운영에 크게 기여했으며, 도립의원은 의원 수입, 유지 자금 이자, 국고보조금을 주요 재원으로 경영에 충당했지만 의원의 신축, 증·개축, 대수선, 모양 교체 등 특별히 다액이 요구되는 건은 임시비로 도채(道債)에 의해 지출했다.[64]

도립의원 세출의 주요 항목인 봉급, 잡급, 환자비, 시료비, 간호부 양성비 모두 매년 지속해서 증가해 전체적인 세출은 꾸준히 증가하는 양상을 보였다. 이들 항목을 1929년 대비 1941년에 대해 살펴보면 봉급과 잡급은 2배, 환자비 3.5배, 시료비 1.5배, 간호부 양성비 2배, 세출 총액은 3.3배 증가했다. 세출 총액 증가의 가장 큰 요인은 환자비의 증가였음을 알 수 있다. 봉급의 증가는 의관 및 의원 등의 증원, 잡급의 증가는 촉탁과 기타 고용인의 증원, 환자비의 증가는 수가 환자의 증가와 연관이 있으며, 간호부 양성비 증가의 경우 1939년 2월

---

62 잡비, 수선비, 화재보험료, 임시특별수당, 일시은급(恩給) 등의 세출 항목이 있음.

63 조선총독부, 『조선도립의원요람』 1, 1937, 154쪽에는 73,272.10으로 되어 있으나 732,372.10의 오기임.

64 조선총독부, 『조선도립의원요람』 5, 1941, 13쪽.

「도립의원규정개정」으로 조산부와 간호부 양성소를 설립하는 도립의원이 등장했던 것과 밀접한 연관이 있다. 1941년 통계를 보면 전체 세출 가운데 시료비가 차지하는 비율은 1.6%에 이르는 미미한 수준이기는 하나 절대적인 수치는 증가했다.

이외에 환자비가 1941년에는 1940년의 4.2%에 해당하는 9만 3,877원 감소한 것, 간호부 양성비는 1935년 이후 계속 증가하다가 1938년에 전년 대비 3,042원, 즉 약 10% 가까이 감소한 것, 또 시료비가 1938~1940년도 항목에서 제외된 이유 등에 대해서도 고찰해 보아야 한다. 이는 조선총독부 의료 정책의 변화 여부와 전체 도립의원의 각 상황 등에 대한 연구가 축적되어 밝혀져야 할 부분이다.

3) 도립의원의 수가 환자와 시료 환자 비율

도립의원 세입·세출의 큰 비중을 차지하는 의원 수입과 환자비, 그리고 비중은 적으나 도립의원의 성격 규명에 필요한 시료비를 확인하기 위해 도립의원의 환자 상황을 <표 3-10>으로 정리했다. 도립의원의 수가 환자 수는 1928년부터 1940년에 이르는 시기 동안 입원과 외래 모두 지속해서 증가했고, 1928년 대비 1940년의 수가 환자 수는 86만 2,272명에서 221만 538명으로 256% 격증했다. 반면 시료 환자의 경우 총수 자체는 1930년대 초반까지 약간의 증감은 있었으나 대체로 증가 추세에 있었는데, 1935년 22만 7,010명을 정점으로 1936년에 그보다 18.8% 감소한 18만 4,347명, 1937년 14% 감소한 15만 8,475명, 1938년 17% 감소한 13만 1,422명, 1939년 14.5% 감소한 11만 2,301명, 1940년 23.2% 감소한 8만 6,193명으로 지속해서 격감했다. 이처럼 시료 환자의 입원과 외래 수는 모두 감소했으나

〈표 3-10〉 도립의원의 수가 환자 및 시료 환자 구성[65]

시기	수가 환자 수			시료 환자 수			총 환자 수	시료 환자 비율(%)
	입원	외래	합계	입원	외래	합계		
1928년[66]	215,193	647,079	862,272	24,035	119,819	143,854	1,017,601[67]	14.14
1932년	273,108	822,369	1,095,517	42,657	149,769	192,426	1,287,943	14.94
1933년	314,319	922,410	1,236,729	47,518	141,478	188,996	1,425,725	13.26
1934년	346,757	993,454	1,340,211	45,792	140,065	185,857	1,526,068	12.18
1935년	390,156	1,068,883	1,459,039	56,027	170,983	227,010	1,686,049	13.46
1936년[68]	410,131	1,164,344	1,574,475[69]	47,867	136,480	184,347	1,758,822	10.48
1937년	462,500	1,306,669	1,768,669	52,794	105,681	158,475	1,927,144	8.22
1938년	518,087	1,348,035	1,866,122	46,575	84,867	131,442	1,997,564	6.58
1939년	592,179	1,417,676	2,009,855	44,900	67,401	112,301	2,122,156	5.29
1940년[70]	667,929	1,542,609	2,210,538	38,217	47,976	86,193	2,296,731	3.75

* 총 환자 대비 시료 환자 비율(%).

입원 환자의 수가 4만 7,967명에서 3만 8,217명으로 80% 수준으로 감소한 데 반해, 외래 환자의 수는 13만 6,480명에서 4만 7,976명으로 35% 수준으로 감소하여 둘 사이에 커다란 차이를 보였다. 이는 당시 시료 환자들의 경우 병이 깊어져 응급 상황이 되어야만 병원을 찾았기 때문에 외래에 비해 입원 환자의 수가 상대적으로 감소 폭이 크지 않았기 때문인 것으로 판단된다. 이런 이유로 큰 액수는 아니나

65 조선총독부, 「도립의원진료환자총괄」, 『조선도립의원요람』 5, 1941, 제표 62쪽.

66 조선총독부, 『조선도립의원개황』, 「소화3년도립의원진료환자표」, 1930, 56쪽.

67 총계에는 순회진료 11,475명이 포함된 숫자임.

68 조선총독부, 「도립의원진료환자총괄」, 『조선도립의원요람』 1, 1937, 제표 55쪽.

69 조선총독부, 『조선도립의원요람』 5, 62쪽에 2,574,475로 되어 있으나 1,574,475의 오기임.

70 조선총독부, 「도립의원진료환자총괄」, 『조선도립의원요람』 5, 1941, 제표 62쪽.

입원 환자에게 소요되는 비용이 늘어났다고 보아야 할 것이다. 총 환자에 대한 시료 환자의 비율 역시 1935년 13.46%였던 것이 해마다 감소하여 1940년에는 3.75%에 머물렀다. 이러한 시료 환자의 감소 추세는 일제가 제2차 세계대전에 전력을 기울이던 1940년대 이후 1945년에 이르는 시기까지 계속되었을 것으로 추정된다.

이러한 상황에서 <표 3-9>의 도립의원 세출 양상을 보면, 시료비가 1929년 7만여 원에서 1941년 11만여 원으로 증가했다고는 하나 이는 당시 도립의원 전체 세출이 3.3배 증가하는 상황에서 1.5배 증가하는 데 그친 것이며, 더 중요한 것은 1941년 세출 총액 대비 시료비가 차지하는 비율이 1.6%에 해당하는 극히 적은 금액이라는 점이다.

도립의원에서 치료를 받은 시료 환자의 수는 1936년 중일전쟁 이후 지속해서 감소했고, 결국 1941년 시료과가 폐지되기에 이르렀다. 시료비 비율의 축소, 시료 환자의 감소, 시료과의 폐지, 시료과에 임명된 조선인 의사의 수, 시료과 담당 의사의 자격 등을 고려하면 조선인의 질병 치료가 도립의원의 주된 목적이었다고 보기는 어렵다. 이로써 도립의원 시료 환자의 절대다수를 차지했던 조선인[71]은 일제 말기 의료 환경에서 점점 배제되어갔음을 알 수 있다.

* * *

한일병합을 전후한 시기, 일제는 전국 도청 소재지에 '시료'를 원칙으로 자혜의원을 설립했고, 그 운영은 조선총독부 예산으로 이루

---

71 三木榮, 「역년외래환자 수」, 『경기도립수원의원이십오년사』, 1936, 21-22쪽; 「역년입원환자 수」, 『경기도립수원의원이십오년사』, 1936, 22쪽.

어졌다. 1919년 8월 취임한 조선 총독 사이토 마코토는 식민지 정책의 대변환을 시도하는 과정에서 자혜의원의 질적 발전과 증설을 모색했다. 그러나 세계 경제공황, 관동대지진 등으로 인한 당시 재정 운용의 어려움 때문에 이러한 계획은 중단될 수밖에 없었다. 이후 자혜의원의 운영 자금을 도(道)로 이관하면서 도립의원으로 개칭되었고, 도립의원은 지방의 의료기관으로서 새로운 국면을 맞이하게 되었다. 조선총독부는 도로 이관한 자혜의원 유지 자금의 이자, 국고보조금, 의원 수입으로 도립의원을 운영하도록 했다. 의원 수입은 1929년 당시 도립의원 전체 수입의 50%가 넘었고, 1941년 당시에는 전체 수입의 66%에 달하는 등 도립의원 세입의 가장 큰 비중을 차지했다.

1925년 4월 1일 반포된 「조선도립의원관제」와 「도립의원규정」에서는 도립의원을 '조선 도 지방비에 의해 유지되는 의원'으로 규정하여, 자혜의원의 '빈궁 환자 무료 치료'를 중심으로 했던 치료 체제가 보통 환자 중심으로 대체되게 만들었다. 이러한 정책 방향과 일제의 제국주의 전쟁에 따른 재정 사용으로, 도립의원의 수가 늘고 규모가 확장되었음에도 불구하고 지방 의료에 대한 지원은 증가하지 못했다. 그 결과 도립의원의 시료 환자 수는 점차 감소했고, 특히 1936년 중일전쟁 이후 가파르게 격감하여 1941년경에는 '시료과'가 사료에서 보이지 않게 되었으며, 시료 환자의 수는 전체 환자 수의 3.75% 수준으로 떨어졌다.

1925년 4월 1일을 기해 도립의원으로 전환된 자혜의원의 수는 총 28개였으며, 계속해서 증설되어 해방 당시 조선에 존재한 도립의원은 전국 각 도에 총 46개였다. 기존 도립의원 운영권이 각 도로 이관되었으나 '도립의원은 설립, 운영, 폐소, 직원의 정원 및 운영비 전반에 대해 총독의 인허가를 받아야 한다'고 법제화됨으로써 도립의원에 관한 주요 결정 사항은 조선 총독의 소관임을 명시했다. 도립의원 증설 및 확충, 간호부 양성소 설립 규정의 변화, 식민지 정책 변화에 따라 의관과 의원을 중심으로 도립의원의 직원 수가 조정되었다. 이렇게 직원 수가 조정될 때마다 「조선도립의원관제」는 개정되었으며, 의관, 의원, 의무촉탁, 약제관, 약제수 등의 의무 직원과 서기, 사무관 등의 기존 직분, 그리고 1930년대에는 지방 서기, 지방 위생기수, 지방 약제수, 지방 간호부장으로 구분되는 도 이원 등이 도립의원의 구성원으로 존재하게 되었다. 이로 보아 도립의원의 조직이 점차 확대되고 체계화되어갔음을 알 수 있다. 도립의원의 원장, 의관, 교관, 약제관, 사무관, 간호부장 등 도립의원 부서의 책임자는 거의 일본인이었으나, 1939년경에는 조선인도 전체 의무 직원의 약 20%를 차지하면서 도립의원의 의관, 의원, 의무촉탁 등 의무 직원으로서의 업무를 수행했다. 도립의원의 조선인 구성원, 특히 이들의 의무 직원으로서의 활동은 1940년 이후에는 창씨개명에 의해 그 규모를 정확히 알 수 없으나, 창씨개명을 하고 활동한 사람들도 적지 않았다.

개항 이후 조선의 지방에 설립된 최초의 관립의원인 자혜의원, 1925년 자혜의원을 이은 도 운영의 의료기관인 도립의원은 문명시설로서의 위용을 자랑하며 식민 통치의 명분으로 설립·운영되었다. 그럼에도 자혜의원과 도립의원이 일제 시기 정부의 지방 의료 현황을 살펴볼 수 있게 하는 주요 기관임은 확실하다. 이 장에서 「조선도립의원관제」와 「도립의원규정」 등의 자료를 통해 살펴본 도립의원의 개념, 도립의원의 세입에 있어 의원 수입이 차지하는 비중, 도립의원의 세출에 있어 시료비의 비율, 시료과의 폐지와 시료 환자의 감소 및 그 비율 등을 분석함으로써 확인한 바는 다음과 같다. 즉 도립의원은 기존 자혜의원과 같은 시료적 성격이 강한 의료기관이 아닌 수가 환자 중심 의료기관으로서의 성격이 강했다는 점, 실제 핵심 구성원은 일본인으로 구성되었고 수가 환자 역시 일본인이 대다수를 차지하는 일본인에 의한, 일본인을 위한 의료기관이었다는 점이다. 따라서 언어 소통이 원활하지 못하고 치료비를 내기 어려웠던 많은 조선인에게 미치는 실질적 의료 혜택의 정도는 일제 당국이 평가한 만큼 컸다고 볼 수 없다. 정부 운영의 지방 의료기관인 도립의원의 성격은 앞으로 각 도립의원이 설립된 소재지와 그 설립 과정, 도립의원의 활동 등에 대한 연구를 통해 더욱 명확해질 것으로 기대한다.

2부

사회적 신체:
질병 관리와 구성원 통제

4장 고대 로마의 군대 의료

군의와 군병원[1]

신명주

구성원들의 질병 관리와 건강 유지는 시대와 지역을 막론하고 국가가 늘 관심을 가지는 분야이다. 그러나 이를 전담하는 국가 부서가 명백히 존재하는 경우가 많은 근현대와 달리, 고대 세계에서는 그 직접적인 흔적을 찾아보기가 수월하지 않다. 고대 로마 역시 예외는 아니다. 거대한 제국을 상당 기간 효율적으로 유지하기는 했으나, 로마의 행정 시스템은 근현대의 그것과는 상당히 다른 성격을 가졌다.

고대 로마의 국가 기관이 그 구성원들의 의료와 건강에 직접적으로 관심을 가진 흔적을 비교적 뚜렷하게 찾아볼 수 있는 경우가 로마 군대 내에서 기능했던 의료체제이다. 필연적으로 잦을 수밖에 없는 군인들의 부상과 질환을 치료하고, 그들을 건강한 상태로 직무에 복귀하게 하는 것은 군대 운영에 있어 매우 중요한 부분이다. 고대 로

1 이 글은 『이화사학연구』 제63집(2021)에 실린 저자의 논문 「로마 군대 내에서의 의료」를 수정한 것이다.

마는 이탈리아 중심부의 작은 도시국가로부터 시작해 이탈리아반도 전체를 장악하고 지중해의 광대한 영역으로 국경선을 넓혔던 제국이고, 이 정복 과정의 중심에 있었던 것이 로마 군대였다.

활발한 정복 활동이 지속되었고, 그 후기에는 로마의 패권을 장악하기 위한 장군들 사이의 내란까지 있었던 공화정기를 거치며 로마군의 규모와 효율성은 점차 증가했다. 그리고 아우구스투스(Augustus) 황제(재위 기원전 27~기원후 14년)로부터 시작된 원수정기(기원전 27~기원후 284년)에 그 최전성기를 맞았다. 내란기를 거치며 로마 군대는 과도하게 비대해졌지만, 권력을 독점한 후 아우구스투스는 로마 군단 중 다수를 해체하고, 남은 군단들은 직업군인 중심의 정예군으로 재편했다.[2]

제정기에 자리 잡은 직업군인 제도와 장기 복무 체제로 인해 군 내 의료체제의 필요성도 커졌다. 로마군의 성공 비결에 대한 연구가 활발해지며 로마 군대 내에서의 의료, 소위 군진의학의 발달 역시 그 비결 중 하나로 주목의 대상이 되었다. 그리고 이는 로마 의학사 및 군사사에서 중요한 연구 주제로 자리 잡았으며, 특히 로마에서 나타났던 군병원(*valetudinarium*)은 병원의 역사라는 측면에서도 상당한 의미가 있다.

이 장에서는 고대 세계의 로마 군대 내에서 이루어진 의료를 특별하게 만들었던 요인과 상황에 대해 살피고자 한다. 로마 군인들은 부상했을 때 어디에서, 누구에게 치료를 받았는가? 로마 군대에는 전

---

2 기원전 31년의 악티움 해전 이후 로마의 군단 수는 약 60개에서 약 28개로 줄어들었고, 군인의 수도 30만 명가량에서 16만 명가량으로 줄어들었던 것으로 보인다. 프리츠 M. 하이켈하임 & 세드릭 A. 요, *A History of The Roman People*, 김덕수 옮김, 『하이켈하임 로마사』, 현대지성사, 1999, pp. 562-568 참조.

문 의료진들이 존재했는가? 군인들의 전반적인 건강관리에 로마인들은 어떤 관심을 기울였는가? 서구 역사에서 최초로 나타난 병원 중 하나인 로마의 군병원은 어떤 형태로 그 근거가 남아 있는가? 여기서는 이러한 질문들에 대답해보고자 한다. 이를 위해 군인들의 건강과 관련해 기록된 로마의 문헌상 근거들을 먼저 살펴보고, 뒤이어 현재에도 활발하게 진행되고 있는 고대 로마 유적 발굴에 토대를 둔 고고학적 근거를 조합해보려 한다. 그리고 이로써 로마 군대 내에서의 의료행위와 병사들의 건강관리에 대해 살펴보는 동시에, 공화정기와 제정기를 거치며 로마 군대 내의 의료체제가 어떻게 진보하고 체계화되었는지 역시 알아보고자 한다.

1. 군인들의 건강: 문헌상의 근거들

로마 공화정 초기인 기원전 480년, 에트루리아(Etruria: 이탈리아 중서부에 있던 고대 도시연맹)와의 전쟁에서 부상한 병사들이 어떻게 치료받았는지에 대해 로마의 역사가 리비우스(Titus Livius)는 이렇게 썼다.

> 집정관 파비우스(Fabius)는 부상한 병사들이 귀족들의 집에서 보살핌을 받도록 보냈다. 그는 가장 많은 수의 부상병을 파비우스 가문으로 보냈는데, 그들은 다른 어느 곳에서도 이보다 더 사려 깊은 돌봄을 받지 못했다. 그리하여 파비우스 가문은 대중의 인기를 얻었는데, 그 어떤 관행도 이 이상으로 국가에 이득이 되지 못했던 것이다.[3]

3 Livius, *Ab urbe condita* 2.47.12.

현실적으로, 에트루리아와의 전쟁처럼 전투가 이탈리아반도 내 로마시와 가까운 지역에서 주로 일어나던 공화정 초기에는 물자와 환경이 여유로운 귀족 계층이 이송된 부상자의 치료 부담까지 지는 게 자연스러운 귀결이었을 것이다. 이 시기에는 군 복무 역시 직업적이고 장기적인 것이라기보다는, 국가가 위기에 처했을 때 국방의 의무를 시민이 함께 나누어진다는 관점에서 접근하는 단기적인 성격이 강했다.

타키투스(Publius Cornelius Tacitus) 역시 기원후 27년 검투 경기가 열리던 대규모 극장이 붕괴해 엄청난 사망자와 부상자가 발생한 사고를 기록하며 과거의 이런 관행을 확인해주는 서술을 남긴다.

> … 사고 다음 날 대저택들이 문을 열어젖히고 찾아오는 모든 이에게 의료진과 치료를 제공했다. 그 비극적인 분위기에도 불구하고 이 시기의 로마는 타격이 컸던 전투 후에 부상자들을 후의와 치료로 보살펴주던 조상들의 관습을 떠올리게 만들었다.[4]

두 기록이 대상으로 삼은 사건 사이에는 500년이 넘는 시대적 간극이 있고, 타키투스 역시 전투 후 귀족들이 부상병들을 자발적으로 돌보는 관례를 현재(저술 당시)에도 실천되고 있는 것이라기보다는 과거 모범적인 조상들의 것으로서 서술하고 있다. 그러나 그 500여 년간 로마의 영토는 엄청나게 확장되었고, 따라서 부상병들을 로마로 이송하는 것이 물리적으로 불가능해졌다. 로마의 군대가 로마시와 먼 지역에서 싸우게 될수록 군인들의 부상 혹은 질환은 현지의 전투 장

4 Tacitus, *Annales* 4.63.

소나 군대 주둔지 내에서 해결해야 하는 문제가 되어갔던 것이다.

전쟁터에서 입은 상처에는 대부분 외과적 처치가 필요하며, 이전 시기에도 상황과 기술이 허락하는 한 당연히 치료가 이루어졌을 것이다. 그러나 기록에 따르면 로마에서 외과의가 처음 등장한 것은 기원전 219년이 되어서였다. 로마의 다른 문화와 학문 분야가 대부분 그러했듯, 그리스 세계와의 접촉이 잦아지며 로마의 의학 역시 그리스의 영향을 직접적으로 받았다. 대(大) 플리니우스(Gaius Plinius Secundus)가 기원전 219년 로마에서 최초의 의사로 활동했다고 기록한 아르카가투스(Archagathus) 역시 펠로폰네소스반도 출신의 그리스인이었다. 그는 '상처를 치료하는 자'라는 의미의 "*Vulnerarius*"라는 별칭을 가지고 있었고, 공공 비용으로 아킬리안 교차로(compitum Acilium)[5]에 자신이 운영하는 치료소를 열었다. 처음에 그는 로마인들에게 환영받았으나, 신체 일부를 잘라내고 그슬리는 등의 지나치게 잔인한 치료 방식으로 곧 인기를 잃었다.[6] 이러한 기록에서 유추해보자면, 일반적인 상처에 대한 치료는 이루어졌다 해도 아르카가투스와 같은 과감한 외과적 수술은 이 시기 이전에는 로마에서 이루어지지 않았던 것으로 보인다.

아르카가투스가 로마에서 성공을 거두지는 못했으나, 그리스 의학은 로마에 계속 도입되었고 거기에는 외과적 기술 역시 포함되어 있었다. 폼페이(Pompeii: 이탈리아 남부에 있던 고대 도시) 시리쿠스(Siricus)의 집에서 발견된 벽화 역시 전쟁터에서의 치료 과정을 보여준다(<그림 4-1> 참조). 허벅지에 화살을 맞은 아이네아스(Aeneas)와

5 로마 시내 벨리아(Velia) 언덕 북쪽에 위치한다.

6 Plinius, *Naturalis Historia* 29.6., 플리니우스는 자신도 Cassius Hemina의 기록을 참고했다고 쓰고 있다.

〈그림 4-1〉 폼페이 시리쿠스의 집에서 발견된 프레스코 벽화[7]

십자 모양 겸자로 화살촉을 제거하고자 하는 이아픽스(Iapyx)의 모습은 베르길리우스(Vergilius)가 장편 서사시 '아이네이스(Aeneis)'에서 생생히 묘사한 그대로의 장면이다.[8] 기원후 79년 베수비오 화산의 폭발로 인해 묻혀 있던 폼페이 유적에서 발굴된 그림이니만큼, 이 벽화가 그 이전 시기 어느 때에 그려졌는지는 불확실하다. 그러나 아르카가투스로 대표되는 그리스 의학의 도입과, 로마를 향한 전반적인 헬레니즘의 유입을 생각하면 그림에 묘사된 치료와 도구는 훨씬 이전부

---

7 현재 나폴리 국립고고학박물관 소장, 이미지 출처는 https://en.wikipedia.org/wiki/Aeneas#/media/File:Iapyx_removing_arrowhead_from_Aeneas.jpg

8 Vergilius, *Aeneid* 12.391–406., 이아픽스는 아폴로(Apollo)의 사랑을 받아 그로부터 예언과 음악, 궁술의 재주를 주겠다는 제안을 받았으나, 죽어가는 아버지를 구하기 위해 치료의 기술을 알려달라고 했다.

터 로마인들에게 익숙한 모습이었을 것이다.

기원후 1세기 전반기 로마에서 활동한 켈수스(Aulus Cornelius Celsus)는 자신의 의학서에서 상처를 치료하는 법과, 몸에 박힌 무기를 제거하고 처치하는 법, 절단 수술 방법 등에 대해 상세하게 설명하고 있다. 그는 상처를 치료할 때 우선적으로 주의를 기울여야 할 것은 죽음을 야기하는 출혈과 감염을 막는 것이며, 출혈은 상처의 위치와 깊이, 피가 뿜어져 나오는 강도에 따라 판단해 상처를 마른 붕대로 채우거나, 차가운 물을 짜낸 해면으로 덮고 손으로 압박해야 한다고 기록했다. 이 방법으로 출혈이 멎지 않을 때의 후속 조치 역시 상세히 지시한다. 무기나 그 촉이 몸에 박힌 상황에 대해서는, 상처가 얕은 상황인지 장기까지 뚫고 들어간 깊은 상황인지에 따라, 그리고 몸에 박힌 무기의 종류에 따라 각각의 처치법을 제시하며, 절단 수술에 대해서도 감염된 부위를 남겨두는 것보다는 건강한 부위가 다소 포함되더라도 완전히 절단되는 것이 낫다고 하며 톱을 이용해 뼈를 절단하는 방법을 설명한다.[9]

물론 일상생활에서도 상처를 치료할 일이 종종 있지만, 이러한 의료법이 가장 자주 필요했던 곳은 군대였을 것이다. 그렇다면 로마 군대에서는 폼페이 벽화에서 신의(神醫) 이아픽스가 보여주는 치료자의 역할을 누가 맡았을까? '치료하다'라는 뜻의 동사 '*medicare*'에서 파생된, 라틴어에서 의사를 뜻하는 '*medicus*'(복수형 '*medici*')를 군대와 관련해 문헌에서 처음 사용한 이는 공화정 후기의 정치가이자 문인인 키케로(Marcus Tullius Cicero)였다. 키케로는 처음 전투에 참가한 초심자와 잘 훈련받은 나이 든 노병을 비교하며, 전자가 작은 상처에

9 Celsus, *De Medicina* 5.26.21–24:7.5.1–5:7.33.1–2.

도 크게 동요하는 데 비해 후자는 상처를 입어도 그저 '*medicus*'에게 자신의 상처에 붕대를 감아달라고 요청할 뿐이라고 썼다.[10]

그러나 키케로는 그가 언급한 '*medicus*'에 대해 더 이상의 설명을 덧붙이지는 않는다. 즉 이 '*medicus*'가 단순히 군인 중에서 치료의 업무를 맡은 자인지, 혹은 좀 더 전문적인 의료지식을 갖춘 의료인인지는 알 수 없으며, 따라서 '*medicus*'의 등장만으로 군대 내에 전문 의료체제가 갖추어졌다고 보기는 어렵다. 키케로의 시기보다도 수십 년 뒤, 로마가 원수정기로 접어들고 아우구스투스가 내전기의 경험을 바탕 삼아 전반적인 직업군대로의 개혁을 추진한 이후에도 군대 내의 부상자 치료와 관련해서는 체계적인 시스템보다 지휘관의 온정적인 태도에 대한 묘사가 두드러진다. 이는 고위 귀족들이 부상자를 자신의 저택에서 자비롭게 돌보던, 로마 초기의 전통과도 연계된다.

예컨대 티베리우스(Tiberius) 황제(재위 14~37년)의 휘하에서 직접 전투에 참가했던 원로원 의원 벨레이우스 파테르쿨루스(Velleius Paterculus)는 당시의 상황에 대해 이렇게 쓰고 있다.

> 게르마니아와 판노니아 전쟁 전 시기를 통틀어 우리 중 그 누구도, 계급이 높건 낮건 간에 몸이 아파 건강을 잃거나 편안하지 못한 자로서 황제의 돌봄을 받지 않은 자는 없었다. 황제는 이들을 돌보는 것이 스스로가 생각하는 주된 업무이며 그 무거운 책임에 압도당한 이인 것처럼 최대한의 배려를 보여주었다. 필요한 이라면 누구에게나 말이 끄는 탈것과 뭐든 처리할 수 있는 자신만의 변기가 주어졌고, 나도 이를 사용하는 즐거움을 누렸다. 황제의 의사, 황제의 부엌,

---

10 Cicero, *Tusculum Disputaions* 2.16.38.

황제의 목욕 설비 … 원래는 오직 황제만을 위해 준비되었던 이 모든 것이 이제 병자 모두에게 주어졌다.[11]

그의 기록을 보면, 그가 몸담았던 부대 안에는 아직 체계적인 의료 전담 인력이 갖추어지지 않았고 다만 황제가 자신이 독점하던 자원을 부상자들을 위해 관대하게 공유한 것으로 보인다. 이 묘사 자체에는 수사학적인 과장이 들어가 있다 해도, 군 병력의 건강을 유지하는 것은 단순히 관대함을 과시하고 사기를 높이기 위해서만이 아니라 실제적 필요를 위해서도 지휘관들에게 가장 중요한 과업이었다. 병사는 군대의 소중한 자산이었기에 이들을 다시 전장으로 건강히 복귀하게 해야만 했던 것이다. 카이사르(Caesar)도 전쟁터에서 부상자들에게 자주 관심을 기울였고,[12] 대(大) 아그리피나(Agrippina Major) 역시 황실 여성의 신분으로 직접 부상자들에게 약품을 나누어주었으며, 그녀의 남편 게르마니쿠스(Germanicus)는 치열한 전투 후 부상자들에게 직접 문병을 다녔다.[13]

전쟁 자체에서 입을 수 있는 부상의 치료만이 중요한 문제는 아니었다. 전쟁에서는 전투하는 시간보다 전투를 준비하고 전투 사이에 휴식하는 시간이 길었다. 그 시간 동안 병사들의 건강 상태를 큰 차질

---

11 Velleius Paterculus, *Historiae Romanae* 2.114.

12 Caesar, *Commentarii de Bello Gallico* 1.26.5. 전투 후에 지휘관이 부상자를 치료하고 죽은 자들을 장례 치르기 위한 시간을 가지자고 하는 것은 고대 전쟁과 관련된 서술에서 늘 등장하는 상례이기는 하다.

13 Tacitus, *Annales* 1.69; 1.70 게르마니쿠스는 아우구스투스 황제의 의붓아들인 드루수스(Drusus)와 아우구스투스의 조카딸인 소 안토니아(Antonia Minor)의 아들로, 그의 친삼촌인 티베리우스의 양자로 입적되어 황제의 후계자가 되었다. 그의 아내인 아그리피나는 아우구스투스의 외손녀였다.

없이 유지하는 것은 부상을 치료하는 것 이상으로 핵심적인 사안이었다. 실제로 2차 삼두정치의 일원이었던 안토니우스(Marcus Antonius)는 파르티아(Parthia: 이란의 고대 왕국)와의 전쟁에서 보병 2만 명과 기병 4,000기를 적의 공격에 의해서가 아니라 대부분 질병으로 인해 잃었다.[14]

기원후 1세기, 그리스 철학자 오나산데르(Onasander)는 브리타니아(Britannia: 현재 영국 브리튼섬) 총독을 지낸 퀸투스 베라니우스(Quintus Veranius)에게 군 지도자의 책무를 논하는 책을 헌정했다. 이 책에서 군대의 진지를 고르는 기준을 논하며 그는 "늪지나 습기가 있는 땅을 피해야만 하는데, 이러한 땅에서 피어오르는 증기와 냄새가 군대에 질환과 감염을 야기하며 많은 이의 건강을 해치고 많은 이를 죽여 결국 군인들이 몇 남지 않게 되면서 군대의 힘이 약해진다"고 구체적으로 경고한다.[15]

로마 군대의 전반적인 건강관리와 관련해 두드러진 서술을 남긴 이는 기원후 4세기의 군사 저술가였던 베게티우스(Flavius Vegetius Renatus)였다. 그의 『군사학 논고(*De Re Militari*)』는 그 자신이 직업군인이 아니었다는 것을 생각하면 실제 경험에 의한 저서라기보다는 이전 시기 로마의 관련 군사 서적을 정리한 것으로 보이나, 이후 군사학 분야에서 상당히 인기 있는 고전이 되었다.[16]

베게티우스도 오나산데르와 유사하게, 진지를 세우는 데 있어 늪

---

14 Plutarchos, *Antonius* 50.1.

15 Onasander, *Strategikos* (Στρατηγικός) 8.2.

16 Goffart Walter, "The Date and Purpose of Vegetius' 'De Re Militari'", *Traditio,* vol. 33, 1977, 65-100. 베게티우스의 책은 그 인기를 반영하듯 발췌본이긴 해도 국내 번역서까지 출간되어 있다. 플라비우스 베게티우스 레나투스, 정토웅 옮김, 『군사학 논고』, 지식을만드는지식, 2011.

지를 피해야 할 지역으로 언급한다. 더하여 그는 그늘을 만들어줄 나무가 없는 건조한 평야나 언덕 역시 진지 부지로는 피해야 하며, 병사들이 늪의 물이나 그 외 건강에 좋지 않은 물을 마시는 것은 독을 마시는 것과 마찬가지라고 경고한다.[17] 또한 그는 대병력의 군대가 여름이나 가을에 한 장소에 오랫동안 머물면 물은 썩고 공기는 오염되기 쉬우므로, 치명적인 악성 전염병을 피하기 위해서는 진영의 위치를 자주 옮겨야 한다고 이야기한다. 아픈 병사들에게 적절한 음식을 제공하고 의사의 치료를 받게 해 건강을 되찾게 만들도록 부지런히 노력하는 것은 장교, 지휘관, 장군들의 변함없는 책무라고도 지적한다.[18]

한편 새로 소집하는 신병에게 요구되는 신체 조건에 대해 베게티우스는 이렇게 썼다. "군인이 되기 위해 선발되는 젊은이는 눈빛이 또렷해야 하고 머리를 꼿꼿이 들고 있어야 한다. 가슴은 넓어야 하고 어깨에는 근육이 있어야 하며 팔은 강하고 손가락은 길어야 한다. 배는 평평하고 엉덩이는 여위어야 하며 발과 종아리는 살이 붙지 않고 힘줄이 발달해야 한다."[19]

이와 같은 조건을 보면, 기존 군인들의 치료와 건강관리를 위해서만이 아니라 로마 군대의 신병 소집 과정에서도 그들의 건강 상태를 검사할 의료 인력은 필수적인 존재였을 것이라고 쉽게 추측할 수 있다. 문헌 기록에서는 군대 내의 '*medicus*'에 대해 충분한 정보를 찾

---

17 실제로 로마인들은 군 진지의 물을 원활하게 보급하려는 목적으로도 수로를 다수 건설했다. Gerald R. Stephens, "Military Aqueducts in Roman Britain", *Archaeological Journal*, vol. 142, no. 1, 1985, 216–236.

18 Vegetius, *De Re Militari* 3.2.

19 Vegetius, *De Re Militari* 1.5.

기 어렵지만, 비문을 비롯한 고고학적 근거가 다행히 이 공백을 채워준다.

2. 군대 내의 의사들

1988년 영국의 고대 로마 유적지 빈돌란다(Vindolanda)에서 발견된 목판은 군인들의 건강 상태가 관찰과 보고의 대상이었음을 보여준다. 기원후 90년 5월 18일, 752명의 병사 중 31명이 근무하기에 부적절한 상태였다. 15명은 아팠으며, 6명은 부상 중이었고, 10명은 눈에 문제가 있었다.[20] 그리고 비슷한 보고서가 리비아의 부넴(Bu Njem)과 유대 지역에서도 발견되었다.[21] 이러한 보고서 작성의 실무자는 군 내의 의료진이었을 것이다.

한편 19세기 말부터 20세기 초에 걸쳐 이집트의 옥시링쿠스(Oxyrhynchus)에서 발견된 파피루스 자료에는 트리폰(Tryphon)이라는 인물의 생애가 비교적 자세히 기록되어 있다. 방직공이라는 직업을 가졌던 그는 기원후 52년 로마군에서 제대한다. 그는 당시로는 치료가 불가능했던 백내장에 의한 시력 약화를 이유로 군 복무에서 벗어났고, 이를 입증하기 위해 알렉산드리아(Alexandria: 이집트 북부에 있던 고대 도시)에서 세 차례의 검사를 받았다.[22] 여기에는 최소한 세

---

20 Alan K. Bowman, & J. David Thomas, "A Military Strength Report form Vindolanda", *Journal of Roman Studies*, vol. 81, 1991, p. 69.

21 Ido Israelowich, "Medical Care in the Roman Army during the High Empire", William V. Harris (ed.), *Perspectives on Popular Medicine in Classical Antiquity,* Brill, 2016, p. 220.

22 Oxyrhynchus Papyri I. 39; Jackson, Ralph, *Doctors and Diseases in the Roman Empire*,

사람의 의사가 관련되었을 것이며, 그들 모두 군 소속의 의사가 아니었다 해도 이러한 심사와 제대 결정 과정에 군대 내의 의료 담당자들은 개입해야만 했을 것이다.

이러한 역할을 했을 군대 내 의료인들, 즉 '*medicus*'의 존재는 금석문에서 주로 확인된다. 대부분 비문 혹은 기원문인 금석문에는 당사자의 이름과 함께 직업, 출신지, 나이 등의 정보가 드러나는 경우가 많다.[23] '*medicus*'라는 단어가 등장하는 금석문에는 의료와 관련된 신격이 등장하고, 자신이 속한 부대의 건강을 기원하는 내용이 있는 사례들이 잦다. 영국 빈체스터(Binchester)에서 발견된 비문에서는, 로마 시민이자 의사인 마르쿠스 아우렐리우스[…]오코마스(Marcus Aurelius […]ocomas)가 아스클레피오스(Asclepius)와 살루스(Salus)에게 베토니아(Vettonia) 기병 연대의 건강을 기원하고 있다.[24] 또 로마에서 발견된, 기원후 82년경 새겨진 근위대 제5보병대 소속 섹스투스 티투스 알렉산더(Sextus Titus Alexander)의 기원 석판에도 아스클레피오스와 동료들의 건강에 대한 축원이 들어 있다.[25]

University of Oklahoma Press, 1988, p. 130; Ethel H. Brewster, "In Roman Egypt", *The Classical Weekly*, vol. 29, no. 4, October 1, 1935, p. 28

23 Roy W. Davies, "The Medici of the Roman Armed Forces", *Epigraphische Studien,* January 1, 1969, pp. 83–99, 데이비스는 이 논문의 끝부분에 해당 비문들을 인용·정리해두고 있다.

24 Roman Inscriptions of Britain (RIB) 1028. 단 이 비문의 편년은 기원후 43년에서 410년까지로 추정 시기가 매우 넓게 걸쳐 있다. 비문은 훼손된 부분이 많아 마르쿠스 아우렐리우스(Marcus Aurelius)의 이름 마지막 부분은 확인이 어렵다. https://romaninscriptionsofbritain.org/inscriptions/1028에서 훼손된 다른 부분에 대한 추정과 비문에 나타난 부조를 확인할 수 있다.

25 *Corpus inscriptionum latinarum (=CIL)* VI.20=*Inscriptiones latinae selectae* (=*ILS*) 2092.

〈그림 4-2〉 영국 하우시스테즈(Housesteads)에서 발견된, '*medicus ordinarius*'가 새겨진 비문[26]

금석문에서 '*medicus*'는 다양한 별칭을 더해 나타난다. '*medicus cohortis*', '*medicus legionis*', '*medicus alae*' 등의 별칭은 각각 라틴어 어원으로 그 의미를 쉽게 유추해볼 수 있다. '*medicus cohortis*'는 대대 소속, '*medicus legionis*'는 군단 소속, '*medicus alae*'는 보조군 기병대 소속의 의사인 것이다. 5개 이상의 비문에서 발견되는 '*medicus ordinarius*'의 경우(<그림 4-2> 참조)[27]에는 높은 계급, 구체적으로는 백인대장 이상의 계급에 오른 군의의 별칭일 가능성이 크다.[28] 단기

---

26 이미지 출처는 https://romaninscriptionsofbritain.org/inscriptions/1618

27 *ILS* 2432, 9182; *CIL* III 4279, 5959; RIB 1618. '*ordinarius*'는 라틴어로 '정규적인, 일상적인, 규칙적인' 등의 뜻을 가지는 형용사이다.

28 '*medicus ordinarius*'의 정확한 의미에 대해서는 다양한 의견이 개진되었다. Roy W. Davies, "The Medici of the Roman Armed Forces", pp. 88–91, Christine F. Salazar, *The Treatment of War Wounds in Graeco-Roman Antiquity,* Brill, 2000, pp. 79–80 참조.

로 복무하는 의사들도 있었겠지만, 이들의 경우 장기적으로 군대에 복무하며 장교로서의 커리어를 쌓았을 것이다. 실제 C. 파피리우스 아엘리아누스(C. Papirius Aelianus)의 경우 85세로 사망할 당시 여전히 복무 중이었다.[29] 이들에 비해 '*miles medicus*'로 칭해지는 이들은 계급이 낮고, 기본적인 의학 지식과 기술만을 갖춘, 오늘날 병원의 오더리(orderly)와 같은 존재로 생각된다.[30]

'*medicus*'라는 명칭이 직접 들어가지는 않았지만, '*praefectus castrorum*'은 주둔지 내의 총괄 책임자로서 그 업무에 의료 문제 역시 포함되며, '*librarius*'는 의료 문제를 비롯한 회계 및 기록 담당자, '*optio(nes) valetudinarii*'는 군병원의 원조 인력 혹은 책임 장교를 칭하는 용어로 생각되나 명확하지는 않다.[31]

'*capsarius*'(복수 '*capsarii*')라는 명칭 역시 금석문에 종종 등장하는데, 특히 상처에 붕대를 감는 등의 치료를 담당하는 인력을 칭하는 단어로 해석된다. 이는 상자 혹은 가방이라는 의미의 '*capsa*'에서 파생된 단어로 추측되며, 즉 '*capsarius*'는 '붕대와 약품 등을 넣은 의료도구 통이나 구급상자를 가지고 다니는 자'라는 의미가 되는 것이다. 기원후 113년경 완성된 트라야누스(Trajanus)의 기둥에 새겨진 장면에 등장하는 의료 인력들이 대표적인 '*capsarius*'로 보인다(<그

---

29 *CIL* VIII 18314.

30 Roy W. Davies, *Service in the Roman Army,* Edinburgh University Press, 1989, p. 214 참조. '*miles*'는 '군인, 병사'를 의미하는 명사이다. 현대의 병원에서도 전문적인 의료 트레이닝을 받지 않은 채 병원의 잡일을 담당하는 인력들을 '오더리'라 칭한다.

31 이 별칭들에 대한 정리는 Pascal Bader, "The Identity, Legal Status and Origin of the Roman Army's Medical Staff in the Imperial Age", Brigitte Marie (ed.) *'Greek' and 'Roman' in Latin Medical Texts: Studies in Cultural Change and Exchange in Ancient Medicine*, Brill, 2014, pp. 56-57의 Appendix 참조.

〈그림 4-3〉 트라야누스의 기둥[32]

〈그림 4-4〉 기둥에 새겨진, 전쟁터에서의 부상자들의 치료 장면[33]

림 4-3> 참조).[34] 트라야누스 황제(재위 98~117년)가 다키아(Dacia: 현재의 루마니아 일대) 원정에서 승리한 것을 기념해 건축가 아폴로도루스(Apollodorus of Damascus)에 의해 만들어진 이 건축물에는 나선형으로 부조가 이어지는데, 그중 한 장면이 전투에서 부상한 군인들이 치료를 받고 있는 장면이다(<그림 4-4> 참조). 오른쪽 부상자는 허벅지의 상처에 대한 처치를 받고 있고, 양쪽에서 부축을 받고 있는 왼쪽 부상자는 머리라도 부상한 듯 상태가 더 좋지 않아 보인다.

군대 근무 경력을 가진 의사 중에서는 뛰어난 성과를 남긴 의학자

---

32 이미지 출처는 https://en.wikipedia.org/wiki/Trajan%27s_Column#/media/File:Traijan's_Column_2013-2.jpg

33 이미지 출처는 https://commons.wikimedia.org/wiki/File:Capsarius (Trajans%C3%A4ule).jpg

34 Pat Southern, *The Roman Army: A Social and Institutional History*, ABC CLIO, 2006, p. 235.

들도 있었다. 기원후 43년 클라우디우스 1세(Claudius I) 황제(재위 41~54년)의 브리타니아 원정에 동반했던 스크리보니우스 라르구스(Scribonius Largus)는 271가지의 약전을 정리한 책을 남겼다.[35] 기원후 1세기 하반기에 '*De materia medica*'를 저술한 페다니우스 디오스코리데스(Pedanius Dioscorides)도 있다. 약용식물과 그 식물에서 약제를 얻어내는 방법을 정리한 그의 저작은 고대의 대표적인 의학자였던 갈레누스(Claudius Galenus)에게도 존중받았으며, 이후 1500년 이상 유럽 전역에서 널리 읽혔다. 그리스인으로서 타르수스(Tarsus)에서 약제학을 공부한 페다니우스 디오스코리데스는 많은 지역을 여행하며 다양한 식물을 접한 경험을 바탕으로 이 책을 썼다. 그리고 전부는 아니라 해도, 그의 여행 경험 중 일부는 로마 군대에서 일하는 동안 이루어졌다.[36] 한편 갈레누스는 자신의 책에서 "군대 진지에서 뛰어난 의사였던" 안티고누스(Antigonus)가 고안한 두통에 대한 처방 역시 인용했다.[37]

일반의와는 구분되는 전문의들도 존재했다. 시칠리아의 메시나(Messina)에서 발견된, 근위대 4보병대(*Cohors IV Praetoria*) 소속이었던 카이우스 테렌티우스 심포루스(Caius Terentius Symphorus)의 비문에는 '*medicus chirurgus*', 즉 외과의라는 표현이 등장한다.[38] 같은 부대에 소속된 티베리우스 클라우디우스 율리아누스(Tiberius Claudius Iulianus)는 내과의(*medicus clinicus*)였다.[39] 갈레누스는 브리타니아 주

35 Scribonius Largus, *De compositione medicamentorum liber.*

36 Vivian Nutton, *Ancient Medicine*, Routledge, 2004, pp. 178-180

37 Galenus, *De Compositione Medicamentorum Secundum Locus* 2.1, vol. xii. p. 557.

38 ISic 1497. http://sicily.classics.ox.ac.uk/inscription/ISic001497에서 비문에 대한 전반적인 정보를 확인할 수 있다.

39 CIL VI 2532. https://arachne.uni-koeln.de/arachne/index.php?view[section]=uebersicht&v

둔 함대에 소속되어 있던 악시우스(Axius)라는 안과의(*medicus oclularis*)가 수은 황화물을 포함한 8가지 성분으로 안연고를 제조했다고 기록하고 있다.[40]

한편 '*medicus veterinarius*' 혹은 '*medicus pequarius*(*pecuarius*)'라는 표현은 동물을 돌보는 역할을 하는 사람, 즉 수의사를 의미한다.[41] 기병부대의 경우는 말할 것도 없었고, 보병부대라 해도 지휘관들이 타거나 짐을 나르기 위한 용도로 말은 군대에 필수적인 동물이었으므로 이들의 역할 역시 컸다.

군대 내의 의료 인력들은 자신이 주관하는 특수 업무로 인해 다른 군인들에게 부과되는 일상적 업무는 면제받는 위치에 있었다. 기원후 2세기의 군인이자 법률가였던 타루테누스 파테르누스(Tarruntenus Paternus)는 이러한 면제자 목록에 '*optio valentudinarii, medici, capsarii, qui aegris praesto sunt*'(환자를 돌보는 자), '*veterinarii*' 등을 올려두고 있다.[42]

군대에서의 근무는 이러한 복무 중의 특전을 제외해도, 의사들 자신에게 상당히 유리한 것이었다. 근대적 의미의 종합병원이 등장하기 전 거의 모든 의사는 각각 자영업에 종사하는 사업자였으며, 이들

---

iew[layout]=inschrift_item&search[constraints][inschrift][PS_InschriftID]=9003661에서 비문 전체를 확인할 수 있다.

40 Galenus, XII p. 786 (Kühn); Aanthony R. Birley, "A Case of Eye Disease(Lippitudo) on the Roman Frontier in Britain", *Documenta Ophthalmologica*, vol. 81, 1992, p. 111.

41 Roy W. Davies, *The Medici of the Roman Armed Forces,* p. 86 참조.

42 *Digesta* 50.6.7., 타루테누스 파테르누스는 마르쿠스 아우렐리우스 밑에서 일했던 인물로, 네 권으로 이루어진 군사학 서적을 저술했으나 지금은 소실되고 다른 문헌들에 인용된 내용만이 일부 전한다. Adolf Berger, *Encyclopedic Dictionary of Roman Law*, New Series, vol. 43, part 2, The American Philological Society, 1953 (Reprint 1980), p. 730 참조.

에게 환자를 확보하는 것은 생계와 의사라는 직업을 유지하는 데 필수적인 사안이었다. 그리고 군대는 이러한 고민을 해결해줄 안정적인 취업처였다.

더불어 군대에 몸담은 의사들은 다른 의사들보다 풍부한 의학적 경험을 가질 수밖에 없었다. 전반적으로 고대 사회에서 의학의 일반적인 의미는 약용식물이나 식이의 처방, 혹은 생활 습관의 변화나 특정 부위에의 훈련 등을 통해 일단 치료를 시도해보는 것이었다. 외과적 수술은 이 모든 것을 시도해볼 시간이 없거나, 이 모든 것이 소용이 없을 때의 방책이었다. 그러나 군대에서는 어쩔 수 없이 외과적 시도를 해야만 하는 경우가 많았으며, 이는 군 의사들의 의료적 경험의 지평을 확실히 넓혀주었을 것이다.

군의들에게는 법적 특전도 주어졌다. 군단에 소속된 군의가 되려면 애초부터 로마 시민권이 필요했지만, 시민권이 없는 의사들의 경우 보조군 소속으로 근무 연한을 채우면 다른 병사들처럼 시민권이 주어졌다. 더불어 기원후 3세기에 살았던 로마법학자 모데스티누스(Herennius Modestinus)에 따르면, 군의들은 국가에 봉사하는 직업을 가졌다는 이유로 세금을 면제받았다.[43] 안토니누스 피우스(Antoninus Pius) 황제(재위 138~161년)는 군단에 소속된 의사들이 국가에 봉사하는 동안은 시민적 의무를 면제받으며, 민간인으로 돌아가더라도 의사가 가지던 특권을 누릴 수 있도록 보장해주었다.[44] 군대에서의 복무는 의사들에게 여러모로 유리한 선택이었던 것이다.

43 *Digesta* 4.6.33.2.

44 *Codex Iustinianus* 10.53.1.

3. 군병원의 흔적

로마에서 병원을 의미하는 '*valetudinarium*'(단수, 복수는 '*valetudinaria*')이라는 단어는 건강, 몸의 상태, 혹은 간혹 질환을 의미하기도 하는 명사 '*valetudo*'에서 파생된 것으로 생각된다.[45] 이 단어는 '병원'으로 해석되나, 고대 로마에서 오늘날 우리가 생각하는, 일반인 환자를 입원시켜 전문적인 의학적 처치를 하고 돌보는 병원의 존재는 아직 입증되지 않았다.[46] 이제껏 발굴된 유적 중 이와 가장 유사한 역할을 했을 것으로 보이는 기관은 군인들을 대상으로 한 치료 시설이었으므로 이 글에서 '*valetudinaria*'를 군병원으로 칭해도 무리는 없을 것으로 생각된다.

19세기 이후 계속된 발굴 작업을 통해 나타난 군병원 유적들은 주로 대규모의 로마 군단이 장기간 주둔했던 지역에 분포해 있다. 공화정 초기, 전쟁이 로마시 근처에서 일어나던 시기의 로마인들은 부상자들을 로마시로 이송해 치료했다. 그러나 이제 거대해진 로마는 다수의 군인을 주둔시켜야만 하는 지역에 병원을 건설해야 할 필요에 직면했던 것이다. 군단들은 주로 로마의 국경선 근처에 주둔했으며, 이 지역은 로마 문명의 영향이 덜한 변방 지역이었으므로 군병원은 더욱 필요했을 것이다.

기원후 1~2세기에 쓰인 것으로 추정되며, 이전에는 하이기누스

---

45 그리고 '*valetudo*'는 '건강해지다, 잘 지내다' 등의 의미를 갖는 동사 '*valere*'에서 파생된 단어이다. 아스클레피오스의 딸로 건강의 여신인 하이기아(Hygia, Hygieia)가 로마에서는 '*Valetudo*'라고 불리기도 했다. 로마에서 살루스 여신이 공공의 건강을 담당했다면 발레투도 여신은 개인의 건강을 담당했다. Michael Lipka, *Roman Gods: A Conceptual Approach,* Brill, 2009, p. 95 참조.

46 Audrey Cruse, *Roman Medicine*, The History Press, 2004, pp. 93-94 참조.

(Hyginus)의 저작으로 생각되었으나 최근에 와서는 저자 미정으로 간주되는 '요새와 진지 건설에 대한 지침서'에는 진지 안의 군병원이 "회복기 환자들을 위해 조용하고 보호받을 수 있는 위치에 있어야만 한다"는 내용이 있다. 이를 위해 군병원은 사령관의 막사(*praetorium*) 뒤쪽에, 마구간이나 작업장과는 상당한 거리를 두고 지어져야 했다.[47]

독일 라인강 하류에 위치한 노이스(Neuss)에서 발굴된 군병원 유적의 조감도는 작은 병실들이 다수 늘어서고 이 병실들을 조용한 상태로 유지하기 위해 좁은 복도가 더해진 모습으로 묘사되어 있는데, 그 모습이 일반적인 근대 독일 병원들의 조감도와 유사했다(<그림 4-5> 참조).[48] 병원은 복도 구조와 함께 현관 지붕, 입구 홀, 높은 난로가 갖춰진 분리된 수술실 등으로 구성되어 있었다. 화장실과 주방이 있었고, 영안실이 두 군데 있었다. 특히 의료도구와 약제 관련 설비가 대량으로 출토된 방은 처치실이었던 것으로 생각된다.[49]

노이스의 군병원 유적지에서는 또한 100여 점의 의료도구가 출토되었다(<그림 4-6> 참조). 다양한 종류의 탐침, 압설자, 핀셋, 바늘, 메스, 연고통 등은 당시 군병원에서 이루어진 치료의 모습을 짐작할 수 있게 만든다.

이 유적에서 함께 발견된, 탄화된 식물 흔적 역시 흥미롭다. 고대부터 오늘날까지 계속 치료제로 사용되는 식물들의 재배 흔적이 다수 발견된 것이다. 상처 치료제, 눈질환 치유제, 뱀독 해독제로 사용

---

47 *De Munitionibus Castrorum* 4.

48 Patricia A. Baker, *Archaeological Remains as a Source of Evidence for Roman Medicine*, University of Kent, 2009, p. 15.

49 Roy W. Davies, *Service in the Roman Army*, 1989, pp. 223-224 참조.

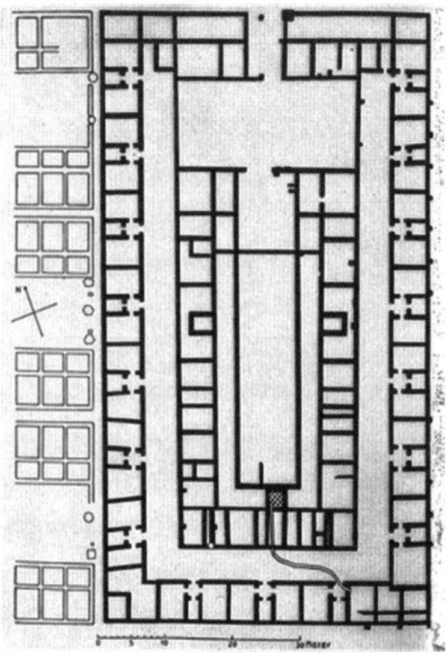

〈그림 4-5〉 독일 노이스(Neuss)에서 발굴된, '*valetudinarium*'의 유적 조감도[50]

〈그림 4-6〉 로마시대의 외과적 처치에 사용된 의료도구들[51]

되는 수레국화속(屬)의 식물군(centaury), 수면제 및 진통제로 쓰이는 사리풀(henbane), 다양한 혈액질환에 사용되는 망종화(St. John's wort), 출혈과 이질에 처방되는 질경이(plantain), 관장과 습포에 사용되는 호로파(fenugreek) 등이었다.[52] 이는 병사 치료에 필요한 약제를 병원 관내에서 직접 키워 사용하려 했던 흔적으로 보이며, 의료기구와 함께 이 유적이 군병원으로 이용되었던 건물임을 다시 한번 확인해 준다.

베테라(Vetera I: 현재의 독일 크산텐)와 빈도니사(Vindonissa: 현재의 스위스 빈디슈), 인츠터틸(Inchtuthil: 현재의 스코틀랜드 북부 지역) 등 로마 군단이 주둔했던 영국과 라인-다뉴브강 유역, 슬로베니아와 북아프리카 지역에서까지 노이스 군병원과 구조적으로 유사한 군병원 유적이 다수 발견되었다. 대규모 군단만이 군병원을 갖추고 있었던 것도 아니어서, 소속된 군인 수가 적은 보조군이 주둔한 지역에서는 전형적인 군병원 구조처럼 복도가 여러 방향으로 이어진 형태가 아니라 복도 하나와 병실 몇 개로 이루어진 소규모의 병원 유적도 발견되었다.[53]

의료용 도구 및 약용식물의 재배 흔적과 함께, 이러한 군병원 유적에서는 의료와 관련된 신격에 대한 숭배의 흔적 역시 찾아볼 수 있

---

50 이미지 출처는 https://wellcomecollection.org/works/fvjbtcm2, Credit: Roman Military Hospital-Valetudinarium-late 1st c. A.D. Wellcome Collection. Attribution 4.0 International (CC BY 4.0)

51 이미지 출처는 https://en.wikipedia.org/wiki/Medical_device#/media/File:Sommer,_Giorgio_(1834-1914)_-_n._11141_-_Museo_di_Napoli_-_Strumenti_di_chirurgia.jpg

52 Roy W. Davies, *Service in the Roman Army,* 1989, p. 218; Audrey Cruse, *Roman Medicine*, 2004, p. 95 참조.

53 Roy W. Davies. *Service in the Roman Army,* 1989, p. 224 참조.

다. 주피터(Jupiter)나 아폴로, 헤라클레스(Heracles) 등의 다른 신격들도 종종 숭배 대상이 되었지만, 군병원 유적에서 숭배의 흔적이 가장 두드러지는 신격은 역시 아스클레피오스였다. 1993년 진행된 다뉴브강 유역의 로마 군사 기지 노바에(Novae)[54]에서의 군병원 유적 발굴 과정에서 대리석으로 만들어진 아스클레피오스 신상의 머리 부분과, 파편이기는 하지만 역시 아스클레피오스와 텔레스포루스(Telesphorus)[55]가 조각된 봉헌용 명판이 발견되었다.[56]

유적에서는 아스클레피오스와 하이기아의 은 조각상을 받치고 있었던 기단과 그 기단에 새겨진 명문도 발견되었으며, 이 군병원 중정에는 아스클레피오스와 하이기아를 모시는 신소가 위치했던 것으로 보인다. 해당 유적과 그 주변에서 출토된 다른 명문들의 정보를 종합해보면, 이 신소는 군단의 장교들과 군의들의 봉헌으로 만들어졌으며, 군단 전체의 건강과 안녕을 위한 숭배의 장소였던 동시에 환자들

54 로마 시대 모에시아(Moesia) 속주에 포함되었던 지역으로, 오늘날은 불가리아의 북부에 위치한다.

55 텔레스포루스는 아스클레피오스의 아들로, 어린아이의 모습을 한 치유의 신이다. 아버지인 아스클레피오스, 누이인 하이기아와 동반해 등장하는 경우가 많다. 과거 로마의 다키아 속주 지역에서 그 숭배 흔적이 다수 발견된다. 텔레스포루스에 대해서는 Adriana Antal, "A God of Convalescence. Telesphorus/Genius Cucullatus in Roman Dacia", *Acta Musei Napocensis*, National History Museum of Transylvania. vol. 51, no. 1, 2014 pp. 195–206 및 Varga Timea, "Telesphorus. A Healing Child God in Roman Dacia", *Studia Universitatis Babeş-Bolyai. Historia*, vol. 60, no. 1, 2016, pp. 17–40 참조.

56 다이체크(Dyczek)는 노바에 주변 지역 유적에서 출토된 다른 명판들의 사례에 대해, 이 명판에서도 아스클레피오스는 텔레스포루스와 하이기에아 등의 다른 의료 관련 신격들과 함께 등장했을 것이라 추측한다. Piotr Dyczek, "The Asklepios from Novae: Difference Face of One God", Vitoldo Dobrowolski (ed.), *Et in Arcadia ego: Studia Mamoriae Professoris Thomae Mikocki Dicata*, Institute of Archaeology, University of Warsaw, 2013, pp. 138–139 참조.

과 군병원 구성원들의 개인적인 간구의 장소로도 기능했을 것이다. 아스클레피오스 신소는 노바에 군병원이 건설된 기원후 156년에서 158년 시기에 함께 만들어지고, 3세기 중·후반 즈음 병원이 파괴되며 함께 그 기능을 다한 것으로 보인다.[57]

앞서 노이스의 예에서 보이듯 일부 약품을 병원 구내에서 자체 조달한다고 해도 군병원에는 많은 물품이 필요했을 것이다. 현재의 헝가리 부다페스트 근처에 위치했던 고대 도시 아퀸쿰(Aquincum)에서는 포도주 통에 붙였던 "아주트릭스(Adiutrix) 제2군단 병원 거래용 면세" 인지가 발견되었으며,[58] 기원후 138년경의 이집트 파피루스에는 동부 카파도키아(Cappadocia: 현재의 터키 동부 지역)의 군단 병원을 위한 담요 제작 거래명세가 적혀 있다.[59] 이는 당시 군병원에 필요했던 보급품들이 어떤 식으로 조달되었는지를 보여준다.

한편 스위스 바덴에서는 욕장과 군병원의 유적이 가까운 거리에서 발굴되었다. 21군단에 이어 11군단이 주둔한 바덴에서 로마군은 군 진지 안에 병사들의 피로 회복과 치료를 위한 욕장을 지었다. 당시 '*Aquae Helveticae*'라는 이름으로 불렸던 온천에서 솟아나는 풍부한 온수는 석조로 된 수로를 통해 욕장으로 공급되었다.[60] 또, 바덴의

---

57 Piotr Dyczek, & Jerzy Kolendo, "Archaeological and Epigraphical Sources for the Cult to Asclepius and Hygia in the Army Hospital at Novae", *Archeologia*, LXI, 2010, pp. 35-46 참조.

58 Vivian Nutton, *Ancient Medicine*, Routledge, 2004, p. 184.

59 Roy W. Davies, "The Roman Military Medical Service". , *Saalburg-Jahrbuch*, vol. 27, 1970, pp. 101-102.

60 현재 이 지역은 빈도니사 유적지로 관리되고 있다. Hans Rudolf Wiedemer, "Die Römischen Heilthermen von Baden: Aquae Helveticae", *Badener Neujahrsblätter*, vol. 44, 1969, pp. 45-56 참조.

로마 군병원 유적지에서는 청동으로 된 카테터의 일부로 추정되는 의료도구도 발견되었다. 이는 남성의 비뇨기질환 치료에 사용되었던 것으로 보이는데, 로마시대에 이 질환에도 목욕 요법이 처방되곤 했던 것을 생각하면 온천수를 이용한 외과적 치료가 군병원에서 이루어졌음을 추측할 수 있다.[61]

이처럼 군병원 유적지에서는 외과적 처치에 사용되던 의료기구가 다수 발견되었고, 앞서 살펴본 군 내에서 의료 직책을 맡았던 인물들과 관련된 금석문이 발견되는 경우도 잦았다. 크로아티아 시베니크크닌의 부르눔(Burnum)처럼 최근 발굴이 진행된 군병원 유적지[62]에서 앞으로 어떤 고고학적 성과가 더해지는지에 따라, 이후 이 분야의 연구도 더더욱 활발해질 수 있을 것이다.

* * *

로마 군대 내 의료의 발전은 로마군의 성격이 변화하며 그 필요성에 따라 점차적으로 이루어진 것이었다. 그 기저에 어떤 의도된 방향성이나, 심사숙고한 구조적 계획이 있었는지에 대해 대답하기에는 우리가 가진 근거가 아직 희소한 상태이다.[63] 그러나 이러한 의료체

---

61 Christoph Unz, "Römische Militärfunde aus Baden: Aquae Helveticae", *Jahresbericht 1 Gesellschaft Pro Vindonissa,* 1971, pp. 41–45; John S.Milne, *Surgical Instrument in Greek and Roman times*, The Clarendon Press, 1907, p. 145 참조. 바덴의 군대 욕장에 대해서는 신명주, 「고대 로마사회에서의 목욕과 의료」『이화사학연구』 제62집, 2021, p. 412 참조.

62 이 지역의 발굴에 대해서는 Marijan Cesarik, Nikola Cesarik, Darko Duplančić, & David Štrmelj, "Roman Military Medicine and Croatian Archaeological Perspectives", *Coll. Antropol*, vol. 40, no. 3, September, 2016, 171–176 참조.

63 이스라엘로위치(Israelowich)는 로마 군대 내 의료 발전의 기저에 일종의 "대계획"이 있

제로 인해 당시의 사람들에게 로마 군대에서의 복무가 좀 더 매력적인 것이 되었음은 분명하다. 특히 군병원들은 로마의 국경선 근처, 즉 로마 문명의 영향이 미치지 못한 변방에 주둔하는 군단 병사들을 위해 주로 건설되었다. 현지인들의 상황과 비교할 때 이러한 혜택은 로마 병사들의 사기와 자부심을 충분히 고양시킬 수 있었을 것이다.

충분한 의학적 경험을 쌓은 군의들이 제대 후에는 사회에서도 의료 인력으로 활동했을 것이라는 점에서, 로마 군대 내의 의료체제는 로마 사회 전체의 의료 수준을 향상시키는 데에도 기여했을 것으로 생각된다. 이는 근현대와 같이 국민의료를 주관하는 행정 기구의 흔적을 쉽게 찾아볼 수 없는 고대 로마에서 국가가 간접적으로나마 국민의 건강에 기여하는 길이기도 했을 것이다.

었을 가능성을 제시하고 설명을 시도했으나, 이에 대한 근거가 부족하며 모든 가설은 정황일 뿐이라는 부분은 인정한다. Ido Israelowich, "Medical Care in the Roman Army during the High Empire".

5장

20세기 초 미국 인디언의 정신질환과 모빌리티 통제[1]

| 신지혜 |

20세기 중반 이후 인디언[2]의 정신질환은 미국의 정치사회나 대중문화에서 큰 의미를 지니는 현상이 되었다. 지금까지도 미국 인디언을 논할 때 도박, 약물 중독, 자살 등을 포함한 정신질환 문제가 빠지지 않는다.[3] 문화의 차이로 인한 의료서비스 이용 부족 외에도, 역사상 인디언이 겪었던 경제적·정치적·사회적 차별이 현대 사회에서 여러모로 이들의 정신건강을 위협하고 있다.[4] 그러나 인디언의 정신

1 이 글은 『사림』 75권(2021)에 실린 저자의 논문 「모빌리티와 정신질환: 20세기 초 사우스다코타주의 캔튼 인디언 정신병원과 '정신이상' 인디언」을 수정한 것이다.

2 '인디언'이라는 단어가 이제 더는 정치적으로 올바르지 않지만, 여기서는 19세기 말~20세기 초의 시대상을 반영하여 '인디언'을 사용한다. 당시 각종 정신질환을 포괄하는 용어였던 'insane'이나 'insanity'는 '정신이상'으로 번역한다.

3 Joane Nagel, *American Indian Ethnic Renewal: Red Power and the Resurgence of Identity and Culture*, Oxford University Press, 1996.

4 Joane Nagel, *Race, Ethnicity, and Sexuality: Intimate Intersections, Forbidden Frontiers*, Oxford University Press, 2003.

질환은 비단 20세기 중반 이후의 문제만이 아니었다. '미친 인디언'에 대한 우려는 미국 역사에서도 그 기원을 찾을 수 있다. 19세기 말 미국 북동부 지역에서는 인디언 부족에게 윈디고 정신증(Windigo Psychosis)이 나타난다는 민담이 퍼져 있었다. 윈디고 정신증은 인간의 살에 집착한 나머지 결국 괴물과 같은 존재인 윈디고('웬디고'라고도 불린다)가 되어버린다는 인디언 특유의 증상으로, 오늘날까지도 미국 사회에서 식인 인디언에 대한 공포를 자아내는 개념이다. 한편 윈디고 정신증은 백인의 상상력에서 기인한 극단적인 예에 불과하며, 인디언의 문화를 잘 알지 못하는 학자가 인디언 역사를 연구하는 데에서 오는 제약과 한계를 보여주는 예로도 자주 인용된다.[5] 진위를 떠나 이런 정신질환이 이미 19세기부터 인디언과 연계되었다면, 인디언의 정신건강을 바라봤던 미국 사회 전반의 시선은 과연 어떠했을지 의문을 갖지 않을 수 없다.

미국에서 인디언이 정신질환과 결부되기 시작했던 것은 20세기에 들어선 후로, 19세기 말까지는 순수한 혈통의 인디언에게 정신질환이 나타나지 않는다는 믿음이 팽배했다. 정신질환을 앓는 인디언은 백인과의 혼혈이거나, 백인 문명에 노출되었다고 보았기 때문이다. 반대로 어디에나 '정신이상' 인디언이 있으며, 적절한 치료기관이 이들을 돌보아야 한다는 주장도 점차 힘을 얻었다. 이렇게 상반되는 견해 속에서, 20세기 초 미연방정부는 사우스다코타주에 캔튼 인디언 정신병원(Canton Asylum for Insane Indians)을 설립하여 '정신이상'

5 Louis Marano, "Windigo Psychosis: The Anatomy of an Emic-Etic Confusion", Ph.D. dissertation, University of Florida, 1981; James B. Waldram, *Revenge of the Windigo: The Construction of the Mind and Mental Health of North American Aboriginal Peoples*, University of Toronto Press, 2004.

인디언의 치료를 전담하게 했다. 정신질환을 앓는 시민의 치료와 보호는 전통적으로 주정부의 책임이었으므로, 캔튼 정신병원이 설립되기 전에는 워싱턴DC의 성 엘리자베스 병원(St. Elizabeths Hospital)이 참전군인, 혹은 주의 시민권을 상실한 사람들을 돌보는 유일한 연방정신병원이었는데 이제 캔튼 정신병원이 또 다른 연방병원으로 자리매김한 것이다. 인디언만을 위한 정신병원이 설립되었다는 점 역시 특기할 만하다. 캔튼 정신병원 이전에도, 그리고 이후에도 미국에서는 특정 인종이나 민족을 대상으로 한 별도의 연방정신병원이 없었다.[6]

19세기 말부터 미국 사회는 문명(civilization)의 발달로 인해 백인들의 정신질환이 늘어났다며 광기(madness)를 문명의 질병으로 보기 시작했다.[7] 인디언의 정신적 문제 역시 인종 간 결합(miscegenation)이나 교육 등 미국의 선진 문명에 노출된 결과로 나타났다는 믿음이 커서, 정부가 이들을 보호하고 치료해야 한다는 의견이 대두되었다. 그러나 인디언의 정신이상을 이해하는 데 있어서 무엇보다 중요한 것은 인디언의 이동을 둘러싼 당대의 모빌리티 담론이다. 유동적인 존재였던 인디언은 19세기에 들어서면서 보호구역에 속박되었고, 19세기 말에 이르면 "사라져가는 인종"으로 정형화되었다.[8] 당시 서구

6 미국 남부에는 백인과 흑인 환자를 분리된 병동에서 관리하는 곳이 있었고 버지니아주에도 흑인 정신병원이 세워졌지만 연방정부의 개입은 없었다.

7 Barbara Bellows, "'Insanity Is the Disease of Civilization': The Founding of the South Carolina Lunatic Asylum", *South Carolina Historical Magazine*, vol. 82, no. 3, 1981; Mary de Young, *Madness: An American History of Mental Illness and Its Treatment*, McFarland, 2010.

8 Steven D. Hoelscher, *Picturing Indians: Photographic Encounters and Tourist Fantasies in H. H. Bennett's Wisconsin Dells*, University of Wisconsin Press, 2008.

사회의 모빌리티 개념은 "문명, 정착, 야만, 방랑"이라는 관념은 물론 "전진과 모더니티에 관한 더 광범위한 사고"와 밀접하게 연결되어 있었다. 식민지배층을 포함한 특정 계층이나 집단의 모빌리티가 발전 및 모더니티와 연관된 긍정적인 개념이었다면, 피지배인의 "야만, 방랑과 유목민 생활 방식"은 문명 및 정착의 개념과 극명하게 대비되었다.[9] 이처럼 두 가지의 모순된 정의는 미국 인디언의 상황을 설명하는 데에도 유용했다. 유목민인 인디언의 정체성을 형성하는 데 있어 모빌리티는 필수적인 요소였으나, 19세기 미국 사회에서는 정착하지 않는 야만인의 움직임을 통제해야 한다는 믿음이 점점 커지고 있었다. 지리학자 팀 크레스웰(Tim Cresswell)에 따르면 미국 지배층은 모빌리티를 관습에 대한 도전으로 보고 유동적 인구를 특정 장소에 묶어두려고 애썼다.[10] 미국의 모빌리티 신화는 백인 남성을 위한 것으로, 노예, 인디언, 유색인종 등을 특정 지역에 구속함으로써 기능할 수 있었기 때문이다.[11]

바로 이 지점에서 정부의 개입이 두드러지게 나타났다. 19세기 미국의 인디언 보호구역은 가장 대표적이고도 가장 규모가 큰 구속 방법이었다. 그러나 보호구역은 조상 대대로 내려온 생활 터전으로부터 미 전역의 인디언을 몰아내는 와중에 오히려 이들의 이동을 증가시켰다. 인디언의 모빌리티에 대한 우려는 20세기 초 인디언의 정신질환에 관한 관심과도 연계되었다. '감금' 공간으로서 정신병원은 인

9 Nan Seuffert, "Civilization, Settlers and Wanderers: Law, Politics and Mobility in Nineteenth Century New Zealand and Australia", *Law, Text, Culture*, vol. 15, 2011, p. 11.

10 Tim Cresswell, *On the Move: Mobility in the Modern Western World*, Routledge, 2006.

11 Alexandra Ganser, *Roads of Her Own: Gendered Space and Mobility in American Women's Road Narratives, 1970-2000*, Rodopi, 2009, p. 16.

디언의 이동은 물론이고 이동으로 야기된, 혹은 이를 야기한 정신이상을 통제하는 기관이었으나, 정신병원 안팎에서 입원, 퇴원, 탈출, 사망 등 다양한 이동 형태가 끊임없이 발생했다. 정부의 모빌리티와 정신질환 통제가 예상치 못한 결과를 자아냈던 것이다.

이 장에서는 인디언의 정신질환을 설명하는 미국 사회의 여러 담론 중 모빌리티를 중심으로 인디언이 미국 정치·사회·문화에서 차지한 역사적 위치를 살펴본다.[12] 첫째, 사우스다코타주 캔튼에 인디언 환자만을 위한 별도의 정신병원이 설립된 이유와 그 배경을 조사하고, 둘째, 당시 미국 사회가 정신질환과 인디언의 이동성을 어떻게 이해하고 정의했는지 살펴보며, 셋째, 사례를 통해 정신이상과 모빌리티의 연관성을 고찰한다. 국가 구성원의 질병을 통제하는 데 있어서 연방정부가 어떤 역할을 했는지, 그리고 국가의 통제에 어떤 대응이 있었는지도 알아볼 수 있을 것이다.

1. 미국의 '정신이상' 인디언 연구 방법과 사료

현재 미국에서는 인디언의 정신질환을 중심으로 인디언 사회의 의료서비스를 확대하기 위한 연구가 계속되고 있다.[13] 이외에도 역사

---

12 모빌리티에는 동화를 통한 사회적 이동이나, 인디언에서 백인으로, 또 인디언에서 흑인 '자유민'으로의 이동 등도 포함되지만 여기서는 정신병원 입원을 둘러싼 지리적 이동에 집중한다.

13 Harry Minas & Milton Lewis (Eds.), *Mental Health in Asia and the Pacific: Historical and Cultural Perspectives*, Springer, 2017; Heehyul Moon, Yeon-Shim Lee, Soonhee Roh, & Catherine E. Burnette, "Factors Associated with American Indian Mental Health Service Use in Comparison with White Older Adults", *Journal of Racial and Ethnic*

적 관점을 가지고 정신질환 문제에 접근하는 논문 역시 출판되었는데, 가장 잘 알려진 초기 연구는 1983년에 발표된 레이 스트래튼(Ray Stratton)의 짧은 글이다.[14] 스트래튼은 19세기 초 체로키(Cherokee) 부족이 정신질환을 앓는 인디언을 보호할 독자적인 시설을 이미 갖추고 있었다고 설명한다. 미국 정부가 연방병원을 설립해 인디언의 의료 문제에 개입하기 전에도 인디언 부족 내에서 소외된 자의 보호가 가능했다는 것이다. 스트래튼은 인디언 부족의 자립성을 보여주는 동시에, 당시 미국 사회의 이해와 달리 인디언에게 정신질환이 낯설지 않았음을 시사한다.

실제로 인디언이 정신질환을 겪지 않는다는 믿음은 시대적 상황에 기인했다. 19세기 말에서 20세기 초에는 정신질환 진단에 일관된 기준이 없었기 때문에 정신의 문제에 따른 다양한 증상을 설명할 언어나 도구가 부재했다. 인디언의 경우 보호구역 거주, 동화의 강요 같은 특수한 상황으로 질환 자체를 진단하거나 이해하기가 더 어려웠을 것이다. 인디언 부족 역시 오랫동안 나름의 관습과 이해를 통해 정신질환을 치료하거나 관용했으므로 미국 주류 사회와의 접점을 찾기가 쉽지 않았다.

19세기 후반의 상황에 대해서는 선행연구에 다소 공백이 있으나, 여러 연구를 통해 인디언 사이에도 정신질환에 대한 의견이 분분했다는 사실을 알 수 있다.[15] 예를 들어 토머스 A. 브리튼(Thomas A.

Health Disparities, vol. 5, no. 4, 2018.

14 Ray Stratton, "The Cherokee National Indian Asylum", *Bulletin of the Menninger Clinic*, vol. 47, no. 3, 1983, pp. 266–268.

15 Waldram, *Revenge of the Windigo: The Construction of the Mind and Mental Health of North American Aboriginal Peoples*, 2004.

Britten)은 인디언의 제1차 세계대전 참전을 다룬 저서에서 인디언들 스스로가 참전을 정신질환의 원인으로 보았다고 주장한다. 원래 인디언에게는 정신질환이 거의 나타나지 않기 때문에 참전하지 않았더라면 발병 없이 살아갈 수 있었다는 생각이 인디언에게도 자리했다는 것이다.[16]

1980년대와 1990년대는 인디언과 정신질환이라는 주제를 역사적 관점에서 이해하려는 노력의 일환으로, 사우스다코타주 역사학회가 중심이 되어 캔튼 인디언 정신병원의 역사와 인디언 환자들의 기록을 발굴했다.[17] 이들의 연구는 주로 정신병원 내의 역학 관계에 초점을 맞췄다. 수잔 버치(Susan Burch)의 글을 비롯해 2000년대에 출간된 논문 또한 캔튼 정신병원의 상황에 주목했다.[18] 이외에도 2016년 캔튼 정신병원을 다룬 저서를 출판한 칼라 조인슨(Carla Joinson)은 다양한 자료를 바탕으로 개원에서 폐원까지의 역사를 설명하며, 인

---

16 Thomas A. Britten, *American Indians in World War I: At Home and at War*, University of New Mexico Press, 1999, p. 165.

17 Diane T. Putney, "The Canton Asylum for Insane Indians, 1902–1934", *South Dakota History*, vol. 14, 1984; Scott Riney, "Power and Powerlessness: The People of the Canton Asylum for Insane Indians", *South Dakota History*, vol. 27, no. 1/2, 1997; Vinod S. Bhatara, Sanjay Gupta, & Martin Brokenleg, "The Hiawatha Asylum for Insane Indians: The First Federal Mental Hospital for an Ethnic Group", *The American Journal of Psychiatry*, vol. 156, no. 5, 1999, p. 767; Todd Leahy, "The Canton Asylum: Indians, Psychiatrists, and Government Policy, 1899–1934", Ph.D. dissertation, Oklahoma State University, 2004.

18 Bradley Soule & Jennifer Soule, "Death at the Hiawatha Asylum for Insane Indians", *South Dakota Journal of Medicine*, vol. 56, no. 1, 2003; Susan Burch, "'Dislocated Histories': The Canton Asylum for Insane", *Women, Gender, and Families of Color*, vol. 2, no. 2, 2014; Pemina Yellow Bird, "Wild Indians: Native Perspectives on the Hiawatha Asylum for Insane Indians", http://www.power2u.org/downloads/NativePerspectivesPeminaYellowBird.pdf

디언만을 대상으로 하는 정신병원이 설립될 수 있었던 이유를 당대의 연방 정책, 온정주의, 개혁 의지, 의학 발달의 상호작용에서 찾는다.[19] 기존 연구는 기관의 역사 및 인디언 환자와 그 가족의 상황을 잘 보여주나, 정신병원이라는 미국 사회의 축도(microcosm)에서 드러나는 시대적 담론 분석이 부족하다는 한계가 있다. 따라서 이 장은 인디언의 정신질환이라는 국지적인 주제에서 출발하여 연방정부의 역할과 미국 사회의 담론으로 범위를 확장한다.

이 장에서 목표하는 바는 인디언 개개인의 경험보다 인디언의 정신질환 연구를 통해 드러나는 당시 미국의 역사적 상황과 모빌리티 담론을 이해하는 것이다. 오래전부터 미국 학계에서는 인디언이 아닌 학자가 인디언 관련 연구를 하는 것에 대해 비판이 있었다.[20] 인디언 부족의 일원이 아니고 이들 사회에 접근하여 사료를 발굴할 가능성도 없는데 제대로 된 연구를 할 수 있겠느냐는 우려도 무시할 수 없다. 배경지식이 일천한 상태에서 단편적인 1차 사료와 2차 자료만으로는 인디언의 경험을 파악하기 어려운 것도 사실이다. 그러나 인디언이 언제나 미국 역사의 일원이었으며 미국 사회의 다양한 현실을 반영한다는 점, 19세기 말~20세기 초 미국 연방정부 자료와 관련 기록이 부족하나마 인디언의 사회상을 드러낸다는 점에서 연구가

---

19 Carla Joinson, *Vanished in Hiawatha: The Story of the Canton Asylum for Insane Indians*, Bison Books, 2016.

20 Marano, "Windigo Psychosis: The Anatomy of an Emic-Etic Confusion", 1981; Waldram, *Revenge of the Windigo: The Construction of the Mind and Mental Health of North American Aboriginal Peoples*, 2004; Ned Blackhawk, "Look How Far We've Come: How American Indian History Changed the Study of American History in the 1990s", *OAH Magazine of History*, vol. 19, no. 6, 2005, pp. 13–17; Joinson, *Vanished in Hiawatha: The Story of the Canton Asylum for Insane Indians*, 2016.

가능하다고 본다.[21] 법·정치·문화면에서 분명하게 정의할 수 없는 위치에 놓였던 집단을 이해하고, 사우스다코타주 캔튼에 자리 잡은 인디언 정신병원의 입원 절차를 소개하는 데에도 의의를 둔다. 그리고 이 과정을 통해 국가의 질병 통제가 비단 법적 '시민'뿐만 아니라 영토 안의 모든 이에게 지속적인 영향을 미쳤다는 점을 강조하고자 한다.

여기서 분석한 사료는 미국 국가문서보관소(NARA) 문서그룹(RG) 75, 마스코기(Muskogee) 엔트리(이하 마스코기 사료)에 속한 것이며, 1904년에서 1907년 사이 인디언 정신병원 입원을 희망했던 인디언 25명의 사례를 다뤘다.[22] 이 중 여성은 16명, 남성은 9명으로, 절반인 13명이 결국 캔튼 정신병원에 입원했고, 나머지 12명은 밝혀지지 않은 이유로 입원을 하지 않거나 거부당했다(<표 5-1> 참조).

마스코기 사료는 인디언 준주(Indian Territory) 내 오클라호마의 마스코기에 자리한 유니언 에이전시가 수집한 자료이다.[23] 해당 지역의

21 Blackhawk, "Look How Far We've Come: How American Indian History Changed the Study of American History in the 1990s", 2005.

22 정식 명칭에는 1905년부터 1907년이라 되어 있지만, 처음 몇 사례는 1904년에 제출된 지원서를 포함한다. 사료는 일반에 공개되어 있다. 이 글은 각 사례의 인디언을 언급할 때 가명이나 머리글자를 사용하기보다는 기록되어 있는 법적 이름을 그대로 인용한다. 한편 수잔 버치는 캔튼 정신병원 환자의 이름을 사용하는 데 더 세심하게 주의를 기울인다. 보통 정신병원 환자의 기록은 75~100년 정도인 접근 제한 기간이 끝나야 일반에 공개된다. 제한 기한과 상관없이 가족 관계를 증명할 수 있는 이들에게만 환자 기록을 제공하는 병원이나 문서보관소도 많다. 그러나 캔튼 정신병원 환자 기록은 국가문서보관소를 방문해 자료를 신청하는 사람이라면 누구나 접근할 수 있는데, 버치는 이것이 캔튼 정신병원 환자의 후손 대부분에게는 주어지지 않았던 '특권'이라 보았다. 이 특권을 누리는 대신, 버치는 인디언이 역사적으로 경험한 억압과 학살에 대한 이해를 바탕으로 후손이나 친지의 허락을 받은 경우에만 실제 인디언의 이름을 사용했다고 밝힌다. Burch, "'Dislocated Histories': The Canton Asylum for Insane", 2014, p. 143.

23 원래 다섯 부족 각각에 에이전트가 있었으나 이를 통합하여 1874년에 유니언 에이전시가 설립되었다. 인디언 에이전트와 2명의 서기가 5만 5,000명에 달하는 해당 지역 인

〈표 5-1〉 국가문서보관소 문서그룹(RG) 75 정신이상 인디언 사례(1905~1907년)

번호	이름	출생	인디언 부족	입원	퇴원/사망 (년도/나이)
1	루시 크레인 (Crain, Lucy)	1847 (추정)	세미놀 (혼혈)	○	NA
3	에델레이드 존슨 (Johnson, Adalaide B.)	NA	치카소	×	-
5	실비아 리들리 (Ridley, Sylvia)	1871	촉토	○	사망 (1905/34)
7	조 맥길브레이 (McGilbray, Joe)	-	빈 파일 (File empty)	×	-
9	루이자 매킨토시 (McIntosh, Louisa)	-	빈 파일 (File empty)	○	사망 (1915/60)
11	엠마 그레고리 (Gregory, Emma)	1856	크릭	○	사망 (1912/46)
15	채니 노엘 (Noel, Chaney)	1878 (추정)	촉토	×	-
17	에밀리 웨이트 (Waite, Emily)	1869	치카소	○	사망 (1929/60)
19	존 로저스 (Rogers, John M.)	NA	촉토	×	-
21	미니 데이비스 라카운트 (LaCount, Minnie Davis)	1872	치카소	○	사망 (1906/34)
23	조제핀 라이더 (Rider, Josephine)	1848 (추정)	체로키 (4분의 1 혼혈)	○	NA
25	로이드 프리먼 (Freeman, Lloyd)	1876 (추정)	크릭 (32분의 1 혼혈)	○	탈출
27	조니 벤슨 (Benson, Johnnie)	-	치카소	×	-
29	앤디 윌리엄스 (Williams, Andy)	-	치카소 자유민	×	-
31	로라 워커 (Walker, Laura)	-	촉토	×	-
33	잭 스메들리의 형제 (Jack Smedley's brother)	-	체로키	×	-

번호	이름	출생	인디언 부족	입원	퇴원/사망 (년도/나이)
35	루시 리드 (Reed, Lucy)	1885	크릭	○	사망 (1907/22)
37	리처드 셰퍼드 (Sheppard, Richard A.)	1873	체로키	○	NA
39	리나 윌슨 (Wilson, Lina)	1887 (추정)	촉토 (순혈)	3	-
43	윌리엄 그린페더 (Greenfeather, William)	1867 or 1874 (추정)	체로키	3	-
51	윌리엄 고포스 (Goforth, William H.)	1861	촉토 (치카소 국가)	○	NA
53	일라이자 데이비스 (Davis, Eliza L.)	1849	체로키	○	NA
55	수잔 불 (Bull, Susan)	1877 (추정)	촉토	○	NA
57	조지 브라운 (Brown, George)	1869 (추정)	치카소	3	-
59	헬렌 머핀 (Maupin, Helen)	-	치카소	3	-

인디언 에이전트, 정신이상 인디언의 가족, 워싱턴DC의 인디언 사무국장, 캔튼 정신병원장이 주고받은 서신과 입원 신청서 등이 들어

디언을 관리했다. 오클라호마는 1907년 오클라호마 준주와 인디언 준주가 통합됨으로써 주의 지위(statehood)를 획득했다. "Union Agency", Oklahoma Historical Society https://www.okhistory.org/publications/enc/entry.php?entry=UN003&l=. 원 사료는 사우스다코타주의 국가문서보관소에 보관되어 있지만, 2000년대 후반 디지털화를 거쳐 NARA 온라인에서도 열람이 가능하다. <표 5-1>에서 볼 수 있듯이 홀수 번호 자료만 남아 있는데 국가문서보관소도 그 이유에 대해서는 별달리 설명하지 않는다. 자료를 보존하는 과정에서 홀수 번호만 남기고 나머지는 폐기했을 가능성이 크다. 캘리포니아주의 샌브루노 국가문서보관소도 20세기 중반에 상당한 양의 자료를 소각했는데, 비슷한 일이 사우스다코타주 보관소에서도 발생했을 수 있다.

있다. <표 5-1> 출생 란의 경우, 정확한 출생연도가 적혀 있지 않았던 사례에는 나이를 바탕으로 출생연도를 계산하고 '(추정)'을 덧붙였다.[24] 퇴원 및 사망 란의 내용은 이 글에서 분석한 국가문서보관소의 마스코기 사료에 포함되지 않은 정보이다. 조인슨의 저서와 켈리 스위트(Kelli Sweet)의 석사 논문 부록을 참고했다.[25]

"인디언 준주의 정신이상 인디언은 사우스다코타주 링컨 카운티의 캔튼에 있는 인디언 정신병원에서 보살핌을 받아야 한다"는 법안이 1904년에야 통과되었던 터라, 마스코기 사료가 수집되었을 당시에는 입원과 관련한 법적 절차가 완전히 자리 잡지 못한 상태였고, 인디언 사무국 내부에서도 법률 적용이나 절차에 혼란이 있었다. 따라서 인디언 에이전트는 구체적인 사항을 기술하여 인디언 가족이나 정부 기관에 전달해야 했다. 개인 병력 및 가족력에 대한 설명이 부족한 경우에는 에이전트가 자세한 정보를 요구했기 때문에 인디언의 보호 절차 및 정신병원 입원 과정을 이해하는 데 도움이 되었다. 당시 인디언 중 영어를 잘 구사할 수 있는 이가 많지 않았다는 점을 고려할 때, 정신이상을 의심받는 인디언의 가족이 후견인이나 대리인을 통해서라도 인디언 사무국과 서신을 주고받고 가족의 안녕을 위해 법적 절차를 밟거나 의료 증명서를 발급받는 등 복잡한 과정을 거쳤다는 사실은 이 자료가 인디언 부족 전체를 대표하지는 않는

---

24 대부분 20~50세가량으로, 버치에 따르면 캔튼 정신병원은 다른 정신병원보다 젊은 환자의 비율이 높았다. 일례로 1924년에는 30세 이하 환자들이 전체 환자의 절반에 달했다. Burch, "'Dislocated Histories': The Canton Asylum for Insane", 2014, p. 147.

25 Joinson, *Vanished in Hiawatha: The Story of the Canton Asylum for Insane Indians*, 2016; Kelli Sweet, "Controversial Care: The Canton Indian Insane Asylum: 1902-1934", MA thesis, University of Nebraska at Omaha, 2000. 병원에 입원한 지 얼마 되지 않아 사망한 두어 명의 경우 마스코기 사료에도 사망 소식을 알리는 편지가 포함되어 있었다.

다는 것을 뜻한다. 캔튼 정신병원의 환자 기록(워싱턴DC의 NARA에서 열람 가능)과 비교하면 이 글이 분석한 서신 내용에도 부족한 부분은 많다. 따라서 지금까지 캔튼 정신병원에 대한 연구가 상당히 진전되었음에도 RG 75의 마스코기 사료는 잠깐씩만 언급될 뿐 구체적으로 논의되지 않았다. 초기에 도입되었던 입원 절차가 결국 제대로 시행되지 않았다는 사실도 마스코기 사료의 한계를 드러낸다.[26] 그러나 여러 단점에도 불구하고 캔튼 정신병원 입원에 이르는 제도적 절차와 인디언의 정신질환을 둘러싼 모빌리티 담론을 고찰하기에는 이 사료가 충분한 내용을 제공한다고 판단했다. 이 장에서는 당시의 신문 기사와 정부보고서, 2차 연구 등을 사용하여 마스코기 사료를 보완했다.

2. 캔튼 인디언 정신병원

이미 19세기부터 미국에서는 주립병원이 정신질환자의 치료와 관리를 담당했다. 미국 시민이 아닌 이민자라 할지라도 특정 주에서

---

26 조인슨에 따르면 법정에서 정신이상 판결을 받거나 의사의 진단증명서를 발급받을 필요가 없을 만큼 당시의 입원 절차가 느슨했던 것은 사실이었다. Joinson, *Vanished in Hiawatha: The Story of the Canton Asylum for Insane Indians*, 2016, p. 36. 딜런 슈나이더 역시 입원 절차가 주먹구구식으로 이루어졌고, 병원 측이 입원·사망·퇴원 관련 자료를 작성하지 않았기 때문에 병원이 운영되는 동안 정확히 몇 명이 입원했고 사망했는지 알 수 없다고 설명한다. Anne Dilenschneider, "An Invitation to Restorative Justice: The Canton Asylum for Insane Indians", *Northern Plains Ethics Journal*, 2013, pp. 107-108. 그러나 마스코기 사료는 적어도 1904년에서 1907년까지는 인디언 에이전트가 입원 절차를 철저하게 따르려고 했음을 보여준다.

일정 기간(보통 3년에서 5년) 거주했다면 주립병원의 보호 대상자로 치료를 받을 수 있었다. 그러나 미국 인디언은 주정부에 속하지 않았고, 일반 시민과도 사회적·법적으로 분리되어 인디언 사무국(Bureau of Indian Affairs) 및 미국 내무부(Department of the Interior)의 관리를 받았다. 정신질환을 앓고 있는 인디언의 경우 워싱턴DC의 성 엘리자베스 연방정신병원에서 치료를 받거나, 인디언 보호구역 근처의 사립병원 혹은 사립요양소에서 임시로 돌봄을 받았다. 그러나 이들에게 더 나은 치료 및 통제가 필요하다는 주장이 연방정부의 적극적인 개입을 이끌어냈다.

1890년대 말 사우스다코타주의 상원의원이던 리처드 페티그루(Richard Pettigrew)는 자신의 지역구에 인디언 정신병원 설립을 추진하기 시작했다.[27] 일각에서는 인디언 보호구역 전체를 통틀어 정신이상 인디언이 단 3명 있을 뿐이라며 별도의 인디언 정신병원이 필요치 않다는 의견도 있었으나,[28] 페티그루는 정신이상 백인 환자에게 나쁜 영향을 줄 수 있다는 이유로 주립기관이 인디언 환자의 입원을 꺼렸고,[29] 동일한 시설을 제공할 때에도 인디언에게는 엄청난 비용을 청구했으므로 적절한 치료를 위해 인디언만을 대상으로 하는 정신병원이 필요하다고 주장했다. 같은 주에서 하원의원직을 맡은 적이 있던 변호사 오스카 기포드(Oscar Gifford) 역시 사우스다코타주가 서부 지역의 인디언 보호구역과 가까운 장소라는 이유로 페티그루의

27 1897년 5월 28일에 법안이 제출되었고 1898년에 통과되었다.

28 회중교회 D. B. 스코트(D. B. Scott) 목사의 주장이었다. “Asylum for Insane”, *The St. Paul Globe*, 1899. 7. 16.

29 주립병원의 입장에 대해서는 다음을 참조. Putney, “The Canton Asylum for Insane Indians, 1902–1934”, 1984, p. 2.

주장을 지지했다.[30]

당시 인디언의 정신질환에 대해서는 의견이 분분했다. 인디언 중에 정신이상 증세를 보이는 사람이 극히 드물기 때문에 인디언을 위한 정신병원이 설립된다 한들 환자는 단 한 명도 없을 것이라며 반대하는 입장이 호응을 얻었다. 한편 인디언이나 백인이나 정신병 발병률이 별로 다르지 않고, 미국 전역에 있는 200명의 정신이상 인디언을 다 수용하려면 의회에서 제안한 것보다 수용 능력을 3~4배 늘려야 할 정도라는 주장도 있었다. 페티그루는 "25만 명의 인디언 중에 정신이상을 앓는 인디언은 58명, 확실치 않은 사례가 1명, 백치 6명, 부분적 백치가 2명"이라는 통계를 내세웠다. 페티그루는 이들 대부분이 적절한 치료를 받지 못하고 있었기 때문에 인디언 정신병원의 설립으로 혜택을 받을 것이라 강조했다.[31] 정신병원이 '인디언 문제'를 해결할 방안이라고 본 사람들도 있었다. 인디언의 생활 방식을 고수하며 정부에 도전하던 이들을 미쳤다고 낙인찍어 정신병원으로 보낼 수 있었기 때문이다.[32]

상반되는 의견에도 불구하고 페티그루의 제안은 성공을 거뒀다. 연방정부 역시 인디언 정신병원 설립으로 잇속을 챙겼다. 보호구역 내 인디언이 겪고 있는 사회적·경제적 문제가 미국 전역에 알려지면서 연방정부의 행동을 촉구하는 목소리가 높았던 데다, 인디언 정신

---

30 Joinson, *Vanished in Hiawatha: The Story of the Canton Asylum for Insane Indians*, 2016; "About the Insane Indian", *Dakota Farmers Leader*, 1899. 7. 14.

31 "Asylum for Insane", *The St. Paul Globe*, 1899. 7. 16. 신문 기사마다 통계는 제각각이었다. 페티그루는 병원 설립이 그의 지역구에 미칠 경제적인 혜택에 대해서도 잘 알고 있었다.

32 Dilenschneider, "An Invitation to Restorative Justice: The Canton Asylum for Insane Indians", 2013, p. 107.

병원을 통해 미국의 발전된 문명과 인도주의를 전시할 기회를 얻었던 것이다. 의회가 병원에 필요한 지출금을 승인하자 연방정부는 사우스다코타주의 캔튼에 정신병원[33]을 열어 정신질환을 앓고 있는 인디언이 정부의 지원으로 치료를 받을 수 있도록 했다. 입원을 위해서는 자격을 갖춘 의사가 환자의 정신 상태를 검진하여 진단서를 발부해야 했고, 해당 환자의 건강 상태와 경제 수준을 고려하여 입원 여부가 결정되었다. 입원 환자는 반드시 인디언 부족에 속해야 했기 때문에 혈통에 대한 조사도 이루어졌다. 2년여의 건축 기간을 거쳐 1902년 12월 31일 캔튼 정신병원은 첫 번째 환자를 맞이했다.[34]

인디언만을 위한 정신병원 설립은 당시 미국 인디언과 인디언 준주민의 특수한 상황을 반영했다. 서부 지역의 인디언 보호구역이 자리했던 인디언 준주는 1830년대에 연방정부가 추방한 다섯 부족이 정착한 곳이다. 1924년에 미국 시민권이 모든 인디언에게 부여되기 전까지 인디언 대부분은 법적으로 미연방 시민이 아니었고 주의 시민권도 얻지 못했다. 정신질환의 치료에 있어서 주 시민권의 유무는 특히 중요한 의미를 지녔다. 인디언 준주의 경우 20세기 초까지도 정식으로 주의 지위를 얻지 못했는데, 정신이상자의 치료와 보호를 전통적으로 주정부가 담당했기 때문에 준주의 거주민은 백인 미국 시민이라 할지라도 지원을 받을 수 없었다. 따라서 연방정부는 인근의 정신병원과 별도로 계약을 맺어 준주에 거주하는 미국 시민의 입원과 치료를 도왔다. 이때 인디언 준주를 총괄하는 '인디언 준주의 인

33 히아와타(Hiawatha) 정신병원이라고도 불렸으나 여기서는 이하 '캔튼 인디언 정신병원' 또는 '캔튼 정신병원'이라 칭한다.

34 Joinson, *Vanished in Hiawatha: The Story of the Canton Asylum for Insane Indians*, 2016; Burch, "'Dislocated Histories': The Canton Asylum for Insane", 2014.

디언 조사관(United States Indian Inspector for Indian Territory)'이 정신 이상 증세를 보인 '시민'을 미주리주 세인트루이스의 성 빈센트 병원(St. Vincents Institution)[35]이나 오클라호마의 노먼 요양소(Norman Asylum)[36]로 보내 치료받게 했다. 이곳에는 정부의 개입 없이 자비로 치료를 받던 인디언 환자도 있었는데, 이들의 일부는 캔튼 정신병원이 설립된 후 기관장이나 가족의 신청을 받아 새로운 기관으로 전원되었다.

1903년부터 1908년까지 캔튼 정신병원의 초대원장은 기포드였으며, 1908년부터 1933년까지 해리 허머(Harry Hummer)가 그의 뒤를 이어 원장으로 일했다. 캔튼 정신병원은 한 번에 92명의 환자를 돌볼 수 있는 크기로 50여 개에 달하는 부족 출신의 환자들이 입원해 있었다.[37] 그러나 이 병원은 의료진과 재정의 부족 문제에 시달렸고, 인디언 환자들은 제대로 된 치료를 받지 못한 채 학대와 다를 바 없는 무관심 속에 놓였다.[38] 변호사였던 기포드는 물론,[39] 성 엘리자

35 성 빈센트 병원은 인디언 준주에 거주했던 정신이상 미국 시민의 치료를 맡았으며, 연방정부가 이들의 보호, 의료서비스, 음식, 의복 제공에 매년 인당 300달러씩을 지불했다. *Report of the United States Indian Inspector for the Indian Territory to the Secretary of the Interior for the year ended June 30, 1905*, Government Printing Office, 1905, p. 39.

36 노먼 요양소는 오클라호마의 노먼에 자리한 사립요양소로, 1915년에 오클라호마 주립정신병원이 되었다. Celia E. Naylor, *African Cherokees in Indian Territory: From Chattel to Citizens*, The University of North Carolina Press, 2008, p. 195.

37 병원 개원 초기에는 환자가 많지 않았으나 4~5년 후에는 병상이 부족하여 입원 환자를 받지 못할 정도였다. Bhatara, Gupta, & Brokenleg, "Hiawatha Asylum"; Burch, "'Dislocated Histories': The Canton Asylum for Insane", 2014.

38 John M. Spaulding, "The Canton Asylum for Insane Indians: An Example of Institutional Neglect", *Hospital and Community Psychiatry*, vol. 37, no. 10, 1986.

39 기포드는 병원 개원 전 워싱턴DC의 성 엘리자베스 병원장에게 연방정신병원의 운영

베스 연방정신병원에서 의사로 근무했던 허머조차 인디언 환자에 대한 의학적 이해와 지식이 부족했다.[40] 이미 1910년대부터 허머에 대한 비판이 끊이지 않았으며, 인디언 사무국에서도 여러 차례 캔튼 정신병원의 상황을 조사하러 나섰다. 그러나 허머의 정치적·사회적 인맥과 캔튼의 고립된 지리 조건으로 인해, 1929년 새뮤얼 실크(Samuel Silk) 박사의 보고서를 통해서야 비로소 병원의 관리 부실 문제가 실체를 드러냈다.[41]

1933년에는 존 콜리어(John Collier)가 신임 인디언 사무국장(Commissioner of Indian Affairs)이 되면서 캔튼의 상황이 미 전역에 알려졌다.[42] 콜리어는 직접 병원을 방문하여 실태를 파악했고, 실크 박사를 보내 환자를 진단하고 상태를 점검하여 전원을 준비하도록 했다. 실크는 정신적인 문제를 보이지 않는 멀쩡한 인디언이 정신병원에 사실상 감금되어 있었으며, 캔튼의 시설과 경영이 모두 부적절했다고 폭로했다.[43] 인디언 사무국은 병원장 허머를 맹렬히 비난했고, 결국 국무장관이 25년간 원장으로 일해온 허머를 해고하기에 이르

에 대해 배우기도 했고, 그를 보조해줄 정식 의사도 고용했다. 그러나 기본적인 의료지식도 없던 기포드가 캔튼의 인디언 환자들을 얼마나 잘 돌보았을지에는 의문이 남는다.

40 Joinson, *Vanished in Hiawatha: The Story of the Canton Asylum for Insane Indians*, 2016, pp. 61-62.

41 Putney, "The Canton Asylum for Insane Indians, 1902-1934", 1984; Dilenschneider, "An Invitation to Restorative Justice: The Canton Asylum for Insane Indians", 2013; Joinson, *Vanished in Hiawatha: The Story of the Canton Asylum for Insane Indians*, 2016. 이전부터 이미 캔튼 정신병원의 직원들 사이에서는 불만의 목소리가 높았다. 1920년대에 들어서자 정부 기관도 병원장의 관리 능력을 의심하게 되었다.

42 콜리어는 '인디언 뉴딜'로 알려진 자기결정과 문화 재부흥 운동의 터를 닦은 인물이다. Riney, "Power and Powerlessness: The People of the Canton Asylum for Insane Indians", 1997, p. 64.

43 "'Sane' Indians Held in Dakota Asylum", Special to *The New York Times*, 1933. 10. 15.

렸다.[44]

이후 캔튼 정신병원을 폐원하고 인디언 환자들을 워싱턴DC의 연방정신병원으로 전원하려 했으나, 이번에는 사우스다코타주가 반대하고 나섰다. 이는 당시 입원해 있던 95명의 인디언 환자에게 더 나은 치료를 제공하려는 것보다, 정신병원을 유지함으로써 사우스다코타주가 얻어온 연간 4만 달러의 소득을 잃지 않으려는 목적이었다.[45] 인디언 심의위원회 역시 환경의 변화가 인디언 환자에게 좋지 않고, 워싱턴DC로 전원될 경우 친지들이 환자를 방문하기 어려울 것이라며 반대했다. 그러나 의료 전문가들은 워싱턴DC의 성 엘리자베스 병원에서 이들이 현대적인 치료를 받게 될 것이라고 판단했다.[46] 허머를 대신해 L. L. 컬프(L. L. Culp)가 새로운 원장이 되었지만, 1934년 캔튼 정신병원은 결국 문을 닫았다. 그때까지 남아 있던 인디언 환자는 퇴원하거나 성 엘리자베스 병원으로 전원되었다.[47]

캔튼 인디언 정신병원은 같은 인디언 부족원에게조차 배척받는 인디언 환자를 구원하겠다는 인도주의적 목적을 기저에 두고 설립

---

44 "Ickes Ousts Head of Indian Hospital", Special to *The New York Times*, 1933. 10. 17.

45 대공황의 시기에 병원을 닫는 것은 실업률 증가로 이어졌다. Dilenschneider, "An Invitation to Restorative Justice: The Canton Asylum for Insane Indians", 2013, p. 116. 사우스다코타주 민주당 의원들도 연방정부의 결정에 반대하고 나섰다. 여기에는 정치적 의도도 있었는데, 즉 연방정부가 병원을 닫고 인디언을 전원한다면 전통적인 공화당 텃밭에서 최근에야 세를 다진 민주당의 지지율이 하락하고 말 것이라는 은근한 협박이 담겨 있었다. "Insane Indian Reveal History of Injustice", *Daily News*, 1933. 12. 23.

46 "Opposition to Moving Insane Indians", Special Correspondence, *The New York Times*, 1933. 11. 12., E7.

47 Putney, "The Canton Asylum for Insane Indians, 1902–1934", 1984; Bhatara, Gupta, & Brokenleg, "Hiawatha Asylum for Insane Indians: The First Federal Mental Hospital for an Ethinic Group", 1999; Joinson, *Vanished in Hiawatha: The Story of the Canton Asylum for Insane Indians*, 2016.

되었다. 그러나 인디언 부족(tribe)[48]의 역사적 상황과 이해관계는 고려의 대상이 아니었다. 이전부터 인디언은 부족원의 정신이상 문제를 인지했으며, 장애가 있는 부족의 일원을 보호하고 돌볼 능력과 의지가 있었다.[49] 보호구역에서 거주하게 된 후에도 인디언 부족은 신체적 장애나 정신질환을 겪는 가족의 보호를 소홀히 하지 않았다. 지능이 낮거나 정신질환에 시달리는 이들에게 각각의 역할을 부여하여 부족을 유지하고자 했으며, 그들만의 전통적인 치료 방법으로 문제를 치유했다.[50] 그렇다고 인디언이 현대적인 시설을 거부하거나 보호구역에만 매여 있던 것은 아니었다. 비록 정부의 관리를 받기는 했지만, 체로키 국가(Cherokee Nation)는 20세기에 들어서도 부족원을 위한 정신병원을 운영했다. 비용과 관계없이 앞서 언급한 오클라호마의 노먼 요양소나 세인트루이스의 성 빈센트 병원에 정신질환이 있는 가족을 입원시켜 치료를 받게 한 인디언도 꽤 있었다. 당대의 인식과 다르게 인디언도 가족 구성원의 정신질환을 해결하고자 적극적으로 조치했고 다양한 방식으로 문제에 대응했던 것이다.

---

48 인디언 '부족'과 '국가'라는 용어에는 오랜 역사가 있는데, 1970년대 레드파워 운동을 겪으며 '부족'보다 '국가'가 평등을 강조하는 정치적으로 올바른 표현으로 자리매김했다. Thomas Grillot, "Indian Nations, Indian Tribes: Notes on the Colonial Career of Twin Concepts", *Revue Française d'Études Américaines*, vol. 144, no. 3, 2015. 그러나 이 글에서는 앞서 설명한 '인디언'처럼, 시대적 배경을 강조하기 위해 '부족'이라는 원사료의 단어를 그대로 번역하여 사용한다.

49 Stratton, "The Cherokee National Indian Asylum", 1983.

50 Joinson, *Vanished in Hiawatha: The Story of the Canton Asylum for Insane Indians*, 2016, p. 32.

3. 캔튼으로 가는 길

'정신이상'을 일으킨 인디언이라고 해서 캔튼 정신병원에 바로 입원할 수 있었던 것은 아니다. 마스코기 사료는 입원이 결정되기까지 얼마나 복잡하고 수고스러운 과정이 기다리고 있었는지를 잘 보여준다. 다음은 마스코기 사료 중 정신이상으로 추정되는 인디언의 가족, 인디언 에이전트, 캔튼 정신병원장 등이 주고받은 서신을 바탕으로 재구성한 내용이다.

인디언 정신병원이 운영을 시작했다는 소식이 전해지자 인디언 환자의 입원을 희망하는 가족이나 대리인은 인디언 부서의 인디언 에이전트에게 편지를 보내 캔튼 정신병원의 입원 절차를 문의했다. 이때 담당 지역의 인디언 에이전트에게 제대로 편지를 보냈다면 다행이지만, 그렇지 않다면 해당 에이전트에게 편지가 전달되는 데에도 시간이 걸렸다. 문의 편지를 받은 인디언 에이전트는 워싱턴DC의 인디언 사무국장에게 정신이상 인디언의 신상정보를 보냈고, 국장은 캔튼 정신병원장에게 새로운 환자를 수용할 여력이 되는지 물었다. 수용이 가능하다는 정신병원장의 답신이 도착하면 국장이 다시 인디언 에이전트에게 이 내용을 전달했다.[51] 그리고 인디언 에이전트는 해당 가족이나 대리인에게 연락하여, 언제든 수행원이 도착할 시 환자가 함께 출발할 수 있도록 준비하라고 알리는 식이었다.

51 곧 인디언 에이전트가 캔튼 정신병원장과 연락을 직접 주고받기 시작했다. 정신병원 입원에 있어서 권력의 정점은 바로 인디언 에이전트로, 모든 관련 사항이 그를 통해 진행되었다. 그러나 문제는 에이전트에게 정신질환에 대한 지식이 전무했고, 이들을 관리할 체제가 부재했다는 데 있었다. Joinson, *Vanished in Hiawatha: The Story of the Canton Asylum for Insane Indians*, 2016, p. 36.

이외에도 인디언 에이전트가 '문명화된 다섯 부족(Five Civilized Tribes)'(체로키, 치카소, 촉토, 크릭(또는 마스코기), 세미놀)의 국장에게 별도로 서신을 보내 해당 인디언이 부족 명부에 등록되었는지, 등록 번호가 무엇인지 확인했다. 이는 해당 인디언이 진짜 '인디언'인지 알아보기 위한 것으로 이미 19세기 후반부터 진행된 인디언 등록 작업의 결과로 가능한 절차였다.[52]

필요한 서류를 완비했을 시에는 이것으로 일단락이 났지만, 가족이나 보호자가 처음 문의 편지에서 환자의 정신 상태나 인디언 부족 정보를 충분히 제공하지 않았다면 계속해서 서신이 오갔다. 1904년에 통과된 법에 따라 요양소에서 과거 수년간 치료를 받고 있던 환자이더라도 법정에서 정식으로 정신이상 판결을 받아야만 했다. 의사의 진단서와 환자의 정신·경제 상태 및 가족 관계에 대해 잘 아는 증인 3명의 증언도 필요했다.[53] 캔튼 정신병원에 입원하기 위한 지원 양식 또한 환자의 가족 관계, 병력, 정신질환 증상, 건강 상태 등에 대한 정보를 요구했다. 전문 의학 용어보다는 일반인도 알 수 있는 언어로 해당 인디언의 정신 상태를 설명하는 것이 중요했다. 따라서 여기에는 구체적인 병명이나 진단명 대신 이전부터 보인 행동이나 발언 등이 주로 포함되었다.[54] 물론 이 과정도 수월하지 않았다. 이미 사립요양소에서 몇 년이나 치료를 받는 중인데 왜 법정에서 또 정신

---

52 기존에 부족 내에서 자체적으로 작성한 명부 외에, 미국 의회의 승인을 받아 설립된 도즈 커미션이 1893년부터 토지 분배를 위해 다섯 부족의 등록을 맡았다. Katherine Ellinghaus, *Blood Will Tell: Native Americans and Assimilation Policy*, University of Nebraska Press, 2017, pp. 24-25.

53 가족이 돌볼 수 있거나 병원 비용을 지불할 수 있는 인디언은 정신이상이라도 캔튼 정신병원에 입원할 수 없었다.

54 정식 진단명은 병원에 입원한 뒤 캔튼 정신병원 의사의 진단을 통해 결정되었다.

이상 판결을 받아야 하는지, 왜 증인이 필요한지 모르겠다며 항의하거나, 입원 절차를 문의해서 제출해야 할 서류를 보내주면 더는 연락이 없는 경우도 있었다. 마스코기 사료에서 캔튼 정신병원 입원을 문의한 25명 중 결국 입원까지 한 사례가 절반인 13건에 지나지 않는다는 점은 입원 과정에서 발생했을 여러 변수를 시사한다.

드디어 서류가 완비되면 인디언 환자는 입원이 확정되기 전까지 가족이나 후견인(guardian)의 집, 성 빈센트 병원이나 노먼 요양소, 혹은 아드모어(Ardmore)의 연방감옥[55]에서 연락을 기다리다가 수행원의 도움을 받아 캔튼으로 떠났다. 그러나 이렇게 복잡한 과정을 거쳐 입원에 성공해도 병원 측의 서류 관리가 소홀했기 때문에 입원과 퇴원 기록 등이 잘 갖춰져 있지 않았다. 사망하지 않은 이상 입원한 인디언이 어떻게 지내고 있는지 통보해주지 않거나, 사망 시에도 연락이 빨리 닿지 않아 병원 측이 장례를 치른 후에야 가족이 알게 된 때도 있었다. 캔튼 정신병원이 환자의 치료보다는 문제가 있거나 성가시다고 판단되는 인디언의 감금과 동화에 특화된 장소였음을 뜻한다.[56]

캔튼 인디언 정신병원이 문을 닫기 전까지 400여 명의 환자가 입원했다고 추정되지만, 당시 미국 전역에서 인디언이 어떤 정신질환을 얼마나 앓았는지는 정확하게 알 수 없다. 인디언 사무국 자료에 기록된 '정신이상' 인디언의 수는 캔튼 정신병원을 비롯한 여러 의료

---

55 법정에서 정신이상 판결을 받으면 해당 인디언이 캔튼 정신병원에 입원할 수 있게 될 때까지 보호와 치료가 필요했는데, 가족이나 보호자가 이를 거부하거나, 캔튼 정신병원에 바로 입원이 가능하여 수행원이 출발을 준비하고 있는 경우 보안관이 후견인이 되어서 해당 환자를 감옥에 잠시 수감하기도 했다.

56 Dilenschneider, "An Invitation to Restorative Justice: The Canton Asylum for Insane Indians", 2013, pp. 107–108.

기관에 입원한 경우, 혹은 사회적으로 물의를 일으켜 정부의 통계에 잡힌 일부일 뿐 전체 인디언 부족의 상황을 대표하지 못한다.[57] 법정에서 정신이상 판결을 받은 후에도 캔튼 정신병원에 입원하지 않은 사례를 다 포함한다면 20세기 초 미국 사회에서 인지했던 것보다 훨씬 많은 수의 인디언이 정신적 문제로 입원 여부를 타진했을 가능성이 크다. 한편 캔튼 정신병원이 폐원되기 직전 발표된 실크 보고서에서 알 수 있듯이, 환자 중에는 정신질환을 앓지 않는 인디언도 있었다. 이들이 정신적 문제가 아니라 "학교나 보호구역에서의 사소한 문제"로 인해 병원에 수용되었다는 사실은 의료 그 자체 외에도 사회적 이해관계의 중요성을 역설한다.[58] 그렇다면 정신적인 문제를 가진 인디언의 수가 알려진 것보다 더 적었을 확률도 무시할 수 없다. 이러한 상황에서 누가, 얼마나, 어떻게 미쳤는지 같은 양적 자료보다 중요한 것은 인디언만을 위한 정신병원 설립을 가능케 하고 30여 년이나 이를 지탱했던 당대 미국 사회의 담론이다.

4. 모빌리티와 정신질환

19세기 인디언 보호구역 설립의 근거는 인디언을 미국 정부의 통제하에 정착시키고, 인디언과 정착민의 갈등을 최소화하며, 인디언

---

57 Dilenschneider, "An Invitation to Restorative Justice: The Canton Asylum for Insane Indians", 2013, pp. 107-108.

58 "'Sane' Indians Held in Dakota Asylum", Special to *The New York Times*, 1933. 10. 15. 스코트 라이니(Scott Riney) 역시 캔튼 정신병원에 젊은 환자가 많았다는 점을 들어 병원이 감금과 처벌의 장소였다고 주장한다. Riney, "Power and Powerlessness: The People of the Canton Asylum for Insane Indians", 1997, pp. 49-50.

이 백인 문명을 받아들이도록 하는 것이었다. 한편 정착과 동화의 문제 외에도 보호구역을 통한 모빌리티의 제재는 정신질환과 밀접한 관계를 맺었다. 역사학자 린 갬웰(Lynn Gamwell)과 낸시 톰스(Nancy Tomes)는 흑인과 인디언의 자유를 정신병 발병과 연결지은 19세기 미국의 사고를 돌아보았다.

> 정신병원의 의사들은 정치적인 자유가 원시적인 사람에게 정신병을 야기한다고 공언해왔다. 문명을 고도의 지능과 연관지었던 정신병원 의사들은 야만인이 정신이상을 일으키지 않고는 민주적인 사회의 자유 시민이 될 수 없다고 주장했다. 그렇다면 사회는 이러한 비이성적인 세력이 해방되는 것을 막아야 했다. 흑인의 경우는 노예제를 통해서, 그리고 인디언은 보호구역에 가둬놓음으로써 말이다.[59]

19세기 중반 노예제가 폐지된 후 흑인의 정신병 발병 증가에 대한 우려가 커진 것처럼, 보호구역에 속박되지 않은 인디언 또한 정신이상의 덫에서 벗어날 수 없는 듯 보였다. 모빌리티의 통제는 정착하지 못하고 방황하던 인디언을 문명화하기 위한 방법이었으나, 한편으로는 모순을 내재하고 있었다. 즉 보호구역의 설립으로 인디언을 '정지'시킨 후에는 인디언에게 정신이상이 발생하지 않았어야 했다. 실제로 19세기 내내 미국 사회는 인디언에게 정신질환이 거의 나타나지 않는다고 믿었다. 그러나 스트랜튼의 연구에서 드러나듯, 이미 인디언 부족은 정신이상 인디언을 나름대로 보살폈고, 인디언 준주에

59 Lynn Gamwell & Nancy Tomes, *Madness in America: Cultural and Medical Perceptions of Mental Illness Before 1914*, Cornell University Press, 1995, p. 100.

도 정신이상으로 이곳저곳의 요양소에서 치료를 받는 인디언이 있었다. 인디언이 유목 생활을 멈추었는데도 정신이상이 발생했다는 것은 인디언 보호구역이 제 역할을 하지 못했음을 뜻했다.

설립 초기의 인디언 보호구역은 그저 인디언의 모빌리티를 통제하기 위한 것일 뿐, 미국 정부는 한동안 이들이 각자 살아가도록 내버려 두었다. 그러나 보호구역 내에서는 유목이 불가능했고, 농사를 지으려 해도 토양이 적합하지 않거나 농사법을 잘 몰라 생계를 유지할 수 없었다. 인디언들은 곧 가난과 질병의 희생양이 되었다. 1887년의 '도즈 법(Dawes Severalty Act)'은 문제를 해결할 방법으로 가장이나 18세 이상의 독신 인디언에게 160에이커의 토지를 할당하여, 서부의 여느 미국인 가족처럼 농사를 짓고 가축을 키우고 교회에 다니며 미국의 '문명'을 체화하게 했다.[60] 미국 의회는 이 법을 통해 인디언 부족이 연방정부에 의지하지 않고 독립적으로 생활하며 미국 사회에 동화되기를 기대했다.

할당되지 않은 토지는 철도회사나 동부의 정착민에게 팔렸고, 그 판매 비용으로 영어를 가르치는 학교가 설립되었다. 그러나 도즈 법의 궁극적인 목적은 전통문화를 박멸하고 부족을 해체하여 인디언의 결속을 막는 것이었다. 따라서 부족의 언어와 종교가 금지되었으며, 모두가 미국인의 복장과 생활양식을 따라야 했다. 할당받은 토지는 사기꾼이나 투기꾼의 접근을 막기 위해 25년간 판매가 금지되었다. 인디언이 아닌데도 토지를 할당받고자 혈통을 속이는 백인이 있었으므로, 1893년에는 도즈 커미션이 소개되어 부족별로 인디언 등

60 "40d. Life on the Reservations", U.S. History: Pre-Columbian to the New Millennium, https://www.ushistory.org/us/40d.asp

록 명부를 작성하기 시작했다.[61] 이는 언뜻 보기에는 인디언을 돕기 위한 조항 같지만 사실상 '자립'할 수 없는 인디언의 열등함과 무지함을 전제한 제도라 하겠다. 연방정부에게 이들은 언제나 '보호'해야 할 대상이었기 때문이다. 미연방정부의 적극적인 개입은 보호구역의 '정신이상' 인디언에게까지 영향을 미쳤다.

이 절에서는 마스코기 사료에 나타나는 두 가지 형태의 모빌리티에 집중한다. 첫 번째는 캔튼 정신병원 입원 전 정신이상의 '증거'로 사용된 모빌리티이며, 두 번째는 '감금' 공간인 정신병원 입원 과정에서 예기치 않게 드러난 모빌리티이다. 성격은 다르지만 둘 다 미국 사회가 인디언의 정신질환을 이해하고 통제하는 데 중요한 역할을 했다.

1) 모빌리티: 정신이상의 '증거'

19세기 말~20세기 초의 미국에서는 이민자와 정신질환의 관계를 설명할 때 두 가지 견해가 존재했다. 하나는 정신적 문제가 내재했기 때문에 한 장소에 정착하지 못하고 계속 이동하게 되었다는 주장[62]이었고, 다른 하나는 이동 혹은 이주 과정으로 인해 정신병이 발발했다는 주장이었다.[63] 이민이 정신질환의 결과라고 본 노르웨이의 정신

61 "Indian Civilization", *The Scranton Tribune*, 1895. 8. 12.

62 Ørnulv Ødegaard, "Emigration and Insanity", *Acta Psychiatrica Scandinavica Supplement*, vol. 4, 1932.

63 Walter Lewis Treadway, *Mental Hygiene with Special Reference to the Migration of People*, Government Printing Office, 1925. 20세기에 들어서면 앞의 두 가지 견해 중, 이민이 정신질환의 결과이며 우생학적 논리를 바탕으로 이민을 제한해야 한다는 첫 번째 주장이 득세했다. Claire Deligny, "On the Road to the Asylum: Migration and Mental

의학자 외르눌프 외데가르드(Ørnulv Ødegaard)에 따르면 방황하거나 한곳에 정착하지 못하고 떠돌아다니는 것 자체가 정신이상의 증상이었다. 1930년대에 출간된 조현병과 이민에 대한 그의 연구는 20세기 초 미국의 노르웨이 이민자와 노르웨이 거주민의 정신질환을 대상으로 한 것이었지만, 유목의 전통을 가진 인디언에게도 무리 없이 적용될 수 있다. 한편 월터 루이스 트레드웨이(Walter Lewis Treadway) 등은 이주의 어려움 혹은 동화의 실패로 인해 정신이상이 나타난다고 설명했는데, 인디언 역시 미국 사회의 진전에 적응하지 못한다면 정신이상을 겪게 마련이었다. 미국 사회에서 올바른 형태의 모빌리티를 행사할 수 있는 것은 오직 백인 시민뿐으로, 미국 시민이 아닌 자들의 모빌리티는 결코 '좋'거나 '적절'할 수 없었다.[64] 원래부터 미치기 쉬웠든 이주의 결과로 미친 것이든, 정신이상과 모빌리티는 밀접하게 연계되었다.

1905년 오클라호마의 요양소에서 캔튼 정신병원으로 전원된 에밀리(Emily)의 사례에 이러한 연관성이 잘 드러난다. 에밀리는 토지할당을 통해 약간의 재산을 소유한 인디언 여성으로 노먼 요양소에서 수년간 치료를 받아왔다. 요양소의 의사는 에밀리에게 "여행하기를 원하는 성벽"이 있다며 오랫동안 정신이 온전치 않았다고 증언했다. 에밀리는 젊은 시절 고향을 떠난 후 여기저기 돌아다니며 살아왔다. 가족의 증언에 따르면, 에밀리는 인디언 준주에서 오하이오주의 오벌린, 텍사스, 캘리포니아(로스앤젤레스에서 샌프란시스코), 다시 오벌린, 그리고 샌프란시스코로 이동하여 친척 집에 거주하거나 해당

Illness in Victorian Lancashire (c.1865–1905)", Marie Ruiz (Ed.), *International Migrations in the Victorian Era*, Brill, 2018, p. 328.

64 Cresswell, *On the Move: Mobility in the Modern Western World*, 2006, p. 159.

지역에서 일자리를 얻어 생활했다. 이후 어머니가 인디언 준주로 돌아올 것을 청하여 가족과 잠시 고향에 머물렀으나, 또다시 샌프란시스코로 떠났고 그곳에서 프랑스 파리, 스페인, 이탈리아의 로마를 거쳐 마침내는 스웨덴의 스톡홀름에 자리를 잡았다. 스톡홀름에서는 본인이 스웨덴의 왕위계승자라고 주장하다가 스웨덴 주재 미영사의 설득으로 결국 고향에 돌아오게 되었다.[65]

비정상적인 행동과 망상을 보인 것은 스톡홀름에 머물 때였으나, 미국을 떠나 있는 동안 가족에게 보낸 편지에서 이미 에밀리는 미국인을 "외국인"이라 칭했고, 인디언만이 진정한 미국인이며 미국의 귀족이라고 주장했다. 미국을 떠난 이유도 "이주해왔으면서 강탈자(usurper)"가 된 이들[66]과는 같이 살 수 없었기 때문이라고 했다. 에밀리의 가족은 이러한 편지를 통해 그녀가 이미 이성을 잃은 게 아닌지 의심했다고 전했다.[67] 그러나 에밀리의 놀라운 모빌리티는 그녀의 주체성을 드러내는 동시에, 미국 사회에서 비백인, 그리고 비시민의 모빌리티가 성공의 증거가 아닌 이성을 잃었다는 뜻이었음을 시사한다. 결국 정신병원은 에밀리의 '성벽'을 치료하는 공간일 뿐 아니라 모빌리티를 통제하는 장소가 되었다.

에밀리처럼 이동을 많이 한 사례는 드물지만, 보통의 인디언에게도 여기저기 떠돌아다니는 것은 정신이상의 흔한 증상이었다. 또 다

---

65 에밀리로 추정되는 인물의 기사가 1897년 미국 신문에 실렸다. 기사에 따르면 에밀리는 공연 팀에 합류해 스웨덴으로 향했다가 스톡홀름에 남겨졌는데, 자신이 스웨덴의 여왕이라 주장하며 권리를 찾기 위해 왕궁으로 향했다고 했다. "She Thought She Was a Queen", *Hartford Courant*, 1897. 11. 30.

66 인디언이 미국의 '원'주민이라는 생각이 바탕이 되었다. 그러나 정신이상이라는 낙인이 찍힌 이상, 아무도 에밀리가 주장한 바의 옳고 그름에 주의를 기울이지 않았다.

67 No. 17, Muskogee Entry, RG 75.

른 인디언 환자 채니(Chaney)의 경우, "집을 나가 정처 없이 걸어다니는 것"이 정신이상의 증상으로 기록되었다.[68] 리처드(Richard) 역시 "상상의 인물에게 욕을 하며 돌아다니"는 증상을 보였다.[69] 이외에도 입원 신청 양식의 '증상' 란에는 돌아다니거나 방황한다는 단어가 자주 등장했다.[70] 이처럼 통제 없이 행해지는 인디언의 모빌리티는 문제가 될 수밖에 없었으며, 입원이라는 조치를 필요로 했다.[71]

2) '감금' 공간의 모빌리티

바람직하지 않은 사회 구성원을 제재하는 장소였던 정신병원을 통해 인디언의 모빌리티가 오히려 확대되는 결과도 발생했다. 19세기 오스트레일리아와 뉴질랜드의 정신병원을 드나든 백인 유럽 이민자를 연구한 역사학자 캐서린 콜번(Catharine Coleborne)은 이동이 강제로 멈춰지는 정신병원이라는 정적인 기관에서도 모빌리티가 지속됨을 보여주어 정착민 식민주의의 전형적인 서사에 도전했다.[72] 국

68 No. 15, Muskogee Entry, RG 75.

69 No. 37, Muskogee Entry, RG 75.

70 No. 57, Muskogee Entry, RG 75.

71 19세기 말~20세기 초의 영국에서는 정신이상인 방랑객(vagrant)의 이동성이 큰 문제로 부상했다. 방랑객은 종착지가 없을 뿐 이민자와 별로 다르지 않았기 때문에 19세기 말에는 이 두 집단이 제대로 구별되지 않았다. Deligny, "On the Road to the Asylum: Migration and Mental Illness in Victorian Lancashire (c.1865-1905)", 2018, p. 305.

72 "정착민이 토지에 대한 통제권을 얻으려고 혈안이 되어 있었고 백인 정착지의 국경과 경계를 정의하려고 안달이었기 때문에, 백인이든 비백인이든 간에 사람들의 비정기적 이동은 사회 질서에 위협을 가하곤 했다." 여기에서 백인은 주로 유럽의 백인 이민자를 칭한다. Catharine Coleborne, "Mobility Stopped in Its Tracks: Institutional Narratives and the Mobile in the Australian and New Zealand Colonial World, 1870s-1900s", *Transfers*, vol. 5, 2015, p. 89.

민국가의 정체성을 수립하는 방법 중 하나는 끊임없이 이동하던 사람들을 정착시키는 것이었다. 그러나 정신병원의 이민자 환자는 '이주'라는 이동성을 내포하고 있었으며, 이들의 이동에 있어서 정신병원은 장기적인 정착지가 아니라 잠시 머무르는 '인간 창고(warehouse)'에 불과했다.

물론 미국 사회의 인디언은 백인 유럽 이민자와 여러모로 다른 위치에 있었다. 이들의 모빌리티는 역사적으로 볼 때 이민자의 그것과 달랐고, 인디언과 백인 이민자의 인종적·법적 지위의 차이도 간과할 수 없다. 비록 미국의 시민이 아니었다 해도 인디언에게는 이민자와 달리 추방의 위험이 없었다. 한편 캔튼 정신병원은 이민자 환자가 많았던 여타 주립병원에 비해 빠져나오기가 쉽지 않았다. 폐쇄적인 체제로 퇴원이 거의 없었기 때문에 탈출을 하거나 죽어서야 병원을 떠날 수 있었던 것이다. 그러나 입원 '과정'에 주목하면, 캔튼 정신병원에서도 오스트레일리아나 뉴질랜드의 정신병원 못지않은 모빌리티의 다면성과 이에 내재된 통제의 매커니즘을 찾아볼 수 있다.

인디언 정신병원의 의의는 치료와 보호뿐만 아니라, 고립된 장소에 바람직하지 못한 원주민을 구속하여 적절하게 통제하는 데 있었다. 인디언들은 정신질환을 앓고 있는 가족 구성원을 위해 집처럼 편안한 곳을 찾고자 했지만, 정신병원이 "단순히 구금(detention)의 장소"가 될 수 있다는 사실도 인지했다.[73] 미국 전역의 인디언이 기나긴 눈물의 여정 끝에 보호구역에 속박되었던 것처럼, 사우스다코타주의 캔튼 정신병원에 입원하기 위해서도 긴 여정이 선행되었다. 병원 설립 전 기포드가 주장한 대로 사우스다코타주는 인디언 보호구역

73 No. 17, Muskogee Entry, RG 75.

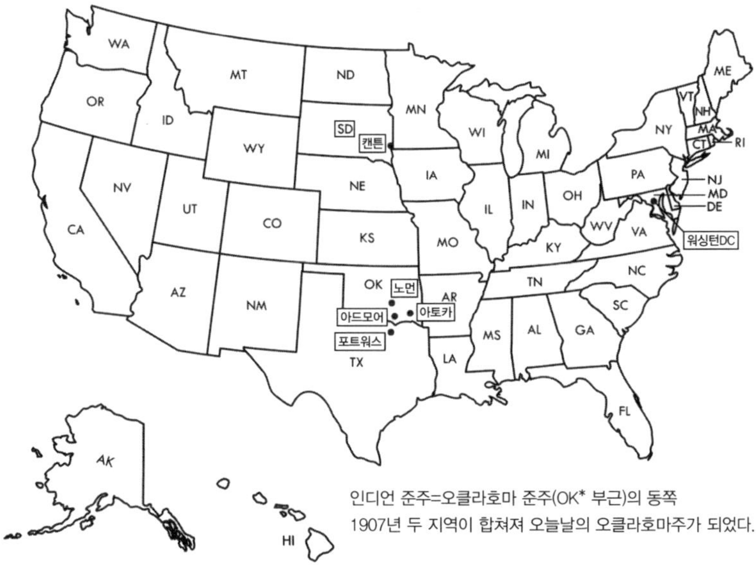

〈그림 5-1〉 인디언 준주 및 사우스다코타주(SD)

과 가까워 정신이상을 일으킨 인디언을 수송하기가 수월했다. 문제는 병원이 미 전역의 인디언을 대상으로 했다는 것이다. 캔튼 정신병원이 설립되기 전까지 유일한 연방정신병원이었던 워싱턴DC의 성 엘리자베스 병원에도 당시 8~9명의 인디언 환자가 있었다. 본래 미국 "서부의 여러 지역" 출신으로, 성 엘리자베스 병원에 입원하기 위해 이미 장거리 여행을 했던 사람들이었다. 캔튼 정신병원이 완공되기도 전인 1901년 11월, 성 엘리자베스 병원은 8명의 인디언 환자를 캔튼으로 전원할 계획을 세웠다.[74] 동부의 워싱턴DC를 떠나 캔튼에 도착하려면 이들은 대략 1,280마일(2,060km 정도)의 거리를 여행해야 했다(<그림 5-1> 참조). 당시 일주일 정도 걸렸을 장거리 이동은 분

74 "Transfer of Insane Indians", *Evening Star*, 1901. 11. 5.

명 정책 입안자들도 미처 생각지 못한 예외적인 상황이었을 것이다. 신체와 정신이 모두 건강한 일반 사람들도 장기 여행에 익숙지 않았을 텐데 환자 8명, 그것도 정신이상인 환자들을 데리고 이 거리를 이동하기 위해서는 의사는 물론이고 수행원도 필요했다.[75] 성 엘리자베스 병원장은 이외에도 100여 명의 인디언 환자가 미 전역에서 전원을 준비하고 있다고 밝혔다.[76] 그러나 성 엘리자베스 병원의 인디언 환자가 캔튼에 도착하기까지는 1년 이상이 걸렸다. 1903년 1월, 병원 측은 마침내 이들의 전원에 돌입했다. 8명의 환자를 수송하기 위해 인디언 사무국장이 특별차량을 준비하기도 했다. 가장 큰 문제는 이미 오랫동안 "전 세계에서 가장 뛰어난" 성 엘리자베스 병원에서 치료를 받아온 이들이 캔튼 정신병원에서 과연 같은 수준의 치료를 받을 수 있을 지였으나, 두 군데에서 각각 치료하여 이중으로 비용을 책정하느니 캔튼으로 보내자는 생각이 우위를 점했다.[77] 비록 더 '바람직한' 치료를 제공하기 위한 인도주의적 행동의 결과라고는 하지만, 전원이 오히려 인디언의 '바람직하지 않은' 모빌리티를 확대시켰다 해도 과언이 아니다. 게다가 캔튼 정신병원으로의 전원은 결국 많은 인디언 환자가 무관심이나 학대에 노출되어 제대로 된 보살핌조차 받지 못하게 되는 비극으로 끝을 맺었다.

워싱턴DC에서 사우스다코타주 캔튼까지의 장거리 이동은 유목민의 방랑과 동화의 실패로 야기된 문제, 즉 인디언의 정신이상을 해

75 의사와 수행원의 경우 두 지역을 왕복해야 했기 때문에 환자를 한 번 수송하는 데 적어도 2주가량 소요되었을 것으로 보인다. 마스코기 사료의 입원 신청서에는 환자의 상태와 함께 수행원이 몇 명이나 필요한지 적는 란도 있었다. 환자가 매우 폭력적이지 않은 이상 대부분 1명이면 충분했다.

76 "Transfer of Insane Indians", *Evening Star*, 1901. 11. 5.

77 "To Send Eight Crazy Indians", *Argus-Leader*, 1903. 1. 12.

결하기 위한 정부의 차선책이었다고 볼 수 있다. 그러나 인디언 보호구역과 가깝다고 해서 정신이상 인디언의 이동에 문제가 없었던 것은 아니다. 보호구역을 벗어나 별도의 장소로 옮기려면 시간과 비용이 소요되기 마련이었다. 예를 들어 1904년 오클라호마의 노먼 요양소에서 정신병원이 있는 캔튼까지 가는 데에는 편도로 2~3일(대략 645마일로 1,040km 정도)이 걸렸으며, 인디언 환자와 동행한 수행원이나 의사는 캔튼에서 노먼까지 왕복 5~6일 치의 비용을 제공받았다.[78] 법정에서 정신이상 판결을 받고 캔튼 정신병원에 입원하기까지도 시간이 걸렸다. 사립요양소, 주립병원, 감옥 등 어느 기관에라도 정신이상 진단을 받아 수용되어 있던 상태라면 책임 소재나 수송 과정이 분명했지만, 보호구역 내 거주 중 법정에서 정신이상 판결을 받은 경우는 캔튼 정신병원에 입원이 확정되기 전까지 가족, 친지, 후견인 혹은 보안관이 이들의 보호를 맡아야 했다. 보통 가족이 같이 거주하며 감시하거나 주변 요양소에 임시로 입원시켰으나, 빈곤하여 환자를 적절히 보호할 수 없고 폭력적인 행동을 통제해야 할 때에는 대안이 필요했다. 따라서 가족 대신 보안관이 담당하게 될 경우 캔튼 정신병원에서 수행원을 보내기 전까지 감옥에 환자를 임시로

---

78 인디언 에이전트가 인디언 사무국장에게 보낸 1904년 10월 13일자 편지. No. 3, Muskogee Entry, RG 75. 오클라호마의 노먼 요양소에서 캔튼 정신병원으로 환자를 수송하는 비용은 환자, 간호사, 의사 총 3명에 166.87달러로 책정되었다. 증상이 심하지 않아 2명(의사 없이 환자와 간호사)만 이동해도 충분하다면 111.24달러가 지급될 예정이었다. 이 비용은 왕복 5일 정도를 예상한 것으로, 간호사는 추가로 25달러, 의사는 60달러(하루 10달러 정도로 책정)의 수고비를 받았다. 1904년 당시 10달러는 2021년 기준으로 약 300달러의 가치였으므로, 의사까지 동행한다면 인디언 환자 1명을 수송하는 데 7,500달러 이상이 드는 셈이었다. 환자 수송이 정말로 수고스럽고 위험한 작업이었다는 방증일 것이다. 인플레이션을 반영한 환산은 다음을 참고했다. https://www.in2013dollars.com/us/inflation

수용하기도 했다. 임시 수감이라 해도 감옥에 머무르는 것이 "아마 환자의 상태에 실질적으로 영향을 미치겠"지만 입원 수속을 서두르는 것 외에는 별다른 대책이 없었다.[79]

정신병원 설립의 목적이 인디언의 모빌리티를 통제하여 미국 사회의 문명을 전파하고 인디언을 동화시키는 것이었다면, 연방정부의 정책은 오히려 사회에 도움이 되지 않는 약자의 이동성을 증가시키는 모순된 결과를 야기했다. 특히나 정신이상 판결을 받은 인디언의 모빌리티를 통제하기란 쉽지 않았다. 자의든 타의든 이들은 끊임없이 이동했다. 여기서는 윌리엄 H. 고포스(William H. Goforth)와 윌리엄 L. 그린페더(William L. Greenfeather)의 사례를 예로 들겠다.[80]

촉토(Choctaw) 인디언 고포스는 1907년 3월 법정에서 정신이상 판결을 받고 캔튼 정신병원에 입원할 때까지 이복형제인 호머(Homer)의 법적 보호에 놓였다. 그러나 3월 말 남성 병실이 다 차서 당분간 고포스의 입원을 허용할 수 없다는 캔튼 정신병원장의 통보가 오자, 그는 친구들의 도움으로 텍사스주 포트워스의 사립요양소에 머물며 치료를 받았다. 캔튼에 입원이 결정된 것은 8개월 후인 11월 말로, 포트워스를 떠난 고포스는 캔튼 정신병원의 수행원이 데리러 올 때까지 오클라호마주 아토카의 연방감옥에 수감되었다. 아마도 수행원이 며칠 내에 도착할 예정이라 수송의 편의를 위해서 감옥을 택한 것으로 추정된다. 입원을 기다리던 8개월 동안 고포스는 인디언 준주의 센트럴 디스트릭트 법정에서 텍사스주 포트워스, 오클라호마주 아토카, 사우스다코타주 캔튼까지 이동했다. 포트워스에서

79 No. 55, Muskogee Entry, RG 75.

80 이름이 동일하기 때문에 여기서는 성(姓)인 고포스, 그린페더/그린을 사용한다. 각각 No. 51과 No. 43, Muskogee Entry, RG 75.

아토카까지는 160마일(약 260km), 아토카에서 캔튼까지는 700마일(약 1,130km) 이상의 거리였다(<그림 5-1> 참조).[81] 그저 병원에 입원하기 위해 고포스는 1,000마일 이상을 오가야 했던 것이다. 가족과 친구의 보호 덕분이었는지 그의 행방은 별문제 없이 기록되었지만, 모빌리티의 통제가 항상 가능한 것만은 아니었다.

1907년 4월에 정신이상 판결을 받은 윌리엄 L. 그린페더의 사례를 보자. 고포스의 경우 병상 부족이 입원 지연의 가장 큰 이유였다면, 그린페더는 인디언 에이전트 측에서 그의 행방을 찾을 수 없었다는 문제가 주가 되었다. 정신이상 판결을 받은 후 그가 인디언이 맞는지, 그렇다면 어떤 부족 출신인지 밝히는 데 시간이 꽤 걸렸기 때문에 막상 입원을 위해 소재지를 파악하려고 보니 그린페더가 어디로 가버렸는지 알 도리가 없었다. 한편 5개월 후인 1907년 9월, 마스코기의 인디언 에이전트는 캔자스주 법정에서 체로키 인디언인 윌리엄 L. 그린이 정신이상 판결을 받았다는 소식을 입수했다. 부족이나 연령대로 봤을 때 그린과 그린페더는 동일인물이었다.[82] 정신병원 입원 수속이 진행되는 동안 그린페더는 마스코기의 후견인 곁을 떠나 캔자스주로 흘러든 것이다. 캔튼 정신병원에 입원이 확정될 경우 그린페더는 다시금 사우스다코타주까지 이동해야 했다.[83] 그러나 그

---

81 고포스는 1907년 12월 3일에 입원했으며(12월 1일 캔튼 정신병원의 수행원이 아토카의 감옥에 도착할 예정), 1910년 9월 17일 사망했다. Joinson, *Vanished in Hiawatha: The Story of the Canton Asylum for Insane Indians*, 2016, Appendix A, p. 298.

82 그린페더의 정확한 출생연도는 밝혀지지 않았으나 마스코기 사료에 따르면 33세에서 40세가량이었을 것으로 보인다.

83 같은 해 11월 그린페더는 정신이상에서 회복되었다는 이유로 캔튼 정신병원 입원이 취소되었다. Joinson, *Vanished in Hiawatha: The Story of the Canton Asylum for Insane Indians*, 2016, pp. 36-37. 그러나 두 군데 법정에서 정신이상 판결을 받았다는

누구도 정신이상 인디언을 떠돌아다니게 한 책임을 지지 않았다. 후견인이나 인디언 에이전트, 캔튼 정신병원장 역시 입원 전까지는 그를 멈출 방법이 없었다.

그린페더의 사례는 정신질환과 모빌리티의 연관성에도 의문을 던진다. 그가 이렇게 정처 없이 돌아다닌 이유는 무엇이었을까? 정말 정신이 이상했기 때문일까, 아니면 여기저기 이동할 만큼 사리분별이 가능했다는 것일까? 이유가 무엇이든, '정신이상' 인디언의 경험은 사실상 모빌리티가 '감금'의 핵심 요소임을 보여준다.[84]

인디언의 모빌리티는 이민자나 백인 이주자의 이동성과 다르게 미국의 문화적·법적 체제에 의해 더 강력한 통제를 받았다. 비단 정신이상이 아니었어도 인디언의 이동에는 기관 간의 이동이라는 제약이 내포되어 있었다. 환자 대부분이 캔튼 정신병원으로 전원되기 전에 이미 다른 요양소나 정신병원, 심지어는 감옥에 갇힌 상태였다. 보호구역에서 직접 캔튼 정신병원으로 향하게 된 인디언이라 할지라도 한 기관에서 다른 기관으로 감금과 구속의 주체만이 바뀌었다는 사실에는 변함이 없었다. 그러나 이러한 통제 기제에도 불구하고 '정신이상' 인디언은 어떤 곳에서도 영구한 정지(immobility)를 약속받지 못했다.[85] 연방정부의 감독은 결코 완전하지 않았고, 정신병원

사실로 미루어볼 때 정신질환이 나았다기보다는 그린페더의 행방을 알 수 없어 입원이 취소된 것이라 유추할 수 있다.

84 Jennifer Turner & Kimberley Peters (Eds.), *Carceral Mobilities: Interrogating Movement in Incarceration*, Routledge, 2017, p. 3. '감금'되기 위해서는 해당 장소로의 이동이 필수였다. 위 저서의 '감금' 공간은 주로 교도소, 이민자 보호 구류 시설, 난민 보호 시설 등을 일컫지만, 어빙 고프먼의 『수용소』에서처럼 정신병원 역시 감금 공간으로 작동했다. Erving Goffman, *Asylums*, Vintage, 1961.

85 앨리슨 마운츠(Alison Mountz) 등은 이민자 구금 센터의 예를 들어 "구금이 이주자의

을 유지하는 데에도 계속해서 문제가 발생했다. 무엇보다 정신병원은 이동성을 통제하기에 적절한 장소가 아니었다. 퇴원이야말로 정신병원에서 발생할 수 있는 가장 이상적인 모빌리티였지만, 이외에도 재입원, 탈출, 사망 등이 이동을 조장했다.

일례로 인디언 환자 로이드 프리먼(Lloyd Freeman)은 1906년 10월 캔튼 정신병원에서 한 차례 탈출을 감행했다. 이때 로이드는 병원에서 아버지의 집이 있는 인디언 준주의 히치타까지 620여 마일(1,000km 정도)을 누구에게도 발각되지 않고 이동했다. 로이드의 행방이 밝혀진 것은 다음 해 7월로, 마스코기의 감옥에 구금되어 있다가 캔튼 정신병원에 재입원했으나, 곧 다시 탈출하여 그 이후 정부의 문서철에서 아예 사라져버렸다.[86] 캔튼 정신병원이 운영된 30여 년 동안 몇 명이나 탈출했다 잡혀왔는지는 알 수 없지만, 탈출은 정신병원이 완전한 통제와 감금의 장소가 아니라 실로 '인간 창고'였을 가능성을 역설한다. 이외에도 정신병원장의 동의하에 보호구역으로 돌

신체를 구속했지만, 동시에 분산(dispersal), 전원(transfer), 그리고 추방을 통해 같은 신체를 정제된 방식으로 더 유동하게(mobile) 만들었다"고 설명한다. Alison Mountz, Kate Coddington, R. Tina Catarina, & Jenna M. Loyd, "Conceptualizing Detention: Mobility, Containment, Bordering, and Exclusion", *Progress in Human Geography*, vol. 37, no. 4, 2012, p. 528. 캔튼 정신병원 역시 구금 혹은 감금의 장소로 기능했지만, 이 안에서도 여러 형태의 모빌리티가 존재했다.

86 No. 25, Muskogee Entry, RG 75. 처음 입원했을 때에도 로이드는 감옥에 수감된 상태였다. 정황은 분명치 않으나 같은 시기에 형제를 폭행했다는 기록이 있는 것으로 보아 폭행죄로 감옥에 갇혔고, 곧 정신적인 문제를 일으켜 정신이상 판결을 받은 듯하다. 로이드의 증상은 알지도 못하는 여성에게 구애한 것으로, 망상 정신이상(delusional insanity) 진단이 내려졌다. 이외에도 탈출 사례가 드물지 않았다. 버치의 연구에 등장한 엘리자베스 페어볼트(Elizabeth Fairbault)와 마사 윈(Martha Win, 가명)도 여러 차례 캔튼 정신병원에서 탈출했다가 잡혀 왔다. Burch, "'Dislocated Histories': The Canton Asylum for Insane", 2014.

아가 가족과 시간을 보내다가 다시 입원한 사례가 기록되어 있다. 정식 퇴원은 아니라도 병원과 집을 오가는 게 가능했다는 뜻이다.[87] 이후 병원으로 돌아가지 않거나 행방이 묘연해진 인디언도 있었을 것이다. 입원한 뒤 결핵, 발진티푸스 등으로 사망한 경우 또한 궁극적인 '퇴원'의 예라 하겠다.[88] 게다가 가족이 유해를 가져갔다면 죽은 뒤에도 계속해서 이동할 수밖에 없는 상황이 벌어졌다. 물론 대부분 캔튼 정신병원 부지에 묻혔기 때문에 병원의 그림자를 완전히 벗어나지 못했겠지만, 정신병원의 안팎을 넘나드는 다양한 이동의 모습은 '정신이상' 인디언의 경험을 연구하는 데 있어서 정신질환과 모빌리티의 통제 및 그 결과를 다각도로 이해해야 한다는 점을 잘 보여준다.

* * *

이 장에서는 20세기 초 인디언이 캔튼의 인디언 정신병원에 입원하게 된 과정을 통해 당시 미국 사회에서 인디언의 정신질환과 모빌리티 담론이 긴밀하게 연결되어 있었음을 강조하고자 했다. 정신이 이상했기 때문에 이동을 했다거나 이동을 했기 때문에 미쳐버렸다는 주장은 모두 모빌리티의 통제를 요구했다. 19세기에 세워진 인디언 보호구역은 인디언의 '바람직하지 않은' 유목 생활을 저지하는 공

87 No. 23, Muskogee Entry, RG 75; Joinson, *Vanished in Hiawatha: The Story of the Canton Asylum for Insane Indians*, 2016, p. 328.

88 20여 년간 캔튼 정신병원 환자의 45%가 사망했다. 사망의 주된 이유는 결핵이었고, 사망 당시의 나이는 보통 40대였다. Soule & Soule, "Death at the Hiawatha Asylum for Insane Indians", 2003, p. 17.

간이었고, 여기에서 발생한 문제를 해결하기 위해 별도의 정신병원이 설립되었다. 그러나 보호구역이 인디언의 전반적인 삶의 질을 낮추었듯이, 정신병원도 보호나 치료보다는 그저 감금을 위한 공간이 되고 말았다. 또한 모빌리티의 통제는 '정신이상' 인디언의 '바람직하지 않은' 이동성이 정신병원 입원 과정을 통해 오히려 증폭되는 예기치 못한 결과를 낳았다.

캔튼 정신병원에 입원한 환자 대다수는 병원을 벗어나지 못하고 사망했거나, 폐원 후 워싱턴DC의 성 엘리자베스 병원에서 입원과 퇴원을 반복하며 평생을 보냈을 것이다. 한편 그린페더 같이 정부의 감시망을 벗어나거나, 로이드처럼 병원에서 탈출하거나, 아니면 가족의 보호를 받아 정신질환을 감추고 연방정부와 미국 사회의 통제에서 벗어난 이들도 분명 있었다. '정신이상' 인디언에게 감금과 모빌리티는 그야말로 동전의 양면이었다. 지나친 이동성은 감금으로 이어졌고, 감금되기 위해서는 이동이 필수였다. 동시에 이들의 모빌리티에 대한 기록은 그동안 보이지도 들리지도 않았던 인디언들이 잠시나마 역사에 남긴 발자취라 하겠다. 보통 인디언이라 하면 미국 주류 역사와 동떨어진 특수한 집단으로 여기기 쉽다. 그러나 이 글은 미국 사회의 담론에 기반을 두어 인디언 환자를 위한 캔튼 정신병원이라는 특정 공간을 살펴봄으로써, 인디언 역시 미국의 일원으로 당대의 여러 이해관계를 반영했으며 미국이라는 '국가'의 통제에서 자유로울 수 없는 존재였음을 밝히고자 했다.

6장 일본 전매 공장 노동자와 보건위생[1]

| 임채성 |

이 장의 과제는 전매(專賣) 공장의 사업 전개에 따른 고용 구조의 변화와 노동자의 건강 상태를 검토하고, 이에 대한 전매 당국의 노동위생 대책이 노동력의 보전에 있어서 어떠한 의미를 가지는지 밝히는 것이다.

일본 전매 당국은 러일전쟁을 계기로 담배 제조를 시작했다. 일본은 담배가 자국에 전래되었을 때부터 실화(失火)와 풍기문란 등을 이유로 금연령을 발표했지만, 실상 담배는 기호품으로서 일반 서민에 의해 널리 피워졌다. 건강상 위험성은 이미 전전(戰前)에도 알려져 있었고, 과도한 흡연이 경계되기도 했다. 민간업자에 의한 이윤 추구가 국민건강에 부정적인 영향을 미칠 수 있음에도 불구하고 수익성이 높은 사업 부문이었던 만큼, 동시에 그러한 수익원을 국가 재정의

1 이 글은 『이화사학연구』 제63집(2021)에 실린 저자의 논문 「공장노동자와 보건위생: 일본대장성전매국(大藏省專賣局)을 중심으로」를 수정한 것이다.

한 기반으로 확보한다는 의의는 대단히 컸다. 따라서 국가에 의한 담배 전매가 이루어졌고, 이후 1985년 시장원리가 도입되어 민영화되기까지 전매 체제는 유지되었다. 이러한 점에서 흡연과 금연을 둘러싼 논의가 당초부터 이루어져 건강과 담배의 상관관계에 대한 비판적 검토가 이루어졌다.[2]

이러한 기조가 연구사에도 반영되었음은 물론으로, 사회 전체의 건강이라는 관점에서 그것의 사회적 비용에 대한 연구 결과가 다양한 각도에서 검출되었다.[3] 그러나 정작 담배 생산 과정에서 많은 분말에 노출된 공장 노동자의 건강에 대해서는 그다지 분석이 이루어지지 못했다. 이들 노동자는 건강상 어떠한 특징을 보였을까? 예를 들어 흡연은 기관지, 후두, 폐 등의 호흡기계통에 각종 염증과 암 등을 일으키는데, 이러한 담배 제조 업무에 종사하는 노동자에게는 어떠한 질병이 비교적 많이 발생하고 있었을까? 또한 내부에서 일하고 있는 노동자에 대해 어떠한 보건위생이 실시되고 있었을까? 대장성 전매국과 그 후신인 일본전매공사가 편찬한 통사에 의해 담배 전매업에 관한 포괄적 검토가 이루어져, 그 일부로서 직공의 건강 상태와 공제조합 제도를 다루었다고는 하나 전면적인 분석이 이루어졌다고 하기는 어렵다.[4]

---

2 三浦宏子,「人間にとってたばことは何か: 近現代の日本の喫煙と禁煙の歴史を事例に」,『歴史遺産研究』12, 東北芸術工科大學芸術學部歴史遺産學科, 2018, pp. 31-48.

3 前田信雄,「やさしい保健の経済學-13-喫煙の損害予防の経済分析 — コストベネフィット分析」,『健康保険』33-5, 1979. 5,. pp. 98-107: 後藤励,「喫煙(禁煙)の醫療経済に及ぼす影響」,『日本気管食道科學会会報』68-5, 2017, pp. 352-357.

4 大蔵省專賣局編,『專賣史』, 1937; 日本專売公社編,『たばこ專賣五十年小史』, 日本專売公社総務部総務課, 1953. 5.; 日本專賣公社專賣史編集 室編,『たばこ專賣史』, 日本專賣公社, 1963-1990.

이와 관련하여 노동위생에 관한 선행연구를 주목해보면, 의료 사회화의 일환으로 노동위생에 대한 체계적 접근은 이시하라 오사무(石原修, 1913)에 의해 시작되었다.[5] 섬유산업 노동자에 대한 노동위생학적 조사가 이루어졌는데, 10대 소녀가 이농하여 도시부의 섬유공장에서 몇 년간 취업한 이후, 결핵에 걸려 귀농하고 다시 가족에 대한 결핵 감염원이 되어 죽어간다는 비참한 실태가 밝혀졌다. 이러한 조사 결과가 '여공과 결핵'이라는 제목으로 발표되어 일본 내 공장법의 제정(1911)을 앞당겼다. 그 후 국유철도에서 고토 신페이(後藤新平)의 결단에 의해 철도병원이 철도의(鐵道醫)의 증원과 더불어 설치됨으로써 의료기관 내부화가 확충된 것을 시작으로, 대공장에서도 산업의(産業醫) 및 공장의(工場醫) 체제가 정비되었다.[6] 이러한 노동위생의 진전에 발맞춰 쿠라시키(倉敷)노동과학연구소(1921)가 설치되었고, 노동 피로, 노동 환경, 노동의 열량 소비 등에 관한 연구가 이루어져 『노동과학연구』가 발간됨으로써 노동위생에 관한 사회적 관심을 일으켰다. 쿠라시키방적(紡績)에 설치되어 있던 동 연구소는 후에 도쿄에서 '일본노동과학연구소'로 개칭하여 재출발했다.

이에 임채성(林采成, 2019a)은 근대 일본을 필두로 하는 동아시아 철도를 대상으로 하여, 일본국철에서 노무 관리의 일환으로 총무국 체력과 함께 주도한 노동위생 대책에 의해 철도의, 철도병원, 위생연구소로 이루어진 내부 의료체제가 정비되고 철도원의 일상적 건강 관리가 국철 재정뿐 아니라 공제조합 제도를 통해 경제적으로 지탱되었음을 실증했다.[7] 나아가 노동위생의 근대성(modernity)이 식민지

5 이시하라 오사무의 관련 저작과 상세한 조사 경위에 대해서는 다음을 참조. 篭山京編集·解説, 『女工と結核』, 光生館, 1970.

6 川上武, 『現代日本醫療史』 勁草書房, 1962. pp. 397-407.

철도에도 도입되어 일본 내지와 유사한 노동위생 관리가 조선과 대만에서도 이루어졌으나, 남만주 철도에서는 민족별 격차가 일본인과 중국인 사이에 크게 나타남으로써 조선이나 대만과는 달리 별도의 공제조합이 성립되었음을 지적하는 등, 제국권 내의 본국과 식민지를 비교하여 각각의 지역이 갖고 있는 노동위생사적 특징을 식민지성(coloniality)과 더불어 추출했다. 뿐만 아니라 일본제국 체신성과 조선총독부 체신국을 대상으로 한 노동위생 관리에 관한 사적 분석 역시 임채성(林采成, 2016, 2019)에 의해 이루어졌다.[8]

이러한 노동위생 분석이 남성 노동자를 중심으로 이루어졌다고 한다면, 여성 노동자를 중심으로 하는 전매국 공장에서는 노동위생 대책이 어떻게 전개되었는지 보는 것은 기존 연구의 성과를 상대화하는 데에도 의미가 있을 것이다. 이에 대한 답변을 찾고자, 이 장은 다음과 같은 구성을 갖는다. 1절에서 전매 사업의 전개에 따른 전매 공장의 인적 구성이 어떠한 추이를 보였는지 밝히고, 2절에서는 그러한 고용 구조에 규정된 노동자의 건강이 어떠한 상태였는지를 사망률, 이환율, 질병 퇴직률 등의 건강지표를 통해 고찰한다. 3절에서는 전매 당국이 취한 노동위생 대책과 내부 위생 체제가 어떻게 전개되었는지 검토하고, 마지막으로 4절에서는 이러한 노동위생 정책을 직공의 입장에서 경제적으로 떠받치던 공제조합 제도에 관해서 밝힌다.

---

7 林采成,『鐵道員と身体: 帝国の労働衛生』京都大學學術出版会, 2019.

8 Chaisung Lim, "Health and Diseases of Laborers in Colonial Korea: Focusing on the Cases of the Bureau of Posts and Telecommunications, the Japanese Government General of Korea", *The Review of Korean Studies*, vol. 19, no. 1, 2016. 6., pp. 75-110; 林采成,「戦前日本逓信業における労働衛生システムの成立と変容」,『立教経済學研究』72巻 4號, 2019. pp. 135-160.

1. 전매 사업의 전개와 공장 노동자

일본 정부는 군비 확장 정책을 추진하는 가운데 1894년 청일전쟁이 발발하자 2억 3,000만 엔에 달하는 군사비를 조달해야만 했다. 물론 청국의 배상금이 있기는 했지만, 전후 처리에 따른 재정 부담의 증가를 피할 수는 없었다. 그 때문에 대장성은 프랑스를 비롯한 서구 열강을 따라서 전매 제도의 도입을 검토했고, 1896년 의회에 잎담배 전매 계획을 제출하여 그 성립을 이루어냈다.[9] 이로써 종래의 중매인을 대신해서 정부가 원료인 잎담배의 독점 구입자가 되는 동시에 담배 제조업자에 대한 독점 판매자가 된다고 하는 수요 독점을 실현했다.

그러나 러일전쟁이 발발하자 더욱 막대한 군사비의 지출이 필요해졌고, 정부는 재원 확보를 위해 잎담배뿐만 아니라 담배 제조와 판매를 포함한 전면적인 전매 사업을 구상하기 시작했다. 이에 대해 민간업자들이 '제조담배 관업(官業) 반대 연합동맹회'를 조직해서 반대했지만, 러일전쟁 가운데 담배 전매 법안은 통과되었고 그다음 해인 1907년부터 실시되었다. 이로써 제조업자들은 매상액의 2배가 되는 폐업 배상금을 받고 담배 제조 분야에서 철수하지 않을 수 없었다.

이와 같이 수요 독점(monopsony)의 잎담배 판매 전매로부터 공급 독점(monopoly)의 제조 전매로 국가 통제가 확대되는 가운데, 경작부터 제조까지에 이르는 생산 공정의 합리화가 추진되었다.[10] 담배 제조

9 大蔵省専賣局,『煙草專賣史』全3巻, 專賣局, 1915, pp. 49-184; 日本專賣公社,『たばこ專賣史』第1巻, 日本專賣公社, 1964, pp.89-142; 三和良一·鈴木俊夫,『日本たばこ産業: 百年のあゆみ』, 日本経営史研究所, 2009. pp. 73-93.

10 大蔵省専賣局,『煙草專賣史』全3巻, 專賣局, 1915, pp. 184-814; 日本專賣公社,『たばこ專賣史』第1巻, 1964, pp. 89-142; 三和良一·鈴木俊夫,『日本たばこ産業: 百年のあゆみ』, 日本経営史研究所, 2009, pp. 73-93.

에서는 양절지권(両切紙巻)의 경우 민간업자의 기계 시설을 양도받아 생산을 직영했지만, 구부지권(口付紙巻)의 제조는 사실상 종래의 업자인 장외 작업 담임인(場外作業擔任人)을 지정하여 그 작업의 일부를 위탁했다.[11] 반면 각담배(刻煙草)는 생산 규모가 작았기 때문에 그 대부분을 장외 작업에 위탁했다. 엽권담배에서도 이와 같이 민간업자에게 그 생산을 위탁했다. 그 후 직영 제조 시설이 정비됨에 따라 장외 작업 담임인 제도는 폐지되었다.[12] 1910년대 후반에는 담배 전매 공장이 완공되었다.

나아가 작업 공정의 합리화가 추진되었다. 담배 제조는 ① 각 종류의 잎담배를 배합하는 엽조 작업(葉組作業) → ② 잎자루·잎맥·흙먼지를 제거하고 배합 원료를 균일하게 혼합하는 엽존 작업(葉拵作業) → ③ 원료를 일정한 폭으로 자르는 재각 작업(裁刻作業) → ④ 지권담배(紙巻煙草) 제조 시 담배 조각을 종이로 말아올리는 권상 작업(巻上作業) → ⑤ 각담배 또는 지권담배를 용기에 담아 포장하는 장치 작업(裝置作業)의 공정을 따르게 되었다.[13] 특히 1920년에는 전매중앙연구소가 설립되어 담배 제조를 둘러싼 각종 기초연구 역시 이루어졌다.

제조 공정 가운데 권상 작업을 제외하고는, 제조가 간단한 각담배의 경우 엽존 작업의 적엽법(積葉法)을 채택하고 재각 작업에서 사카이식 각기(酒井式刻機) 등을 도입함으로써 일단은 1917년까지 작업

11 당시에는 필터담배가 보급되지 않아서 양절지권과 구부지권이 일반적이었다. 양절지권은 단순히 종이로 담뱃잎을 만 담배를 말하며, 구부지권은 흡연 시 입안에 담뱃잎이 빨려 들어가는 것을 막기 위해 약간 두꺼운 종이를 휘슬처럼 덧댄 담배를 말한다.

12 大蔵省專賣局, 『專賣史』第2巻, 1937, pp. 1-875; 大蔵省專賣局, 『專賣史』第3巻, pp. 1-1098; 日本專賣公社, 『たばこ專賣史』 第1巻, 日本專賣公社, 1964. pp. 473-770.

13 大蔵省專賣局, 『煙草製造創業三十年誌』, 1935. pp. 25-26.

의 합리화를 완성할 수 있었다. 구부지권(口付紙巻)은 권상 작업을 제외하면 대부분의 작업이 각담배와 같기 때문에 각담배의 기계 설비를 채택했음은 물론이지만, 문제 발생의 소지가 큰 권상 작업이 지체되어 족답전충기(足踏塡充機)의 기계화가 추진되었고 1927년에 이르러 드디어 지권기(紙巻機)가 완성되었다. 양절지권의 생산과 관련해서는 전매화 이전부터 제조 기계를 수입했기 때문에 상당한 공장 설비를 가지고 있었으며, 처음 권상기는 본사크식이었지만 이것이 1910년대말 스탠다드식으로 바뀌었다. 1920년대에 이르면 양절지권의 수요가 급격하게 늘어 대량생산 체제를 갖출 필요가 생겨서 수작업에 의한 엽존 작업을 대신하여 재납식으로 담뱃잎을 벗겨서 배합하는 법(裁柄式葉剥ぎ配合法)과 중앙연구소식 양절지권기(中研式両切紙巻機)에 의한 작업법이 채택되었고, 1930년대에는 모린스식 신형 제조기라는 포장기가 도입되어 작업에 쓰였다.

그 결과 <그림 6-1>에서 볼 수 있듯이 실질생산액이 1905년 1억 3,594만 엔에서 1922년 2억 6,662만 엔으로 증가했으며, 그 후 정체

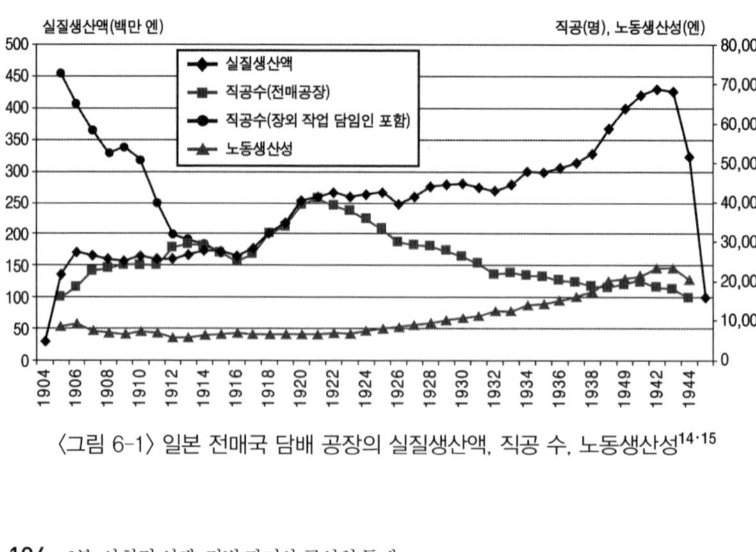

〈그림 6-1〉 일본 전매국 담배 공장의 실질생산액, 직공 수, 노동생산성[14·15]

되었지만 1930년대 후반 이후에 다시 급증하여 1942년에는 4억 3,137만 엔을 기록했다. 반면 1905년에 1만 6,098명이던 직공 수는 그 후 늘어 1921년에는 4만 850명에 달한 다음, 인원 정리가 추진되어 1944년에는 1만 5,753명으로 줄어들었다. 1915년까지는 장외 작업 담임인이 존재하여 전매 공장의 외부에서도 담배 제조를 담당했기 때문에, 1917년부터 1921년까지에 걸쳐 직공 수가 늘었다는 것을 제외하고는 장기적으로 실질생산액은 늘었는데 직공 수는 오히려 줄었던 것이다. 당연히 이는 앞서 언급한 바와 같이 담배 공장의 정비와 더불어 작업의 기계화가 추진되는 계기가 되어 노동생산성의 향상이라는 결과로 나타났다. 한편 노동자 측에서도 작업의 합리화에 따른 노무 관리가 이루어지지 않으면 안 되었다.

<그림 6-2>에 나타난 직공의 추이를 보면, 장외 작업 담임인 제도가 있었던 1910년대 중반까지 저임금의 여공(女工) 수를 늘려 장외 작업 담임인을 대체하면서 업무량의 증가에 따른 인원 증원을 채택했음을 알 수 있다. 이러한 채용 방침은 1921년까지 취해졌고, 이후 인원 정리 방침으로 전환되었다. 직공의 구성을 보면 인부, 견습, 공수(工手), 공장(工長)으로 이루어졌으며, 전체 인원에서 성별로는 여성, 신분별로는 공수가 많았다. 또 제품에 따라서는 각담배의 작업원이 압도적으로 많고, 그다음은 양절, 구부의 순서로서 엽권과 파이프 담배의 작업원은 극히 일부에 지나지 않았다. 예를 들어 1938년에는 각담배 8,707명, 구부담배 3,803명, 양절담배 6,191명, 엽권 35명, 파

14 大蔵省専賣局,『専賣局年報』, 各年度版.

15 노동생산성 = 실질생산액 ÷ 직공 수. 이 가운데 실질생산액은 제조 담배의 판매 가격을 디플레이터(1935년 기준)로 삼아 추계했다. 다만 1915년까지는 장외 작업 담임인이 담배 제조에 관여했기 때문에 이들을 포함한 직공 수를 가지고 노동생산성을 추계했다.

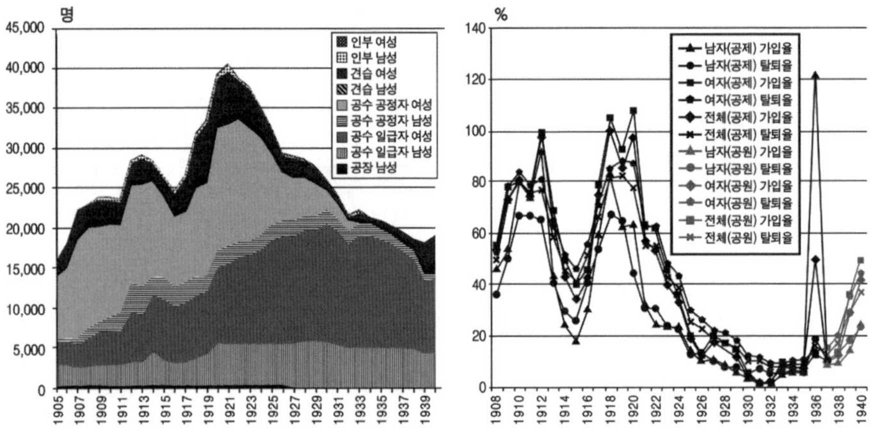

〈그림 6-2〉 직공의 추이와 노동 이동률[16·17]

이프담배 9명이었다. 성별로 직공 수의 변화를 보면 남성의 경우 변화가 그다지 크지 않았던 반면, 여성의 경우 급격한 변화가 보였다.

공수(工手)에 있어서도 공정자(功程者)가 전매 공장 초기에는 많았지만, 일급자(日給者)의 채용이 늘어 1920년대에는 공정자보다도 많아짐에 따라 1932년을 마지막으로 공정자가 사라지게 되었다. 즉 공장 내 작업량에 비례해 임금이 지급되는 성과급 제도에서, 근무 시간에 비례해 지급되는 일급 제도로 주요 임금 형태가 바뀌었던 것이다. 물론 일급이라고 해도 모든 직공에 대해서 같은 금액이 지급되었던

16 大藏省專賣局, 『專賣局年報』, 各年度版; 大藏省專賣局, 『專賣局共濟組合事業成績』, 各年度版.

17 1. 1908~1937년의 노동 이동률은 공제조합의 가입과 탈퇴를 가지고 추계했다. 다만 가입과 탈퇴에는 전입·퇴출을 포함하지 않는다. / 2. 1936년의 가입률이 급증한 것은 공제조합의 조직 재편에 따라 남성 배달원 등이 공제조합에 가입할 수 있었기 때문이다. / 3. 1937~1940년의 노동 이동률은 『年報』의 「職工異動人員表」에 의한 것으로, 이들 노동 이동률을 채용률(공원)과 해직률(공원)로 표시한다.

것은 아니며, 작업 내용의 난이도, 성별, 학력, 기량, 연공 등이 감안되어 임금 설정이 이루어졌다는 것에 주의해야 한다.

이러한 가운데서도 격심한 노동 이동 추이를 살펴볼 수 있는데, 공제조합의 데이터를 이용해서 노동 이동률을 추계하면 1910년에는 가입률과 탈퇴율이 모두 80%를 넘었으며, 그 후 급격하게 하락했지만 제1차 세계대전기에 다시 상승하여 1918년에는 가입률과 탈퇴율이 각각 100%, 80%를 넘게 되었다. 당연히 직공의 근속 연수는 줄어들어, 한 공장에서 일하는 직공들은 2년이 지나면 거의 모두 바뀌었다고 할 수 있겠다. 하지만 이후 다시 매년 노동 이동률이 하락하기 시작해서 세계 대공황 중이었던 1930년에는 가입률 4.1%, 탈퇴율 9.9%를 기록, 직공의 정착 현상이 현저해지게 되었다. 성별로는 남성보다 여성 쪽이 높은 노동 이동률을 보였다. 또, 1930년대 중반 이후 경기 호황기가 도래했고, 특히 전시기에 들어서는 경제 전반에 걸친 노동력 부족이 심각하게 됨으로써 노동 이동률은 다시 급증하는 경향이 관측된다.

전매 사업 초기부터 1920년대 초에 걸쳐 노동 이동 현상은 심각했는데, 이것이 노동력 구성에도 반영되었음은 물론이다. 노동력 구성을 보면 연령별로는 장기적으로 청소년층의 감소와 장년층의 증가가 보이는 한편, 성별로는 현격한 차이를 읽을 수 있다(<그림 6-3> 참조). 즉 남공(男工)의 경우, 시기에 따라 변화가 있긴 하지만 10대는 1920년대부터 1930년대 중반에 걸쳐 급감했다. 그러나 1940년대에는 10대가 증가한 것에 비해 20대는 감소해, 병력으로 응소·입영하게 됨에 따라 남공이 공장을 떠나게 된 결과임을 추정해볼 수 있다. 이에 비해 여공은 1920년대까지 10대 청소년층이 과반수를 점하게 되어, 20대를 포함하면 전체의 80%를 넘었다. 전체 직공의 성비를

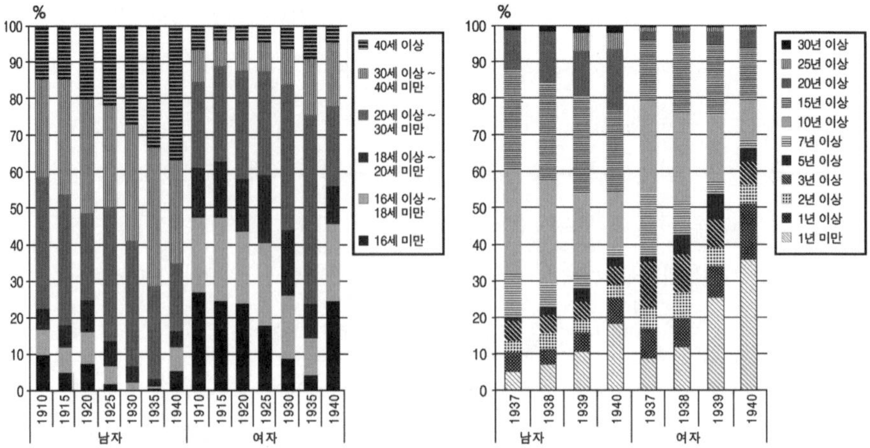

〈그림 6-3〉 직공의 성별에 따른 연령별, 근속 연수별 인원 구성[18]

보면 여공이 압도적으로 많았기 때문에 담배 공장은 젊은 여공의 노동력에 의해 지탱되는 노동 현장이었다고 할 수 있었다. 이러한 10대 여공도 1930년대가 되면 비율적으로 급감해서 20대 여공이 현장의 주력이 되었다. 하지만 1940년에는 사업 초기에 가까운 연령 구성으로 회귀했는데, 전시하 노동 수요가 급증하여 숙련공인 20대 여공이 많이 이직하게 되었기 때문이다.

당연히 이러한 노동력 구성의 변화는 근속 연수에서도 나타나겠지만, 이를 확인할 수 있는 장기 통계는 입수가 어려운 상황이다. 다만 1937~1940년 근속 연수 구성은 자료 이용이 가능하기 때문에 근속 연수의 장기화가 진행되었을 시점인 1937년 당시 이것이 어떻게 전시에 무너지게 되는가를 파악할 수는 있다. 남공의 경우 중일전쟁이 발발한 1937년에는 근속 연수 7년 이상에서 30년 이상까지의 비

18 大藏省專賣局, 『專賣局年報』, 各年度版.

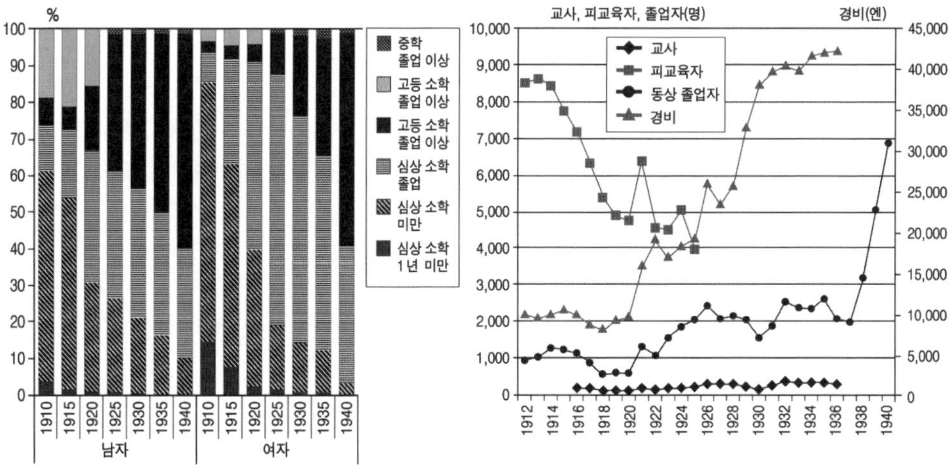

〈그림 6-4〉 직공의 교육 정도별 인원 구성[19]

율이 전체 80%에 가깝게 되었지만, 전쟁이 장기화됨에 따라 청년층 직공이 병력으로 차출되었기 때문에 1940년에는 10년 이상과 7년 이상의 비율이 감소해서 1년 미만의 비숙련 직공이 급증했다. 이러한 근속 연수의 단기화 경향은 여공의 경우에도 확인할 수 있는데, 보다 드라마틱한 형태로 전개되어 1940년에 1년 미만과 1년 이상이 전체의 과반수를 점했다. 연령 구성에서와 같이 근속 연수에서도 성별 격차가 확인되어 남성이 여성보다 장기간 근무했음을 알 수 있다. 이러한 노동 이동 및 노동력 변화의 중요한 이유로서는 결혼 퇴직이라는 뿌리 깊은 관행을 들 수 있다.

성별 차이는 직공의 학력에도 나타나, 남공이 여공보다 학력이 높았다(<그림 6-4> 참조). 그렇지만 남공이라도 심상소학교 졸업 이상의 학력을 갖는 비율은 1915년까지 절반에도 이르지 못한 반면,

19 大藏省專賣局, 『專賣局年報』, 各年度版; 大藏省專賣局, 『專賣史』 第3卷, 1937, p. 873.

1920년대에 들어서부터 학력 상승의 움직임이 나타나 1935년이 되면 고등소학교 졸업 이상의 학력 소지자가 전체의 절반을 점하게 됨으로써 학력은 더욱 상승했다. 학력 상승 추이는 여공에게서도 확인할 수 있는데, 1915년부터 1935년까지는 심상소학교 졸업자가 전체의 50~60%를 점했지만, 1939년에는 고등소학교 졸업자가 약 50%를 점하게 되었다. 학력 상승은 사회 전반의 일반적 교육 보급 때문이기도 했지만, 전매국 내부에서 실행되었던 보수교육(補修教育)도 한 요인으로 눈여겨볼 필요가 있다. 1908년 6월에 제조부장 통달(通達)로 수신, 독서, 산술, 습자 등 심상소학교 정도의 보수교육이 16~17세의 심상소학교 미수료자를 대상으로 실시되기 시작했다.[20] 직공 중 그 졸업자 수는 1920년대에 2,000명 규모에 달했고, 전시에 증가하여 1940년에는 6,913명에 이르게 됐다. 이를 재적 직공에 대한 졸업자 비율에서 보면, 1923년까지는 5%에도 달하지 않았으나 1924년에는 5.5%에 이르게 되었고, 이후에도 장기적으로 계속 상승하여 1930년대에 10%를 초과했으며, 전시에 더욱 상승하여 1940년에는 37.7%를 기록했다. 따라서 노동생산성 향상 면에서는 기계 설비의 도입뿐만 아니라 내부 교육의 효과도 있었다고 보아야만 한다.

그러면 전매 당국은 노동 이동률이 80%에 달할 정도로 노동 현장이 안정화되어 있지 않았고, 이와 함께 노동력 구성도 심각한 변화를 겪는 가운데 어떠한 대책을 가지고 있었을까? 여공에게 있어서 결혼과 육아를 제외하고 이직 사유가 되는 것은 당연히 상대임금이었다. 한편 물가 상승을 염두에 둔 임금 인상이 전매 당국에 의해 종종 단

20 日本專賣公社,『たばこ專賣史』第2巻, 1964. pp. 901-902.

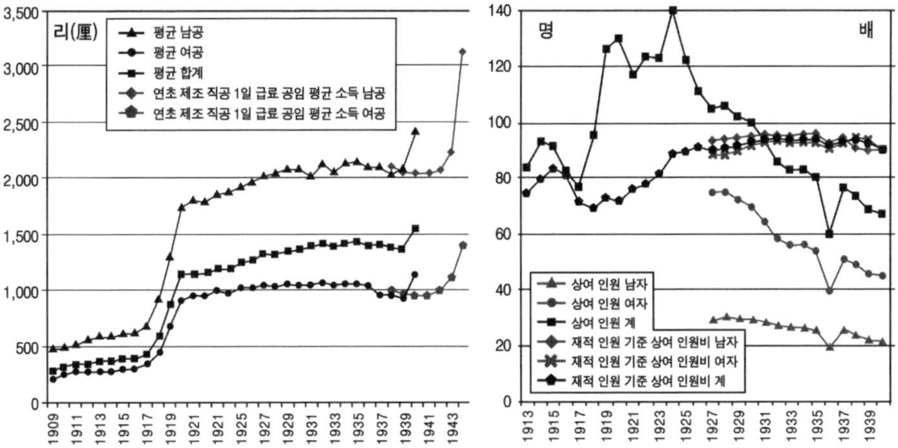

〈그림 6-5〉 직공의 소득과 면려상여 지급 인원 구성[21]

행되기는 했지만, 제1차 세계대전 이후의 노동 운동 또한 임금 조정을 야기했다. 1919년에는 4월에 후쿠시마 지국에서 노동 조건의 개선을 요구하며 파업을 기획하는 등 각 공장에서 대우 개선을 요구하는 직공들의 동요가 빈번해졌다. 그 때문에 전매 당국에서는 대응책을 강구하여 동년 7월 임금 인상 조치를 취했고, 이에 따라 당시 내부에서 소득고(所得高)라 불린 1일 공임은 <그림 6-5>와 같이 1918~1920년 3년간 대폭 인상된 것을 알 수 있다. 그 후에도 약간의 증가 경향이 이어져서 전시에 다시 조정되었다. 이러한 소득고 외에도 면려상여(勉励賞与), 특별면려상여, 근속상여, 특별상여[22], 기술상여, 위

21 大蔵省專賣局, 『專賣局年報』, 各年度版.

22 업무상 유익한 발명 또는 고안을 하거나 작업 방법을 개량하는 자, 위해를 미리 막거나 천재지변의 대처에 특별한 공로가 있는 자, 성적이 우수하고 기술이 발군하며 품행이 방정하고 선행이 현저하여 타의 모범이 되는 자, 업무상 성적이 우수하거나 기술이 발군하여 타의 모범이 되는 자, 선행이 현저해서 타의 모범이 되는 자, 3년 이상 개근자로서 타의 모범이 되는 자, 5년 이상 개근자로서 타의 모범이 되는 자, 10년 이상 개근자

로금[23]이 지급되었다. 그 가운데 면려상여에 관해 보면, 연(延) 상여 인원은 1924년 13만 9,936명을 정점으로 급감한 듯이 보인다. 하지만 앞의 <그림 6-1>, <그림 6-2>에서도 살펴본 바와 같이 인원 정리 때문에 직공 수가 감소한다는 점을 염두에 두면, 재적 인원에 대한 상여 인원의 비율은 오히려 상승하여 0.9배 이상에 달하므로 상여 제도가 많은 직공에게 적용되었음을 알 수 있다.

그러한 가운데 가나자와 지국에서는 1919년 9월에 신애회(信愛会)라는 노동조합이 조직되었던 것에 대해, 공장 질서를 유지한다는 차원에서 주모자를 해고하는 조치가 내려졌다. 그러나 1922년에 인원 정리가 진행되자, 오사카 지구에서는 해고 직공들이 전매국 직공 부당해고 규탄 연설회를 열고 전매국 종업원 대회를 개최했다. 또한 오사카전매국 내 공작 공장의 공친회(工親会), 재각 공장의 직공상호부조회는 해산을 결의하고, 대신에 연초노동조합의 조직을 도모하여 이를 요구했다. 그러나 전매 당국이 방해하는 가운데 그 목적은 용이하게 달성될 수 없었다.[24] 그렇지만 1923년 2월에 이르러 오사카에서는 전일본 연초노동조합 발회식을 열어 운동 경과를 보고하고, 서로 단결하여 복리 증진을 꾀하는 활동을 개시했다. 이러한 움직임이 전매국의 주요 공장과 교토, 나고야 등으로 파급되었고, 간사이노

로서 타의 모범이 되는 자, 공장(工長) 및 조장(組長)으로서 공로가 있는 자, 공로가 있는 자(工長·組長·指導工手·事務工手), 만 3년 이상 근속해서 자신의 사유로 인한 해고자, 만 3년 이상 근속해서 관의 형편으로 인한 해고자, 입영 또는 민량(憫諒)할 만한 사유로 인한 해고자, 공장 폐지로 인한 해고자.

23 만 3년 이상 근무 후 자신의 사유로 인한 해고자, 사망 또는 정년을 맞아 퇴직한 자, 관의 형편으로 인한 해고자, 업무상 상이 또는 질병으로 인한 해고자, 전액 급여자, 정신이상 또는 악성질환으로 인한 해고자, 해고자로 민량(憫諒)할 만한 자, 감액 급여자.

24 大蔵省専賣局編, 『專賣史』 第3巻, 1937. pp. 1091-1098.

동총동맹조합원은 교토전매국 직공에 대해 조합 조직을 권유했다. 그리하여 3월 중순에는 찬동자를 확보하고 공명자를 규합하여 교토 공장 내 공작 공장 직공 및 조절공에 대해 호제회(互濟会: 회원이 질병으로 퇴직하거나 천재 등을 입은 경우 동정금을 보낼 목적으로 설립된 조직)와 같은 조직을 해산케 한 후 노동조합으로 전환하기에 이르렀다.

이에 대해 전매 당국은 대책 마련에 부심하여 강경한 대응으로서 주모자 등의 '징계해고'를 결정했고, 노동조합 운동의 확산을 막아 1923년 5월 말 결과적으로 교토연초노동조합은 자멸하게 되었다. 그러나 1923년 7월 말이 되어 관업 노동 간사이동맹이 조직되었기 때문에, 전매 당국은 보다 발본적인 대책을 강구하지 않으면 안 되었다. 이를 위해 같은 관업 기관인 철도성에서 1920년에 설치한 현업위원회를 참고하여, 전매국은 공장 간담회를 설치하게 되었다. 철도성은 현업위원회를 통해 노동조합 운동에 대항하여 체제 내의 순응 기제로서 노동자 측의 불만과 요구를 확산시켰고, 이를 통해 때로는 노동자 측에 부가급부 혹은 승진·승격과 같은 기회를 제공함으로써 노동 운동의 내부화·관례화를 꾀했다. 이와 같이 공장 간담회는 노동조합을 대신해 밑으로부터 조직화를 봉쇄하며 직공들의 요구를 들어줌으로써 노사 관계의 안정화를 시도하는 노무 대책의 기축이 되었다.

이상과 같이 직공들로부터 생활 안정에 관한 요구가 제기되는 가운데 이 장에서 주목하는 전매국 직공들의 건강 상태는 어떠했을지 다음 절에서 살펴보기로 한다.

2. 전매국 노동자의 건강과 질병

직공의 건강 상태를 장기적으로 파악할 수 있는 지표로서 공제조합 통계를 이용하여 추계한 사망률의 동향을 들 수 있다. 공제조합에는 직공 이외에 고원과 공사(工師)도 포함되어 있지만 1927년의 신분별 조합원 수를 보면 고원 249명, 공사 116명, 직공 2만 9,079명이었다는 것에서 알 수 있듯이, 사실상 직공의 건강 상태를 반영하는 것으로 파악해도 무방한 수준이다. 한편 조합원은 '담배, 소금, 장뇌의 제조 작업 및 그 제조용 재료품, 기구, 기계의 제작 수리에 종사하는 고원, 공사, 직공'을 자격으로 하고 있었기 때문에, 일부 다른 전매에 관여하는 현업원도 포함되었다는 점에는 주의해야 한다. 그렇지만 전체 직원 가운데 담배 공장의 직공이 차지하는 비율이 약 98%에 달하므로 이 역시 사망률의 장기적 추이는 담배 공장 직공의 그것을 반영하고 있다고 보아도 크게 문제될 것은 없다.

사망률은 스페인 독감이 발생한 1910년대 말에 급증한 후 간토대지진(1923. 9. 1.)의 영향[25]을 제외하고는 약간 감소하여 1920년대 후반에는 연간 4‰과 6‰ 사이를 추이했으며, 전시하에는 오히려 약간 더 하락했다. 앞에서 언급했듯이, 1930년대 중반까지는 직공의 연령 구성 면에서 사망률이 상승할 가능성이 높아졌음에도 불구하고 오히려 사망률이 저하했기 때문에 건강 상태는 일단 개선되었다고 생각해볼 수 있다. 역으로 전시에는 직공의 청소년화가 진행되었기 때문에, 이 시기 사망률의 저하는 연령 구성의 변화에 의해 일정 정도 설명이 가능하다. 1924년부터 1937년까지는 성별 사망자 수를 파악

25 專賣協会, 「震災記事」, 『專賣協会誌』(臨時增刊)136号, 1923. 12. pp. 21–54.

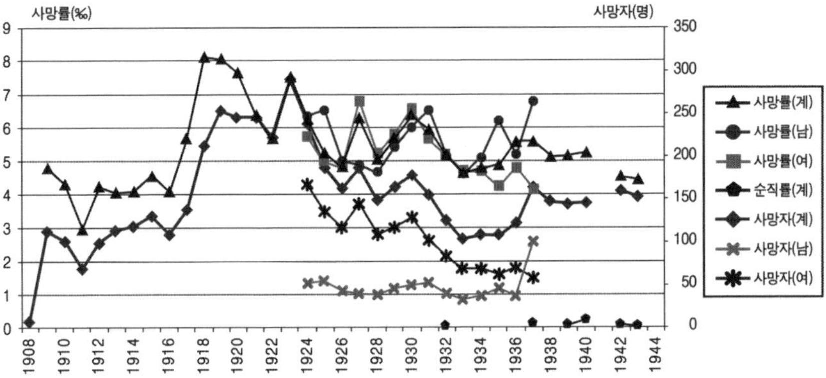

〈그림 6-6〉 전매국 노동자의 사망률[26·27]

할 수 있는데, 인원수에서 다수를 점한 쪽은 여성이었지만 사망률은 남성이 여성보다 높았던 연도도 많았다.

이러한 전매국 현업원의 사망률은 국철과 체신에 비해서는 낮은 편이었다. 국철은 1910년대의 8‰대에서 1918년에는 14‰ 가까이 급증한 다음 감소하여, 1930년대 전반에 5‰대로 낮아지고 전시에 약간 상승하는 움직임을 보였다. 체신의 경우 1910년대의 5‰대에서 1918년에 급상승해 9~10‰대를 기록한 다음 간토대지진 시 12‰ 가깝게 높아졌으나, 그 후 하락해서 1920년대 후반~1930년대에 걸쳐 5~7‰대를 추이했다. 전매국의 사망률은 국철보다 체신에 가까운 경향을 보인다고 판단되지만, 성별·연령별로 청소년층 여공이 현업원의 주축이었기 때문에 사망률이 전체적으로 낮아진 것으로 보인다.

<그림 6-6>에서는 1930년대 이후로 한정되기는 하나, 업무 중 사

26 大藏省專賣局,『專賣局年報』, 各年度版; 大藏省專賣局,『專賣局共濟組合事業成績』, 各年度版; 日本專賣公社專賣史編集 室編,『たばこ專賣史』第4巻, 日本專賣公社, 1965, pp. 782-783.

27 사망률 = 사망 조합원 ÷ 공제조합 조합원.

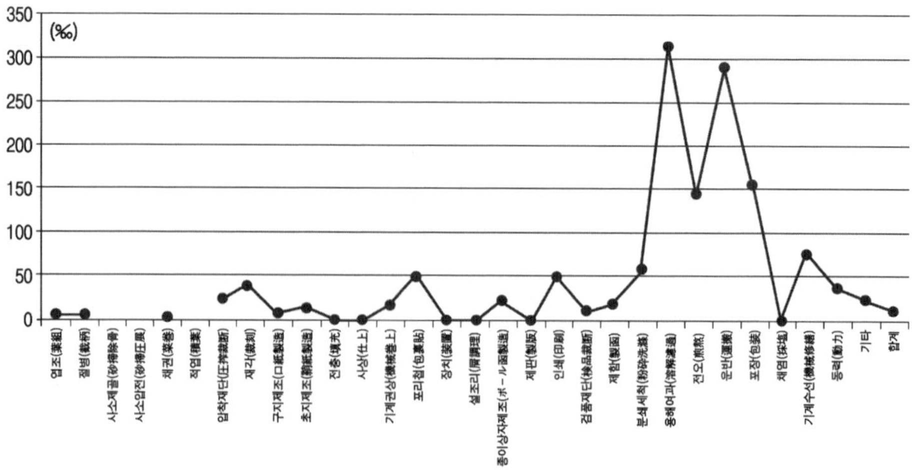

〈그림 6-7〉 대장성 전매국에서의 업무상 사고율(1922년, ‰)[28]

망한 자의 비율, 즉 순직률을 파악할 수 있다. 그 비율은 그다지 높지 않기 때문에 간토대지진에 의한 사망을 제외하고 대부분의 사망자는 사상병(私傷病)에 의한 것이었다. 이 점에서 공상병과 사상병으로 나누어 공장 노동이 어떠한 질병을 유발했는지 생각해보도록 하자. <그림 6-7>에 주목해보면, 담배 공장에서의 공상률은 재각(裁刻), 포장지 부착(包裏貼), 인쇄 등에서 40~50‰에 달했지만, 제염(製鹽) 작업에 관련된 용해·여과 등에서는 100~300‰이라는 대단히 높은 공상률을 기록하고 있다. 공상률이 높은 제염 부문은 전매 전체에서 보면 극히 일부이기 때문에 전매국 전체의 공상률은 낮아진다. 공상병보다는 사상병이 전체적으로 직공의 건강에 중대한 영향을 미쳤다고 할 수 있다.

1921년 가을에 시행된 직공 건강진단에 의하면(<그림 6-8>, <표

28 大藏省專賣局編, 『專賣史』 第3卷, 1937, pp. 916-917.

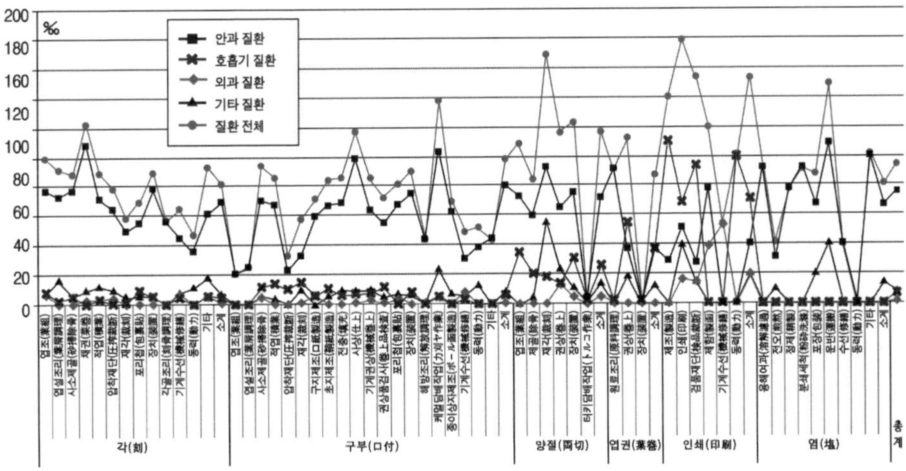

〈그림 6-8〉 대장성 전매국 직공 건강진단에 의한 이환율(1921년 가을)[29]

6-1> 참조) 안과질환 78.4‰, 호흡기질환 8.1‰, 기타질환 8.5‰, 외과질환 1.8‰, 합계 96.7‰(의심환자 포함)이었다. 안과질환의 비율이 압도적으로 높았던 것은 트라코마(trachoma: 눈의 결막질환) 환자가 많아서인데, 제품별 직공의 건강진단 결과를 보면 각담배 57.0%, 구부지권 67.2‰, 양절지권, 58.6‰, 엽권 12.3‰, 인쇄 22.8‰, 소금 48.7‰이었다. 연령적으로는 청소년층이 밀집되어 작업하는 제품 부문에서 이환율이 높았다. 잎가루 등 먼지가 많이 발생했기 때문에 기타 안과질환도 전체적으로 12.5‰에 달했다. 호흡기질환에서는 결핵성질환은 적었으며, 그보다는 기타 환자가 많았다. 전체 이환율(의심환자 포함)은 각담배 84.7%, 구부지권 101.3‰, 양절지권 120.4‰, 엽권 86.4‰, 인쇄 151.5‰, 소금 80.2‰으로, 인쇄의 경우 담배 상자에 사용될 잉크 등을 취급하고 있어 기타 호흡기질환이 많았다. 옥외 작업

29 大蔵省専賣局,『専賣史』第3巻, 1937, pp. 849-852.

〈표 6-1〉 대장성 전매국 직공건강진단에 의한 이환율(1921년 가을)[30]

제품별	재적 인원	검진 인원	단위	안과질환			호흡기질환			기타	외과 질환	합계	
				트라코마	기타	의심환자	결핵성	기타	의심환자				의심환자
각	13,473	13,174	人	751	153	38	2	54	5	93	20	1,073	43
			‰	57.0	11.6	2.9	0.2	4.1	0.4	7.1	1.5	81.4	3.3
구부	23,766	22,759	人	1,530	292	83	7	160	6	197	31	2,217	89
			‰	67.2	12.8	3.6	0.3	7.0	0.3	8.7	1.4	97.4	3.9
양절	1,600	1,536	人	90	18	8	–	40	–	21	8	177	8
			‰	58.6	11.7	5.2	–	26.0	–	13.7	5.2	115.2	5.2
엽권	87	81	人	1	2	–	–	3	–	1	–	7	–
			‰	12.3	24.7	–	–	37.0	–	12.3	–	86.4	–
인쇄	494	482	人	11	8	–	–	35	–	10	9	73	–
			‰	22.8	16.6	–	–	72.6	–	20.7	18.7	151.5	–
소금	357	349	人	17	6	–	–	–	–	5	–	28	–
			‰	48.7	17.2	–	–	–	–	14.3	–	80.2	–
총계	39,777	38,381	人	2,400	479	129	9	292	11	327	68	3,575	140
			‰	62.5	12.5	3.4	0.2	7.6	0.3	8.5	1.8	93.1	3.6

이 많은 제염 부문에서는 전매국 가운데 이환율이 가장 낮았다.

전매 공장에서 발생하는 외상은 경상인 경우가 많은데, 이는 전국 노동자를 대상으로 한 재해 조사와 비교해도 비율이 일치한다. 공상의 발생(1929년)은 일반 공장과 같이 하루 중 오전보다 오후에, 그리고 일주일 중에서는 전반의 3일보다 후반의 3일에서 많이 발생하여, 피로와 재해 발생률이 상관관계를 가지고 있다는 것을 보여준다. 공장 직공의 트라코마 이환율은 약 50‰(1930년)을 나타내어 여전히 높은 비율을 보이고, 장정이나 학생의 이환율보다 낮기는 하지만 채용

30 大蔵省專賣局, 『專賣史』第3巻, 1937, pp. 849-852.

시에는 신체검사를 통해 엄선된 "건강인 집단"이었다는 점에서 보면 "결코 좋은 성적"이라고는 할 수 없다.[31] 위장병자와 감기 환자가 가장 많았지만 이들은 수일 내 회복할 수 있었던 것에 비해, 장기적으로 직공들의 건강상 최대 위협이 되었던 것은 바로 결핵이었다.

직공 건강진단은 매년 봄가을 2회에 걸쳐 이루어졌는데, 공장에 따라 매년 검사 인원 약 2,000명 가운데 호흡기가 나쁘다고 판단되는 직공이 200여 명에 달하여 1928~1930년 3년간 폐결핵 때문에 해고되는 인원이 1년 평균 20명이었다. "이는 인구 약 6,000만 명에 대해 1년 평균 70여만 명의 결핵 환자를 계상하고 있는 비율과 거의 일치한다"고는 하지만, 채용 시에는 "건전한 사람들을 엄선"했기 때문에 이는 상당히 심각한 문제라고 인식되고 있었다.[32] 일본 내지의 결핵 사망률을 관찰하면, ① 15세부터 급격하게 높아져서 20세 전후에 최고에 달하고, ② 성별로는 여성이 남성보다도 감염률이 높으며, ③ 이환율이 점차 상승하는 경향을 보이고, ④ 인구 5만 명 이상인 도시에서의 사망률은 전국 평균에 비해서 2배 이상에 달했다. 그중에서도 도쿄, 오사카 등 대도시에서는 3배 내지 5배의 고율을 보였다. 또한 결핵의 심각성은 일본 내지뿐만 아니라 식민지까지 포함하여 사회 전반의 심각한 문제로 부상했다.

이러한 점에서 전매 당국 또한 결핵 문제를 심각하게 받아들였다. 우선 담배 공장의 특징을 보면, ① 종업원의 대다수가 20세 전후의 청소년이며, ② 남성 대 여성의 비율이 3:7로서 여성이 남성보다 훨씬 많고, ③ 공장 부지가 도쿄 시가지에 존재하고 있으며, ④ 결핵 사

31 專賣醫富久田又三郎, 『工場衛生瑣談』 專賣局製造部管理課, 1931.

32 專賣醫富久田又三郎, 『工場衛生瑣談』 專賣局製造部管理課, 1931.

망자는 1930년 3‰을 넘는 고율을 보였다.[33] 당시 결핵 사망률은 전체 사망률 6.0‰의 절반 이상을 점하여, 결핵이 최대 사인이었음을 알 수 있다. 1930년에 일본 내지의 결핵 사망률이 1.87‰이었다는 것을 염두에 둔다면 높은 편으로 판단된다. 같은 해 국철은 폐결핵 사망률이 1.54‰이었고, 체신은 폐결핵을 포함한 결핵성질환 사망률이 5.41%(고원 이상 신분층)을 기록했다. 여기서 국철은 폐결핵 수치만을 보여주며, 결핵에 의해 유발되는 다른 질환은 파악되지 않았고, 또한 체신은 용인의 신분을 포함하고 있지 않아 연령상 장년층이 많다는 편향이 있을 수 있다. 하지만 이를 감안하더라도 전매 공장의 결핵 사망률은 국철과 체신의 중간치에 상당하고 있다.[34] 이러한 건강 상태에 대하여 전매의(專賣醫) 토미쿠다 마타사부로(富久田又三郎)는 전매 공장에서 질병장해(疾病障害)를 제거하기 위해서는 다음과 같은 네 가지에 치중할 것을 강조했다. 즉 첫째, 위장병과 감기를 예방할 것, 둘째, 재해 발생의 원인을 규명하고 그것을 방지하기 위해 노력할 것, 셋째, 호흡기의 기능 장해를 제거할 것, 넷째, 안질, 특히 트라코마의 박멸을 꾀할 것이다.

가나자와 담배 공장의 직공 829명(남공 247명, 여공 582명)에 대한 성별, 월별, 연령별, 근속 연수별, 분업별 이환조사(1932. 1.~12.)에 의하면, <그림 6-9>와 같이 감기 이환율이 1001‰으로 가장 높고 안질 475‰, 위염 423‰, 장염 351‰ 순이었으며, 이외에도 비교적 다수를 점한 것이 기관지염, 각기 등이었다. 기관지염 가운데서는 밝혀지지

33 專賣醫富久田又三郎,『工場衛生瑣談』專賣局製造部管理課, 1931.

34 林采成,『鐵道員と身体: 帝国の労働衛生』京都大學學術出版会, 2019年; 林采成「戦前日本逓信業における労働衛生システムの成立と変容」,『立教経濟學研究』72巻4号, 2019. pp. 135-160.

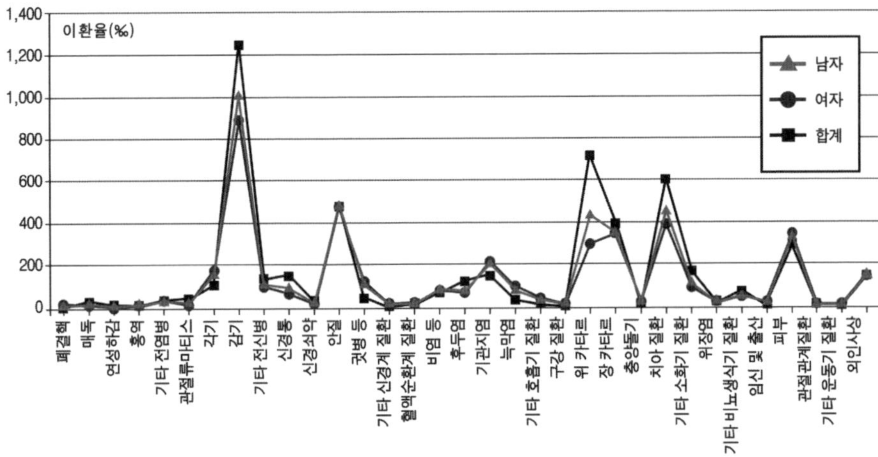

〈그림 6-9〉 가나자와지방 전매국 담배 공장의 직공 이환율(1932. 1. 1.~12. 31.)[35]

않은 결핵성 호흡기질환이 다수를 점하고 있다고 판단되었다. 감기는 3월에 가장 많이 걸렸으며 그다음이 8월, 9월, 12월, 2월의 순이어서, 월별로는 환자 수가 8월에 가장 많았다.[36] 연령별로 남공은 36~40세, 여공은 41~45세의 비율이 가장 높았지만, 전체적으로 보면 나이가 많은 남공의 이환율이 여공보다 높았다. 또한 근속 연수가 늘어남에 따라 남공은 환자 수가 늘어난 반면, 여공은 환자 수가 전체적으로 줄어드는 경향을 보였다. 요양 기간은 대개 10일 이내로 증상은 경미했지만, 10일 이내에서는 남공이 많은 반면 100일 이상인 경우에는 여공이 많았다.

---

35 金澤地方專賣局專賣醫前田功, 『金澤地方專賣局職工ノ罹病状態ニ就イテ』 專賣局製造部管理課, 1934. 4.

36 월별 이환율은 8월 > 6월 > 9월 > 7월 > 5월 > 3월 > 4월 > 11월 > 2월 ≒ 10월 ≒ 12월 > 1월이었다. 金澤地方專賣局專賣醫前田功, 『金澤地方專賣局職工ノ罹病状態ニ就イテ』 專賣局製造部管理課, 1934. 4.

작업장별로는 엽조가 4,193‰으로 가장 높았으며 검사 4,057‰, 재각 4,011‰, 공작 3,770‰, 엽존 3,440‰, 조리 3,304‰, 권상 3,134‰, 장치 3,068‰ 순이었다. 엽조는 "작업 성질상 담배꾸러미를 풀 때 먼지가 나고 원료에 부착되어 있는 가루 등이 많았으며, 엽존과 같이 실내 습도를 유지하기 위한 가습 장치로 인해 여러 가지 조건이 실내외가 차이가 나기 때문"에, 감기, 안질, 비질(鼻疾), 인두질환 등이 많았다.[37] 검사는 "작업의 성질상 기계적인 것에 끊임없이 주의를 요하여 육체적 피로 외에도 정신적 피로가 큼에 따라 여러 질병에 대한 저항력이 약해서" 감기, 기관지염, 안질 등이 많았다. 재각에서 "위카타르가 대단히 많은 것은 이 작업이 담배 제조의 노동 가운데 가장 많은 힘을 요하는 노동이며, 성과급 임금 제도로 인해 식후 단시간에 바로 격무에 종사해야 하기 때문에 관련 질환이 증가하는 원인이 된다"고 보았다. 또한 재각 작업으로 인해 많은 담배 분말이 발생하여 안질환자도 많았다.

그 밖에 공작에서는 감기, 기관지염의 이환율이 높았는데, "작업 성질상 바닥이 콘크리트이고 천장이 막혀 있어 거의 독립된 가옥 형태이기 때문에 사방에 전혀 벽이 없고, 채광을 위해 세 방향에 큰 유리창이 있으며, 또한 빈번하게 출입해야 할 필요가 있다"는 것 등이 이유로 거론되었다. 엽존은 작업 성격이 "엽조와 유사하기는 하나 그보다는 이환율이 대체로 낮았다."[38] 조리에서는 "위카타르가 낮은 이환율을 기록하여 주의를 끌지만, 이는 2~3명의 만성질환자가 있기 때문으로 그중 1명은 공장에 취직하기 이전에 만성질환자였다. 또한

37 金澤地方專賣局專賣醫前田功,『金澤地方專賣局職工ノ罹病狀態ニ就イテ』, 1934. 4.

38 金澤地方專賣局專賣醫前田功,『金澤地方專賣局職工ノ罹病狀態ニ就イテ』, 1934. 4.

피부질환도 많았는데, 평균 연령 42세의 고령 여성에게서 많이 나타났다. 만성습진자 2~3명으로 인해 총원 23명에 불과한 당작업자에게서 이환율이 높게 나타난 것이다. 따라서 조리 작업 등과 특별한 관계가 있다고 인정하기는 어렵다. 이는 1년간 전혀 병에 걸리지 않은 사람들의 비율이 조리에서 가장 높다는 사실로부터도 명백하다." 그 외에도 임금 형태에서 성과급 직공이 일급 직공으로 대체되는 가운데, 직공의 이환율에 임금 형태가 미치는 영향은 전체적으로 인정되지 않았다.

전체적으로 직공들의 건강 상태는 개선되고 있었으며 사망률이 국철이나 체신보다 낮은 편이었지만, 이는 상당 부분 연령 구성의 차이에서 비롯되는 것이었다. 그렇다고는 해도 전매 당국으로서는 직공들의 노동 이동이 심각한 가운데 초기의 높은 사망률 등에 대응하는 것이 노무 관리상 시급한 과제이기도 했다.

3. 노동위생 대책과 내부 의료체제

직공의 건강 상태는 작업 능률에 큰 영향을 미치기 때문에 전매 당국은 "공장 위생에 대해 항상 충분한 주의"를 기울이고자 했다. 특히 "담배는 흡연하는 것이라는 점에서 제품의 정미(精美)를 요함은 물론, 제조에 쓰이는 원료나 재료 등은 더러워지기 쉬운 관계로 특히 청결을 필요로 했으며, 이에 따라 공장 내의 청소와 종사 직공의 청결은 항상 중시되었다."[39] 제조담배의 전매를 시작할 즈음에 제반 위

39 大蔵省専賣局, 『専賣史』第3巻, 1937, p. 801.

생 설비는 아직 정비되지 못하여 각 제조소에서는 의무규정을 정해서 촉탁위원을 두고 상병자의 치료, 검역, 종두, 기타 건강진단 등에 임하도록 했다. 그래서 제조량이 연액 20만 관 이하인 공장의 경우 별도로 정한 내규에 따라 임시 진료 방법을 통해 당면 시설을 설치하고 직영 공장을 확장해 점차 위생 설비를 완비해나갔다.

1907년 콜레라가 유행하자 공장 내의 전염병 환자 발생에 대비하여 「전염병예방소독심득」(을제3319호 장관달, 1907. 11. 11.)을 제정했다. 전염병에 대한 경계는 콜레라뿐만 아니라 장티푸스, 발진티푸스, 페스트라는 각종 급성 전염병을 대상으로 확대되었다. 나아가 「공장위생급의무규정」(을제2278호 장관달, 1908. 7. 20.)을 마련하여 담배나 재료품을 제조하는 전매국 제조소 및 전매국 직속 분공장에 대해 위생과 의무규정을 적용했다. 동 규정은 제1장 총칙, 제2장 설비, 제3장 청소, 제4장 예방, 제5장 소독, 제6장 공장의, 제7장 상병자 취급, 부칙으로 구성되어 전매국 내 노동위생의 기본이 되었다.

특히 <표 6-2>, <표 6-3>과 같이 전매국 내부의 의료기관인 공장의의 경우, 직공 인원수에 따라 상시 공장에 출근하는 갑종, 제조소장이 정하는 바에 따라 매주 또는 매달 정기적으로 공장에 출근하는 을종, 제조소의 요구에 의해 수시로 공장에 출근하는 병종으로 나뉠 수 있었으며, 공장 소재지의 개업의를 촉탁의(囑託醫)로 지정해서 수당을 지급했다. 공장의가 담당해야 하는 사무는 ① 채용 시의 건강진단, ② 직공의 건강진단 및 종두, ③ 직공의 상병 진료, ④ 의료용 비품의 감리, ⑤ 극약 독약 용기의 관리, ⑥ 공장 위생, ⑦ 공장 위생 통계 작성 및 보고였다.

「공장위생급의무규정」이 1911년 2월 8일의 을(乙) 제254호 장관달(長官達)에 의해 대체되었고, 이로 인해 공장의 배치 표준이 개정

〈표 6-2〉 공장 규모별 공장의 배치 표준[40]

표준 \ 직공 수	2,000명 이상	1,000명 이상	500명 이상	300명 이상	100명 이상
갑종	2명	1명	-	-	-
을종	1명	-	1명	1명	-
병종	3명	3명	2명	1명	1명

〈표 6-3〉 지역별 공장의의 수당 금액 표준[41·42]

표준 \ 지역	도쿄, 교토, 오사카시	기타 시	정촌(町村)
갑종	월액 100엔 이내	월액 60엔 이내	월액 40엔 이내
을종	월액 40엔 이내	월액 30엔 이내	월액 15엔 이내
병종	월액 30엔 이내	월액 20엔 이내	월액 15엔 이내

되었으며, 직공 2,500명 이상은 갑종 2명, 직공 500명 이상은 갑종 1명, 직공 200명 이상은 을종 1명, 직공 30명 이상은 병종 1명으로 되었다. 직공 1,500명 이상의 공장에서는 조수 1명을 배치할 수 있었다. 공장의 수당은 공장 규모에 따라 차별화되었는데, 월 수당은 어떤 경우든 100엔을 초과하지 않았다. 이로써 공장의의 배치는 기존 공장에서 일부 줄일 수 있었지만, 그것도 직공 30명 이상의 공장 내지 사업장까지 가능했기 때문에 결국 내부 의료의 편의가 널리 제공될 수 있었다. 나아가 「간호사배치표준」(을제518호 장관달, 1913. 3. 31.)이 설정되어, 간호사의 배치는 직공 1,500명 이상은 3명, 직공 1,000명 이상은 2명, 직공 500명 이상은 1명으로, 급료는 1명당 일급 600리(厘)였다.

---

40 大蔵省専賣局, 『専賣史』第3巻, 1937, p. 813.

41 大蔵省専賣局, 『専賣史』第3巻, 1937, p. 813.

42 갑종 2명을 두는 경우 1명은 60엔 이내로 함.

전매 당국은 1916년 8월 공장법의 실시에 즈음하여 ① 잎 찌꺼기 혹은 각담배 찌꺼기의 조리, 부귀연(富貴煙) 및 구충용 분연(粉煙)의 제조에 관한 업무, ② 구리가루 등의 취급 업무, ③ 단야 공장 등 고열 물체 취급 사업장에서의 업무에 대한 15세 미만 직공의 취업을 금했다.[43] 나아가 ②와 ③의 업무는 남공에 한하는 것으로, 분만 후의 여공은 3주를 경과해서 의사에 의해 '지장 없음'을 인정받아야만 비로소 노동 작업에 투입되었다. 이에 맞추어 다시 공장의의 배치 표준을 정해 1916년 9월 1일부터 실시했다. 내부 의료에 대해 큰 충격을 안긴 것은, 앞의 <그림 6-6>에서 사망률이 급증한 것에서도 알 수 있듯이 스페인 독감이었다. "유행성 감기가 극히 창궐해서 직공 근무에 영향을 미치기에 이르러, 일반 직공에 대해 위생상 특히 주의를 더했다"(1918. 10., 을제1243호 통첩). 또, 관비로 '전염병 예방 혈청 주사'를 시행하여 "이 때문에 취업할 수 없는 자에 대해서 급료 공임을 줄 수 있다"는 결의가 대장성 차원에서 이루어졌다.[44] 1920년 1월에는 유행성 감기가 극히 창궐하게 되자 희망자에 대해 공장의가 예방 접종을 실시하도록 했다.

그 후 '의무(醫務)의 쇄신 충실'을 꾀하여, 제1차 세계대전기의 물가 상승률을 반영한 새로운 '의무 담당자의 배치 기준'을 1920년 12월 20일부터 적용했다. 당시 공장의·고문의 및 조수의 1개월 수당을 보면 직공 100명 미만은 30엔, 직공 400명 미만은 60엔, 직공 700명 미만은 100엔, 직공 1,000명 미만은 120엔, 직공 1,500명 미만은 160엔, 직공 2,000명 미만은 200엔, 직공 2,500명 미만은 225엔, 직공

43 大蔵省専賣局,『専賣史』第3巻, 1937, pp. 840-841.

44 大蔵省専賣局,『専賣史』第3巻, 1937, 841-842頁.

3,000명 미만은 250엔을 한도로 했다. 또, 간호사의 배치를 보면 직공 200명 이상 800명 미만은 1명, 직공 1,500명 미만은 2명, 직공 3,000명 미만은 3명이었다. 급료는 일급 1엔 20전 이내 또는 월급 36엔 이내였다. 다만 아사쿠사, 시바, 요도바시, 나고야, 교토, 오사카에 한해서 도시 물가를 고려하여 일급 1엔 40전 이내 또는 월급 42엔 이내로 했다. 그 후에도 공장의, 간호사 등에 대한 대우를 높여 공장 위생의 완전을 기하고 의무 담당자 배치 표준을 개정하는 조치를 1924년 6월 1일부터 실시했다. 또한 유행성 질병의 예방을 위해 공장 규모 제76조의 통근 중지 일수를 연장했다.

전매 당국은 "공장 위생의 완비를 기하여 각 제조 공장 내에 의무실을 설치하고, 직공 수의 다과에 따라 의사와 간호사를 배치했으며, 소요의 의료기구 및 약품 등을 구비하여 상병자에 대한 의료를 실행"했다.[45] 1922년의 의원 배치를 보면(<표 6-4> 참조) 공장 등 40개소에 고문의 7명, 공장의 63명, 조수 4명, 간호사 54명, 합계 128명을 배치했다. 각 공장당 3.2명의 의무 담당자가 배치된 셈이었다. 일상적 치료 외에도 봄가을에는 공장 내 대청소를 실시하고, 직공에 대해서는 채용 시 건강진단을 실시했으며, 매년 4월, 10월 두 번에 걸쳐 전원 건강진단도 실시했다. 전염병이 유행하면 임시 검진을 통해서 전염병 환자를 가까이할 위험성이 있을 경우 질병 증상에 따라 상당 기간 공장 출근을 중지시키도록 했고, 공장에서 전염병이 발생할 때에는 엄밀한 소독을 시행했다. 직공의 채용 시 및 종두(두창 예방 접종) 후 4년 경과 시에는 반드시 종두를 실시했고, 또 두창이 유행하는 상황이라면 임시로 종두를 행하여 방역상 미진한 부분이 없도록 했다.

45 大蔵省専賣局, 『專賣史』第3巻, 1937. 846頁.

〈표 6-4〉 1922년 공장 의무 담당자의 배치 및 의무 경비 지출 상황[46]

항목 \ 구분		전체	공장당 평균
제조소 혹은 분공장(소)		40	1
재적 직공 수(명)		38,740	968.50
의무 담당자(명)	고문의	7	0.2
	공장의	63	1.6
	조수	4	0.1
	간호사	54	1.4
	계	128	3.2
의무 경비(엔)	의무 담당자 수당 급료	77,447,850	1,936,196
	공장 의료용품비	14,337,500	358,438
	기타 비용	28,268,658	706,716
	계	120,054,008	3,001,350
직공 1인당 의무비		3,099	3,099

더불어 먼지가 많은 장소에서는 제진 장치를 완비하고, 실내의 채광 및 환기는 공장 개조와 더불어 충실하게 함으로써 직공의 보건 향상을 꾀했다.

「건강보험법」이 실시(1927. 1.)되면서 보험법의 급부 및 비용 부담의 규정화가 필요해짐에 따라, 전매 당국은 공장의 제도를 폐지하고 대신 새로운 전매의 제도를 도입했다. 1927년에 「조폐의(造幣醫)급(及)전매의(專賣醫)관등등급봉급령」(1927. 7. 23., 칙령 제236호)을 통해서 주임관 대우와 판임관 대우의 전매의를 임명했고, 이와 더불어 도쿄국 및 오사카국의 의무실을 폐지하여 진료소로 확충했다.[47] 그 후 의원에게 적용되는 판임관 대우는 약제사에게도 적용되어, 전매국

46 大蔵省専賣局, 『專賣史』第3巻, 1937, pp. 847-848.

47 日本專賣公社, 『たばこ專賣史』 第2巻, 1964, pp. 884-886.

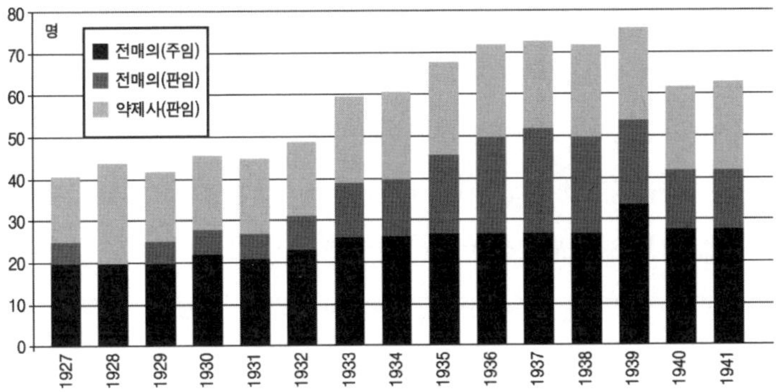

〈그림 6-10〉 전매의 및 약제사 추이(촉탁의 제외)[48]

의 의무 관계자 또한 <그림 6-10>과 같이 증가했다.[49] 다만 전시에 군무에 투입된 의사가 늘어나, 1940년에는 그 수가 약간 감소하는 점에도 유념할 필요가 있다. 그러한 가운데 의사의 증원뿐만 아니라 의료기관의 확충도 추진되어, 진료소를 병원으로 강화하는 안이 전매국 내부에서 수립되었다. 이에 1930~1931년에는 야마가타 제생회 병원장이자 1911년 도쿄제국대학을 졸업한 후지모리 유헤이(藤森雄平)가 전매국장 사사키 겐이치로(佐々木謙一郎)의 지시에 의해 병원 설립 계획을 맡았다. 이후 1933년 8월에는 내과, 외과, 산부인과, 피부비뇨기과, 이비인후과의 진료 5과와 24병상으로 구성된 도쿄전매병원이 발족했다. 현업 직원을 위한 진료 시설이었지만, 동시에 전매국 일반 직원과 대장성 관계자도 병원을 이용할 수 있었다.

48 大蔵省専賣局,『専賣局年報』, 各年度版.

49 「造幣醫及專賣醫官等等級俸給令ヲ定ム」,『公文類聚·第五十一編·昭和二年·第十三巻·官職九·官制九(会計検査院)~旅費』国立公文書館所蔵;「造幣醫及專賣醫官等級俸給令中ヲ改正ス·(造幣薬剤師設置)」,『公文類聚·第五十九編·昭和十年·第十九巻·官職十七·官制十七(官等俸給及給与~分限)·雑載』国立公文書館所蔵.

도쿄전매병원의 설치에 즈음하여 외과에는 1921년에 도쿄제국대학을 졸업한 다지츠 사부로(田実三郎)가, 산부인과에는 1926년에 졸업한 단노 히로유키(段野博之)가, 이비인후과에는 1928년에 졸업한 마에바라 다케히코(前原武彦)가 배속되어 진료를 시작했다. 내과의 장인 쓰네요시 고다(常吉剛太)는 1921년 졸업자로서 요도바시 공장의 진료소장이었다가 병원으로 전근했다. 도쿄전매병원의 의무 담당자 수는 1933년에는 전매의 6명, 약제사 1명, 촉탁원 1명, 간호사 7명으로 합계 15명이었지만, 1934년에는 전매의 8명, 서기 4명, 기수(技手) 2명, 약제사 3명, 엑스레이 검사 1명, 촉탁원(의사) 9명, 간호사 21명으로 합계 48명(병원 제1, 2분실 포함)이었다.[50] 그 후 인원이 확충되어 1940년 도쿄전매병원이 본국 소관으로 바뀌면서 전매국 직할병원이 되었고, 의장은 전매의에서 대장기관(大藏技官)으로 바뀌었다. 오사카국의 진료소도 1936년 3월 폐지되었고, 대신 오사카전매병원이 설치되었다. 1941년 9월에는 종래의 의무실이 제조부로부터 독립하여 진료소로 개편되었으며,[51] 1943년 7월에는 전시의 간호사 부족에 대처해서 간호부 양성소가 도쿄전매병원에 설치되었다.[52]

전매병원의 입원 환자를 보면(<표 6-5> 참조), 도쿄전매병원이 종합병원으로서의 역할을 했으며 연간 입원 환자는 1,000명 이상에 달했음을 알 수 있다. 오사카전매병원에도 내과와 외과의 입원 환자가 있기는 했지만 도쿄전매병원에 비해 극히 적었다. 진료과별로는 내과와 외과의 입원 환자가 많았지만 직공의 가족을 포함해서 산부인과도 많이 이용되었다. 한편 외래 환자의 경우(<표 6-6> 참조)는 전매

50 日本專賣公社東京病院, 『日本專賣公社東京病院記念誌』, 1978, pp. 296–297.

51 日本專賣公社, 『たばこ專賣史』 第2巻, 1964, pp. 885–886.

52 日本專賣公社東京病院, 『日本專賣公社東京病院記念誌』, 1978, p. 2, p. 214.

〈표 6-5〉 전매병원의 입원 환자 수 및 건당 치료 일수[53]

항목 \ 년도		도쿄전매병원			오사카전매병원			계		
		1936년	1938년	1940년	1936년	1938년	1940년	1936년	1938년	1940년
내과	건수	298	318	191	59	86	35	357	404	226
	일수	4,416	4,693	3,024	965	1,439	1,556	5,381	6,132	4,580
	건당 치료 일수	14.8	14.8	15.8	16.4	16.7	44.5	15.1	15.2	20.3
외과	건수	332	327	262	28	69	41	360	396	303
	일수	4,499	4,322	4,720	358	982	859	4,857	5,304	5,579
	건당 치료 일수	13.6	13.2	18.0	12.8	14.2	21.0	13.5	13.4	18.4
산부인과	건수	365	356	361	-	-	-	365	356	361
	일수	4,072	3,686	3,819				4,072	3,686	3,819
	건당 치료 일수	11.2	10.4	10.6	-	-	-	11.2	10.4	10.6
이비인후과	건수	173	195	220	-	-	-	173	195	220
	일수	1,704	1,600	1,923				1,704	1,600	1,923
	건당 치료 일수	9.8	8.2	8.7	-	-	-	9.8	8.2	8.7
피부비뇨기과	건수	68	91	41	-	-	-	68	91	41
	일수	1,179	1,653	782				1,179	1,653	782
	건당 치료 일수	17.3	18.2	19.1	-	-	-	17.3	18.2	19.1
안과	건수	-	2	4	-	-	-	-	2	4
	일수		61	50					61	50
	건당 치료 일수	-	30.5	13.3	-	-	-	-	30.5	12.5
총계	건수	1,236	1,289	1,079	87	155	76	1,323	1,444	1,155
	일수	15,870	16,015	14,318	1,323	2,421	2,415	17,193	18,436	16,733
	건당 치료 일수	12.8	12.4	13.3	15.2	15.6	31.8	13.0	12.8	14.5

병원보다 기타, 즉 진료소 등의 환자 수가 많았다는 점에 유념할 필요가 있다. 진료소와 의무실 등은 전국의 전매 부서에 설치되었기 때문에 현업원이 많이 이용한 결과이다. 건당 치료 일수는 '도쿄전매병원 > 오사카전매병원 > 기타'로, 종합병원인 도쿄전매병원에서 중증

53 大藏省專賣局, 『專賣局年報』, 各年度版.

〈표 6-6〉 전매병원과 의무실 · 진료소의 외래 환자 수 및 건당 치료 일수[54·55]

항목 / 년도	도쿄전매병원			오사카전매병원			기타			계		
	건수	일수	건당 치료 일수	건수	일수	건당 치료 일수	건수	일수	건당 치료 일수	건수	일수	건당 치료 일수
1936년	3,640	53,927	14.8	6,978	69,358	9.9	140,219	894,875	6.4	150,837	1,018,160	6.8
1937년	4,643	64,518	13.9	7,864	72,299	9.2	132,443	940,072	7.1	144,950	1,076,889	7.4
1938년	5,275	79,664	15.1	7,988	73,043	9.1	124,332	882,217	7.1	137,595	1,034,924	7.5
1939년	6,687	98,432	14.7	7,310	73,652	10.1	106,639	844,437	7.9	120,636	1,016,521	8.4
1940년	8,923	112,540	12.6	7,268	72,812	10.0	107,450	816,086	7.6	123,641	1,001,438	8.1

환자가 많이 치료받았다는 것을 알 수 있다.

전매국 내 환자에 대한 내부 의료의 제공이 강화되는 한편, 전시에 「전매국직공신체검사규정」(1938. 4.)이 제정되어 기존의 건강진단이 신체검사로 바뀜으로써 검사 항목 및 방법이 상세하게 규정되었고, 이것이 채용 시, 정기 또는 임시로 실시되었다.[56] 검사 결과 요주의자로 판정될 경우에는 월 1회 이상의 임시 검사가 실시되었다. 특히 '전쟁병' 혹은 '국민병'으로 불린 결핵이 앞에서 언급한 바와 같이 최대 사인이 되었으며, 결핵으로 인해 퇴직자가 늘어나 노동력 감퇴가 심각해졌다. 1942년 12월에는 정부 방침에 따라 관업 종업원의 결핵 감염 예방을 위해 직원 및 용인을 대상으로 집단 건강검진이 실시되었다. 직공에 관해서는 신체검사가 실시되어왔지만, 1944년 9월에 역시 집단 건강검진이 실시되기에 이르렀다. 직원들의 건강상 장

54 大蔵省専賣局, 『專賣局年報』, 各年度版.

55 기타는 전매병원을 제외한 의무실과 진료소의 외래 환자 수임.

56 日本専賣公社, 『たばこ專賣史』 第2巻, 1964, pp. 886-887.

해 요인이 되었던 만성 전염병인 결핵에 노동위생 관리의 중점을 둔 것이다.

4. 공제조합 제도의 성립과 전개

직공의 각종 상병에 대한 의료서비스가 포괄적으로 확충되는 한편, 직공 측 입장에서 치료 비용을 보조해주는 제도가 된 것이 공제조합 제도였다. 관업 직공에 대한 구제 제도로서는 「관역(官役)직공인부부조령」과 「기술공예자(技術工藝者)취업상사상수당내규」가 있어 재액 사고로 인해 장해를 입을 경우 그 불행을 경감시킬 수 있는 방법이 마련되었지만 그 적용은 어디까지나 공상병사에 한정되었다. 한편 가장 많은 현업원이 일하고 있는 국철에서는 독일 노동보험을 모델로 한 「철도작업국보험법안」이 입안되었으나 강제보험의 실시는 대장성과 법제국의 절충 과정에서 시기상조라고 판단되어 사회보험의 제1단계인 구제조합 제도가 실시되었다.[57] 그 결과 제국철도청 직원 구제 조합이 설치되었는데, 전매국에서는 이를 준용해서 칙령 제157호(1908. 6. 18.)를 통해 "1907년 칙령 제127호는 전매국 소속 고원 이하 현업원의 상호 구제를 목적으로 하는 경우에 이를 준용한다"는 결론을 내렸다.[58]

다만 공제조합의 운영을 보면, 전매 공장에서는 운전사고가 많고 남성 노동자를 중심으로 하는 철도에 비해서 위험이 적었으며 청소

57 林采成,『鐵道員と身体: 帝国の労働衛生』京都大學學術出版会, 2019.

58 大蔵省專賣局,『專賣史』第3巻, 1937, p. 918頁.

년 여공이 노동력의 대부분을 점해서 근속에 대한 탈퇴 급여를 주로 하는 실상이었다. 그 때문에 정부 급여액이 조합원 급료 총액의 1,000분의 20이었던 국철보다 적은, 급료 총액의 1,000분의 13으로 정해졌다. 즉 위험도가 낮은 반면 '결혼 퇴직' 등에 의한 탈퇴금으로서의 성격이 강했기 때문에 조합원 급료 총액의 1,000분의 7이라는 보조금의 차가 설정된 것이다. 이러한 공제조합 가입 대상은 각담배, 구부지권, 양절지권, 엽권담배의 제조와 재료품 제조(인쇄공장) 등에 종사하고 있는 현업원에만 한정되지 않아 비현업원도 가입할 수 있었다. 그러나 정부 급여금이 비현업원에게는 제공되지 않았다. 때문에 조합원 납부금이 현업원과 비현업원의 경우 서로 달라 현업원은 1개월 급료의 1,000분의 20, 비현업원은 1,000분의 33이었다.

조합원 수는 설립 시 2만 2,432명에서 늘어나 1918년에는 3만 1,000여 명에 달했고, 소금의 제조(再製) 가공 공장에서도 공장법이 적용되어 1920년 소금 전매 종업원이 조합원 수에 더해짐으로써 전체 조합원 수는 3만 8,000명 내지 3만 9,000명에 달했다(<그림 6-11> 참조). 그 후 인원이 정리되면서 공제조합원 수도 줄었지만 1936년 4월에는 조합원의 범위를 확장하여 전매 사업에 종사하는 고원 이하의 현업원이 모두 조합원이 되었기 때문에 그 수가 다시 늘었다. 1941년 1월에는 「정부직원조합령」이 제정되어 비현업의 고용인과 판임관도 공제조합에 가입해 의료보험을 중심으로 하는 단기 급부를 받게 되었다.[59] 이러한 조치는 1943년 4월에 주임관까지 그 범위가 확대되어 공제조합은 전매국 직원의 건강관리에 있어서 중요한 제도가 되었다. 이와 같이 조합원 납부금과 정부 급여금이 주된 수입

59 日本專賣公社,『たばこ專賣史』第2巻, 1964, pp. 1134-1141.

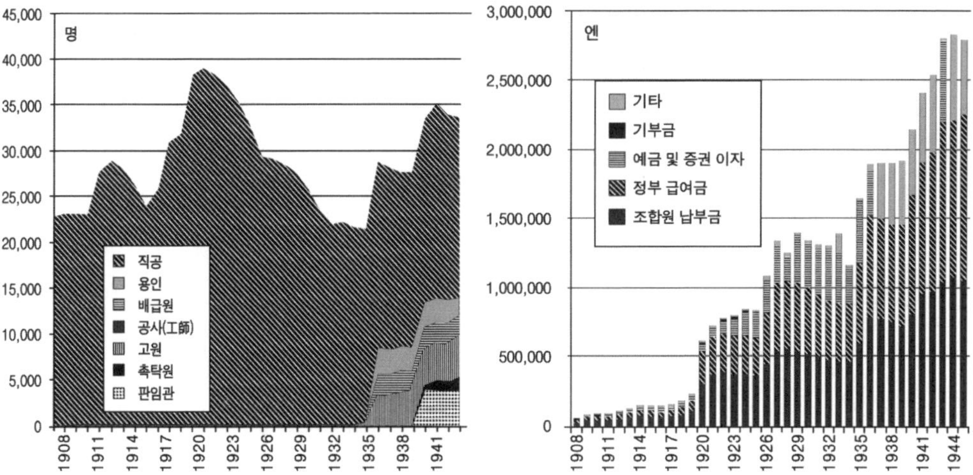

〈그림 6-11〉 전매국 공제조합의 조합원 수와 수입금 구성[60·61]

원이 되었기 때문에 공제조합의 수입은 조합원 수와 납부율이 증가함에 따라 늘어갔다.

「전매국현업원공제조합규칙」에 입각하여 상이 급여금, 요양금, 산부 급여금, 사망 급여금, 탈퇴 급여금, 연공 급여금이라는 여섯 가지 급여(→ 후에 '급부'로 개칭)가 1908년 8월부터 실시되었다(<그림 6-12> 참조).[62] 조합원의 경우에는 그 취지에 따라 기존의 「관역인부사상수당규칙」 및 「각청기술공예자취업상사상수당내규」가 적용될 수 없게 되었다. 상이 급여금은 직무 때문에 상이를 입은 경우에 지급되었고, 요양금은 직무상의 상이 혹은 질병에 의해 요양을 필요로

60 大蔵省専賣局, 『専賣局年報』, 各年度版; 大蔵省専賣局, 『専賣局共濟組合事業成績』, 各年度版; 大蔵省専賣局, 『専賣史』第3巻, 1937, pp. 989-990, 1056-1059; 日本専賣公社専賣史編集 室編, 『たばこ専賣史』 第4巻, 日本専賣公社, 1965, pp. 782-785.

61 1937~1939년 정부 급여금에는 예금 또는 증권 이자, 기부금 등이 포함됨.

62 大蔵省専賣局, 『専賣史』第3巻, 1937, pp. 919-924.

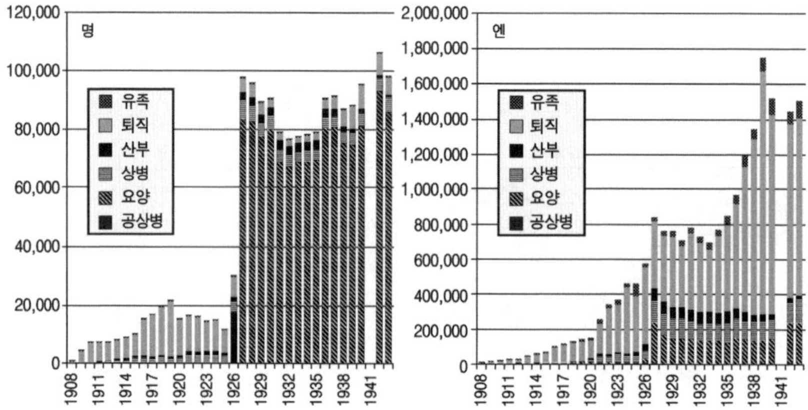

〈그림 6-12〉 전매국 공제조합의 급부 지출 구성[63·64]

할 때 지급되었다. 산부 급여금은 분만 전후에 취업할 수 없는 여성에게 적용되었으며, 사망 급여금은 조합원으로 6개월이 경과된 자가 사망할 경우에 적용되는 한편 비현업원의 경우에는 10년이 경과된 자에 대해서만 지급되었다. 탈퇴 급여금은 조합원이 탈퇴할 때 지급되었지만, 1년 경과 후 탈퇴하는 자에게는 탈퇴 급여금의 3분의 2, 2년 경과 후 탈퇴하는 자에게는 5분의 4, 5년 경과 후 탈퇴하는 자에게는 전액이 지급되었다. 나아가 정착률을 높이는 취지로서 조합원이 되어 5년 경과 후 탈퇴 또는 사망할 때에는 연공 급여금이 지급되었다.

그 후 상병과 분만에 따라 지급하는 경우가 예상 외로 적어 자금의 잉여가 생기게 되었다. 이에 따라 1911년 12월에는 「전매국현업

---

63 大蔵省専賣局, 『専賣局年報』, 各年度版; 大蔵省専賣局, 『専賣局共濟組合事業成績』, 各年度版; 大蔵省専賣局, 『専賣史』第3巻, 1937, pp. 989-990, pp. 1056-1059; 日本専賣公社専賣史編集 室編, 『たばこ専賣史』 第4巻, 日本専賣公社, 1965, pp. 782-785.

64 공상병 급부(공상병 연금, 공상병 일시금), 요양 급부, 상병 급부(의료금, 상병 수당금, 특증금), 산부 급부(분만비, 출산 수당금), 퇴직 급부(퇴직 연금, 퇴직 일시금), 유족 급부(퇴직 부조금, 순직금, 사망금, 매장료).

원공제조합규칙」이 개정되어 사망 급여에서의 6개월 경과라는 조건이 철폐되었고, 그 급여가 증액되었으며, 사상병에 대한 질병 급여금이 설정되었다. 이후에도 동 규칙의 개정은 계속되어 1916년 6월 산부 급여금의 1년 경과 조건이 6개월로 바뀌었으나, 탈퇴 급여금은 1년이 경과하지 않은 자에게 급여하지 않고 5년을 경과하지 않은 자에게는 납부금의 일부만을 급여하게 되었다.[65] 제1차 세계대전기에는 물가 상승에 대한 대처로 임금 인상이 단행됨에 따라 조합원의 납부금을 1,000분의 20에서 1,000분의 30으로 인상하는 한편, 정부 급여금도 증액하여 1,000분의 13에서 1,000분의 20으로 높여서 1920년 3월부터 실시했다. 나아가 1920년에는 결핵의 유행에 대비하여 폐결핵, 인두결핵, 결핵성 늑막염, 결핵성 복막염, 객혈, 폐습윤, 폐첨카타르라는 결핵성질환 때문에 해직될 경우에 특증 급여금을 지급하기로 했다. 사망 급여금에 관해서는 비현업원의 10년 경과 조건을 1년으로 단축하고, 또한 장비 수령자 지정의 편의를 열었다. 나아가 탈퇴 급여금은 가입 후 6개월 경과 조건을 다시 마련했다. 1922년 4월 21일 공장법이 적용되는 공장 노동자에게 「건강보험법」이 적용되자, 질병, 부상, 사망, 분만에 대해서 각각 요양 급부, 상병 수당금, 매장료, 분만비, 출산 수당금 등이 급부되어 조합원의 복지는 보다 확충되었다.[66] 공제조합은 급부 이외에도 가족을 포함한 상이 질병 치료비의 경감을 위한 대부금 제도, 미곡 등 일용품의 공동 구입 및 염가 공급과 같은 부대 사업을 수행했다.

1926년 3월에는 직무상의 상병에 의해 퇴직하거나 영년 근속 후

65 大蔵省專賣局, 『專賣史』第3巻, 1937, pp. 926, 936, 942-944.

66 大蔵省專賣局, 『專賣史』第3巻, 1937, p. 1082.

퇴직하는 조합원 또는 그 유족의 생활상의 안정을 꾀하기 위해 공상병 연금 및 퇴직 연금에 관한 제도를 실시했다.[67] 퇴직 연금제를 적용하는 조합원에 대해서는 조합의 예정 수입률을 조합원 급료의 1,000분의 80(조합원의 납부금 45, 정부의 급여금 35)으로 보고 조합 사업에 관한 자문기관을 설치함으로써 시설 개선에 일조했다. 나아가 1927년 1월에는 「건강보험법」에 의한 보험 급부의 실시에 따라 이것과 동종·동정도의 급부를 하기 위해 조합 규칙을 개정하여 건강보험조합을 대행하도록 했다. 이러한 제도 개혁에 대해 노동자 측에서도 공제조합에 관심을 갖고, 1920년대 중반 그 법인화와 규약 개조를 요구하는 운동을 전개했으며 공제조합 규칙의 개정을 제안하기도 했다.[68] 노동 운동은 1930년대 들어 약화해갔지만, 이러한 요구는 공제조합이라는 후생 제도를 노동 조건의 일환으로 인식하여 그 개선을 도모했다는 점에서 의의가 있다. 그러한 점에서 전매국의 제도적 개선이 노사 관계의 안정화에 기여함은 물론이다. 이로 인해 악화할 수 있는 조합 수지를 개선하기 위해 1935년 4월에는 납부금 및 정부 급여금을 늘리는 한편, 퇴직 일시금의 납부율을 인하하여 조합의 예정 수입을 조합원 급료의 1,000분의 128(조합원 납부금 68.5, 정부 급여금 59.5)로 바꾸었다. 조합에 의한 진료비의 부담 범위는 1940년 7월에 조합원의 가족에까지 확대되어 보급금이 지급되었지만, 1943년 4월에는 이것이 가족 요양비로 지정되고 배우자 분만비도 신설되었다.

이와 같이 공제조합의 급여금은 창립 시 6종으로 시작했지만, 이후 새로운 급여가 더해져 기존 급여의 적용 범위와 금액이 확대되었

67 專賣局製造部, 『專賣局共濟組合事業成績』, 1936年度版, pp. 1-2.

68 日本專賣公社, 『たばこ專賣史』 第3巻, 1964, p. 924.

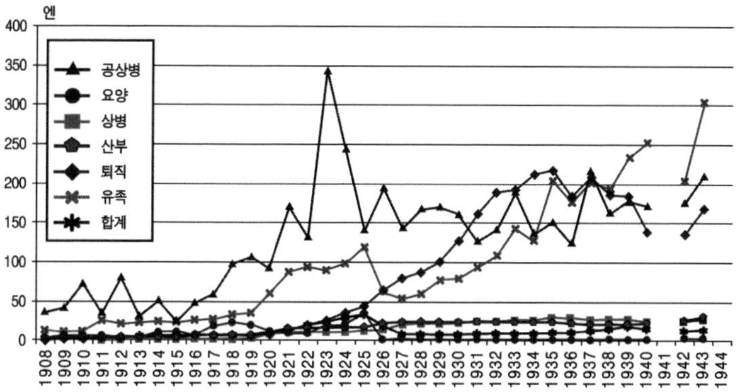

〈그림 6-13〉 전매국 공제조합의 급부 건당 급부액 구성[69]

다. 1927년 1월에 「건강보험법」이 시행됨에 따라 그 대행 기관인 공제조합이 '급여'를 '급부'로 개칭하여, 공상병 급부, 요양 급부, 상병 급부, 산부 급부, 퇴직 급부, 유족 급부가 되었다. 그 후 1941년 1월에 「정부직원공제조합령」의 제정에 의해 기존 급부로는 공제 급부로서 공상병 급부, 특증금, 퇴직 급부, 유족 급부가 지급되는 한편, 요양 급부, 요양비, 상병 수당금, 분만비, 출산 수당금, 매장료가 지급되었지만, 이 장에서는 1927년 급부 항목을 기준으로 논한다. 앞의 <그림 6-12>에 의하면 1926년 요양 급부가 최대 건수를 기록했지만, 무엇보다 큰 것은 퇴직 급부였다. 철도와 체신의 경우에도 퇴직 급부가 금액적으로 최대 급부였다는 것은 변하지 않았다. 전매국 공제조합의 요양 급부는 사상병 치료를 위한 것이었기 때문에 의료기관의 이용에 따라 급부 건수는 늘었지만 그 금액은 전체적으로 적었다. 이러한 특징은 급부 건당 급부액을 보면 명확하여(<그림 6-13> 참조), 공

---

69 大蔵省専賣局, 『專賣局年報』, 各年度版; 大蔵省専賣局, 『專賣局共濟組合事業成績』, 各年度版; 大蔵省専賣局, 『專賣史』第3巻, 1937, pp. 989–990, pp. 1056–1059; 日本専賣公社専賣史編集 室編, 『たばこ専賣史』 第4巻, 日本専賣公社, 1965. pp. 782–785.

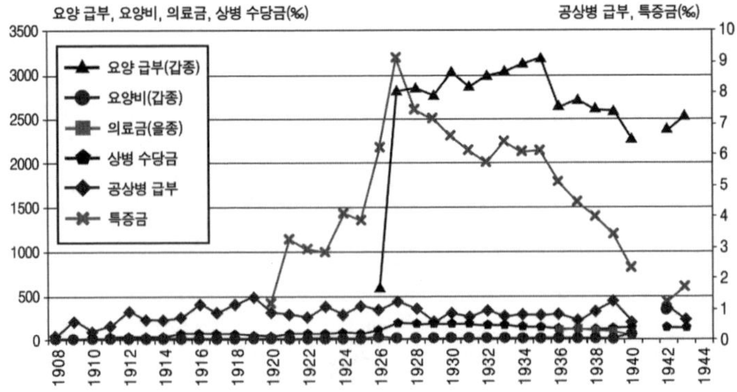

〈그림 6-14〉 전매국 현업원의 급부율 구성[70·71]

상병 급부, 유족 급부, 퇴직 급부가 상대적으로 큰 것에 비해 상병 급부와 산부 급부가 적었고, 요양 급부가 가장 적었다.

공제조합의 수를 통해 상병 관계 급부율을 추계해보면(<그림 6-14> 참조), 요양 급부는 1920년대 후반에 실시하기로 하여 급증한 후 일정 수준을 유지하다가 전시에 약간 감소했다. 다만 주의해야 하는 것은, 요양 급부는 조합원 갑종에 한해서 실시되었기 때문에 을종에 관해서는 의료비가 부과되었다는 것이다. 이 때문에 보다 정확한, 사상병의 치료에 대한 급부율을 보려면 요양급부(갑) + 의료금(을)의 급부율을 확인해야 한다. 의료비의 급부 또한 1930년대 후반이 되자 증가하다가 감소 경향을 보이기 시작했기 때문에 사상병 치료에 대한

---

70 大蔵省專賣局, 『專賣局年報』, 各年度版; 大蔵省專賣局, 『專賣局共濟組合事業成績』, 各年度版; 大蔵省專賣局, 『專賣史』第3巻, 1937, pp. 989–990, 1056–1059; 日本專賣公社專賣史編集 室編, 『たばこ專賣史』 第4巻, 日本專賣公社, 1965, pp. 782–785.

71 1. 급부율 = 급부 건수 ÷ 조합원 수. / 2. 갑종 조합원은 고원 이하의 현업원으로 「건강보험법」에 의한 피보험자이며, 을종 조합원은 고원 이하 현업원으로 갑종 조합원이 아닌 자임.

급부율은 1930년대 후반에 감소한 것으로 볼 수 있다. 특히 결핵성 질환에 의한 해고자에게 지급된 특증금의 급부율이 1920년대 중반까지 급증해서 그 후 줄어드는 것에 주목해보면, 결핵 환자를 직장에서 배제하는 격리 조치가 1920년대에 적극적으로 취해져 일정한 효과를 보았다고 할 수 있다. 앞에서 1930년 사망률의 주요 사인이 결핵이었다는 점을 통해, 특증금의 지급을 통한 결핵 환자의 배제는 전체 사망률의 하락과 관계가 있음을 알 수 있다. 이러한 일방적인 격리 조치는 결핵 치료제가 개발되지 않은 상황에서 일본 사회 전반에 만연한 현상이었지만, 같은 관업 기관이었던 국유철도의 경우에는 격리 조치와 더불어 결핵 요양소가 부분적으로 설치되어 일정한 효과를 보았다는 점에서 비교되었다.

이처럼 노동위생을 둘러싼 제도적 설계를 통해 1920년대 이후 전매국 직공들의 사망률이 저하한 것에서 알 수 있듯이, 전매국 직공의 신체는 '관리되는 신체'가 되어 전시에 약간의 개선을 보였다. 이것은 노동위생 관리의 효과가 장기적으로 나타나는 결과로 이어졌으며, 장시간 노동, 노동 강도의 강화, 영양 부족 등 열악한 작업 환경 가운데 결핵이 대유행하여 전시에 건강 악화가 심각해졌던 국철이나 체신과는 달랐다. 철도원은 운전, 운수, 보선, 전기, 선박, 기계 공장 등 다기에 걸친 노동 작업에 종사하고 있어, 당연히 전시의 공습 속에서도 수송전에 돌입했다. 그리고 체신은 우편, 전신, 전화, 저금 등으로 구성되어 전시 정보 전달을 위해 과중한 업무를 맡게 되었다. 이들과 전매국의 차이는 다른 관업에 비해 전매 직공들이 주로 나이 어린 여공들로서 담배 제조 작업에 집중하고 있어, 연령별, 근속 연수별, 성별로 노동력 구성이 달랐기 때문에 나타난 결과였다.

* * *

일본은 러일전쟁에 따른 군사비 확대에 대응하기 위해 담배 전매를 시작했다. 그러나 조직 내부에 기술이 축적되어 있지 않아 민간업자의 일부 제조 시설을 인수하게 되었다. 그러나 그럼에도 불구하고 제품 생산이 미숙했기 때문에 민간업자에 대한 외부 하청을 다시금 실시하지 않을 수 없었다. 인적 운영에서도 노무 관리 방침이 확립되지 못하고, 노동 현장에서는 2년이면 거의 모든 직공이 공장을 떠날 정도였다. 노동력 구성을 성별, 연령별, 근속 연수별, 학력별로 보면 압도적으로 청소년 여공이 노동 현장의 주축이었으며, 그들의 근속 연수는 짧고 학력도 낮았다. 이에 비해 남공은 여공보다 인원수가 적었지만 연령이 높고 근속 연수도 길어지는 경향을 보였으며, 학력도 상대적으로 높았다. 이를 통해 당연히 공장(工長)과 공사(工師)에서 남공이 중심이 되었고, 고원과 판임관 이상의 관리를 넣어보면 신분적 위서제가 성별로 형성되었음을 알 수 있다.

담배 제조의 외부 하청을 중지하는 동시에 생산의 내부화를 추진하기 위해서 1920년까지 대량의 신규 채용을 실시하고 직공의 증원을 도모했지만, 제1차 세계대전기에 들어서 노동 현장의 불안정성은 다시 증폭되었다. 관업이라는 점에서 물가 상승에 대한 임금 조정이 지체되어 직공들의 생활 기반이 흔들리고 있었다. 스페인 독감 등 급성 전염병이 발생하여 사망률도 증가함에 따라 직공의 건강 상태 또한 염려되지 않을 수 없었다. 따라서 노동 이동률이 상승했음은 물론, 산업계 전반에 걸친 노동 운동의 전개에 자극을 받아 전매국하의 연초 공장에서도 직공들의 불만이 분출되었다. 임금 인상을 비롯한 여러 요구가 노동자 측으로부터 제시되었고, 결국에는 노동조합이 성립되었다. 전매 당국은 이를 극히 경계하여 탄압을 도모하는 한편, 임금 인상과 수당·상여의 설정을 통한 직공의 생활 기반을 정비하고, 철도성의 현업위원회를 모델로 공장 간담회를 설치함으로써 이를 통해 노동자의 요구를 받아들여 노동 운동을 미연에 방지하고자 했다.

물론 1907~1908년에는 노동위생을 위해 전염병 예방 대책과 공장의 제도가 도입되어, 직공들이 밀집한 현장에서는 촉탁의가 지정되었다. 이들은 일상적인 치료와 더불어 건강진단, 종두, 공장 위생 관리 업무에 종사했다. 이러한 내부 의료시스템은 직공의 증원 내지 공장법의 적용에 따라 의무 요원의 증원 등을 통해서 확충되었고, '의무의 쇄신 충실'은 1920년대에 들어 보다 강화되었다. 의무 담당자 배치 표준이 개정되었음은 물론, 「건강보험법」의 실시를 계기로 1927년에는 전매의 제도가 공장의 제도를 대신해서 도입되어 대우 관리로서의 신분을 전매의가 갖게 했고, 이러한 조치는 전매 약제사에게도 적용되었다. 이것은 내부 의료시스템이 전매국 내부에 각인되는 것을 의미한다. 이때 도쿄와 오사카의 의무실이 진료소로 확충되었지만, 보다 발본적인 변화는 양 진료소가 각각 1933년(도쿄)과 1936년(오사카)에 전매병원으로 개편되고, 이 중 도쿄전매병원은 종합병원으로서의 역할을 하게 되었다는 것이다.

직공들의 건강 상황을 보면 1910년대 후반부터 1920년대 전반에 걸쳐 사망률이 상승한 다음 약간 저하해가는 경향이 보이는데, 당시 주요한 사인은 간토대지진에 의해 천재를 입은 경우를 제외하고는 사상병이었으며, 담배 공장에서의 공상병률은 결코 높지 않아 산업계의 일반 수준과 비슷했다. 한정된 자료이기는 하지만 당시의 이환 상황을 보면, 감기와 위장병이 가장 많았고 기관지염과 트라코마도 그다음으로 많아, 이들 질환이 전체의 이환율 동향에 영향을 미쳤음을 알 수 있다. 작업 분야별로는 작업 환경이 위생상 좋지 못했던 엽조에서 이환율이 가장 높았고, 정신적 긴장도가 큰 검사가 두 번째로 높았으며, 그다음은 재각, 공작, 엽존, 조리, 권상, 장치의 순이었다. 이들 질환에 대해서 의무실, 진료소, 전매병원으로 구성된 내부 의료기관이 의료서비스를 제공한 것은 재론의 여지가 없으나, 최대 사인이었던 결핵에 대해서는 전매국 내부에서 치료 시설을 보유하지 못하고 해고라는 강제 조치가 취해졌다.

내부 의료시스템이 확충되는 가운데 직공들이 건강을 유지하게 하는 경제적 기반이 되는 것이 공제조합이었다. 국유철도에 의해 시작된 공제조합 제도가 전매국에도 도입되어 노동보험적 역할을 하는 동시에, 공상병사 때에는 생활 보호의 수단이 되기도 했다. 직공들의 건강에 대한 병원체의 위협은 작업 현장에 국한되지 않았기 때문에 공제조합의 편의는 사상병사에 대해서도 확대되었고, 가족 건강에까지 확대되었다. 각종 급부율의 감소에서 알 수 있듯이 이환율에서도 장기적으로 개선되는 움직임이 보였다. 노동조합 측 또한 공제조합의 중요성을 인식하고 그 제도적 개선을 요구했다. 공제조합의 확충과 이에 따른 노동위생시스템의 개선은 노동 현장의 안정화에도 선제적으로 기여했다. 전시의 조합원 자격도 공장 내부에 한정되지 않고 전매국 전반에 걸친 판임관과 주임관까지로 확대되었다.

앞서 살펴본 바와 같이 전매 연초 공장은 남성 노동을 중심으로 하는 철도와 체신에 비해 청소년층 여공을 중심으로 하고 있어, 이러한 특징이 노동력의 연령과 근속 연수 구성에도 반영되었고 노동 환경과 더불어 직공 전체의 건강 상태에도 영향을 미쳤다. 여기서 무시할 수 없는 것은 육아를 포함해서 결혼 퇴직이라는 관행이 있었다는 점으로, 이로 인해 장년화에 따른 이환율의 상승이 전매 공장 내에서는 나타나기 어려웠고, 사망률도 철도와 체신에 비해서 낮은 편이었다. 그렇다고는 하나 결핵이 최대 사인이 되어 그 대책이 요청되었지만, 사립병원 및 사립요양소의 설치와 같은 적극적 대책은 강구되지 못하고 주로 해고라는 격리 내지 배제 조치에 의존해야만 했다. 건강한 신체로 들어온 여공들이 세대의 구성원을 낳는 신체인 한편으로 생산성 향상에 기여하지 못하는 병든 신체가 되어 방출된 것이다. 이를 통해 실제적으로 공상병과 사상병의 경계는 참으로 애매한 것이라 하지 않을 수 없다.

그럼에도 불구하고 정부 관련 기관과 재벌계 대기업에 공장의 및 내부 의료기관이 설치되었고, 또 전시기에 들어 후생성이 설치된 것을 필두로 노동위생이 전반적으로 강조되는 양상을 보였으며, 전매병원까지 설치되기에 이르렀다는 점에서 전매 당국의 노동위생시스템은 상대적으로 선진적이고 대단히 양호한 수준으로 이루어졌다고 평가해야 할 것이다. 그 가운데서 연초 공장 직공들의 신체는 국가자본에 의해 관리되는 신체로, 생산성 향상에 이바지하고 국가 재정을 지탱했던 것이다.

3부

끝나지 않은 실험:
근현대 정치 문화와 보건 의료

7장

중국 공산당 근거지 시기의 위생 정치

선전과 실천[1·2]

장중민

중국 공산당 건국 초기의 의료사와 위생사 연구는 이미 참고할 만한 다양한 저작이 세상에 나와 있다. 그런데 이 저작들은 대개 역사적 사건들을 정리하거나 의료위생 정책을 서술하는 데에서 착안한 것이 많다. 중국 공산당 건국 초기 의료위생 사업(예를 들어 애국 위생 운동, 양의(洋醫) 개조 운동)의 성공과 영향을 강조하거나 중국 공산당의 의료위생 정책 및 그 집행 상황을 분석한 것 등이다.[3] 그러나 1949년 이

1 번역: 유현정.

2 이 논문의 초고는 이전에 캘리포니아대학교 버클리 분교의 "계획된 지식과 국가 사회주의 워크숍(Organized Knowledge and State Socialism workshop"(2014. 12. 5-6.) 학회에서 발표했다. 회의에 참가했던 위웨이캉(余偉康, Eddy U.), 위민링(余敏玲) 교수 등의 지도를 받았고, 후에 중앙당교(中央黨校)의 런웨이(任偉)와 베이징대학교 역사학과 석사생 간룬썬(干潤森)의 가르침을 받았다. 이 자리를 빌어 감사드린다.

3 관련 연구 동향은 다음을 참조. Taylor, Kim, *Chinese Medicine in Early Communist China, 1945-63: A Medicine of Revolution*, Routledge, 2005, pp. 9-11; 宮正, 『新中國中醫方針政策的歷史考察』, 中共中央黨校 博士學位論文, 2011. 6., 4-7쪽 등.

전 중국이 어떻게 위생 기호를 구성했고, 어떻게 이러한 구조를 가지고 위계를 구분하고 적아(敵我)를 구별하며 자신을 드러내 보였는지, 어떻게 위생이라는 명분을 빌려 개인 신체에 당화(黨化) 통제를 실현하고 도구적으로 사용했는지 등의 문제에 대해서는 관련된 연구를 거의 볼 수 없다.[4]

존 R. 와트(John R. Watt)의 연구는 중국 공산당의 조기 무장 투쟁 중 의료위생 문제 및 마오쩌둥(毛澤東) 영도하의 옌안(延安) 지역 의료위생 사정에 비교적 일찍 관심을 갖고, 미국의 의약원화회(醫藥援華會)가 소장한 당시의 공문서(檔案) 자료를 사용하여 중국 공산당이 거둔 위생 성적에 매우 높은 평가를 내렸다. 그러나 비교적 서술이 단순하고 미국 측 공문서에 기록된 것을 지나치게 신뢰했는데, 이러한 공문서는 주로 국공 쌍방에서 나온 선전 자료였다. 또한 그의 연구에서 신문과 당시 사람들의 일기 등 다른 자료를 거의 사용하지 않고, 회고록의 발언과 중국 공산당 정부의 선전 자료에 대한 고증이 부족하고 맹목적으로 믿고 사용했다는 문제가 있다. 그리고 당시 군사 투쟁의 복잡성과 중국 공산당이 대면한 의료위생 문제의 복잡성에 대한 서술도 부족하여, 결과적으로 실제 정통 중국 공산당 혁명사의 틀 안에서 의료위생사를 되풀이한 것에 그치고 말았다. 또한 마오쩌둥과 개별 의사의 역할을 과도하게 강조했을 뿐 아니라 중국 공산당이 제공하는 위생 및 의료가 선전과 군사 동원 방면에 미친 효과에 관해서는 기본적으로 거의 다루지 않았고, 더욱이 중국 공산당 당국이 선전하는 표현과 현실 속 근거지 의학 위생 실천 사이의 거대한

4 주홍자오(朱鴻召)의 연구에서 일찍이 이 문제를 다뤘으나, 근거한 자료와 서술이 매우 간단하다. 다음을 참조. 朱鸿召, 「中西医在延安开始结合」, 『延安曾经是天堂』, 陕西人民出版社, 2012, 359-385쪽.

차이에 주의를 기울이지 않았다.[5]

와트의 연구에서 부족한 부분은 런웨이(任偉)의 논문을 통해 보충할 수 있다. 이 논문은 중국 공산당이 조기 무장 투쟁에서 당면했던 구체적인 위생과 의료 문제에 대해 상세하게 논의했고, 정치사적 맥락에서 이 시기 중국 공산당의 군사 의학 위생 사업의 인원 구성 상황과 그 사이에 존재했던 모순을 조목조목 정리·분석했다.[6]

런웨이 등의 연구와 비교하여, 이 장은 주로 1927년에서 1949년 사이에 중국 공산당 내에서 거론된 위생 담론과 실제 위생, 의학 실천 사이에 나타나는 차이에 주목했다. 이를 통해 이 시기에 위생을 둘러싸고서 전개된 담론 정치(discourse politics) 및 그로부터 구성된 위생과 신체, 전쟁과 혁명 사이의 관계, 더 나아가 이러한 구조와 선전 모델이 후대에 미친 영향을 드러내고자 한다.

1. 위생의 담론 정치

초기 군사 투쟁과 정치 사업에서 중국 공산당은 의료위생 사업에 그다지 의미를 두지 않았다. 의료진은 매우 부족했고, 전체 의료 구호 조건도 좋지 않았다. "전군 각 부대 위생 기관이 완비되지 않았는데, 의사와 약품도 부족하고 들것 장비도 충분하지 않았으며, 업무처리 인원이 부족하고 완비되지 않아 수많은 부상병이 충분히 치료

5 John R. Watt, *Savings Lives in Wartime China: How Medical Reformers Built Modern Healthcare Systems Amid War and Epidemics, 1928-1945*, Brill Academic, 2014, pp. 73-114, 253-298 참조.

6 任偉,「红军将士的死伤與救治」,『苏区研究』(北京) 第1期, 2018, 49-66쪽 참조.

를 받지 못했을 뿐 아니라 어떤 때에는 기본적인 치료조차도 전혀 받지 못했다." 그리하여 죽지 않아도 될 많은 사람이 죽게 되었고, 가장 중요한 것은 "전군의 군사 정치 기관이 부상병에게 충분히 주의를 기울이지 않았다는 것"인데, "예를 들어 위생 기관을 완비하는 것에 대해 최선을 다하지 않았을 뿐만 아니라 아예 신경조차 쓰지 않았다. 각종 회의에서 위생 문제를 논의한 것도 거의 없었다." "장교는 부상병에 대해 할 수 있는 한 수시로 그들을 위로해야 하는데 하지 않았고", 위문하지 않았을 뿐만 아니라 "장교는 부상병에 대해 무관심한 태도를 취하고 심지어 그들에게 혐오감을 드러내기도 했다."[7] 이러한 태도는 이후 사업에서 점차 의식적으로 시정되었고, 중국 공산당은 위생 방역과 의료 구호 사업을 중시하기 시작했으나 조건과 환경의 제약으로 인해 효과가 크지 않았으며 종종 선전에 그쳤기 때문에 소비에트 지구의 실제 "질병율과 사망률은 매우 놀라울" 정도였다.[8] 이 때문에 중국 공산당 통치구에서는 약품, 의료기구와 의사에 대한 수요가 매우 높았으나 얻을 수 있었던 것은 매우 제한적이었고, 늘 노획하거나 점령지 도시에서 구입했다. 혹은 "반동 통치 구역에서 온 의사"들을 재편성하는 것에 의존하기도 했는데,[9] 일부 농민 출신의 사병들은 양의를 불신했다. 따라서 여러 상황에서 중국은 여전히 중

7 劉荣辉, 「秋收起义和井冈山斗争时期的卫生工作」, 中国人民解放军历史资料丛书编审委员会, 『后勤工作·回忆史料』 第1册, 解放军出版社, 1994, 517-518쪽; 「中国共产党红军第四军第九次代表大会决议案(1929. 12. 于闽西)」, 高恩显等 编, 『新中国预防医学历史资料选编』 第1卷, 人民军医出版社, 1986, 14쪽 참조.

8 欧阳钦, 「中央苏维埃区域报告告(1931. 9. 3. 于上海)」, 高恩显 等 编, 『新中国预防醫學历史资料选编』 第1卷, 26쪽 참조.

9 「鄂豫皖区苏维埃政府有待醫生条例(1931. 9. 1.)」, 高恩显 等 编, 『新中国预防醫学历史资料选编』 第1卷, 25쪽 참조.

의와 중약에 크게 의지할 수밖에 없었다.[10] 우선 중앙 소비에트 지구의 의료 상황을 반영한 1931년 9월의 자료가 이러한 문제를 매우 잘 설명해준다. "부상병들 모두 병원에 가길 두려워한다." "그쪽의 약품과 의사는 모두 부족한데, 약품은 적의 것을 몰수하는 것을 제외하면 우리에게 억류된 지주와 지방유지(地主豪紳)가 이따금 지안(吉安)에 가서 사오는 것이 전부이다. 의사도 부족해서 소수의 양의 외에 포로로 잡아온 의사를 이용하고 중의와 중약도 모두 사용한다."[11]

이러한 상황은 오랫동안 개선되지 않았고, 홍군(红軍)이 장정(长征)에서 산시 북부(陕北)에 도달했을 때 중국 공산당 군대 내부와 재지 민중의 의료위생 사업은 여전히 매우 "낙후"된 채였다. "당 중앙이 옌안에 진주하기 전, 옌안에는 정식 의료기구가 거의 없었고 질병 치료는 주로 중의에 의존했다. 옌안 거리에는 겨우 중약방이 예닐곱 군데 있을 따름이었고, 약방에 얼마 안 되는 의사가 앉아서 진찰했다."[12] 산시 북부 근거지의 기타 여러 다른 지방의 위생 상황도 낙관하기는 어려웠다. 질병이 유행했는데 사람들이 병이 나면 신이나 부처에게 비는 현상이 심각했다. 당시 산시 북부의 의약 위생이 "낙후"한 정도는 마오쩌둥의 의견에 따르면, "낙후한 봉건 유산이 광대하게

---

10 高恩显等 编, 『新中国预防医学历史资料选编』 第1卷에서 관련된 기록, 회고와 허청(贺诚)의 「我参加军队卫生工作的历程」, 다이정화(戴正华)의 「黄冈醫院」, 다이지민(戴济民)의 「红色第一分院」, 라오정시(饶正锡)의 「红三军团的卫生工作」 이 네 편의 글은 모두 다음에 실려 있다. 中国人民解放军历史资料丛书编审委员会, 『后勤工作·回忆史料』 第1册, 505, 521, 525-527, 544. 장뤼광(张汝光) 등의 다음 책도 참고할 만하다. 张汝光 等, 『中国工农红军卫生工作史简编』, 军事医学科学院, 출판년도 미상.

11 欧阳钦, 「中央苏维埃区域报告(1931. 9. 3. 于上海)」, 高恩显等 编, 『新中国预防医学历史资料选编』 第1卷, 26쪽 참조.

12 欧阳竞, 「回忆陕甘寧边区的卫生工作」, 中国医院管理杂志社, 『革命卫生工作回忆录』, 人民卫生出版社, 1986, 19쪽.

있다"고 할 지경이었다. 산시·간쑤·닝샤 변구(陝甘寧邊區)의 사람과 가축의 사망률이 모두 높았는데, 일반 대중은 여전히 신과 무당을 믿었다. 이러한 '낙후'된 면모를 변화시키기 위해 중국 공산당 기관지는 이는 "어려운 교육 사업이고, 반드시 우리가 거대한 선전 운동을 일으켜 집행할 수 있어야 한다"[13]고 선전했다. 그런데 앞의 내용에서 위생 현상을 바꿀 것을 요구하는 말은 단지 이상적인 기대일 뿐이며, 당시 실제 생활은 신문지면의 공개적인 선전이나 요구와 같은 것이 아니었을뿐더러 그렇게 될 수도 없었다. 신문지상에서 공개적으로 나타난 것은 흔히 통치의 우월성을 드러내고 통치 성과를 전시하는 담론 정치에 불과할 따름인데, 이는 특히 위생에 대한 정치화를 규정한 것에서 명확하게 드러난다.

1930년대부터 중앙 소비에트 지구에서 중국 공산당은 공개적 선전을 통해 종종 소비에트 지구에서 발생하는 질병의 유행을 과거의 유산과 반혁명 적들의 파괴 탓으로 돌림으로써 위생과 의료 활동에 선명한 계급성과 정치적 의미를 부여했다.

> 소비에트 지구는 여전히 더러움과 질병이 매우 많은데, 첫째, 이것은 과거 통치 계급이 남긴 나쁜 결과이다. 둘째, 국민당이 소비에트 지구를 무수히 공격하면서 수많은 더러움과 질병을 전파했다. 셋째, 과거 통치 계급이 낡은 미신의 사상과 습관을 완강하게 고수하며 농공 대중의 머릿속을 오염시켰고, 아직까지 깨끗이 청소되지 않았다. 이러한 원인 때문에 현재 소비에트 지구에서는 여전히 심각한 더러움과 질병의 문제가 있고, 전체 대중의 생활과 생명에 매우 심각한 영

13 「卫生突击」, 『新中华报』(延安), 1937. 3. 9., 4쪽.

향을 미치고 있다.[14]

한편 중국 공산당은 국민당 통치 구역의 위생 상황을 묘사하여 사람들에게 공산당과 대조되는 국민당 통치의 부패와 몰락 지수, 그리고 인민 대중 생활의 곤궁한 정도를 드러내 보이고자 했다. "국민당이 통치하는 백색구(白色區) 내에 더러움과 질병이 충만하고 노동자·농민은 제국주의 국민당의 지주 자본가에게 층층이 약탈당하니, 그야말로 자신의 생명을 돌볼 도리가 없고 더러운 질병과 투쟁할 여력이 없다. 지주 자본가는 어떠한가? 그들은 있는 것이 돈이니, 의사들이 병원을 열 때 잘 돌봐달라 청하고 또 청하여 어떤 재해나 병도 자신의 신체를 상하게 하지 않지만, 그들의 병원은 노동자·농민에게는 문을 열어주지 않는다. 국민당 정부는 노동자·농민의 고혈을 빨아들이면서 이들에게는 동전 한 푼을 쓰지 않고 소비에트 지구를 진격하는 것에만 급급할 뿐, 노동자·농민에게 위생 상식을 가르쳐줄 짬은 한시도 없다. 게다가 국민당은 아편을 많이 심었는데, 이는 그야말로 독약을 전 국민에게 가져다 먹이는 것이었다."[15] 중국 공산당은 국민당의 죄악을 강조하기 위해 소비에트 지구 군민에게 특히 위생에 주의하라고 일깨우고, 또한 국민당 군대가 전염병을 고의로 제조해 국민들을 독살하려고 한다고 끊임없이 선전했다. "소비에트 지구에서 창궐하는 역병의 출처는 물론 국민당 군벌이다. 세 차례의 오랜 잔혹한 전쟁에서 국민당 군대가 저지른 잔혹한 학살의 실태는 훗

14 「卫生运动纲要(1933. 3.)」, 高恩显等 编, 『新中国预防医学历史资料选编』第1卷, 70-71쪽 참조.

15 「卫生运动纲要(1933. 3.)」. 高恩显等 编, 『新中国预防医学历史资料选编』 第1卷, 70쪽 참조.

날 몇 차례 홍군의 공격으로 인해 패퇴할 때 고의로 시체를 사람들의 집에 묻어서 전염병을 발생시키려 한 것으로, 이는 모두 국민당의 흉악함이면서 오늘날 소비에트 지구에 전염병이 발생한 주요한 원인이기도 하다."[16] 질병이나 사망이 적대 정치 세력의 음모에서 나온 것이라는 선전은 매우 합리적으로 보였는데, 너무도 쉽게 당시 질병의 유행과 위해성에 대한 답이 되었고, 자연히 군중의 투지와 열정을 끌어올리는 데 도움이 되었으며, 군중이 적극적으로 혁명 사업에 참여하도록 동원하기에도 쉬웠다.

때때로 중국 공산당 기관지는 시론의 선전에서 '봉건 세력'의 영향을 강조하기도 했는데, 예를 들어 『신중화바오(新中華報)』의 평론에서는 "과거 봉건 세력의 암흑 통치 아래 있었기 때문에 인민들은 착취를 당해 끼니를 잇는 것조차도 곤란을 겪어 자연히 위생에 신경 쓸 겨를이 전혀 없었고, 통치자들은 그저 돈을 긁어낼 줄만 알고 민중의 의료위생 시설에 대해서는 더욱 언급도 없었으니, 이것이 가장 주요한 원인이다"[17]라고 했다. 중국 공산당의 구체적 위생과 의료 사업을 책임진 전문 관리 푸롄장(傅連暲)도 다음과 같이 인정했다. "수많은 이민과 난민이 구사회에서 굶주림과 추위에 시달린 생활이 너무 오래되어 이미 병근(病根)을 심었기 때문에 많은 이가 이로 인해 폐결핵, 심장병 같은 만성질환에 걸려 사망했다."[18] 마오쩌둥도 "민족 압박과 봉건 압박" 때문에 중국 인민이 "위생을 모르는 우매함과 질병과 역병의 심각한 상황"을 맞이했다고 공개적으로 말했

16 「中华苏维埃共和国人民委员会训令(第2号, 1932. 3.)」, 高恩显等 编, 『新中国预防医学历史资料选编』 第1卷, 45쪽 참조.

17 「从速开展边区卫生工作」, 『新中华报』, 1940. 7. 12., 3쪽.

18 傅连暲, 「群众卫生工作的一些初步材料」, 『解放日报』(延安), 1944. 4. 30., 4쪽.

다.[19] 그뿐만 아니라 중국 공산당의 이러한 구조와 질병에 대응하는 방식은 이후에도 오랫동안 지속되어 오늘에까지 이르렀다.

중국 공산당은 선전에서 근거지의 전염병과 질병을 과거가 남긴 악습 탓으로 돌렸을 뿐만 아니라, 적이 음모를 꾸며 방출한 병균으로 인해 발생한 것이라고 설명했다. 예를 들어 『타이웨르바오(太岳日報)』의 시론에서는 다음처럼 말했다.

> 수천 년 동안 군중은 줄곧 봉건 억압 아래 암흑 생활을 해왔고 오랜 세월 생사의 경계에서 고군분투했다. 그들은 위생을 중시하며 생활할 능력이 없었고 그럴 여건도 못 되었다. 수천 년이 지나면서 군중은 위생에 주의하지 않는 일종의 습관을 키웠다. 항전 이후에는 더욱이 적과 매국노가 계획적으로 역병을 만들어냈고(병균과 독약을 퍼뜨렸고), 전쟁 중 대규모 사망이 발생하여 결국 현재 전염병이 유행하는 심각한 현상을 만들어냈다.[20]

위생 의료 업무를 맡은 전문 관리인 첸신중(錢信忠)도 다음과 같이 말했다. "우리의 적은 우수한 무기를 가지고서 전장에서 우리를 살상했을 뿐 아니라 세균을 퍼뜨려 우리의 군대와 그 보충의 원천, 곧 광대한 인민을 살상했다."[21] 태평양전쟁 발발 후, 일본 침략자는 "절망의 몸부림으로", "각종 잔인무도한 방법을 쥐어짜내 우리를 공

---

19 毛泽东, 「论联合政府」(1945. 4. 24.), 『毛泽东选集』, 东北书店, 1948, 338쪽. 이하 특별히 명시하지 않는 경우, 『毛澤東選集』에서 인용한 것들은 모두 이 판본을 사용했는데 비교적 첨삭한 것이 적기 때문이다.

20 「卫生问题」, 『太岳日报』(山西沁源县), 1940. 8. 3., 1쪽.

21 钱信忠, 「钱信忠部长在全区卫生工作会议上的发言(1941. 7.)」, 何正清 主编, 『刘邓大军卫生史料选编』, 成都科技大学出版社, 1991, 116쪽.

격하고, 특히 요즘에는 독가스와 세균 살포 정책을 사용하여 우리 군민을 살해함으로써 우리의 항일 근거지를 파괴하려는 목적을 달성하려 한다. …"[22] 그중 페스트도 일본인이 '독역(毒疫)'을 이용하여 공격한 것으로 "아마도 대량의 페스트를 우리 근거지에 투입했을 것이다."[23] 따라서 근거지 인민 대중이 "전염병 유행의 주요 원인이 적들의 광기 어린 학살·강간과 비열하고 악랄한 독가스·세균 살포 정책이라는 것"을 분명히 알도록 선전해야 했다.[24]

그러나 개별 신문은 농민이 위생을 중시하지 않아 생긴 해로움 또한 크고, 이것 역시 질병이 쉽게 일어나고 유행하게 되는 원인이라고 선전하기도 했다. "일상의 위생을 소홀히 하고 환자가 약을 먹지 않고 치료받지 않는 것은 바로 전염병이 농촌에서 유행하는 주된 원인이다."[25] 이는 당시에도 비교적 보편적인 인식이었다. "변구(邊區)에서 질병이 발생하는 원인은 한편으로는 일본의 끊임없는 잔인한 소탕·살상과 음험한 병독(바이러스) 살포 때문이고, 또 다른 면에서는 우리의 위생 사업이 좋지 않기 때문인데, 일반적으로 장병과 주민의 위생 상식 및 방호(방역·간호)가 뒤떨어지고, 향촌에서는 오물을 청소하지 않고 주택은 채광과 통풍이 좋지 않고 먹고 마실 때 위생에 주의하지 않으며, 의료 사업이 제대로 갖추어지지 않은 것 등 때문이었다."[26]

---

22 顾正钧, 「为开展反细菌战而斗争」(1942. 1. 4.), 北京军区后勤部党史资料征集办公室 编, 『晋察冀军区抗战时期后勤工作史料选编』, 军事学院出版社, 1985, 504쪽 참조.

23 刘鲁, 「鼠疫在河曲」, 『解放日报』, 1942. 7. 30., 4쪽.

24 苏枫, 「廣泛开展防疫卫生运动一边区召开卫生联席会」(1942. 3. 8. 『晋察冀日报』), 北京军区后勤部党史资料征集办公室 编, 『晋察冀军区抗战时期后勤工作史料选编』, 509 참조.

25 「瘟疫为什么在农村流行」, 『太岳日报』, 1940. 8. 3., 1쪽.

26 张平凯, 「开展卫生运动」(1941. 2. 24., 『抗敌三日刊』 第274期), 北京军区后勤部党史资

"수천 년 동안 위생에 신경 쓰지 않는 것이 습관이 되어 질병이 쉽사리 광범위하게 전염되었다."[27]

동시에 당시 선전에는 부대나 지방 당국이 위생 사업에 충분히 주의를 기울이지 않은 것을 경고하고 비판하는 글도 있었다. "오늘날 당정군(黨政軍)의 위생 사업에서 변구 정부(邊區政府) 이하, 특히 대중 위생 업무는 매우 취약한 부분이라고 인정해야 할 것이다."[28] "위생 방역 업무를 소홀히 하거나 충분히 수행하지 않으면 역병 현상이 확대될 수 있다."[29] 진차지(晋察冀: 산시, 차하르, 허베이) 군사 구역 사령관 녜룽전(聶榮臻)은 심지어 공개적으로 여러 부대와 부속 병원의 위생 업무를 비판했다. "그저 형식적이며, 사병 생활의 고통에는 털끝만큼도 관심이 없고 의료 업무의 수준은 더욱 떨어진다."[30] 당시 중국 공산당 각 군사 구역에서는 비슷한 상황이 보편적으로 존재했는데, 예를 들어 지루위(冀鲁豫: 허베이, 산둥, 허난) 군사 구역의 위생 사업은 이와 같은 상황이었다. 의료 간부는 "부상병의 고통과 사활에 그다지 관심이 없고, 치료가 제때 이뤄지지 않고 수술이 적합하지 않아 완치가 늦어지며, 장애·사망률을 증가시켰다."[31] 그러나 이러한 비판과 자기반성은 의료진에 대한 정치적 불신임을 표현하려는 목

料征集办公室 编, 『晋察冀军区抗战时期后勤工作史料选编』, 460쪽 참조.

27 「边区卫生处防疫队返延安总结工作」, 『解放日报』, 1941. 8. 17., 2쪽.

28 「从速开展边区卫生工作」, 『新中华报』, 1940. 7. 12., 3쪽.

29 「关于开展卫生运动的指示(1941. 10. 30.)」, 北京军区后勤部党史资料征集办公室 编, 『晋察冀军区抗战时期后勤工作史料选编』, 475쪽 참조.

30 「聂荣臻司令员在军区卫生会议上的讲话(1942. 1.)」, 北京军区后勤部党史资料征集办公室 编, 『晋察冀军区抗战时期后勤工作史料选编』, 491쪽 참조.

31 「冀鲁豫军区1943年上半年卫生工作指示(1943. 2. 1.)」, 何正清 主编, 『刘邓大军卫生史料选编』, 31쪽.

적 외에도 군민이 위생 사업의 중요성을 깨달아 질병 확산에 따른 부대나 변구 군민의 손실 확대를 예방하려는 목적도 있었고, 나아가 의료진이 본연의 업무를 진지하게 할 것을 경고하고 훈계하기 위해서였다.

실제로 어떠한 선전이든지 이 시기 중국 공산당 위생 업무의 목표와 선전 책략은 매우 분명하고 명확했다. 바로 위생의 정치성, 계급성, 그리고 이데올로기적 역할을 강조하고, 군사 투쟁과 현실의 정치 요구를 중심에 놓고 위생 임무를 전개해야 하며, 특히 사병과 대중이 위생의 중요성에 유념하도록 일깨우는 것이었다. 이를 위해 여러 가지 대중 위생 운동을 일상적으로 전개했다. "우리는 반드시 알아야 한다. 위생에 주의하는 것, 질병의 전파를 방지하는 것, 소비에트 지구의 고생하는 모든 노동자·농민 대중의 건강을 보호하는 것에 더욱 박차를 가하는 것은 지금 적과 사생결투를 하는 긴급한 시기에 매우 중요한 일이다. 이는 혁명의 역량을 증가시키고 강하게 한다."[32] 따라서 소비에트 지구 내 모든 개인의 건강은 매우 중요했다. "소비에트 지구의 일부 노동자·농민이 병을 앓는 것은 노동자·농민 개인의 고통의 문제일 뿐만 아니라, 적과의 전투에 목숨을 건 대오 가운데 어느 한 사람이 전선에서 물러났다는 의미임을 알아야 한다. 만일 이 노동자·농민 동지가 병사했다면, 그것은 곧 적의 총에 우리 전투원이 죽은 것과 같다. 분명한 것은 대중 자신의 고통을 없애고, 적에 대한 우리의 전투력을 증가시키기 위해 전 소비에트 구역 내 모든 더러움, 질병과 투쟁하며, 노동자·농민 대중 자신의 머릿속에 남아 있는

32 「<红色中华>社论·加紧防疫卫生运动(1933. 2. 13.)」, 高恩显等 编, 『新中国预防医学历史资料选编』 第1卷, 67쪽.

완고함, 수구, 미신, 불결한 사상 습관과 투쟁하는 것을 하루도 늦추어서는 안 된다는 것이다."[33] 이를 위해 반드시 대중을 충분히 동원하고, "날마다 행하고, 달마다 행하고, 해마다 거둬들이며, 집집마다 행하고, 향촌마다 행하고, 각각의 시장마다 행하고, 도시마다 행해야 한다. 이 위생 운동은 대중의 생활과 생명을 보장하는 것이다."[34] 대중에게 위생 사업의 의의를 분명히 이해시키는 것은 위생의 명분을 빌려 이데올로기를 주입하고 정치 동원을 용이하게 하기 위한 것이었다. "군중이 위생 방역을 이해하는 것은 계급 전쟁 역량을 공고히 하고 혁명전쟁을 쟁취하는 강력한 열쇠이며, 위생 방역을 보편적·자발적으로 실행할 수 있게 하는 것이다."[35]

이 시기에 중국 공산당은 속성의료위생학교나 양성반을 설립하는 것에 주의를 기울이기 시작하여 전시 임무 환경에 알맞은 의료진을 양성했다. 동시에 외국 의료단 및 적십자회의 원조를 받아들이기도 하여 대량의 약품과 의료기구를 획득하고 양의와 양약을 위주로 하는 의료기구와 의학교를 세웠다.[36] 1939년 11월에는 특히 양의를 중심으로 하는 "최고의 모범" 중앙의원(中央醫院)을 세웠다.[37] 중국 공

---

33 「卫生运动纲要(1933. 3.)」, 恩显等 编, 『新中国预防医学历史资料选编』 第1卷, 71쪽 참조.

34 「卫生运动纲要(1933. 3.)」, 恩显等 编, 『新中国预防医学历史资料选编』 第1卷, 71쪽 참조.

35 「卫生防疫问题决案四中代表大会通过(약 1933. 3-6.)」, 高恩显等 编, 『新中国预防医学历史资料选编』 第1卷, 82-83쪽 참조.

36 라오정시(饶正锡)의 「抗战时期的军委卫生部」와 쑨이즈(孙仪之)의 「抗战中卫生战线的统战工作」은 모두 중국인민해방군역사자료총서편집위원회(中国人民解放军历史资料丛书编审委员会)의 『后勤工作·回忆史料』 第1册, 616-635쪽에 수록되어 있다.

37 两院院史研讨会筹备组 编, 『延安中央医院第一后方医院纪事』, 两院院史研讨会筹备组, 1992. 10., 11쪽.

산당은 적극적으로 서양의학을 도입·보급하는 동시에 현실의 수요를 해결하기 위해 부득이하게 중의와 중약의 대대적인 도움을 받아 양의와 양약의 부족을 보충했다. 또한 의사들이 "중약 운용에 올바른 인식을 가져" 중약을 경시하는 태도를 바로잡고, 중약을 경시하는 경향에 "인정사정없이 투쟁할" 것을 호소했다. 이는 "사용할 (의료)기기와 양약을 충분히 얻는 것은 이미 불가능"했기 때문으로, "이 어려움을 이겨내려면 자력갱생해야 한다. 중국 역사의 유산을 받아들여 수천 년 경험으로 얻어낸 중약을 대량으로 채용함으로써 양약을 대신해 질병을 치료하고 우리 근거지 내 항일 군민의 건강을 보호해야 한다"[38]고 했다. 예를 들어 129사단의 위생 부장 첸신중은 특별히 다음과 같이 공표했다. "양약 만능주의를 반대하고, 토산 중약 사용을 제창하고, 또한 중약의 성능과 효용을 연구하고 처방을 모으며 민간 처방전에 사용된 약을 채집하고, 중약 제조를 발전시키며(타위웨(太岳)에 제약 공장을 세운 것), 창조정신을 제창·장려하고 중약 경시 풍조를 반대한다."[39] 물론 이처럼 중의와 중약을 대거 채택한 것은 부득이했기 때문인데, 가장 큰 이유는 양약이 부족했기 때문이다. "중의학과 중약 연구를 강화하고, 중의학과 중약의 우수한 부분을 점차 과학화하여 변구의 실제 환경의 필요에 적합하게 하며, 동시에 양의가 부족한 어려움을 없앤다."[40] 중국 공산당으로서는 중의를 사용하고 중약의 치료 효과를 신뢰하는 모습을 보임으로써 정치적 효과를 거둘 수

38 杜伯华, 「科学地大量运用中药」(1941. 6. 23., 『抗敌三日刊』 第307期), 北京军区后勤部党史资料征集办公室 编, 『晋察冀军区抗战时期后勤工作史料选编』, 468쪽 참조.

39 钱信忠, 「钱信忠部长在全区卫生工作会议上的发言(1941. 7.)」, 何正清 主编, 『刘邓大军卫生史料选编』 116쪽. 다음을 참고, 钱信忠, 「一二九师及晋冀鲁豫军区的卫生工作」, 北京军区后勤部党史资料征集办公室 编, 『后勤工作·回忆史料』 第1册, 649쪽.

40 「边区政府委员会会议讨论卫生工作」, 『解放日报』 1941. 5. 30., 2쪽.

도 있었다. “중의에도 장점이 있는데, 대중의 풍습에 알맞고 대중과 연계되어 있으며 진료 태도가 신중하고 세심하다.” 양의는 다소 “서양풍”이며, 소박하지 않고 인민 대중과 거리가 있었다.[41] 중약을 운용하는 방법은 계급, 민족주의 및 근거지 자력갱생 운동과도 관련지을 수 있었다. “오늘 우리가 자력갱생하고 어려움을 해결하려면 반드시 중약을 사용해서 문제를 해결해야 하는데, 중약을 쓰는 것은 진정으로 병을 치료하려”는 것이지 그저 양약을 대신하는 임시방편으로 여기고 대충 때우려고 하면 안 된다고 보았다.[42] 더욱 중요한 것은 “우리가 반식민지적 의약의 지위에서 벗어나려면, 반드시 중약을 연구하고 수입품(양약)의 사용을 가능한 한 줄여야 한다”는 것이었다.[43]

마오쩌둥도 위생 사업에 대해 비슷한 견해를 나타냈던 적이 있다. 일찍이 루이진(瑞金) 중앙소비에트 지구에서 창강향(長崗鄉)을 조사 연구할 때 마오쩌둥은 조사 보고에서 다음처럼 말했다. “질병은 소비에트 지구의 큰 원수이다. 왜냐하면 우리 군의 혁명 역량을 약화시키기 때문이다. 창강향처럼 대규모 군중 위생 운동을 일으켜 질병을 감소시키고 소멸하기에 이르는 것은 모든 향 소비에트의 책임이다.”[44] 1934년 1월 27일, 마오쩌둥은 다시 한번 “홍군의 공급을 충실히 하는 것, 전선 연락과 후방의 군사 수송을 조직하는 것, 군사의 위생과 의료를 조직하는 것은 모두 혁명 전쟁에 있어서 결정적 의의를 지닌

---

41 钱信忠, 「钱信忠部长在医生座谈会上关于中西医结合问题的发言(1945. 5. 1.)」, 何正清 主编, 『刘邓大军卫生史料选编』, 570–571쪽.

42 「聂司令员在军区扩大卫生会议上的结论(1942. 12.)」, 华北军区后勤卫生部 编, 『华北军区卫生建设史料汇编』, 华北军区后勤卫生部, 1949. 10., 12쪽 참조.

43 「关于1947年卫生工作的指示(1947. 2., 晋冀鲁豫军区)」, 华北军区后勤卫生部 编, 『华北军区卫生建设史料汇编』, “医政类”, 67쪽 참조.

44 「长岗乡调查(1933. 12. 15.)」, 毛澤東, 『毛泽东选集』, 143–144쪽.

사업이다"라고 지적했다.[45] (홍군이) 막 옌안에 도착했을 때 마오쩌둥도 일찍이 옌안 대청소에 참가한 군대에게 "위생에 유념하고 신체를 건강하게 하는 것은 국방 역량을 증가시키는 것이다." "위생 운동은 한 개인의 일이 아니라 모두가 함께해야 하는 일이다"라고 공개적으로 말했다.[46] 또한 마오쩌둥은 군대의 병참 보급과 의료 방면에 대해서도 다음과 같이 생각했다.

> 겨우 소수 기관 부대의 양의에게 의지하는 것은 불가능하다. 기관 부대를 위해 복무하는 것은 매우 중요하고 양의는 중의보다 더 과학적이다. 그러나 양의가 이와 같은 상황에서 인민에게 관심을 기울이지 않고, 변구 인민을 위해 더 많은 양의를 훈련시키지 않으며, 변구의 천여 명의 구식 의사 및 구식 수의사와 연합하지 않고, 그들을 개조하는 것을 돕지 않는 것은 실제로는 무당을 돕고, 변구의 인민과 가축이 죽는 것을 돕는 것이다. … 우리의 임무는 모든 사용 가능한 옛 형식, 옛사람, 구식 의사와 연합하여 그들을 돕고, 감화시키고 개조하는 것이다.[47]

---

45 「关心群众生活, 注意工作方法(1934. 1. 27.)」, 辽寧省卫生厅『革命到底』战斗队『私批修』战斗组 编, 『卫生工作重要文献汇编』, 구체적 출판 정보는 불상, 6쪽 참조.

46 「延城的卫生运动周」, 『新中华报』, 1937. 3. 23., 4쪽.

47 毛泽东, 「在边区文教大会上的讲演(1944. 10. 30.)」, 新湖大革命造反临时委员会宣传部, 『战无不胜的毛泽东思想万岁』 第2册, 武汉, 1967, 269-270쪽. 이 글은 일찍이 「文化工作中的统一战线」(1944. 10. 30.)이란 제목으로 1953년판 『毛澤東選集』 第3卷(人民出版社, 1953)에 수록되어 있다. 그러나 이 판본에는 이미 큰 변화가 있는데, 예를 들어 "西醫(양의)"는 "新醫(신의)"로 고쳐져 있고, "기관, 부대를 위해 복무하는 것이 매우 중요하다(为机关部队服务是很重要)" 등의 말은 삭제되었다. 킴 테일러(Kim Taylor)는 이 말을 인용할 때 이 문제에 전혀 주의를 기울이지 않았고, 따라서 그는 분명히 마오쩌둥이 중의(中醫), 양의(西醫)를 언급하지 않고 구의(舊醫), 신의(新醫)를 썼다는 입장

이러한 상황을 변화시키기 위해 마오쩌둥은 심지어 구체적인 실현 목표를 제시하기까지 했다. "위생을 제창해야 하고, 변구의 향마다 작은 보건소를 세워야 한다."[48] 얼마 후 마오쩌둥은 다시 "전제주의는 인민이 우매해야 이롭고, 우리는 인민이 총명해야 이롭다. 우리는 모든 인민이 능히 점차 우매한 상태와 비위생적 상태를 벗어날 수 있게 할 것이다. 각지 정부와 당 조직은 모두 응당 신문, 학교, 예술, 위생의 네 가지 문화·교육 사업을 자신의 일정 안에 두어야 한다"고 호소하여 쉽게 동조를 얻었다.[49] 훗날 정식 정치 보고에서 마오쩌둥은 다시 특별히 "이른바 교육의 보급, 대중 문예, 국민 위생이 3억 6,000만 농민에게서 유리되었으니, 어찌 대부분 빈말이 된 것이 아니겠는가?"[50] "응당 적극적인 개혁과 치료 방법을 강구하고 국민 위생 사업을 널리 보급해야 한다"[51]고 했다. 갖가지 선전과 표방은 매우 매력적이었고, 마오쩌둥과 중국 공산당은 이를 빌어 인심을 쟁취할 것을 기대했으며, 민중이 중국 공산당의 통치를 인정하고 나아가 공산당 군대의 작전을 직접 도와 생산 자구 운동(生産自救運動)에 더욱 잘 참여할 것을 호소했다.

이었다. Taylor, Kim, *Chinese Medicine in Early Communist China, 1945-63: A Medicine of Revolution*, 2005, pp.16-17 참조. 마오쩌둥의 연설문 원문은 「文教统一战线方针」, 『毛泽东选集』, 998쪽 참조.

48 「在延安大学开学典礼上的讲话(1944. 5. 24.)」, 新湖大革命造反临时委员会宣传部, 『战无不胜的毛泽东思想万岁』 第1冊, 武汉, 1967. 8., 72쪽.

49 「1945年的任务-- 在边区参议会演说(1944. 12. 15.)」, 新湖大革命造反临时委员会宣传部, 『战无不胜的毛泽东思想万岁』 第1冊, 76쪽. 이 글은 후에 「在陕甘寧边区参议会上的演说(1944. 12. 15.)」이라고 이름 붙여졌다.

50 毛泽东, 「论联合政府(1945. 4. 24.)」, 『毛泽东选集』, 333쪽.

51 毛泽东, 「论联合政府(1945. 4. 24.)」, 『毛泽东选集』, 338쪽. 이 글의 문구와 나중에 나온 판본에서 「论联合政府」의 구절 사이에는 차이가 있다.

2. 실천을 통해 살펴보기

당시 옌안은 일찍이 마오쩌둥과 중국 공산당 중앙의 호소에 호응하여 수많은 위생 운동과 위생 대회 활동을 개시했으나, 이러한 선전 중에는 실천과 괴리되고 맹목적으로 답습한 부분이 허다하여 구체적 실행에 있어 "주관주의와 목표를 지나치게 높게 잡아 현실과 맞지 않는 현상이 여전했다." 예를 들어 대중을 동원하여 보편적으로 마스크를 쓰게 하면 농민은 농사를 지을 때 호흡이 곤란하게 될 것이고, 농민에게 1년에 네 번 침구를 세탁할 것을 요구하면 침구의 질이 떨어지고 세탁 횟수가 많아질 경우 낡아버릴 것이며, 파리를 잡아 팔아서 돈으로 바꾸라고 대중에게 호소할 때, 또한 파리가 전염시키는 것을 그들에게 알려주지 않아서 사람들이 일일이 손으로 세어보았으니 대개가 이와 같았다. 당시 중앙의원 원장이던 푸롄장은 일찍이 전문적으로 이 일을 조사하고, 비판과 개선안을 제기하여 "표면상의 업무에만 신경 쓰며, 깊이 들어가 조사하지 않고 목표만 높게 설정하며 조급증을 내는 현상"에 반대했다.[52]

간단히 말하자면, 실제 조건의 한계 때문에 당시 누차 제창했던 위생 운동은 대부분 옌안 같은 정치 중심에서 표어를 붙이고, 선전을 하고, 위생 강좌와 위생 전람회를 개최하고, 위생 시합을 열고, 위생대를 조직하고, 위생 청소를 진행하고, 종두 접종과 예방 접종을 하고, 신식 화장실을 건설하고, 파리 잡기와 손 씻기를 독려하고, 병든 돼지와 죽은 돼지고기류의 판매를 금지하는 일에만 주로 머물렀을

52 「傅连暲同志批评目前卫生工作中的缺点」,『解放日报』, 1944. 5. 24., 2쪽. 다음을 참조, 孙维岳,「忆傅连暲同志二三事」, 本书编委会 编,『白衣战士的光辉篇章』, 陕西人民出版社, 1995, 65쪽.

뿐 옌안 지역 근처의 농촌들조차 두루 다루지 못했다. 샤오쥔(蕭軍)이 직접 관찰한 것에 근거한다면, 옌안에서 10리 정도 떨어진 몇몇 농촌은 "마치 1,100리는 떨어진 것과 같아서, 이곳의 인민들은 군량과 마초(馬草)를 보내는 의무를 제외하면 어떠한 정치적·문화적 선전도 거의 접하지 못한 듯하고, 그들과 이 혁명 정부에 어떠한 사상이나 감정 등의 관련도 보이지 않은 듯하다. 신문도 없고, 일상적 선전도 없고, 한마디로 정부나 당의 사업이 어디에 있는지 보이지 않는다. 선전이 아래까지 깊이 침투하지 못하고, 보편적이지 못하고, 일상적이지 못하며, 형식주의 … 라는 것이 완전히 드러난다."[53] 요컨대 옌안 전체에는 시급히 해결해야 할 중심 문제가 세 가지 있다. (바로) 의사, 약품, 교육이 모두 매우 부족하다는 것이다.[54] 중국 공산당이 때때로 약간의 의료대를 조직해 하향시켜 심지어 어느 정도 성과를 취득하기도 했지만 이러한 잠시의 조치는 소용이 없었고, 위생 사업의 중점은 그저 옌안과 그 부근 지역에 있었으며, 조금 멀리 떨어져 있는 다른 현과 향촌 지구의 위생 상황에 대해서는 관심이 부족하여 위생 사업의 영향과 그 개선은 일시적이면서 제한적이었다.[55] 일단 전염병이 유행하면 곧 수많은 사람이 감염되고, 병원과 의사가 부족하고 약품도 부족하며, 어떤 위급한 병에 대해서는 효과적인 치료를 받지도 못하고, 일부 의사는 책임감이 부족했다. 하물며 위생 상황이 상대적으로 좋은 옌안이라 하더라도 잠시 유행성 질병이 발생하면 환자 사

53 萧军, 『延安日记』 下卷, 牛津大学出版社, 2013, 284쪽 참조.

54 「本市伤寒痢疾流行」, 『解放日报』, 1941. 10. 17., 4쪽; 秋星, 「加强卫生医疗工作」, 『解放日报』, 1941. 10. 25., 4쪽; 「人命关天」, 『解放日报』, 1942. 3. 4., 4쪽; 「本市定六月十二日举行卫生动员大会」, 『解放日报』, 1944. 5. 24., 2쪽.

55 「从速开展边区卫生工作」, 『新中华报』, 1940. 7. 12., 3쪽; 「边区半年来卫生工作展开」, 『解放日报』, 1941. 10. 4., 4쪽; 徐根竹, 「防疫工作的报告」, 『解放日报』, 1944. 5. 18., 4쪽.

망률이 매우 높았는데, 예를 들어 1944년 1월에서 4월 사이에 옌안에 발생한 몇몇 유행성 질병으로 인해 108명의 시민이 사망한 사건이 있다.[56] 위생에 주의하지 않아서 전염병에 걸려 죽은 옌안 사람 중에는 특히 이재민이 매우 많았는데, 매년 평균 528명이었다.[57]

옌안조차 이러하니 산시 북부 근거지의 옌안 외 지역의 위생 상황이 어떠했을지 짐작하기란 어렵지 않다. 예를 들어 『제팡르바오(解放日報)』에 실린 안싸이(安塞) 위생 실험구에 대한 상황 조사에 따르면, 그곳은 "20여 개의 마을, 397개 가구(戶), 인구 1,587명으로 구성되었으며, 이 중 병자는 543명이고 전체 인구의 34%가 건강하다. 1,607명의 아이가 태어났으나 1,001명이 죽어 63%를 잃었으며, 살아 있는 아이도 대부분 병에 걸려 있다."[58] 이러한 통계는 어쩌면 민중을 교육하여 위생의 중요성을 깨닫게 하기 위해 과장된 면도 있겠지만, 이 지역의 반년 후의 통계 결과가 상황이 여전히 심각함을 뚜렷이 드러내기 때문에 당시의 열악한 상황이 결코 의도적으로 과장된 것은 아님을 보여준다. "두 행정구의 인구가 도합 1만 6,333명인데, 환자가 4,956명으로 30% 이상이다. 어떤 사람은 1년을 앓았고, 어떤 사람은 2~3년 또는 7~8년을 앓는 등 제각각이다." 두 행정구에는 겨우 중의 2명이 있을 뿐인데, "실험구의 모든 약품은 그저 몇 가지 구급약일 뿐이었다. 비단 종류가 적을 뿐 아니라 수량도 부족했다. 지역 전체에 환자 5,000명이 있고 환자마다 모두 약이 필요했으나 공급이 수요에 못 미치고…", "사망자 수는 여전히 생존자보다 많았다." "작년 반년 동안 전 실험구는 어린아이 480여 명을 공동 양육했지만, 전체

---

56 傅连暲, 「群众卫生工作的一些初步材料」, 『解放日报』, 1944. 4. 30., 4쪽.

57 张铁夫, 「医务界的创作--记延安市卫生展览会」, 『解放日报』, 1944. 7. 23., 2쪽.

58 「安塞卫生试验区调查结果」, 『解放日报』, 1941. 6. 15., 2쪽.

인구의 36%에 달하는 601명이 사망했고, 여기서 아동 사망률은 약 82%, 성인 사망률은 약 8%, 노인 사망률은 약 5%를 차지한다. …”[59] 옌안을 방문한 국민당 통치 지역의 기자가 한 관찰과 조사에 따르면 이러한 현상은 틀림없이 존재했다. 기자 자오차오거우(趙超構)의 관찰에 따르면 “향촌의 위생 사정은 여전히 매우 열악하고”, “옌안시 근처 ‘한자야오쯔(韓家窑子)’촌의 조사를 예로 들자면 이 촌의 18개 가구 부녀 16명 중 13명은 생리불순을 겪고, 두 가지 병을 앓는 이가 4명, 세 가지 병을 앓는 이가 2명, 네 가지 병을 앓는 이가 1명 있다. 유전병을 앓는 이도 4명 있다. 영아의 사망률은 60%에 달하고, 여성 11명이 아이를 48명 낳았는데 그 가운데 29명이 죽었고, 현재 17세 이하 아이는 21명이 남았다. 병을 앓고 있는 아이가 6명이고, 영양에 관한 지식은 하나도 없다. …”[60] 당사자의 기록도 이러한 상황을 증명한다. 예를 들어 셰줴짜이의 일기에는 옌안 일대 위생 사정의 열악함 및 중국 공산당이 위생 동원 사업을 끊임없이 강화했던 사실이 적지 않게 적혀 있다.[61] 또 샤오쥔도 이전에 일기에서 그가 하방(下放)된 옌안현에 속한 “녠좡(碾莊), 곧 옌안에서 겨우 20리 떨어져 있는 마을”에 대해서 썼다. 그곳은 위생 조건이 매우 열악하고 마을에는 의사조차 하

---

59 江萍, 「死的倒比生的多--安塞卫生试验区调查」, 『解放日报』, 1942. 3. 4., 4쪽.

60 赵超构, 『延安一月』, 南京《新民报》股份有限公司, 1944. 11., 179쪽. 이 책은 옌안 정권을 찬미하는 내용이 대부분이고 마오쩌둥 등 중국 공산당 지도자를 매우 환영하는 내용이어서 후에 국민정부에 의해 금서가 되었다. 그러나 셰줴짜이(謝覺哉)는 일기에서 이 책이 “옌안은 개성이 없다”고 한 논조에 대해 불만스러워했다. 1944년 여름 자오차오거우를 비롯해 국민당 통치 구역 기자와 일부 외신 기자들이 단체로 옌안을 방문한 정황에 관해 샤오쥔의 일기에도 몇 가지가 기록되어 있는데, 샤오쥔과 자오차오거우의 언쟁에 관한 기록도 있다. 谢觉哉, 『谢觉哉日记』 下册, 人民出版社, 1984, 777쪽; 萧军, 『延安日记』 下卷, 456-457쪽 참조.

61 谢觉哉, 『谢觉哉日记』 上册, 641, 695-696쪽 등.

나 없고, 농민들은 위생 상식도 부족하며 영아 사망률은 매우 높았다. 마을 사람들이 아편을 사고팔고 피우는 현상도 비교적 심각했다.[62] 샤오쥔은 하향했던 3개월 동안 현지 아이들 10여 명을 알았는데, 1년 후 그곳에 다시 방문했을 때 뜻밖에도 대부분이 요절한 것을 알게 되었다.[63] 설령 당시 류보청(劉伯承)과 덩샤오핑(鄧小平)의 129 사단 같은 작전 부대라 할지라도 위생 업무에는 큰 문제가 있었는데, 의료진의 수준이 비교적 낮았으며 수적으로도 부족했다. "부대의 위생 업무는 매우 부실했고 위생 교육은 그다지 성과를 내지 못했다. 위생 업무에 대한 관심도 부족했으며, 군인과 민간인 사이에 서로 질병이 전염되고, 구체적이고 적극적인 예방법이 거의 사용되지 않았다."[64] 녜룽전이 이끈 진차지 군사 구역의 위생 사업에도 마찬가지로 "치료를 대충하고, 인명을 가벼이 여기고, 환자에 관심을 갖지 않고, 횡령하고 낭비하는" 등의 문제가 있었다.[65]

구체적인 개인의 생활을 보면 물질 조건이 열악하고, 더욱이 생활 방식이 배급제였기 때문에 옌안의 일상생활에서 일반인은 "위생을 말할 수 없을 정도였는데", 옷을 세탁하는 것에서 화장실에 가는 것, 목욕을 하는 것에 이르기까지 모두 그러했다. 그저 셰줴짜이가 말한

---

62 이 시기 옌안 근처 향촌에서의 샤오쥔 일가의 생활은 다음을 참조. 萧军, 『延安日记』 下卷, 270-359쪽; 王德芬, 「我和萧军在延安的生活」, 任文 主编, 『延安时期的日常生活』, 陕西师范大学出版社, 2014, 59쪽. 샤오쥔의 일기와 대비해볼 때 왕더펀(王德芬)의 회고록은 허언이 많긴 하지만, 샤오쥔 일기의 내용을 증명해줄 수 있는 소소한 생활상들도 꽤 많다.

63 萧军, 『延安日记』 下卷, 673쪽 참조.

64 「一二九师卫生部工作之决议(1941. 3.)」, 何正清 主编, 『刘邓大军卫生史料选编』, 113쪽 참조.

65 「聂司令员在军区扩大卫生会议上的结论(1942. 12.)」, 华北军区后勤卫生部 编, 『华北军区卫生建设史料汇编』, 9쪽.

것처럼 "먼저 정신의 위생을 구한 다음에 물질의 위생을 구한다"고 할 수밖에 없었다.[66] 그리고 몇몇 지식인 여성의 기억에 따르면 옌안의 여성 혁명가는 "평소에 머리를 감고 목욕을 하기가 매우 곤란해서 머리와 몸에 이가 생기기 마련이었고", 겨울 내내 전혀 목욕을 하지 못하고 겨우 여름밤에 옌허(延河)에서 목욕을 할 수 있을 뿐이었다고 했다.[67]

지위가 다소 높았던 여성 혁명가가 이러하니 옌안과 변구 내 다른 외진 곳의 일반인들 사정은 더욱 짐작할 만하다. 마음속으로 추방당했다는 정서를 가졌던 샤오쥔은 하방된 향촌에서 일찍이 다음과 같은 실태를 목격했다. "이곳의 주민들은 그저 국가에 의무를 다한다는 책임을 느낄 뿐 권리의 혜택은 누려보지 못하는데, 예를 들어 군량과 마초 및 하루 품의 노동과 같은 작업을 제외하고 그 나머지 문화, 위생, 교육은 … 이곳에서는 볼 수가 없다(죽은 아동의 숫자로 알 수 있다)!"[68] 이와 같은 병사(病死)의 사례가 곳곳에 있었고, 이는 근거지의 인력 비축과 생산 건설 활동을 심각하게 위협했기 때문에 중국 공산당의 어느 위생 간부는 물자 우선의 시각에서 "재화는 늘었는데 사람은 줄어들었다"면서, 위생 문제로 인해 늘 옌안의 인민들이 무의미하게 죽게 되었으므로 발생한 손실과 낭비가 매우 크다고 한탄했다. "노동력이 감소했고 양식이 소모되었는데, 이는 그저 위생에 주의하지 않았기 때문에 일어난 매우 억울한 손실이다. 만일 이만한 양식이

66 谢觉哉, 『谢觉哉日记』 上册, 410쪽.

67 왕중팡(王仲方)의 「在窑洞之城生活的人们」, 저우수캉(周叔康)의 「终身难忘的岁月」, 왕더펀(王德芬)의 「我和萧军在延安的生活」 참조. 이 세 편의 글은 모두 다음에 수록되어 있다. 任文 主编, 『延安时期的日常生活』, 9, 45, 52쪽.

68 萧军, 『延安日记』 下卷, 293쪽.

소모되지 않는다면, 다음에 열거한 어떠한 사업이든 처리할 수 있다. 즉 소학교 40개, 대중합작사 20개, 방적공장 15개, 병원 10곳을 충분히 운영할 수 있다. 그리고 사람들이 죽지 않는다면 이들이 또 장차 우리 변구를 위해 얼마나 많은 것을 생산해낼까!"[69]

이처럼 부득이하게 쉬운 것은 피하고 어려운 것을 골라 해야 한다는 위생 관념 모델이 전달되어, 전시에 기술로서의 위생 그 자체의 가장 중요한 역할은 군사 투쟁, 당, 정치, 생산을 위해 봉사하는 것이었고, 전쟁과 생산에 참여하는 개인의 신체가 의지할 수 있는 후방 지원을 제공하여 뒷일에 대한 모두의 걱정을 더는 것이었다. "민중의 건강은 정치적으로 매우 의미가 크다. 그것은 당, 군대와 변구를 공고히 하고 향상시키는 것과 모두 밀접한 관계가 있으니 절대 경시할 수 없다."[70] "항전을 견지하게 만드는 주요 요소는 사람, 즉 건강한 사람이다. 건강한 사람이 없다면 어떠한 투쟁도 달성할 수 없다. 군대에 건강한 전투원이 없다면 곧 싸우지 못한다. 정부와 군중 단체에 건강한 업무 인원이 없다면 그 조직은 작동할 수 없다. 항일 근거지 중에 건강한 대중이 없다면 항일 근거지의 역할을 하지 못하고 항일 근거지가 될 수도 없다."[71] 예를 들어 팔로군(八路軍)의 어느 부대는 1942년의 반소탕(反掃蕩) 과정에서 위생 업무를 중시하지 않아 "환자가 매우 많이 발생했고 병원의 활동에도 심각한 영향을 미쳤으며 부대의 전투력을 약화시켰다."[72] 설령 전문적으로 중국 공산당 고위

69 铁夫, 「医务界的创作--及延安市卫生展览会」, 『解放日报』, 1944. 7. 23., 2쪽.

70 「从速开展边区卫生工作」, 『新中华报』, 1940. 7. 12., 3쪽.

71 「卫生问题」, 『太岳日报』, 1940. 8. 3., 1쪽.

72 「第十八集团军野战卫生部范扫荡卫生工作指示(1943. 10. 25.)」, 何正清 主编, 『刘邓大军卫生史料选编』, 162쪽.

간부를 위해 복무하는 보건위원회일지라도 그 목적은 다음과 같았다. "간부의 건강을 책임지기 위해 신체가 쇠약한 사람은 꼭 필요한 영양을 유지하여 업무의 효능을 달성하고, 나아가 혁명 사업의 발전을 증진하며, 간부의 열성과 타고난 재질을 발양하여 모든 혁명 역량을 발전시켜 적과의 전쟁에서 승리하고 혁명에서도 철저하게 승리를 거둔다."[73] 따라서 군대의 위생 부문은 병자의 신체 건강을 위한 모든 원칙을 반드시 굳게 지켰고, 의료진에게 "정치적 심화 교육을 진행하고, 오늘날 팔로군의 모든 전사가 결코 진료가 부주의하여 치료할 시기를 놓치거나 장애를 남기는 일이 있어서는 안 된다는 것과 장애가 하나라도 심해지거나 희생이 하나라도 더 있으면 그만큼 혁명 역량도 쇠약해진다는 진리를 알아야 하고, 혁명적 의료 전문가가 되어야 한다"고 반복해서 설명했다.[74]

그 외에도 (중공은) 선전에서 줄곧 위생의 전시 색채와 정치 역할을 강조했는데, 나아가 본래 그 수가 부족한 의료진을 정치적으로 그다지 신뢰하지 않았고, 심지어 지식인들로 구성된 의료인을 숙청하고 억압했다. 때문에 "고발 업무와 반혁명분자 숙청 투쟁을 강화한 것"은 곧 의료진, 특히 국민당 군대로부터 개편된 이들에게 극도의 스트레스와 부담을 주었고, 그들은 마음을 졸이며 감히 책임을 감당하거나 감히 약을 사용하지도 못하게 되었으며, 업무 열정도 떨어져 의료 업무에 실수가 빈발하게 되면서 결국 쉽게 반혁명분자로 간주되어 처벌받았다. "업무에 무책임한 이러한 태도는 이미 여러 가지

---

73 「真正建立其保健委员会的保健工作来(1940. 2. 15.)」, 北京军区后勤部党史资料征集办公室 编, 『晋察冀军区抗战时期后勤工作史料选编』, 423쪽.

74 「军区关于卫生部门政治工作几个问题的决定(1943. 6., 晋察冀军区政治部)」, 华北军区后勤卫生部 编, 『华北军区卫生建设史料汇编』, 5-6쪽.

용인할 수 없는 죄악을 낳았고 실제로 반혁명을 돕는 행위였다."[75] 이러한 상황은 이미 옌안 시기부터 지속되었고, 더욱이 수많은 이들이 위생 사업은 "출로가 없고",[76] 정치 활동을 하는 사람의 경우보다 정치적 전망이 없다고 여기게 되었다.[77] 이에 몇몇 전문 (의료) 인력이 스트레스를 견디지 못하고 부정부패, 비관, 무책임, 태업, 도주, 심지어 국민당 통치구에 투항하는 등의 현상이 나타났다.[78]

나아가 이 모든 비판을 검토하는 중에 나타난 개선 건의는 예외 없이 모두 의료진에게 사상 정치 교육을 강화하고 관련 지도자가 위생 사업을 중시하도록 일깨우는 내용이었다. 진차지 분구(分區) 위생부가 1941년 2월 24일에 발표한 검토문을 통해 관련된 정황을 추측해볼 수 있다. 이 검토문에서 중점을 둔 것은 "정치 교육 방면"에 문제가 있다는 것인데, 구체적으로 "간부뿐만이 아니라 간호사에 대한 정치 교육도 제대로 이뤄지지 못했다. 간호사가 정치상의 진보가 부족하니 업무에서도 그 책임감을 잘 발휘하지 못하여 부상병의 간호

---

75 「关于医院政治工作的训令(1934. 7. 10.)」, 高恩显等 编, 『新中国预防医学历史资料选编』 第1卷, 193-196쪽 참조.

76 「军区关于卫生部门政治工作几个问题的决定(1943. 6., 晋察冀军区政治部)」, 华北军区后勤卫生部 编, 『华北军区卫生建设史料汇编』, 6쪽.

77 당시 옌안 주재 코민테른(Communist International) 연락원 피터 블라디미로프(Peter Vladimirov)도 다음과 같이 관찰했다. 옌안 사람은 "지식이 천박하고", "또 일상 업무를 경시하고", "의학이나 무선 전보 업무 과정을 배우려는 사람이 너무 적은데, 이러한 학과는 빨리 승진할 수 있는 기회를 거의 제공하지 않기 때문이다." 블라디미로프의 1942년 8월 16일의 일기는 다음을 참조. 弗拉基米洛夫, 吕文镜等 译, 『延安日记』, 东方出版社, 2003, 53쪽.

78 다음을 참조. 「第十八集团军野战卫生部政治部反扫荡政治工作报告(1942. 7. 15.)」, 何正清 主编, 『刘邓大军卫生史料选编』, 820-821쪽; 「关于1948年卫生工作指示(1948. 1. 25., 晋冀鲁豫军区卫生部)」, 华北军区后勤卫生部 编, 『华北军区卫生建设史料汇编』, "医政类", 73쪽.

를 허투루 하고 세심히 보살피지 못했다. 이에 우리 부상병 동지가 그 영광된 부상과 장기간의 과로로 병을 얻어 휴양하는 기간에 응당 있어야 할 정신상·물질상의 안위를 얻지 못한다"라고 설명했다.[79] 따라서 이 검토문은 당의 지도와 정치 활동을 강화하고 "비(非)당원 전문가"를 신뢰하여 의료진이 "당과 상부"에 대한 책임, "당과 혁명"에 대한 책임을 지게 하고 "정치 교육을 강화하고 학습 제도를 엄격히 하며 후방의 비교적 안정적인 환경을 이용하며 정치 학습을 열심히 하게 하여 위생부 간부 전사의 정치 수준을 높이고 정치적으로 진보하게 하는 것이 시급하다. 이것이 모든 업무 진보의 선결 조건이다. 앞으로 의무(醫務) 간부는 업무에서 반드시 자신의 기술 수준을 끊임없이 향상시켜야 할 뿐만 아니라 특히 정치 학습에 주의를 기울여야 한다. 간호사에 대한 교육도 엄격히 하여 조금이라도 소홀히 하면 안 된다"고 했다.[80] 이러한 지도 아래 "창구 운동(搶救運動)"에서 많은 의료인이 심사·숙청당했고, 중앙의원의 종사자 335명 중 108명이 소위 "스파이", "매국노" 등 "딴마음"을 가진 자들로 적발되었다. "국민당 통치구에서 옌안으로 온 혁명 지식인과 지식 청년의 90% 이상에게 '스파이'의 딱지가 붙었다."[81]

이러한 의료진의 운명처럼, 몇몇 부상병도 마찬가지의 처지였다. 1934년 7월에는 왕자창(王稼薔=王嘉祥) 등이 총 정치부를 대표하여 「병원 업무에 관한 훈령」을 선포하며, 갑자기 홍군 각 병원에 분과별

---

79 「一分区卫生部工作的检讨(1941. 2. 24.)」, 北京军区后勤部党史资料征集办公室 编, 『晋察冀军区抗战时期后勤工作史料选编』, 463쪽.

80 「一分区卫生部工作的检讨(1941. 2. 24.)」, 北京军区后勤部党史资料征集办公室 编, 『晋察冀军区抗战时期后勤工作史料选编』, 464쪽.

81 赵炎 整理, 「毛主席和延安中央医院」, 本书编委会 编, 『白衣战士的光辉篇章』, 23쪽.

치료 경쟁 활동을 할 것을 요구했다.

> 부상병이 신속하게 건강히 퇴원하는 것을 목표로 삼아, 매월 경상자 60%와 중상자 15%를 퇴원시켜 사망자와 장애자 수를 최저 한도로 낮춰야 하며, 또한 완치된 부상병이 반드시 최고의 정치적 의욕을 갖고서 전방으로 돌아갈 수 있도록 책임져야 한다.

이 훈령은 비록 병원에 덮어놓고 "퇴원자 수 달성을 추구"해서는 안 된다고 요구했으나, 이러한 '숫자 정치'는 실제 집행 과정에서 자주 문제를 일으켰다. 서둘러 퇴원시켜 전선에 보내진 부상병은 "결국 며칠도 되지 않아 상처가 재발해서 병원으로 돌아왔다."[82] 1940년 1월 1일, 녜룽전도 진차지 군사 구역에서 "부상병의 퇴원율을 높이고 2월 이전에 2분의 1 이상의 퇴원 수와 부대 부상자 입원 수를 달성할 것"을 지시했다.[83] 의료 경쟁과 퇴원율 경쟁은 본래 부상병을 더욱 잘 치료하고 더 효과적으로 현재의 의료 자원을 사용하기 위한 것이었다. 그러나 물질 조건의 제한과 부상병 자체 상태의 한계에도 이러한 수치 달성의 요구만을 애써 강조한 것은 지나치게 눈앞의 성공에만 급급했을 뿐 아니라, 관련 군정 지도자가 전문적 의료 사업의 내용과 실제 의료 효과에 대해 전혀 알지 못했음을 반영한다. 그들은 종종 아무런 도움도 못 되었을 뿐만 아니라 도리어 부상병의 병세를 악화시켰고, 나아가 의료진의 정신적 부담과 업무 스트레스를 가중시켰다.

---

82 「训令(1934. 7. 10.)」, 高恩显等 编, 『新中国预防医学历史资料选编』 第1卷, 195쪽.

83 「晋察冀军区为巩固根据地的指示(摘錄)(1940. 1. 1.)」, 北京军区后勤部党史资料征集办公室 编, 『晋察冀军区抗战时期后勤工作史料选编』, 28쪽 참조.

여러 상황에서 당시의 위생과 의료 등의 활동은 결코 현실의 객관적 조건에 기초한 것이 아닌, 정황상의 필요와 정치적 올바름 때문에 부득이하게 발생한 것이었으며, 이로 인해 의료 사고가 빈번하게 나타나게 되었다. 옌안 주재 코민테른 연락원 블라디미로프도 옌안 중앙의원의 정황을 직접 목격하고 다음과 같이 기재했다. "중앙의원의 설비는 낡았고, 여러 분과의 대표는 모두 고등의학교육을 받아본 적이 없는 의사들이어서 실수가 잦고 환자를 사망하게 했다. 병원의 사망률은 매우 높았다."[84] 블라디미로프의 관찰을 보면 소련 "형님"의 우월감과 트집을 잡으려는 느낌을 피할 수 없지만 그 관찰은 대체로 틀리지 않았는데, 확실히 당시 옌안 의료 조건의 "낙후함"을 반영했다. 옌안의 "최고 의료기관"인 중앙의원이 이러하니 변구 내 다른 병원의 열악한 조건은 보지 않아도 알 수 있는 것이었다. 딩링(丁玲)이 1941년에 옌안의 『구위(谷雨)』 잡지에 발표하고 후에 비판을 받았던 「병원에서(在醫院中時)」라는 소설에서 드러난 것처럼, 주인공 루핑(陸萍)이 있는 지방 병원의 환경은 매우 열악했다. 특히 추운 겨울철에도 수술실에는 난방 시설이 없고, 군인 출신으로 의학은 전혀 모르는 비전문가 병원장은 루핑의 전문적인 권고를 듣지 않는다. "그저 고생해야 하는 것만을 알 뿐 치료와 간호 업무에 반드시 필요한 최소한의 조건조차 모른다." 환자를 수술할 환경도 갖추지 못했는데, 환자가 고통스러워하여 기어이 수술을 하려 하면 다시 "몇십 전을 아끼기 위해서 차라리 환자, 의사, 간호사가 모험을 하는 게 낫다"라고 한다.[85] 소설에 등장하는 엄숙하고 열심히 일하는 전문 의사 정펑(鄭

---

84 블라디미로프의 1942년 7월 1일 일기는 다음을 참조. 弗拉基米洛夫, 『延安日记』, 34쪽.

85 이 소설이 훗날 정식으로 발표될 때에는 「在醫院中」으로 이름을 바꿨다. 丁玲, 「在醫院中」, 张炯 主编, 『丁玲全集』 第4冊, 河北人民出版社, 2001, 234-253쪽. 인용문은 같

鵬)은 존중받지 못하고 발언권도 없었는데, 그가 당원이 아니었기 때문이다. 여기에서 딩링은 루핑의 입을 빌어서 반성한다. "그녀는 자신의 일상생활을 반성했다. 혁명이 도대체 무슨 소용인가? 혁명이 광대한 인류를 위한 것이라면, 어째서 가장 가까운 동지마저도 도리어 이처럼 사랑이 부족한가? 그녀는 망설이면서 자문했다. 나는 혁명에 대해 흔들리게 된 것인가."[86] 딩링은 의학 조건을 갖추지 못했으면서도 억지로 수술을 해야 하는 이러한 사정이 당시 금지되지도 않았을 뿐더러 도리어 장려되었고, 이 때문에 전문화·과학화의 수준이 의료 행위를 요구할 수 없을 정도였음을 잘 알았던 것이 분명하다. 당시 팔로군 중 고위 장교였던 네룽전이 고수한 입장은 딩링의 소설 속 병원장의 태도와 매우 비슷하다. "어제 인(殷) 부교장이 말하기를, 외지의 대학교수, 의사는 특정 조건에서 특정 기자재와 수술실이 있어야만 환자를 치료할 수 있다고 했다. 그러나 지금 우리 수술실은 그저 작은 방 하나일 뿐인데 마찬가지로 팔다리를 절제하고 장과 인공 항문을 연결하는 상당히 어려운 수술을 많이 잘해냈다. 만일 협화의원(協和醫院)의 그러한 환경이 꼭 필요하다면, 변구에서는 근본적으로 수술을 할 수 없을 것이다. 그 사람들은 그저 그 지방의 과학자일 뿐이고, 변구의 과학자는 될 수 없다."[87] 이런 지도 사상

은 책, 247, 251쪽. 당시 『解放日報』에 쉐웨이(雪韋)가 딩링의 이 소설을 소개하는 서평이 실렸다. "수술실의 그 장면은 극히 사실적이고 힘 있게 쓰였다. 그리고 특색 있는 것은 새로운 사회의 밑바닥에 깔린 그림자의 일면을 폭로한 몇 가지인데, 이 또한 진실하다. 정치 이론상·업무상 청산해야 하는 것일 뿐 아니라 작품의 청산도 필요하다. 이 방면의 임무에 관해, 이 새로운 사회에서 생활하는 우리 작가들은 여전히 부족하고, 어쩌면 합당하게 그것을 파악할 능력이 부족한지도 모른다. 따라서 이 특색은 더욱더 의의가 있다." 雪韦, 「<在医院中时>、<麻雀>及其它」, 『解放日报』, 1941. 12. 5., 4쪽 참조.

86 丁玲, 「在医院中」, 张炯 主编, 『丁玲全集』 第4冊, 251쪽.

은 부득이하고 필요했다. 바로 녜 본인이 중국 공산당 건국 초기에 돌이켜본 것처럼 말이다.

> 우리는 과거 전쟁의 수요에 부합하기 위해 일찍이 단기 속성의 훈련 방법으로 대규모 의료진을 육성했다. 전지 구호와 위생 상식 기술만 대충 갖춘 채 즉시 근무지로 파견하는 것이 당시에는 필수적이면서 올바른 일이었다. 그 인원이 충분하지 않았기 때문에 전선을 지탱하기엔 부족했다. … 또한 장기적인 유격 전쟁과 농촌 환경의 영향으로 인해 우리 의료 행정 관리에는 심각한 유격주의 기풍이 존재했고, 제도는 불완전하고 관리가 엄격하지 않았다. …[88]

이러한 어쩔 수 없었던 행위가 당시 의료 사업의 곳곳에서 구체적으로 드러났다. 『쯔디빙바오(子弟兵報)』에 실린 「혁명의사의 정신(革命醫生的精神)」에서 보도한 것처럼 말이다. 한 부상병의 요도가 막혔는데 소변을 즉시 배출해야 했다. 하지만 의사 란쩐팡(冉振芳)은 의학적 방법을 모두 써도 해결하지 못했다. 효과적인 의료기구가 없는 상황에서 이 의사는 결국 감염 위험과 거북함을 두려워하지 않고 자신의 입으로 부상병을 도와 소변을 빨아냈다. 이리하여 이 의사는 마침내 모범이 되었다.[89] 단지 이러한 개별적 사례의 우연한 성공은 현실의 의료 활동에서는 그다지 설득력이 없었고, 만약 경쟁적으로 이

---

87 「聂司令员在军区扩大卫生会议上的结论(1942. 12.)」, 华北军区后勤卫生部 编, 『华北军区卫生建设史料汇编』, 10쪽.

88 聂荣臻, 「珍视经验, 不应满足于经验」, 华北军区后勤卫生部 编, 『华北军区卫生建设史料汇编』, 쪽수 없음.

89 之白, 「革命医生的精神」(1947. 6. 28., 『子弟兵报』), 华北军区后勤卫生部 编, 『华北军区卫生建设史料汇编』, "干部类", 52쪽 참조.

를 모방한다면 그것에 수반하는 위험성은 도리어 크나큰 해를 가져올 수도 있었다. 그러나 란쩐팡의 이러한 공헌, 나아가 헨리 노먼 베쑨(Henry Norman Bethune)처럼 희생을 두려워하지 않는 모범이 있었기 때문에 당은 교육과 선전을 할 수 있는 자본과 본보기를 가질 수 있었고, 더 많은 의료진을 동원·독려하여 본업에 전력전심하게 할 수 있었으며, 근거지에서 획득한 위생 성과를 대대적으로 선전하고 보여줄 수도 있었다.

당시 변구에서 편집 출판한 소책자 『의약위생모범(醫藥衛生模範)』을 통해 전술한 상황에 대하여 더욱 전면적으로 깊이 이해할 수 있다.[90] 이 책에 수록된 위생 모범 관련 보도는 원문이 모두 『제팡르바오』에 게재되었는데, 중국 공산당 변구 정부는 그것을 모아 재출판했고, 이를 통해 근거지에서 달성한 위생 성과의 위대함을 드러냈다. 이들 위생 모범에 관한 보도를 자세히 읽어보면 다음 네 가지 특징을 쉽게 정리할 수 있다. 첫째, 옌안이나 팔로군 출신의 의사는 의술이 뛰어나고 수단이 고명하며 희생정신이 높은데, 어떤 병에 당면해서도 그가 도착하면 병을 없애고 진정으로 농민을 치료하고 고려한다. 둘째, 광대한 농촌은 의료와 위생의 수준이 낙후하고, 민중은 우매하고 야만스러우며, 보통 무당과 미신을 신봉하니 시급히 개조되고 구조되어야 한다. 셋째, 근거지 의사와 환자의 관계는 조화로우며 민중의 각종 병은 의사의 치료를 거친 후 모두 완쾌되고, 또한 민중은 병이 나은 후 자신의 의료관과 세계관이 바뀌며, 병을 치료한다는 무속인의 해로움과 병이 나면 바로 의사를 찾아가야 한다는 사실을 깨닫게 된다. 넷째, 이러한 의료위생 모범의 출현은 중국 공산당 통치가

90 陝甘寧边区政府办公厅 编, 『医药卫生的模范』, 1944 참조.

민중에게 환영받은 정도를 상징하고, 이는 민중이 자발적으로 중국 공산당 혁명을 찬동하고 추종하도록 일깨우고 동원했다. 비록 이렇다고 해도, 의약 위생 모범에 대한 선전 보도를 분석해보면 보도된 서술이 모두 비교적 평면적이고 틀에 박혀 있으며 단순하다는 것을 쉽게 발견할 수 있다. 애써 보기 좋게 포장한 부분이 너무 과하고, 선전 기교도 매우 유치하다. 예를 들어 서술에서는 환자가 구체적으로 어떤 병에 걸렸는지, 또 의사가 어떤 방법으로 병을 치료했으며 어떤 기술과 약을 사용했는지 등은 거의 언급하지 않는다. 이러한 글에서는 때때로 허점이 매우 명확히 드러난다. 예를 들어 책의 제1편에서는 현지의 수많은 농민이 의약 위생 모범 여성 2명에게 축하와 감사를 표시할 때 징을 치고 북을 울리며 질서 있게 두 여의사를 둘러싸고서 표창회장으로 들어갔다고 언급한다. 그리고 우승 깃발과 125개의 선물을 주었는데 "선물마다 보낸 사람의 이름이 써 있었다"[91]고 한다. 이 부분은 본디 농민의 자발성과 열정을 표현하려 한 것이지만, 무의식중에 중국 공산당이 위에서 아래로 "모범"을 "만들고" 전형을 수립하려 서사와 기교를 드러낸 것이 보이며,[92] 특히 현지 민중의 열악한 생활 조건과 기본적으로는 모두 문맹이고 자의식이 결핍된 상황을 고려하고 있는 것이 보인다. 다시 말해 수많은 비슷한 선전 장면에서 농민은 모두 조직에 동원된 들러리이고 목소리를 잃은

---

91 陝甘寧边区政府办公厅 编, 『医药卫生的模范』, 9쪽 참조.

92 옌안의 블라디미로프는 일기에서 이 현상에 대해 특별히 기록을 남겼다. 1944년 여름 당시 국내외 취재진이 옌안을 방문했을 때 옌안 내부에서는 미리 사람들을 동원하고 세심하게 준비했는데, "여러 모범 마을이 매우 바쁘게 청소하고 사람들은 어떻게 이야기할지를 확인하기 위해 연락했다. 한마디로 말해서 이러한 '대화(交談)' 자유는 예정된 계획대로 진행된다. …" 블라디미로프의 1942년 7월 1일 일기는 다음을 참조. 弗拉基米洛夫, 『延安日记』, 239쪽 등.

자들이었다.

사실상 표면적으로 중국 공산당의 선전은 의료 행위의 취지가 환자의 고통을 없애거나 줄이고, 군인과 민중의 신체 안전과 건강을 보장하는 것임을 드러내고 있다. 그렇지만 근본적으로 민중과 사병, 심지어 의료진 자신의 신체 건강을 지키려는 것의 목적은 그것이 전쟁과 생산 업무에서 중요한 역할을 하는 것이었고, 곧 위생의 최종 목표는 각자의 신체가 혁명의 호소 아래 정치, 전쟁, 당을 위해 더욱더 잘 봉사하게 하려는 것이었다.

> 건강한 신체가 있어야만 비로소 혁명에 더욱 힘쓸 수 있고, 혁명전쟁에 더욱더 용감하게 참여하여 국민당 군벌을 소멸시킬 수 있으므로, 방역의 위생 운동은 노동자·농민 대중과 홍군의 건강을 보장하는 운동이고, 혁명 역량을 공고히 하여 소비에트의 더욱 큰 발전과 승리를 쟁취하려는 운동이다.[93]

항일 전쟁 시기에는 더욱 그러했다.

> 우리는 반드시 위생 운동을 힘써 실시하고 인민의 건강을 보장해야만 비로소 적의 생존 역량을 소멸시킬 수 있다. 저마다 위생을 강구해 1살을 더 살면 우리의 항전 역량이 조금이라도 더 늘어난다. 반대로 1살을 덜 살면 혁명 역량에는 그만큼 손실이라는 것은 두말할 필요도 없다.[94]

---

93 项英, 「大家起来做防疫的卫生运动(1932. 1. 13.)」, 高恩显等 编, 『新中国预防医学历史资料选编』 第1卷, 37쪽 참조.

94 「把卫生运动广泛的开展起来」, 『新中华报』, 1939. 4. 7., 1쪽.

다시 셰줴짜이에 따르면 다음과 같다. "생명은 혁명에 속한다. 혁명을 위해서는 생명을 아껴서는 안 되고, 혁명을 위해서는 생명의 건강과 존재를 반드시 (확보)해야 한다."[95] 전쟁 상황에서 개개인의 생명은 또한 반드시 전쟁의 요구와 정치 업무의 요구에 부응해 복무해야 한다. 따라서 "위생 부서는 모든 것이 전쟁을 위해 복무한다는 원칙 아래, 위생 부서 전체 업무 인원의 적극성과 창조성을 발휘시키고 조직하여 전체 인원이 부상병에 대한 보살핌과 관심을 고취하고, 휴양하는 장병이 능히 빨리 건강을 회복하여 자대로 복귀하도록 책임진다. (이것이) 지금 위생 부서의 정치적 업무의 중심 임무이다."[96]

어찌되었든 공개적 선전 방면에서 근거지의 모든 것은 정치와 당을 둘러싸고서 돌아가고 있었다. 자연히 위생도 예외 없이 그 근본 목표는 정치와 당의 필요에 봉사하는 것이었다. 더욱 구체적으로 말하자면 모든 혁명가, 더 나아가 일반 대중의 신체는 결코 자기 자신이 마음대로 지배할 수 있는 것이 아니고, 상부의 지시에 따르고 군사 업무와 정치 임무의 필요에 복무해야 하는 것이었다.[97] 샤오쥔이 관찰한 것처럼 옌안의 일상생활에서는 "그저 정치만이 중요하고 영광스럽고 위대했으며, 다른 것은 거의 존재할 수 없는 것 같았다."[98] 그래

---

95 谢觉哉,『谢觉哉日记』上册, 410쪽.

96 「晋冀鲁豫军区卫生部政治部关于1947年党政工作指示(1947. 2. 1.)」, 何正清 主编,『刘邓大军卫生史料选编』, 828쪽.

97 근대 중국에서 신체의 국가화·혁명화와 관련된 추세는 다음을 참조. 黄金麟,『历史、身体、国家: 近代中国的身体形成』, 联经出版公司, 2001; 黄金麟,『政体与身体: 苏维埃的革命与身体, 1928-1937』, 联经出版公司, 2005. 그러나 황진린(黄金麟) 교수는 중국 공산당 통치구 내의 위생과 정치의 관계에 대해서는 전혀 주의를 기울이지 않았는데, 그는 주로 사회학적 측면에서 혁명과 신체의 관계를 논했다.

98 萧军,『延安日记』上卷, 115쪽.

서 위생 사업의 현실적 역할과 정치적 의의를 두드러지게 강조하는 것은 당연한 것이었다. 이것은 당시 국제화평의원(國際和平醫院)의 원장 천치위안(陳琪園)이 공개 자아비판에서 한 말과 같다.

> 수장들의 의견은 결론적으로 말하자면 일치하고, 나 한 사람만이 다른 사상인 것이다. 만일 그(어느)것이 올바른지를 분별하지 않는다면 곧 노력의 방향을 확실히 할 방법이 없고, 올바르지 않은 사상이 발전하는 것은 혁명에 대해 이롭지 못하다. 마땅히 개인을 두 번째에 두어야 하니 나는 지금 누구를 위해 일을 하는가? 만일 단순한 기술 업무를 한다면 기술은 잘할지라도 단지 한 사람의 역할에 불과하다. 만일 조직과 지도를 학습하여 많은 사람을 단결·조직하고, 단결된 사람들이 모두 일을 잘하면 비로소 그 효과가 크고 혁명에 대한 이로움도 클 것이다. 그저 단순한 기술만 쓸 수 있는 의사의 업무는 혁명에 대한 이로움이 적다. 개인이 전체에 복종하고, 하급이 상급에 복종하는 것은 원칙상의 문제이다. 전체가 없다면 곧 개인이 없고, 전체는 곧 개인을 포함한다. 전체에 방법이 있으면 개인도 자연히 방법을 가진다. 전체가 실패한다면 개인의 이익도 전체를 초월하여 홀로 존재할 수 없고, 혁명이 실패한다면 개인도 홀로 성공할 수 없다.[99]

자아비판을 강요당했든 개인의 내면에서 우러나온 진실한 반성이든 간에, 이러한 공개적 표현은 개인 신체에 대한 혁명화와 도구화의 발전 추세를 보여준다. 사실 업무 외 시간이더라도 당과 상부에서는

---

99 陈琪园,「我的片断反省(1945. 5.)」, 陕甘寧边区政府办公厅 编,『华北军区卫生建设史料汇编』, "干部类", 42쪽.

여전히 부하들에게 정치 학습과 업무 학습을 요구했고, 혁명 개체가 신체를 완전히 당의 지배에 내맡기고 몸과 마음을 모두 혁명 대업에 쏟아넣기를 바랐다.

이러한 신체의 제조와 사용 방식에 대해 저항과 도전이 전혀 없지는 않았다. 앞서 언급한 딩링의 소설은 관련된 정황을 매우 잘 보여준다. "'당', '당의 요구'의 강철 띠를 머리에 두른" 소설의 주인공 루핑은 상하이의 산과(産科) 학교에서 천신만고 끝에 옌안으로 찾아간 청년 여학생이다. 그가 어찌 감히, 또 어떻게 당의 명령을 거역할 수 있었겠는가? "당의 요구에 응답하기 위해, 그녀는 반드시 공부를 그만두고 옌안에서 40리 떨어진 곳의 이제 막 문을 연 병원에 가서 일을 해야 했다. 또한 의료 업무는 반드시 그녀가 종신토록 당에 공헌하는 활동이 되어야 했다. 그녀는 자신의 성격과 업무가 맞지 않으니 더 중요하거나 더 중요하지 않은 일에도 종사할 수 있다고 공개적으로 해명했다. 심지어 그녀는 눈물을 흘렸다. 그러나 이러한 이유는 그 주임의 결심을 흔들 수 없었고 결정을 뒤집을 수도 없었다. 복종하는 것 말고 다른 방법이 없었다. 지부의 서기도 그녀를 찾아와 말하고, 소조장도 종일 그녀를 쳐다보며 얘기했다."[100] 이러한 대변혁의 시대, 중요한 환경에서 당은 "개인의 털끝만큼의 이익의 득실도 염두에 두지 않고", "당에 충실하고 성실하며 업무에 열심히 열정을 다하는" 개인을 요구했지,[101] 하고 싶은 대로 행동하고 개성이 뚜렷한 사람은 필요로 하지 않았다. 바로 딩링이 소설에서 루핑의 입을 통해 불평의

---

100 丁玲, 「在医院中」, 张炯 主编, 『丁玲全集』 第4冊, 240, 239쪽.

101 쑹자오쩌(宋肇泽)의 「我的检讨」(1949. 4., 『卫建』 9期)와 자오징룽(赵景龙) 등의 「悼梁洪才同志」(1949. 2., 『卫建』 8期)는 다음에 수록되어 있다. 陕甘寧边区政府办公厅 编, 『华北军区卫生建设史料汇编』, "干部类", 57, 55쪽.

소리를 낸 것과 같다. "지부에서 누군가 그녀를 비판했다. 쁘띠부르주아 의식, 지식분자의 영웅주의, 자유주의 등등의 모자가 모두 그녀의 머리 위에 씌워졌고, 결국 그녀는 당에 대한 충성이 약한 것이 되고 말았다."[102] 이러한 비판에 대해, 비판을 받은 사람은 불만을 느껴서도 안 될뿐더러 감사와 자기반성을 나타내야 했다. 그렇게 하지 않으면 신체적 폭력을 당하고 격리되어 소위 "스파이" 업무를 행했는지 심사받거나 천치위안처럼 공개적으로 자아비판을 해야 했다. 강대한 체제 압력에 대면한 개인 신체의 미약한 저항은 근본적으로 아무 쓸모가 없고 도리어 정신적 폭력과 여론몰이를 불러올 수 있었으며, 더욱이 물질 공급이 중단되고 정치적 차별대우를 당하기도 했기 때문이다. 이러한 수단으로 개인에게 굴복을 강요하니, 두려워할 것이 뭐냐던 샤오쥔 같은 고집쟁이가 일찍이 자력갱생하고 다시는 "관리(公家人)"를 맡지 않겠다고 맹세했음에도, "조직(公家)"이 물질 공급을 완전히 중단하는 상황에서는 결국 더는 버틸 수 없어 자발적으로 마오쩌둥과 당 조직에게 편지를 써서 용서를 구하고 굴복할 수밖에 없었던 것이다.

* * *

중국 공산당의 이러한 전시 모델의 위생 선전과 정치를 우선시한 위생 실천 및 신체에 대한 관심은 오늘날 여러 가지로 돌이켜볼 점이

102 丁玲, 「在医院中」, 张炯 主编, 『丁玲全集』 第4cm, 251쪽. 잠시 후 옌안을 탐문했던 친국민정부 기자 치스제(齊世杰)도 "이곳에서 청년은 쉽게 '자유주의', '낭만주의', '추종주의'의 이름을 달았고, 엄격하게 지적당했다…"고 하며 비슷한 견해를 나타냈다. 齐世杰, 『延安内幕』, 华严出版社, 1943, 14-15쪽.

있다. 중국 공산당이 중국 대륙의 혁명을 성공시키기 위해 흘린 땀과 공로 또한 여러 위생사 관련 서적에서 이미 체현되거나 강조되었다. 따라서 중국 공산당 정권 수립 후의 이러한 모델의 담론 정치와 위생 실천에 대해서는 정부 차원부터 사후(事後) 회고 차원에 이르기까지 모두 귀한 역사 경험이자 혁명 전통으로 여기고, 그 긍정적 의의와 중요한 역할을 되새겼다. 그러나 그간 잘 드러나지 않고 묻혀 있던 (중공의 위생 선전·정치의) 비전문성, 전시성(戰時性) 등 눈앞의 공로와 이익에만 급급했던 경향은 은폐되었는데, 후대인들에 의해 심각하게 검토되거나 성찰되지 않았을 뿐 아니라 도리어 계속해서 재생산되었다. 중국 공산당 건국 후 선전 보도에서 『런민르바오(人民日報)』, 『젠캉바오(健康報)』 등의 신문은 더욱더 완전히 이전의 선전 유형을 답습했다. 또, 현실의 실천에 응용되는 과정에서 위생 사업의 정치성은 다시 전례 없이 강조되었다. 예를 들어 마오쩌둥이 각급 당 위원회에게 반드시 위생 사업에 대하여 정치 지도를 강화할 것을 요구하는 지시에서 말한 것과 같다.

> 당은 반드시 모든 것을 지도해야 하고, 위생 사업을 지도해야 한다. … 우리의 당은 모든 것을 이끌어야 한다. 비행기와 대표를 이끌어야 하고 모든 배역을 이끌어야 하며 생로병사를 이끌어야 한다. 즉 군사, 경제, 문화·교육, 위생과 기타 모든 업무를 이끌어야 한다는 것이다. 어떠한 전문적인 것도 당이 모두 이끌어가야 한다. 연극에서처럼 당이 … 이끌어야 한다.[103]

103 「在中央政治局讨论卫生部党组织报告时的指示(1953. 11.)」, 新湖大革命造反临时委员会宣传部, 『战无不胜的毛泽东思想万岁』 第3册, 469쪽.

이러한 서술과 방향을 통해 보건대 위생은 혁명, 계급, 이데올로기, 정치, 특히 마오쩌둥 사상과 미증유의 긴밀한 관계를 맺은 것을 알 수 있고, 이는 나아가 현대 중국에서 개인의 신체가 전에 없이 이데올로기화·당화(黨化), 심지어 마오쩌둥화 되어 혁명의 나사못이자 당의 순종 도구로서 기능하게 되었음을 의미한다. 이와 동시에 위생 사업 자체가 지닌 전문성, 기술성, 근대성이라는 특징은 도리어 은근슬쩍 무시되고 심지어 관련된 의료기술진은 모두 비판을 받았다. 중국 공산당 건국 초년에 중의에 대한 왕빈(王斌)의 시각과 허청(賀誠)이 위생부를 이끌었던 일이 모두 대대적으로 비판을 받은 것, 그리고 중의의 개조가 양의가 중의학을 학습하게 하자는 대규모 대중 운동으로 뒤바뀐 것, 나아가 "강철 전사 추차이캉(丘財康)"을 긴급 치료했다는 전형적인 보도를 한 것이 곧 이를 보여준다. 다만 이것은 다른 글에서 논의해야 한다.

요컨대 중국 공산당은 무수히 장황하게 거듭된 선전과 심혈을 기울여 선택한 의약 위생 "모범" 및 의료 사례를 사용하여 자신이 기대한 "현실"을 분명히 드러냈다. 그러나 중국 공산당이 기층 위생 사업을 추진할 때 내세울 만한 점이 거의 없었고, 단지 인위적으로 만들어낸 몇 가지 모범 형상에 의존하여 그 지나치게 원대한 언론과 실제 역량이 미치지 못하는 실천 사이의 거대한 차이를 덮어 감출 수 있을 뿐이었다는 점 또한 드러난다.[104]

그런데 시간이 흘러 상황이 변한 후, 혁명의 폭력적 위협과 어디에나 존재하는 신체 통제, 반복적 정치 선전 구축 등의 수단에 따라

104 중국 공산당이 그해 어떻게 전형을 세웠는가에 대해서는 다음을 참조. 刘亚娟, 「"张顺有事件": 一个典型的"树典型"个案」, 『中研院近代史研究所集刊』, 第84期, 2014. 6., 159-200쪽.

이러한 담론 정치와 인위적 "현실"은 도리어 당사자와 후대인들에 의해 인심이 지향하고 역사가 선택한 필연적 결과가 되어버렸고, 다시 과거 혁명의 합법성과 사업의 성공을 증명하는 기초가 되었다. 이러한 유형의 "호문(互文)"과 다채로운 상호증명의 기술 채택, 여기에 더하여 "전형을 수립하는" 본보기의 역량과 "집단 순응 사고(group-think)" 모델하에서의 깨달음은 절묘한 극중의 현신설법을 거쳤다. 중국 공산당은 이를 빌어 자신의 승리를 위해 "위생"에서도 전방위적으로 인과론적 해석과 선전을 했고, 본래 다양하게 병존하는 개인의 근거지 시대의 위생 기억을 환원했다. 따라서 "혁명 성지"의 기억 정치(memory politics)와 정치 문화를 만드는 동시에 중국 공산당은 여전히 그 통치하의 인민이 아름답고 풍요롭고 행복한 생활을 했으며 완전한 위생과 의료를 보장받았다고 선전했다. 이렇듯 광범위하게 사용된 위생 정치화 및 계급화와 전형 세우기 책략은 훗날 중국 공산당의 합법성을 끊임없이 확장하고 최후에 전쟁에서 승리하게 하는 데 크게 기여했다.

위생 운동을 전개하고 위생 업무의 정치성을 강조한 것을 통해, 중국 공산당은 자신의 이데올로기를 널리 선전했을 뿐 아니라 더욱이 이로부터 인민 개체를 고려한 고상한 형상을 만들어냈고, 또한 국민당 통치 구역이나 소위 구사회의 위생 사업을 비교한 것을 빌어 중국 공산당 통치의 우월성과 합법성을 자연스럽게 드러냈다. 이러한 점에서 볼 때 위생 선전은 확실히 일종의 담론 정치일 뿐만 아니라 분명히 실제적인 정치 활동 그 자체이고 당과 혁명의 필요이며, 이데올로기적 가르침과 중국 공산당 통치의 우수한 서비스를 증명하는 의식이자 형식의 일종이었다. "위생 업무는 혁명 활동에서 빼놓을 수 없는 중요한 업무로서 전시에 필요하고 평시에도 필요하다. 군대에 필요하고, 지방에서는 더욱 필요하다. 동시에 그것은 우리나라 문화 수준의 정도를 상징하는 중요한 내용이기도 하다."[105]

105 「冀南军区卫生部鲁之俊部长在高级医务干部会上的报告(1946)」, 何正清 主编, 『刘邓大军卫生史料选编』, 185쪽.

8장 한국 의료보장의 초기 형성

낮은 수준의 보편적 평등의 기원[1]

전광석

우리나라에서 사회보장법의 맹아는 이미 1963년 싹텄다. 1961년 군사쿠데타 이후 최고회의 의장 박정희는 1962년 '사회보장에 관한 지시각서'를 내각에 보냈다. 이어 군사정부 내 일부 최고위원, 그리고 전문가 집단의 연구와 정책 입안에 기초하여 사회보장 3법, 즉 '사회보장에 관한 법률', 산업재해보상보험법, 그리고 의료보험법이 제정되었다. 이후 군사정부에서 정책의 중점이 경제 성장으로 옮겨가면서 '사회보장에 관한 법률'은 기본법의 기능을 수행하지 못했고, 의료보험법은 강제가입에 관한 조항이 삭제되어 실질적인 사회보험의 면모를 갖추지 못했다. 이에 비해서 산업재해보상보험법은 근로자를 대상으로 했고, 기존 근로기준법의 재해보상을 대체하여 업무상의 재해에 대한 사용자의 책임을 면제하는 기능을 수행함으로써 노동

1 이 글은 『사회보장법학』 제7권 제2호(2018)에 실린 저자의 논문 「1976년 의료보험법: 낮은 수준의 보편적 평등의 기원」을 수정한 것이다.

과 자본의 이해관계에 모두 긍정적인 영향을 주었다. 또 정부 입장에서 보면 산업재해 여부 및 보상 수준을 둘러싼 노사 분쟁을 사전에 방지하여 산업 평화를 도모하고 경제 성장에 기여하는 것으로 기대되었기 때문에 이 법이 실시될 수 있었다.[2] 의료보험법은 1976년 제2차 개정에서 비로소 강제가입 규정을 도입하여 실질적인 사회보험으로 발전했고, 1977년 시행되었다.

이 장은 1976년 의료보험법의 역사적 의미를 조명하는 목적을 갖는다. 다음과 같은 세 가지 문제를 집중적으로 서술했다. 첫째, 1976년 의료보험법에는 1963년의 시대적 및 규범적 상황이 계속해서 어느 정도 영향을 미쳤다. 이는 1960년대 초반과 1970년대 중·후반의 사회경제적 변화에도 불구하고 시대의 특수성을 넘어서는 기억이었으며, 또 경제 성장과 분배의 긴장 관계에서 오랫동안 구조적 틀이 되었다. 그만큼 1963년 당시의 시대적 및 규범적 상황은 1976년 의료보험법의 상대적 특수성을 이해하는 데 있어서 함의를 제공한다. 다만 이 글은 1976년 의료보험법을 주로 서술하기 때문에 첫 번째 문제에 대해서는 필요한 범위 내에서 부수적으로 설명한다.[3] 둘째, 1976년 의료보험법은 당시의 정치적 및 사회경제적 배경을 파악할 때 그 역사적 의미를 이해할 수 있다. 1976년은 아직 우리 헌정사에서 암흑기의 한복판에 있었던 시기이며, 또 당시에는 중화학공업을 중심으로 하는 산업 정책이 강력히 추진되었다. 이와 같은 시대적 배경과 의료보험법의 상관관계를 이해해야 한다. 셋째, 보다 중요한 설

2 이에 대해서는, 예컨대 최천송, 『한국사회보장연구사』, 한국사회보장문제연구소, 1991, 36쪽 이하 등 참조.

3 1960년대 초반의 시대적 특징과 사회보장 입법에 대해서는, 예컨대 전광석, 『한국사회보장법의 역사』, 집현재, 2019, 141쪽 이하 참조.

명의 가치는 다음에 있다. 즉 최초의 실질적인 사회보험법인 1976년의 의료보험법은 우리 사회보장의 발전 방향을 제시하는 결과가 되었다. 이는 범위를 좁혀서 보면 사회보험의 다른 분야와의 관계에, 그리고 넓게는 전체 사회보장의 형성에 영향을 미쳤다. 그만큼 1976년 의료보험법은 우리 사회보장법 그 자체, 그리고 역사를 이해하는 중요한 단서를 제공해준다.

1. 산업화 시대의 사회경제적 불균형과 정치적 상황

1) 사회경제적 불균형

1960년대 초반 최고회의 의장의 지시각서에 이어 군사정부에서 일부 최고의원, 그리고 특히 전문가 집단이 사회보장에 관심을 집중했고, 또 의욕적으로 사회보장 입법을 추진했다. 그러나 1963년 제정된 사회보장 3법 중 '사회보장에 관한 법률'은 사회보장의 기본 원칙을 제시할 수 없었고, 개별 사회보장 입법을 선도하는 기능을 수행하지 못했다. 의료보험법은 사회보험의 본질적 요소인 강제가입을 포기했기 때문에 우리 사회에서 의료의 사회화는 뒤처졌다. 노후 보장을 위한 사회보장제도로 1960년 공무원연금법이 제정·시행되었고, 1963년 군인을 공무원으로부터 분리하여 군인연금법이 적용되도록 했다. 1973년 국민복지연금법이 제정되었지만 시행은 미루어졌다. 경제 성장에 우선순위가 두어졌기 때문이다. 1962년 시작된 경제개발계획이 1976년까지 3차에 걸쳐 진행되면서 경제 성장은 상당한 정도로 진전되었다. 1960년대 초반 80달러 내외였던 1인당 국민소득은 1976년 1,500달러에 가까워졌다. 100억 달러 수출 목표는 일찍이 1977년 달성되었다. 그러나 근로자의 임금은 계속 낮은 상태에 있었고, 성장과 분배의 불균형은 깊어갔다. 상위소득계층의 소득점유율은 오히려 높아졌고, 삶의 질을 보여주는 지니계수는 악화되었다. 예컨대 1965년에서 1976년 사이에 상위 20%에 해당하는 소득자의 소득점유율은 41.8%에서 45.3%로 증가했고, 지니계수는 0.344에서 0.391로 나빠졌다. 이러한 일반적인 통계 수치보다 더욱 정치 권력의 정당성에 위협이 된 것은 의료보장의 문제였다.

1970년대에도 경제 성장에 계속 정책적 우선순위가 두어졌다. 다만 산업 구조에는 변화가 있었다. 정부는 1970년대 중·후반 기존의 경공업에서 중화학공업 중심으로 산업 구조의 개편을 강력히 추진했다. 새로운 산업 구조는 자본의 축적을 필요로 했다. 더불어 숙련노동자에 대한 수요가 증가했지만 기업의 경쟁력을 유지하기 위해서는 여전히 저임금의 기조가 지속되어야 했다. 이에 정부는 노동 운동을 억제하는 방법으로 자본을 후원했다. 다만 기업의 입장에서 보면 숙련노동자를 확보하기 위한 인력 관리가 필요했다. 기업 단위로 노사간 협력 관계를 조성하고 사내복지(기업복지)를 강화하는 방법이 이를 뒷받침했다. 이는 산업별로 노사 관계가 형성되는 유럽의 전통과는 차이가 있었다. 기업 단위의 노동조합에서 전체 노동자 연대에 대한 인식과 관심이 미흡했으며, 또 대기업과 중소기업 노동자를 계층화시켰다. 이와 같은 배경에서 저임금은 계속되었고, 노동 내부에서 숙련노동자와 비숙련노동자 간에 분절적 구조가 형성되기 시작했다.

저임금의 지속과 노동의 계층화는 한편으로는 1970년대 초반 이후 노사 분규가 격화하고 증가하는 원인이 되었다. 다른 한편 경제 성장에도 불구하고 깊어가는 계층 분열 및 소득 불균형은 정치적 정당성에 영향을 미쳤다. 실제 1971년 국회의원선거와 대통령선거 결과는 이를 경고하는 상징적인 사건이었다. 국회의원선거에서 신민당 등 야당의 득표율이 집권당인 공화당의 득표율을 넘어섰다. 또 대통령선거에서 당시 김대중 후보가 기대 이상의 선전을 하면서 정권의 위기의식은 높아졌다. 이에 정치 권력은 한편으로는 권위주의를 더욱 강화했지만, 다른 한편 사회 문제에 대한 관심을 더는 피할 수 없었다. 다만 이때에도 위로부터의 일방적이고 시혜적인 사고, 그리고 사회 정책을 경제 정책에 종속시키는 도구적 인식은 유지되었다.

2) 정치적 상황

1961년 군사쿠데타로 집권한 박정희는 1963년과 1967년 선거에서 대통령으로 당선된 후 1969년 대통령의 중임 조항을 개정하여 계속 재임을 3회로 연장하는 내용으로 헌법을 개정했다. 박정희는 1971년 다시 대통령으로 당선되었다. 3기 집권한 박정희는 당선 1년 후인 1972년 비상계엄을 선포하여 헌법에 근거 없이 국회를 해산했으며, 그해 12월 이른바 유신헌법을 제정함으로써 우리 헌법사는 암흑기에 들어갔다. 유신헌법 시기의 폭압적인 정치는 국민적 저항을 불러일으켰고, 정부는 긴급조치를 발동하여 권력을 유지했다. 1974년에서 1975년 사이에 무려 아홉 차례에 걸쳐서 긴급조치를 발동했다. 특히 긴급조치 제9호는 헌법 개정의 논의 자체를 금지했다.

1970년대 후반에 들어서면서 국민의 정치적 저항의 강도는 더해갔다. 1978년은 대통령선거와 국회의원 총선거를 앞둔 해였다. 헌법 그 자체, 그리고 참여와 자유를 보장하는 기본권 규정들은 이미 더는 보편적인 규범력을 가질 수 없었다. 이제 정부는 국민의 참여와 자유를 보장하든지, 아니면 국민적 저항을 우회할 수 있는 정책 전환이 필요했다. 이 당시 야당의 무기력, 보다 근본적으로는 헌법의 보편적 가치와 헌법 규범의 차이, 그리고 헌법 규범과 헌법 현실의 불일치로 인하여 제도 정치의 장(forum)은 협소했으며, 헌법의 규범적 틀을 벗어나 비제도적 정치 운동이 제도 정치와 경합하는 현실이 일상이었다. 다만 제도 정치는 물론이고 비제도적 정치의 장에서도 사회 정책이 관심을 끈 흔적은 아직 찾아볼 수 없었다. 1970년대 초반 국민복지연금법의 제정과 시행 유보는 산업 정책과 사회 정책의 사이에서 부침(浮沈)하는 에피소드였다.

3) 경제와 사회의 균형 발전의 구상

사회경제적 불균형과 정치적 병목현상이 깊어지면서 1976년 경제와 사회 발전을 균형 있게 형성하려는 구상이 나타났다. 정부는 1977년 새로이 시작되는 경제개발 계획을 '경제사회발전 5개년 계획'으로 이름 지었고 그 목표로 국민 생활의 질적 향상, 그리고 사회개발의 촉진을 삽입했다. 구체적으로 이러한 계획에 1976년 보건사회부가 작성한 '의료보장 10개년 계획'을 포함했다. 여기에는 의료보험법을 실질적으로 개정하는 시도였던 1970년 개정 의료보험법이 다시 사문화된 이후 1972년 보건사회부에서 작성한 '의료보험 실시 계획'이 중요한 기초가 되었다.[4]

1970년대 후반에 경제 성장과 사회 발전을 함께 목표로 제시한

4 의료보험연합회, 『의료보험의 발자취: 1996년까지』, 의료보험연합회, 1997, 53쪽 이하 참조.

데에는 국내의 정치적 및 사회경제적 상황뿐 아니라 국제사회에서의 논의가 영향을 주었다. 전후(戰後) 국제연합(United Nations, 이하 UN)은 전통적인 자유권 외에 사회적 권리를 인권 목록에 포섭하고자 했다. 이미 1948년 세계인권선언은 이를 반영했다(세계인권선언 제22조 및 제25조). 1966년에는 2개의 국제인권규약, 즉 '정치적 및 시민적 권리에 관한 인권규약', 그리고 '경제적·사회적 및 문화적 권리에 관한 인권규약'이 작성되었다. 1969년 UN은 '사회 발전 및 개발에 관한 선언(Declaration on Social Progress and Development)'을 채택하여 각국에 사회 발전의 중요성을 인식시키려고 노력했다.

이러한 국제사회의 움직임이 사회보장 입법에 직접적인 계기가 되었다는 구체적인 흔적은 없다. 그러나 국제사회에서의 사회 개발 및 사회보장에 관한 관심이 1970년대 한국 사회의 시대 인식에 무형의 영향을 미쳤을 것으로 보인다.[5] 의료보장에 특유한 국제 기준은 아니었지만 국제노동기구(International Labour Organization, 이하 ILO)에서 1952년 제정한 '사회보장 최저기준에 관한 협약 제102호'는 의료보장을 포함하여 사회보장에 관한 관심을 일깨우는 중요한 역할을 했다. 이 협약은 우리나라에서 1963년 '사회보장에 관한 법률'이 제정되고, 그 제5조 제6항에 사회보장심의위원회의 운영에 관한 세부적인 사항을 규율하기 위해 제정된 '사회보장제도심의위원회 규정'에서 심의위원회의 직무 범위를 정하는 데 기준이 되었다(규정 제4조). 이 중 첫 번째 직무가 의료 급여였다.

5 1950년대 이후 UN에서 채택된 사회 개발에 관한 권고가 1970년 우리 정책 지평에 미친 영향에 대해서는 손준규, 『사회보장·사회개발론』, 집문당, 1983, 249쪽 이하 참조. 이밖에 당시 국제사회보장법에 관한 관심에 대해서는, 예컨대 한몽헌, 「사회보장의 국제적 동향」, 『국회보』 24, 1959, 101쪽 이하 참조.

2. 의료보험법과 의료보호법, 공무원 및 사립학교 교직원 의료보험법의 제정

1) 질병 문제에 대한 인식, 정책적 필요성과 정치적 효용성

경제 성장과 함께 사회 발전에 대한 구상을 하면서 가장 먼저 떠오른 의제는 의료보장이었다. 이는 1963년 당시에도 마찬가지였다.[6] 질병은 단기적인 위험으로 적시(適時)에 적절한 치료를 받을 수 없는 경우 생명·신체 등에 회복할 수 없는 피해를 남긴다. 1963년 의료보험법은 강제가입을 포기하고 임의가입을 시행하면서 실질적으로는 기능할 수 없었다. 의료보험법의 시행 초기인 1965년과 1966년 한국종합화학과 봉명흑연광업소에 의료보험조합이 설립되어 약 8,000명의 근로자가 피보험자가 되었다. 이후 1976년 기준으로 4개의 피용자의료보험조합과 7개의 자영자의료보험조합이 설립되었고, 적용인구는 6만 6,449명이었다. 이는 전체 인구의 0.18%에 불과한 것이었다. 다만 1963년 입법 과정에서 의료보험의 필요성과 기능, 구체적인 제도 내용에 대한 심층적인 논의가 있었으며, 이는 정책 자산으로 남아 있었다. 1970년대 중반 이후 의료보험법에 관한 논의가 완전히 새로운 구상은 아니었던 것이다.

의료보험은 당시 우리의 상황에서 보면 상당히 긍정적인 평가를 받을 수 있었다. 우선 의료보장의 '정책적 필요성'은 뚜렷했다. 1970년대 우리 사회의 의료 환경은 매우 열악했다. 예컨대 1960년대, 그

---

6 당시 사회보장의 우선순위에 관한 논의로는, 예컨대 양재모, 『사회보장제도 창시에 관한 건의』, 보건사회부, 1961, 12쪽 참조. 이에 비해 실업보험에 대해서는 매우 강한 부정적 인식이 있었다.

리고 1970년대에도 질병의 치료를 위해 병원을 이용하는 비율은 25.4%에 불과했고, 약국이 의약 기능의 64%를 담당했다.[7] 1975년 기준으로도 의료서비스 이용 비율은 40%에 머물렀다. 국민의 60%는 경제적 이유에서 질병에 대한 의료서비스를 받을 수 없었다. 병상(病床)의 도시 집중률은 87%에 달했다. 1970년대 공공 부문과 민간 부문의 보건 비용 비율은 약 15:85의 불균형을 보였고, 이는 더욱 깊어가고 있었다. 실제 1970년대 중반 응급 환자가 입원보증금 혹은 치료비가 없다는 이유로 몇 군데의 병원에서 치료를 거부당하고 사망하는 사건이 언론에 보도되었다. 또 1970년대 중·후반 전반적으로 물가 상승률이 높았지만, 특히 의료비가 가파르게 상승하여 일반 국민의 의료서비스에 대한 접근성은 점점 악화하고 있었다.

의료보장은 '정책 효과'가 높았다. 이 시대 사회경제적 불균형은 질병 문제에 상징적으로 나타났다. 단기적인 위험인 질병을 공적 제도를 통하여 보장할 수 있는 때에는 정책의 유용성에 대한 국민적 평가가 즉시, 그리고 가장 크게 이루어졌다. 실제 '정치적'으로 보았을 때 질병을 적시에, 그리고 적절하게 치료하지 못하는 상황은 노령 등의 장기적 위험에 비해서 정치적 정당성을 평가하는 예민한 기준이다. 즉 불평등이 용인되는 한계가 의료보장에서는 훨씬 낮았다. 더불어 1973년 제정된 국민복지연금법의 시행이 유보되면서 이에 대한 대안적 사회보장제도가 필요한 상황이었다. 실제 국민복지연금법의 시행이 유보되었던 사실이 의료보험법을 우선적으로 개정하는 중요한 계기가 되었다.[8] 사회보장심의위원회의 전문위원들은 국가 안보

7 황병주, 「1970년대 의료보험정책의 변화와 복지담론」, 『의사학』 20-2, 2011, 428쪽 참조.

8 국민연금사편찬위원회, 『실록 국민의 연금』, 국민연금공단, 2015, 39쪽 이하 참조.

를 정치 권력의 지지대로 삼고 있던 당시 상황에서 의료보장이 '사회 안전을 확보하는 효과'를 강조했다.[9]

당시 의료보장을 위한 정책이 지체되고 있었던 상황에서 의료보험의 시행은 남북 관계의 측면에서도 의미가 있었다. 남과 북은 1970년대 초반 인도적 및 정치적 차원에서 대화를 시작했지만 동시에 유신(維新)과 주체사상(主體思想)을 확립하여 각각의 체제를 공고히 하는 경쟁을 하고 있었다. 1972년 북한 헌법은 제58조에서 '무상으로 진료받을 권리'를 보장했다. 북한에서 실제 어느 정도로 충실한 의료보장이 이루어졌는지는 알려져 있지 않다. 그러나 상징적으로 당시 대한민국에서 입원보증금 혹은 치료비가 없다는 이유로 치료를 거부당한 사례는 북한의 무상의료와 비교될 수 있었다. 실제 북한은 무상 의료를 정치적 선전의 소재로 삼았다. 이 점은 당시 남한 정부도 충분히 인식하고 있었다. 이에 남북 대화가 시작되는 1972년 국토통일원은 '남북 접촉에 즈음한 남북 사회 정책의 이념 및 기조에 관한 비교고찰 보고서'를 작성했다.

2) 의료보험의 구조적 특성과 실현 가능성

정책적 필요성과 효과, 그리고 정치적 효용성 외에도 의료보험은 제도의 구체적 내용에 따라 현실적인 실현 가능성이 가장 높은 사회보험이다. 당시 의료보험 논의에서는 질병이 발생했을 때 가입자가 민간 의료기관에서 요양급여를 받고, 의료기관은 가입자가 아니라 보험자에게 요양 비용을 청구하는 방식이 선호되었다.[10] 이는 보험자

9 손준규, 『사회보장·사회개발론』, 1983, 142쪽 등 참조.

와 가입자가 단순 구조 속에서 권리의무 관계를 형성하고 급여가 지급되는 연금보험과는 차이가 있다. 따라서 의료보험을 통하여 질병의 위험을 사회화하는 데에는 어느 정도 의료기관의 사회화가 뒤따라야 한다. 이 점은 의료보험을 형성하는 데 있어서 장애가 될 수도, 또 현실적 가능성을 높이는 요소가 될 수도 있다. 의료기관이 직업의 자유 등 헌법 규정을 근거로 의료보험법의 공법 체계에 편입되는 것을 거부하는 경우, 혹은 진료 비용의 보상 관계를 의료의 사회적 성격을 충실히 고려하여 공법적으로 규율할 가능성이 제한적인 경우에는 의료보험은 쉽게 실시될 수 없다. 실제 1963년 의료보험법이 강제가입을 도입하지 못한 표면적인 이유는 계약의 자유를 침해한다는 것이었다.[11] 공적 의료보험의 필요성에도 불구하고 의사협회(American Medical Association, 이하 AMA)의 저항으로 인하여 이를 도입하지 못하고 있는 미국이 좋은 예이다.[12]

이에 비해 국가가 통제받지 않는 권력을 보유·행사했던 1970년대 우리의 상황에서, 정부는 의료보험의 재정 부담을 의료기관에 전가하고 비교적 재정 중립적으로 제도를 운영할 수 있었다. 보험자가 의료기관을 지정하며(법 제32조), 진료 비용의 산정 기준을 보건사회부장관이 행정 처분의 형식으로 결정·집행하도록 한 것(법 제35조) 등

10 당시 의료 비용을 보상하는 다양한 방법은 충실히 인지되고 있었으며, 앞에서 설명한 방법이 명확히 선호되었다. 양재모, 『사회보장제도 창시에 관한 건의』, 1961, 119쪽 이하 참조.

11 이에 관한 증언으로는 손준규, 『사회보장·사회개발론』, 1983, 115쪽 참조. 이밖에 의료보험법안의 수정 경과에 대해서는 최천송, 『한국사회보장연구사』, 1991, 109쪽 이하 참조.

12 20세기 초·중반 미국에서의 이에 대한 논의는 Lubove, Roy, *The Struggle for Social Security 1900-1935*, Pittsburgh University Press, 1986, 78쪽 이하 참조.

이 좋은 예이다. 당시 시대에 잠재해 있던 이와 같은 쟁점들은 1986년 민주화 이후, 그리고 1988년 헌법재판소가 설립되어 활동하면서 현실화되었다.[13]

3) 의료보험법의 제정 과정과 복지 정치

정부의 의료보험 및 의료보호 구상

1977년 대통령과 보건사회부 장관이 선도하고 정부가 주도하여 의료보험법이 시행되었다. 특히 보건사회부는 앞서 언급한 바 있는 1972년 '의료보험 실시 계획'을 작성하면서 이미 어느 정도 준비가 되어 있었다. 의료보험의 실시가 확정된 1976년에는 '의료보장 10개년 계획'이 수립되었다. 여기에는 다음과 같은 내용이 포함되어 있었다.[14] 의료보험의 단계적 실시, 1977년부터 500인 이상 사업장 강제가입, 자영자 임의가입, 사업장(1종)과 시·구·군(2종) 단위 조합 설립, 그리고 보험료의 수준은 1종은 3~8%의 범위에서 사용자와 가입자 균등 부담, 2종은 부양가족 수를 고려하여 책정, 요양급여 비용 보상의 방법으로 행위별 수가제, 관리·운영비의 일부 국고 부담 등이다. 이러한 정책 방향은 1976년 제정된 의료보험법에 거의 그대로 반영되었다.

1976년 의료보험법안을 둘러싼 정부 내 논의 과정에서는 보험 능

---

13 실제 헌법재판의 대상이 된 경우로는, 예컨대 헌재 2000. 6. 29., 99헌마289, 12-1, 941쪽 이하; 2001. 8. 30., 2000헌마668, 13-2, 294쪽 이하; 2003. 10. 30., 2000헌마801, 15-2(하), 106쪽 이하; 2013. 7. 25., 2010헌바51, 25-2(상), 40쪽 이하(강제가입); 2002. 10. 31., 99헌바76등, 14-2, 434쪽 이하(요양기관 강제지정); 2007. 8. 30., 2006헌마417, 19-2, 341쪽 이하(요양급여의 종류와 내용, 비용보상) 등 참조.

14 의료보험연합회, 『의료보험의 발자취: 1996년까지』, 1997, 79쪽 이하 참조.

력이 없는 저소득층에 대한 의료보장의 필요성이 정확히 인식되고 있었다. 소득보장과는 달리 의료보장에 있어서 소득의 다과(多寡)가 보호의 여부 및 정도에 영향을 미칠 수 없다는 평등의 사고가 지배했다. 1961년 생활보호법은 의료보호를 급여의 종류로 열거했으나 실제 생계 보호 외에 다른 급여는 실시되지 못하고 있었다. 이에 의료보험법의 시행을 계기로 저소득층 의료보장을 위한 조치가 취해졌다. 이를 위해 1977년 1월 4일 '의료보호에 관한 규칙'이 제정·시행되었다. 이 규칙은 이후 생활보호법에서 의료보호를 분리하여 1977년 12월 31일 독자적인 의료보호법을 제정하는 기반이 되었다. 그러나 뒤에서 서술하는 바와 같이 의료보장에 있어서 평등의 사고가 의료보호에 충실히 반영되지는 못했다.

정부는 의료보험의 실시에 적극적이었지만 재정 부담에는 소극적이었다. 이에 의료보험조합의 운영에 필요한 비용을 국고에서 보조할 수 있도록 하기는 했지만 이는 임의규정이었다(법 제48조). 여기에는 뒤에서 서술하는 바와 같이 당시 기업에서 상당 수준의 의료비가 보조되었기 때문에 굳이 국고보조가 필요하지 않으리라는 논리가 작용했다.

의료보험의 복지 정치

① 제도 일반

의료보험법은 우선 일정 규모 이상의 사업장에 고용된 근로자를 가입자로 했으며, 근로자와 사용자가 보험료를 반씩 부담하도록 했다. 이에 정책 입안에 있어서 사용자의 이해관계는 중요한 변수였다. 또 의료보험법은 의료기관을 공법 체계에 편입시키고, 사회적 성격을 갖도록 법률 관계를 형성하여야 했다. 따라서 의료계의 이해관계 역시 영향을 미쳤다. 그러나 전체적으로 보면 1976년 의료보험법에서 이해당사자의 복지 정치가 활발하게 작동하지는 않았다. 1970년대의 헌법적 및 정치적 상황에서 이해당사자의 의견이나 이익을 정치 과정에 투입하고 관철할 가능성은 제한적이었다. 사용자단체는 의료보험의 시행에 반대하지 않으면서, 특히 관리·운영 방식에 대해서는 독자적인 구상이 있었다. 이에 비해서 노동계의 관심은 아직은 뚜렷하지 않았다.

사용자의 이해관계는 주로 대기업 집단의 경제단체인 전국경제인연합(이하 전경련)이 대변했다. 특히 중화학공업, 에너지산업, 건설업 등의 대기업군이 노사 관리 및 재정 측면에서 의료보험 도입에 이해관계를 같이했다. 사용자의 입장에서 보면 의료보장에 따른 재정 부담이 완전히 새로운 것은 아니었다. 이미 상당 부분 기업에서 근로자의 의료비를 지원하는 기업복지를 시행했기 때문이다. 당시 민간 기업과 공기업 및 은행에 있어서 근로자를 위한 기업의 의료비 보조는 약 30~50% 혹은 60~80%에 이르렀다. 이에 대해서 세제상의 혜택은 없었으나, 의료보험이 실시되면 오히려 사용자가 부담하는 보험료에 대해서 손비 처리를 받아 세제상의 혜택을 받을 수 있는 장점이 있었다. 이는 이전 시대에 근로기준법의 재해보상을 대체하여 산재보험법을 제정하는 데 있어 사용자 측에서 큰 반대가 없었던 것과 같은 맥락이었다. 따라서 전경련은 의료보험법 자체를 반대하지는 않으면서 구체적인 제도 내용을 자신에게 유리하도록 형성하는 데 관심을 기울였다.

의료계의 이익을 대표하는 단체는 대한의학협회(이후 '대한의사협회'로 개칭)였다. 대한의학협회는 처음에는 의견을 내는 데 소극적이었으나 의료보험의 도입 논의가 성숙해가면서 자신의 이해관계를 가장 적극적으로 투입하는 행위자가 되었다. 의료보험이 시행되면서 국민 일반의 의료 수요를 증가시켜 의료 공급이 확대될 것이며, 이는 자신들의 이해관계에 기여할 것이라고 보았다. 또 이로써 의료의 산업화를 견인할 것으로 기대했다. 실제 당시 대한의학협회는 독자적으로 '의료보험법안'을 작성했다.

대한의학협회는 특히 다음과 같은 두 가지 점에 집중했다. 첫째, 의료 비용 산정의 기준으로 행위별 수가제를 채택하고, 기존의 관행적인 수가(酬價)를 의료보험 수가로 하는 제안을 했다. 사실 이미 1963년 의료보험법 제정 과정에서 행위별 수가제에 해당하는 점수제가 의료보험 비용을 팽창시킬 것이라는 우려가 퍼져 있었다. 전문가 집단은 당시 점수제에 강력한 거부감을 갖고 있었으며, 이에 인두제와 고정급 봉급제를 혼합하는 보수 체계를 채택했다.[15] 대학의학협회는 절반의 성공을 거두었다. 즉 1976년 의료보험법은 행위별 수가제를 채택했고, 이에 비해서 의료보험 수가는 관행 수가의 45%를 인하하기로 했다. 그러나 대한의학협회는 실질적으로는 효과적인 방어를 한 셈이었다. 비용 보상의 방식은 구조적인 문제로서 쉽게 변형될 수 없는 반면, 수가 문제는 상황에 따라서 개정될 수 있기 때문이다. 이러한 현상은 실제 이후 의료보험법의 발전 과정에서 관찰되었다. 둘째, 대한의학협회는 의료보험에 관한 주요 사항을 심의하는 위원회

---

15 1963년 의료보험법 제정 과정에서의 이에 대한 논의는 최천송, 『한국사회보장연구사』, 1991, 46쪽 이하, 63쪽 이하 등 참조. 이 책에서도 앞서와 같은 서술을 하고 있으나 그 정확한 근거를 찾을 수는 없다. 당시 사회보장심의위원회에서 작성한 1차 시안에는 점수제(일본), 인두제·봉급제(영국) 등 각국의 입법례가 소개되어 있을 뿐이다. 최천송, 『한국사회보장연구사』, 1991, 79쪽 참조.

에 의사회 대표가 참여하는 구조를 채택하는 데 주력했다.[16]

② 관리·운영 방식

의료보험의 관리·운영 방식은 당시 복지 정치에서 가장 활발하게 논의되었다. 조합 방식과 통합 방식이 대립했다. 이 문제는 1963년 의료보험법이 제정될 때에도 논란의 중심에 있었다. 당시 사회보장심의위원회의 전문위원들은 전국 단위의 통합 방식을 선호했고, 사업 운영의 재원으로 어느 정도 조세를 투입하는 구상을 했다. 국민소득이 낮아서 근로자가 납부하는 보험료 수입을 재원으로 의료보험을 운영하기가 어렵다고 보았기 때문이다. 이는 의료보험을 관리·운영하는 방식과 밀접한 관련이 있다. 조합 방식에서는 조합 단위의 재정 자립을 원칙으로 하기 때문이다. 이와 같은 관리·운영 방식과 재정 방식의 연관성은 독일의 예에서도 찾아볼 수 있다. 즉 19세기 후반 오토 폰 비스마르크(Otto von Bismarck)는 조세를 재원으로 하고 국가가 통합적으로 의료보험을 관리·운영하는 방식을 선호했다. 그러나 당시 일부 관료, 그리고 기업은 이 경우 근로자가 국가에 종속되고, 그 결과 자본의 영향력이 감소한다는 점을 우려하여 조합 방식을, 그리고 사회보험의 재원을 보험료로 하는 방법을 관철했다.

대기업의 입장에서 보면 의료보험은 기존의 기업복지를 대체하는 효과가 있었다. 특히 조합 방식으로 운영되고, 또 조합의 운영에 자율성이 부여되는 경우 의료보험은 노사 협력의 매체가 되며, 이는 기업의 이해에 부합하는 것이었다. 전경련의 입장은 당시 노동조합이 기업 단위로 조직되었던 상황과도 밀접한 관련이 있다. 기업 단위로

16 손준규, 『사회보장·사회개발론』, 1983, 146쪽 참조.

의료보험조합이 설립·운영되는 경우에는 사용자가 의료보험조합의 인사권을 갖게 되고, 이에 기초하여 조합의 운영을 통제할 수 있다고 보았다. 또 앞서 언급한 바와 같이 의료보험 부담금에 대한 감세 혜택을 받을 수 있고, 조합의 적립금이 기업 단위로 적립되는 장점도 있었다. 이러한 전경련의 입장은 이후 1990년대 후반 의료보험의 통합에 관한 논의에 있어서 사용자가 반대한 상황과 비교된다. 앞서 언급했듯이 근로자측의 의견 투입은 거의 없었으며, 의료보험법의 제정에 있어서 노동의 의식과 역할은 미미했다는 것을 다시 한번 확인할 수 있다.

대한의학협회는 의료보험의 운영 방식이 자신의 이해관계에 중요한 변수라는 사실을 충분히 이해하고 있었다. 대한의학협회의 자체 법안에 의하면 의료보험은 국가가 직접 관리하고, 정부는 보험급여 비용의 20~30%를 보조하며, 사무비는 전액 정부가 부담하도록 했다. 의료계는 의료기관이 공법 체계에 편입되더라도 진료 비용이 적시에 보상되지 않을 수 있다는 점을 우려했다. 의료보험조합은 보험자로서 의료 비용의 보상 주체이지만 조합 사이에 재정 능력의 차이가 있어, 조합에 따라서는 지불 능력이 부족한 경우가 발생할 수도 있었다. 이러한 문제는 의료보험이 통합적으로 운영될 때 방지될 수 있다고 보았다. 이 경우 정부가 실질적으로 지급보증을 하는 결과가 되기 때문이다.

의료보험의 관리·운영 방식에 대해서는 정부 내부에서 보건사회부와 경제기획원 사이에 의견의 차이가 있었다. 보건사회부는 국가가 관리하는 경우에 나타날 재정 부담, 의료기관의 사회화 혹은 국유화에 따르는 혼란, 전국적으로 보험료를 인상하는 데 따르는 정치적 어려움 등을 이유로 조합 방식을 적극적으로 건의했다. 이에 비해서 경제기획원은 무엇보다도 개별 조합의 운영 및 재정 능력이 제한적일 것을 예상하고 의료보험을 국가가 전국적으로 통합하여 직접 관리하는 방식을 선호했다. 경제기획원은 구체적으로 기존의 산재보험기구 혹은 국세청을 의료보험 전담 기구로 구상했다.[17]

보건사회부가 통합 방식의 문제점으로 지적한 사항은 타당한 것은 아니었다. 국가의 재정 부담 문제가 무엇을 의미하는지 정확히 파악되지는 않는다. 아마도 국가가 관리·운영 비용을 부담하여야 하고, 또 통합 방식에서 재정 적자가 나타나는 경우 국고보조가 불가피하리라는 점을 우려한 것으로 보인다. 그러나 조합 방식에서도 관리·운영 비용을 기본적으로 보험료 수입으로 충당하지만, 국고보조는 처음부터 어느 정도 예정하고 있었다. 또 지역의료보험의 경우 국고보조는 피할 수 없었다. 이는 1988년 농어촌 의료보험을 도입하는 것에 대한 논의에 잘 나타나 있다.[18] 또 실제 1963년 의료보험법은 사무 집행에 소요되는 비용은 전액 국고에서 보조하도록 한 바 있다(법 제36조).

의료기관의 사회화 혹은 국유화의 문제는 관리·운영 방식과 직접 관련이 있지는 않았다. 의료보장의 방법으로 사회보험이 아니라 영국과 같이 국민건강제도(NHS)를 채택하는 경우 의료기관은 공적 조직에 편입된다. 이에 비해서 사회보험의 방식에서는 의료기관이 공법의 규율을 받고 공법 체계에 편입되지만 의료기관의 조직법적 성격이 달라지는 것은 아니다. 그리고 이 점에 있어서 조합 방식과 통합 방식은 차이가 없다.

---

17 손준규, 『사회보장·사회개발론』, 1983, 148쪽 참조.

18 국민연금10년사편찬위원회, 『국민연금 10년사』, 국민연금관리공단, 1998, 143쪽 참조.

보험료를 인상하는 정치적 부담 역시 관리·운영 방식과 직접 관련이 있지는 않다. 보건사회부는 조합 방식에서는 보험료의 인상 혹은 인하가 조합에서 결정되기 때문에 이에 대한 국가의 부담이 덜어진다고 이해한 것으로 보인다. 그러나 조합 방식의 경우에도 조합의 재정 자립도를 유일한 기준으로 하여 의료보험을 운영하는 것은 불가능하다. 이 경우에 나타날 수 있는 조합 간, 그리고 결과적으로 조합원인 가입자 간 불평등에 국가가 무관심할 수는 없기 때문이다. 이는 이후 직장의료보험조합과는 달리 지역의료보험조합에서 만성적으로 적자가 발생하여 국고 지원이 이루어졌던 경험에서도 확인할 수 있다. 통합 방식을 채택하는 경우에는 앞으로 가입 대상을 점진적으로 확대하여 전 국민 의료보험을 시행하는 과정에서 나타날 과도기적인 불평등에 대한 정치적 부담이 우려되기도 했다. 그러나 이 논리 역시 타당하지는 않았다. 의료보험법의 적용 대상을 확대하는 결정은 조합이 하는 것이 아니라 입법적 혹은 행정적 결정에 의하기 때문이다.

이와 같이 1976년 의료보험법이 조합 방식을 선택한 논리가 객관적으로 타당한 것은 아니었다. 의료보험 관리·운영 방식에 관한 정책 논쟁은 1980년대 초반 다시 점화되었지만 조합 방식은 그대로 유지되다가, 1999년 국민건강보험법의 제정에 의하여 비로소 통합 방식으로 전환되었다.

4) 의료보험법 및 의료보호법의 주요 내용

의료보험법의 주요 내용

1976년 의료보험법은 사실상 일반 국민을 대상으로 실시하는 최초의 사회보험법이었다. 이 법은 일정 규모 이상의 사업장에 의무적으로 적용된다. 동시에 다음과 같은 방법으로 적용 범위의 확대를 예정했다. 첫째, 임의가입의 가능성을 열어두었다. 당연적용 사업장이 아닌 사업장, 그리고 지역 주민은 임의로 신청에 의하여 가입할 수 있다. 그러나 이는 1980년대 후반까지는 활성화되지 못했다. 둘째, 당연적용 피보험자의 범위를 법률에 직접 규정하지 않고, 대통령령의 개정을 통하여 사업의 종류, 근로자의 수 등의 기준을 확대할 수 있도록 했다.

가입자의 종류는 1종과 2종으로 나누었다. 근로자가 1종 가입자, 지역 주민은 2종 가입자에 해당했다. 의료보험법은 500인 이상 근로자를 사용하는 사업장의 근로자에게 당연적용된다(법 제7조, 시행령 제4조). 결국 초기 의료보험법은 비교적 규모가 큰 기업을 중심으로 시행되었다. 이는 앞서 언급한 바와 같이 산업화 시대에 인력 관리의 관점이 작용한 것으로 설명되었다. 그러나 당시 일반적으로 임금이 낮았기 때문에 근로자의 보험료 부담을 고려하지 않을 수 없었고, 또 그 결과 중소기업 및 영세기업에서 보험료가 원활하게 징수될 수 없다는 현실적인 이유도 작용했다. 실제 ILO의 1952년 '사회보장최저기준에 관한 협약 제102호'는 영세기업 근로자의 경우 적용 범위를 점진적으로 확대하는 특례를 둔 바 있다(제9조). 당연적용 대상에 해당하지 않는 사업장의 사용자는 근로자 3분의 2 이상의 동의를 얻고 보건사회부 장관의 인가를 받아 근로자를 위해 조합을 설립할 수 있다. 지역 주민 역시 임의적용 대상이며, 임의직장조합과 같은 절차를 밟아 조합을 설립할 수 있다(법 제8조, 제18, 19조 제1항). 사업장 혹은 지역에 임의로 조합이 설립된 경우에는 해당 사업장의 근로자, 그리고 해당 지역의 주민은 모두가 의무적으로 가입하여야 한다. 즉 개인의 가입 여부가 임의적이지 않았다.

1977년 7월 1일 의료보험법이 시행되면서 468개의 조합이 설립되었으며, 116만 명의 근로자가 의무적으로 의료보험에 가입되었다. 수급자는 약 320만 명으로, 이는 전체 인구 대비 약 8.8%에 해당했다.

급여는 법적 성격에 따라서 법정급여와 부가급여가 있었다. 법정급여로 요양급여와 분만급여가 지급되었고(법 제29조 제1항), 부가급여는 조합이 정관으로 정하는 급여로서 장제비와 상병수당이 여기에 해당한다(법 제40조, 시행령 제35조). 상병수당은 질병으로 인하여 취업할 수 없게 된 기간 1일에 대하여 표준보수월액의 100분의 2 범위 내에서 정관이 정했다(시행령 제35조 제3항). 급여는 원칙적으로 현물급여로서 의료기관 또는 약국에서 지급되며, 예외적으로 현금급여로서 요양비 및 분만비가 지급될 수 있다(법 제29조 제2항, 제36, 37조). 요양급여의 기간에는 제한이 있었다. 즉 요양급여의 기간은 요양급여가 개시된 날로부터 6월 이내로 한다(법 제30조). 이후 요양급여 기간의 제한은 점진적으로 개선되었고, 2006년 요양급여 일수의 제한은 폐지되었다.

가입자는 요양급여 비용의 일부를 부담한다. 본인 일부 부담은 가입자와 피부양자에 대해서, 그리고 통원 치료 및 입원 치료 여부에 따라서 차등화되었다. 이는 시행령에 정한 범위 내에서 정관으로 정했다. 통원 치료의 경우 가입자와 피부양자는 각각 요양급여 비용의 40%와 50%의 범위 내에서 본인이 부담한다. 이에 비해서 입원 치료의 경우 가입자와 피부양자는 각각 요양급여 비용의 30%와 40%의 범위 내에서 본인이 부담한다(법 제34조, 시행령 제34조).

요양급여 기간이 제한되었고, 본인 일부 부담이 적용되었으며, 또 의료보험의 급여 대상이 아닌 급여(법정 비급여)가 상당히 있었다는 사실 등을 고려하면 1977년 의료보험이 낮은 수준의 복지를 지향했음을 알 수 있다. 이 점이 갖는 사회정책적 함의에 대해서는 뒤에서 따로 설명한다.

요양급여를 제공하는 요양취급기관은 보험자가 보건사회부 장관의 승인을 얻어 지정한다. 지정을 취소하는 경우에도 같은 절차를 거친다. 1963년 의료보험법과 달리 1977년 의료보험법에서는 요양취급기관이 지정의 취소를 요구할 수 있는 규정(법 제40조 제1항)이 삭제되었다. 지정 제도를 유지하면서 지정 취소 요구권을 인정하지 않은 것에는, 본격적으로 의료보험을 시행하면서 제도의 운영에 따라서는 요양취급기관을 충분히 확보할 수 없고, 또 요양취급기관이 지역적으로 편재되어서 요양급여를 받을 권리가 평등하게 실현될 수 없다는 우려가 작용한 듯하다. 요양취급기관은 요양급여 비용을 보험자에게 청구하며, 보험자는 보건사회부 장관이 의료보험심의위원회의 심의를 거쳐 정한 산정 기준에 의하여 심사를 행한 후 비용을 지급한다.

가입자가 가입 자격을 상실하게 되면 즉시 요양급여가 중단되는 상황을 방지하기 위해 계속요양급여제도를 두었다. 즉 요양급여를 받고 있는 가입자는 가입 자격을 상실한 때에 그 질병 또는 부상에 대하여 6개월의 기간이 종료될 때까지 요양급여를 계속 받을 수 있다(법 제38, 39조). 급여의 제한에 관한 규정을 신설했다. 즉 보험급여를 받을 자가 자신의 고의의 범죄 행위에 기인하여 또는 고의의 사고로 인하여 질병 또는 부상이 발생한 때에는 보험급여가 지급되지 않는다(법 제41조 제1항). 이 규정은 법문의 해석을 둘러싸고 많은 분쟁을 발생시켰으며, 또 정책적 타당성 및 헌법적 정당성의 문제를 제기했다.

의료보험의 재정은 보험료 수입으로 충당한다. 1종 가입자의 보험료 산정 기준은 표준보수월액으로서 하한과 상한이 정해졌다. 즉 2만 2,500원 미만 소득자의 표준보수월액은 2만 원으로, 그리고 38만 9,000원 이상 소득이 있는 자의 표준보수월액은 40만 원으로 한다. 이는 의료보험에서 소득 재분배 효과가 표준보수월액의 범위 내에서 제한적이라는 의미를 갖는다. 가입자 본인이 일부를 부담해야 하고, 또 비급여 대상이 넓다는 점을 고려하면 소득 재분배의 효과는 더욱 협소했다. 표준보수월액 제도에 의하여 소득 상한을 넘는 부분은 개인이 자율적으로 의료보장을 위해 사용될 것을 예정했다고 볼 수 있다. 보험료율은 표준보수월액의 3% 내지 8%의 범위 내에서 조합의 정관으로 정하며, 피보험자와 사용자가 각각 2분의 1씩 부담한다. 1978년 전체 조합 평균 보험료율은 3.18%였다. 2종 가입자의 보험료는 피보험자와 피부양가족의 수를 기준으로 정관에서 정하며, 가입자가 전액 부담한다(법 제49, 50조).

의료보험의 운영에 필요한 비용 일부에 대해서는 국고보조를 할 수 있다(법 제48조, 시행령 제36조). 이는 임의규정이다. 이밖에 준비금 제도를 두었다. 이에 따르면 조합은 매 회계연도의 결산잉여금 중에서 지난 3년간의 보험급여에 소요된 비용의 평균 연액의 100분의 5 이상에 상당하는 금액을 준비금으로 적립하여야 한다(법 제44조). 준비금은 주로 보험급여에 소요되는 비용이 부족한 경우를 대비한 것이다.

의료보험의 관리·운영 주체는 의료보험조합이다. 조합은 자율적으로 보험료율을 정하고, 또 부가급여를 통하여 부분적으로 급여의 형성에 관한 자치결정권을 갖는다. 그러나 전반적으로 봤을 때 조합은 자치 운영 조직으로서의 성격을 갖지는 못했다. 보건사회부 장관이 사업에 관하여 명하거나 정관의 변경을 명하는 등 감독상 필요한 조치를 할 수 있기 때문이다(법 제72조).

보건사회부 장관의 자문에 응하여 의료보험사업에 관한 주요 사항을 심의하기 위해 보건사회부에 의료보험심의위원회를 둔다. 심의위원회는 근로자와 사용자, 의약계를 대표하는 자가 동수로 구성되며, 이밖에 공익을 대표하는 위원이 참여한다. 이로써 의약계가 자신의 이익을 투입할 가능성이 마련되었다(법 제4조, 시행령 제53조 이하).

의료보호법의 제정 및 주요 내용

앞서 언급한 바와 같이 당시 생활보호법은 급여의 종류로서 의료보호를 두었지만 이것이 실질적으로 기능하지는 못했다. 이에 의료보험법이 시행되면서 저소득층의 의료보장을 위한 조치를 취했다. 1977년 1월 4일 '의료보호에 관한 규칙'을 제정·시행했으며, 이 규칙은 이후 생활보호법에서 의료보호를 분리하여 독자적인 의료보호법으로 발전했다.

의료보호법의 적용 대상은 생활보호법에 의하여 생계보호대상자로 결정된 자, 사회복지사업법에 의하여 사회복지시설에 수용된 자 등이다. 이밖에 생활 유지의 능력이 없거나 생활이 어려운 자로서 대통령령이 정하는 자를 포함한다(법 제4조). 생활보호대상자가 아닌 자로서 보호기관이 보호가 필요하다고 인정한 자가 여기에 해당한다. 다만 이례적으로 보호대상자의 규모를 시행령이 직접 정했다. 즉 의료보호대상자는 생활보호법에 의한 생계보호대상자 총수의 100분의 2(서울시와 부산시의 경우에는 100분의 5, 대구시, 대전시, 광주시의 경우에는 100분의 4)를 초과할 수 없다(시행령 제2조). 당시에는 생활보호대상자의 선정 자체가 예산상의 제약을 받고 있었다. 즉 예산의 범위 내에서 생활보호사업이 시행되었으며, 그 결과 의료보호법이 생활 능력이 없는 국민의 질병을 보편적으로 보호할 수 없었다. 예컨대 1970년 생활보호대상자 비율은 전 국민의 5.4%에 머물러 있었고,[19] 이 비율은 1980년에도 거의 변함이 없었다. 이처럼 생활보호가 예산의 범위 내에서 시행되고 있었기 때문에 의료보호 대상의 규모는 거의 탄력성이 없었다.

의료보호법에 의한 급여의 종류는 의료보험법과 같다(법 제5조). 다만 의료보험법과 달리 의료보호법에 진료 기간의 제한에 관한 명시적인 규정은 없었다. 의료보호를 행하는 의료보호시설은 제1차 진료 기관과 제2차 진료 기관으로 나뉘어 지정된다(법 제7조). 보건소, 의원, 치과의원, 한의원 등이 제1차 진료 기관에, 종합병원, 병원, 치과병원, 한방병원 등이 제2차 진료 기관에 해당한다. 의료보호대상자가 진료 기관을 선택할 가능성은 제한되어 있었다. 즉 지방자치단체의 장은 진료 지구를 정하며, 지구별로 제1차 및 제2차 진료기관을 설정하고 의료보호대상자는 원칙적으로 지정 의료기관에서 진료를 받아야 한다(법 제7조, 시행령 제4, 6, 7조). 이와 같은 진료 지구제는 1998년 폐지되었다.

의료보호의 수가는 의료보험과는 차이가 있었다. 외래진료의 경우 정액으로 지급되었고(1인 1일 400원) 입원의 경우 정률제가 적용되었다. 수가는 의료보험에 비해서 70% 수준에 머물렀다. 이는 자연히 의료기관에서 의료보호 수급자를 기피하거나 차별하게 만드는 원인이 되었다. 이러한 차별 수가는 1990년에 비로소 개선되었다.

---

19 사회보장심의위원회, 『사회보장: 이론정립을 위한 기초』, 보건사회부, 1982, 47쪽 이하 참조.

의료보호대상자의 진료에 소요되는 비용은 전부 또는 일부를 국가 및 지방자치단체가 부담하며, 이를 위해 의료보호기금이 설치된다. 의료보호대상자의 진료 비용은 전액 의료보호기금에서 부담한다. 다만 “기타 보호기관이 본법에 의한 보호를 필요로 한다고 인정하는 자”(생활보호법 제3조 제1항 제5호)에 대해서는 제1차 진료에 소요되는 비용 전액을 의료보호기금이 부담하지만, 제2차 진료에 소요되는 비용은 100분의 30에 한정하여 의료보호기금에서 부담한다(시행령 제3조). 의료보호기금은 시·도 단위로 설치되며, 국고보조금, 지방자치단체의 출연금을 재원으로 하여 조성된다(법 제6조, 제9조). 보호대상자가 치료 비용의 일부마저 부담할 수 없는 경우를 위해 진료비 대불(代拂) 제도를 두었다. 대불금은 이자 없이 상환한다(법 제6조). 그러나 아직 대불 제도에 관한 구체적인 규정을 두지는 않았다.

5) 공무원 및 사립학교 교직원 의료보험법의 제정과 시행

1976년 의료보험법이 전면 개정되어 우선적으로 근로자, 그리고 장기적으로는 전체 국민에 적용될 예정이었으며, 이제 공무원의 의료보험 문제가 제기되었다. 1960년 제정된 공무원연금법은 1962년 개정을 통하여 단기급여로서 요양비를 추가했다. 그러나 이는 기본적으로 공무로 인하여 발생한 질병 및 부상을 대상으로 했으며, 공무 외의 질병 및 부상에 대해서는 극히 예외적인 경우에 한하여 보호했다(법 제15조, 시행령 제22조). 이에 공무원의 질병 및 부상을 일반적으로 보호하는 독자적인 입법이 필요했다. 공무원인 교사 및 교수와 같은 기능을 수행하는 사립학교 교직원 역시 적용 대상에 포함하도록 했다. 이는 사립학교 사무직원을 처음에는 가입 대상에서 제외했던 사립학교교원연금법과 차이가 있었다.

공무원 및 사립학교 교직원 의료보험법(이하 공교의료보험법)은 1977년 12월 31일 제정되어 1978년 7월 1일부터 시행되었다. 공교의료보험법의 적용 대상에서 군인 및 선거에 의하여 취임하는 공무원은 제외되었다(법 제5조). 1979년에는 법률 개정을 통하여 장기 복무하는 군인도 공교의료보험법의 적용을 받도록 했다. 또 1981년 개정 법률은 특수직역연금수급자를 적용 대상에 추가했다(법 제5조 제4호). 이들의 보험료는 연금월액을 기준으로 산정되었으며, 보험료의 50%는 연금기금이 부담했다(법 제50조 제3항). 같은 해에 선거에 의하여 취임하는 공무원으로서 대통령령으로 정하는 자에게도 가입 자격을 부여하는 내용으로 개정했다.

공교의료보험법에서 급여의 종류와 내용, 급여 기간의 제한, 보험급여의 기준 및 보험급여 비용의 산정 기준은 기본적으로 의료보험법과 같았다. 실제 공교의료보험법은 이에 관한 의료보험법의 규정을 준용했다(법 제27, 40조). 다만 공교의료보험법은 처음부터 건강진단을 법정급여로 했던 점이 의료보험법과 다른 점이었다(법 제29조). 공무원의 경우에는 공무원과 정부가 각각 보험료의 2분의 1을, 사립학교 교직원의 경우에는 가입자, 학교경영자, 정부가 각각 보험료의 50%, 30%, 20%를 분담했다(법 제50조). 이는 결국 정부가 학교경영자의 보험료 부담을 덜어주는 의미가 있었다. 의료보험과 달리 공교의료보험은 '공무원 및 사립학교 교직원 의료보험관리공단'에서 통합적으로 관리·운영된다(법 제9조).

3. 1976년 의료보험법과 이후의 사회보장법: 의료보장, 사회보험, 사회보장

1) 의료보험과 의료보장

우리 사회보장(법)의 역사에서 일반적으로 주목받았던 시기는 1963년, 1987년, 1997년, 2007년이다. 1963년은 사회보장법의 맹아가 싹튼 시기였다. 1987년 이후에는 민주화가 진전되면서 복지국가에 대한 국민의 요구가 높아졌고, 정치적 대응은 활발해졌다. 1980년대 말 의료보험은 농어촌 및 도시 지역 주민을 포괄하는 전 국민보험으로 발전했다. 1988년 시행된 국민연금은 1990년대 중·후반 농어촌 및 도시 지역으로 확대되었다. 1997년 외환위기를 겪으면서는 노동시장의 유연화 등 시장의 원칙이 강화되었고, 동시에 시장이 보호할 수 없는 사회적 위험에 대한 사회안전망이 갖추어져야 했다. 2007년 이후 재정 위기의 시대에 고용 및 소득의 불안정은 깊어 갔으며, 이에 고용과 복지의 관계, 사회보장법과 노동법의 협력 관계가 다시 점검되어야 했다. 이와 같은 그동안의 경제적·사회적 상황의 변화에도 불구하고 1976년 의료보험법은 이후 의료보험 그 자체뿐 아니라 사회보험 일반에 대해 경로(path)로서의 의미를 갖게 되었고, 나아가서 사회보장법 전반에도 큰 영향을 미쳤다.

1976년 의료보험법은 복지 정책의 관점에서 보면 다음과 같은 특징이 있었다. 첫째, 질병을 우선적으로 사회적 보호의 대상으로 선택했다. 개인에게 인격을 실현하고, 정치적 및 사회경제적 공동체의 구성원으로서 참여하기 위해 가장 기본적인 조건인 질병을 보장하기 위해서는 적시에 적합한 진료가 제공되어야 한다. 더욱 중요한 관점은 질병에 관한 한 모든 국민이 평등하게 보호를 받을 수 있어야 한다는 인식이었다. 따라서 의료보험을 실시하면서 가입자를 일부 국민(당시에는 500인 이상을 고용하는 대기업의 근로자)에 한정하는 것은 정책적 타당성 여부를 떠나서 감당하기 어려운 정치적 부담이 되었다. 이에 의료보험의 적용 대상은 '세계에 유례없이' 빠른 속도로 확대되어, 1989년 실질적으로 전 국민보험이 되었다.

둘째, 1976년 의료보험법은 노동의 자본에 대한 기여와 자본의 노동에 대한 책임 및 지원의 구도에서 도입된 것이 아니라 정부가 일방적으로 주도한 것이었다. 그 결과 사회보험이 시행될 수 있는 현실적 여건이 충실하게 검토되지 못했다. 이 문제는 적용 대상이 확대되면서 비로소 나타났고, 이에 제도의 기능에 필요한 정책 보완이 뒤따랐다. 이때 급여 수준이 낮게 유지되었기 때문에 복지이념은 희생되었다. 이는 제도를 안정적으로 유지하는 데에는 유리한 요소였다. 이로써 낮은 수준의 평등한 복지의 경로가 형성되었다. 다만 제도가 기능하기 위해 국가의 재정 지원이 필요했으며, 보험료 부과의 방법도 개편이 필요했다. 부분적으로 사회보험의 체계와 정합성 면에서 의심스러운 개정이 있기도 했다. 그러나 낮은 수준의 복지 경로에 따라 재정 부담의 증가 폭이 크지 않았기 때문에 가입자의 저항은 한정적이었다.

셋째, 이와 같이 낮은 수준의 평등한 복지의 구도에서 필연적으로 복지 생산은 공적 영역과 사적 영역으로 분산되어야 했다.

넷째, 의료보험의 방식을 선택하면서 보장의 공백이 남는 문제를 피할 수 없었다. 이 점은 당시 충실히 인식되고 있었다. 이에 의료보험법에 이어 의료보호법이 제정되어 저소득층의 의료보장을 담당했다. 당시에는 아직 사용자가 근로자의 의료보험 가입 신청을 기피하거나 근로자 스스로가 가입을 회피하여 (오늘날의 표현에 따르면) 사각지대가 발생하는 현상은 예상하지 못했다. 그러나 사회보험이, 가입자의 보험료 납부 능력을 의제하는 소득 활동의 정형을 기준으로 하여 가입자의 범위를 정하기 때문에 보험 능력이 없는 국민이 배제되는 문제는 사회보험에서 피할 수 없는 체계의 문제였다.

2) 의료보험과 사회보험

1976년 의료보험법은 사회적 위험이 공적 사회보험에 의하여 보호되며, 그만큼 개인의 생활이 공법 체계에 편입되는 시대를 열었다. 이는 자연스럽게 소득보장에 관한 사회보험에 관심을 기울이는 계기가 되었고, 또 노후 소득을 보장하는 전통적인 수단이었던 근로기준법의 퇴직금 제도가 갖는 문제가 뚜렷하게 인식되도록 했다. 국민연금 도입에 대한 논의는 1986년 본격화되어 같은 해 국민연금법이 제정되었다. 국민연금은 의료보험과 거의 같은 경로를 밟았다. 초기에 근로자부터 시작하여 1995년과 1999년 농어촌 및 도시 지역 주민까지 적용 대상이 확대되었다. 다만 국민연금은 다음과 같은 특수성이 있었다. 즉 국민연금은 가입자가 장기간 보험료를 납부하기 때문에 기금이 적립되고 연금이 지출되는 시기는 가입 시점보다 훨씬 이후이다. 따라서 장기적인 재정 추계의 정치적 부담이 없다면 굳이 가입자의 보험 능력을 엄격히 요구할 필요가 없었다. 또 일반적으로 보면 정치 과정에서 장기적인 관점은 소홀히 여겨졌다. 이 점이 보험료 수입이 단기적으로 지출되는 의료보험과의 차이였으며, 따라서 국민연금에서는 처음부터 가입자의 범위가 넓었다.

국민연금은 저부담 고급여의 구조로 평가되었다. 그러나 이는 보험료 대비 급여가 높다는 의미이며, 절대적인 기준에서 보면 낮은 수준의 평등한 복지의 경로를 벗어난 것은 아니었다. 즉 보험료 산정 한도액을 두었으며, 연금 산식에 있어서 고소득자인 가입자와 저소득자인 가입자 간 소득 재분배가 이루어지도록 했다. 국민연금이 농어촌 및 도시 지역으로 확대 적용되면서 저소득자인 가입자를 위해 국고를 지원한 것도 의료보험법의 예를 따른 것이었다.

국민연금의 경우 공적 영역과 사적 영역의 기능 분담이 의료보험과는 다르게 전개되었다. 국민연금은 노후 소득을 장기적으로 보장해야 하기 때문에 정기적인 재정 점검이 필요했다. 실제 국민연금의 재정은 처음부터 악화할 것으로 예상되었고, 또 고용과 소득이 불안정해지면서 이러한 우려는 더욱 깊어졌다. 이에 1998년과 2007년 개정을 통하여 국민연금의 수준은 낮아졌다. 이로써 전체적으로 소득보장의 과제는 의료보험에 비하여 훨씬 복잡해졌다. 국민연금의 노후 소득보장은 한편으로는 공적 부분 자체에서, 그리고 다른 한편으로는 민간 영역과의 기능 분담을 통하여 보충되어야 했기 때문이다. 2007년 기초노령연금의 도입 단계에서, 그리고 현재까지도 이 논의는 계속되고 있다.

1988년 국민연금이 시행된 이후 남은 문제, 즉 실업에 대한 사회보험 입법이 추진되었다. 이는 사전에 실업을 예방하고, 또 실업으로 인하여 상실되는 소득을 보장하는 과제를 안고 있었다. 고용보험법이 1993년 제정되고, 1995년 시행되었다. 고용보험법에서 급여의 조건은 엄격했으며 수준은 낮았다. 1997년 말 외환위기 이후에는 고용보험의 적용 대상이 신속하게 확대되어야 했다.

2007년에는 노인장기요양보험법이 제정·시행되었다. 이 법 역시 비급여 대상 및 월 한도액 등의 규정을 두어 급여 수준을 제한했으며, 이로써 낮은 수준의 평등한 복지의 경로를 충실히 따랐다.

3) 사회보험과 사회보장

1976년 의료보험법의 특성은 이후 사회보험 입법에 계속 경로로서 작용했다. 가입 대상의 신속한 확대, 낮은 급여 수준, 체계적·규범적·현실적 이유에서 발생하는 가입 대상 및 급여 수준에 관한 사각지대, 사회보험의 부분적 보호와 그 결과로서 나타나는 다른 공공·민간 부분과의 기능 분담 등이 이러한 요소였다. 우리 의료보험, 그리고 사회보험 일반이 이와 같은 특성, 특히 낮은 수준의 평등한 복지를 지향하는 경로를 따랐다는 사실은 넓은 시각에서 보면 우리 사회보장의 향후 전개와 관련하여 적어도 규범적으로는 다음과 같은 함의를 갖는다.

첫째, 우리 사회보장법이 사회보험법을 중심으로 형성되었다는 사실은 긍정적이다. 사회보험법의 법률 관계에서 개인은 보험료에 의하여 형성된 급여에 대한 청구권을 가지며, 이는 생활에 안정적인 기반이 된다. 또 사회보험에서 가입자는 정책 및 입법 형성에 참여하는 기회를 갖기 때문에 정치적 구도에 편입된다. 이 점이 1963년, 그리고 1976년 의료보험법이 제정된 시기와 비교하면 큰 변화이다. 민주주의가 성숙되는 1980년대 이후의 정치 환경에서 국민의 권리 및 참여의식은 더욱 높아졌다.

둘째, 의료보험 등 사회보험이 낮은 수준의 평등한 복지를 지향했기 때문에 그 결과 나타나는 복지의 공백은 공적 영역 및 민간 영역에서 보충되어야 했다. 이로써 사회보험은 체계 외적 관심과 지식을 가져야 했다. 앞서 서술했듯이 의료보험은 처음부터 의료보호를 시행의 전제 조건으로 인식하고 있었다. 노인장기요양보험은 한편으로는 기존의 노인복지 및 건강보험의 기능을 부분적으로 대체하여 부담을 덜어주었지만, 다른 한편 노인장기요양보험 미가입자 및 법정 비급여 등으로 인하여 나타나는 사각지대를 보호하는 새로운 과제를 노인복지 제도에 부과했다. 이를 보다 일반화하여 표현하면, 사회보장법은 사회보험법의 개별적인 법률 관계와 함께 보편적인 서비스를 형성하고, 이들 제도가 서로 보충·대체하면서 기능할 수 있어야 한다.

1976년 의료보험법이 제정된 이후 한국의 정치적 및 사회경제적 환경은 현저히 달라졌다. 그러나 정책 방향은 기본적으로는 유지되고 있다. 특히 의료보장이 낮은 수준을 유지하는 문제는 현재에도 유효한 과제로 남아 있다. 의료보장에서 보편적 평등은 '모든 국민'이 '적절한 진료'를 받을 때 비로소 실현되기 때문이다. 그런데 소득보장을 통하여 자유의 조건을 추상적으로 보장하는 국민연금과 달리 의료보험에서는 단기적으로, 즉 질병이 발생하면 즉시 보호해야 하며, 이 점에서 의료보장은 평등과 함께 복지의 기대가 강한 영역이다. 그러므로 공공보건과 같은 보편적 제도를 충실히 정비하여 건강보험과 함께 국민건강의 과제를 분담하는 정책에 주목해야 한다. 특히 1990년대 이후의 새로운 상황에서, 혹은 그러한 상황에도 불구하고 우리 의료보험이 밟아온 경로에서 피할 수 없었던 문제를 인식할 때 정책 지향점은 뚜렷해질 수 있다. 그리고 이를 밝히면서 역사 연구는 실천적 유용성을 가질 수 있다.

9장 영국 국민보건서비스(NHS)의 운영

이주민 노동력의 활용[1]

황혜진

1. 국민보건서비스와 영국 사회

영국의 국민보건서비스(National Health Service, 이하 NHS)는 1948년 7월 5일 세상에 첫선을 보였다. 제2차 세계대전이 끝난 뒤 수립된 노동당 정부는 전 국민을 대상으로 하는 무상 의료 혜택을 도입하는 것을 목표로 삼았고, 보수당과 의료 업계 등의 거센 반발을 무릅쓰고 자신의 계획을 관철했다. 이후 노동당 정부는 NHS가 "인류가 만든 최고의 제도"라고 자랑했고, 이 제도의 '설계자'라고 불리는 어나이린 베번(Aneurin Bevan)은 "이제 우리는 도덕적으로도 세계 최고"라고 자부심을 드러냈다. 당시 NHS는 "자유주의 세계에서 만들어진 제도 가운데 사회주의에 가장 가까운 것"이라는 평가를 받기도 했다. 물론

1 이 글은 『이화사학연구』 제63집(2021)에 실린 저자의 논문 「영국 국민보건서비스와 이주민 노동력」을 수정한 것이다.

설립 이후 70년이 넘는 시간 동안 NHS는 크고 작은 변화들을 겪었지만, '국가의 공적 자금으로 운영되는 보편적이고 포괄적인 의료서비스'라는 원칙만은 여전히 유지되고 있다.[2]

NHS는 전후 영국 사회를 지탱해온 핵심 요소 가운데 하나이며, 영국인들에게 단순한 의료제도를 넘어서는 의미를 갖는다. 한 보수당 소속 정치인이 NHS를 가리켜 "현대 영국인들에게 종교에 가장 가까운 어떤 것"이라고 표현했는데, 그의 말은 이 제도를 대하는 영국인들의 태도를 잘 드러낸다.[3] 특히 NHS는 영국인들의 국가 정체성을 구성하는 핵심 요소로 간주된다. NHS 설립 70주년을 맞아 『란셋(*The Lancet*)』에서 진행한 인터뷰에서 한 의료 관계자는 "NHS는 영국인들의 DNA에 깊숙이 박혀 있다"고 표현했다. 또 다른 의학사 연구자는 "영국인들에게 NHS는 제도인 동시에 이념"이라는 점을 지적하고, "영국인들이 자신이 속한 국가와 의료제도를 연관 짓는 방식은 거의 유일무이하다"고 자랑스럽게 단언했다. 이러한 표현이 과장이 아니라는 것은 여러 사례를 통해 확인할 수 있다. 이 인터뷰보다 몇 년 앞서 열린 2012년 런던 올림픽의 개막식은 NHS가 영국 사회에서, 그리고 영국인들의 집단 심성 안에서 차지하는 위치와 비중을 상징적으로 보여준다. 런던 동부에 새로 지어진 올림픽 스타디움에서 NHS 유니폼을 입은 의사와 간호사들이 일사불란하게 움직이고, 환자복을 입은 어린이들이 그들 사이를 뛰어다니는 모습은 전 세

---

2 Martin Gorsky, "The British National Health Service 1948-2008: A Review of the Historiography", *Social History of Medicine*, vol. 21, no. 3, 2008, pp. 437-460; 권석하, 『영국인 재발견』, 안나푸르나, 2016, 235-245쪽.

3 Nigel Lawson, *The View from No. 11: Memoirs of a Tory Radical*, Bantam, 1992, p. 613.

계에 생중계되었다.[4]

전술했듯이 NHS는 영국인의 국가 정체성과 직결된 주제임에도, NHS의 역사를 다루는 연구들은 이 점을 제대로 포착하지 못하는 실정이다. 사실 역사학계에서 나온 NHS에 대한 기존 연구들은 구체적인 주제 면에서나 다루는 시기 면에서나 쏠림 현상이 심한 편이다. 먼저, 연구 성과 가운데 압도적인 분량이 이 의료시스템의 정치적 내용이나 정책적 측면에 초점을 맞춘다. 여기에 해당하는 연구 대부분은 '정책 커뮤니티'의 현실적 필요성에 부합하여 이루어진 것이다. 이들은 비교적 최근의 주제와 상황에 주목하는 것이 일반적이며, '의료 정치'와 뗄 수 없는 관련성을 갖는다.[5] 또한 다수의 역사 연구자는 NHS의 태동기와 초창기에 집중한다. 이들 대부분은 NHS의 설립에 이르는 과정을 재구성하거나,[6] 베번 등 이 분야 거물들의 공과(功過) 또는 유산을 논한다.[7] 하지만 이러한 연구들 역시 특정한 입장을 취하는 것이 일반적이며, 따라서 앞의 경우와 마찬가지로 의료 정치에

---

4 Talha Burki, "From Health Service to National Identity: The NHS at 70", *The Lancet*, vol. 392, July 2018, pp. 15–17.

5 Gorsky, "The British National Health Service 1948–2008", pp. 437–460.

6 John Stewart, "Ideology and Process in the Creation of the British National Health Service", *Journal of Policy History*, vol. 14, no. 2, 2002, pp. 113–134.

7 Martin Powell, "Aneurin Bevan's Long Shadow Over 70 Years of the British National Health Service", *Health Services Management Research*, vol. 31, no. 2, 2018, pp. 106–109; Nicklaus Thomas-Symonds, *Nye: The Political Life of Aneurin Bevan*, Bloomsbury, 2014; Michael Foot, *Aneurin Bevan: A Biography*, Faber & Faber, 2011; John Harrington, "Visions of Utopia: Markets, Medicine and the National Health Service", *Legal Studies*, vol. 29, no. 3, 2009, pp. 376–399; Marvin Rintala, *Creating the National Health Service: Aneurin Bevan and the Medical Lords*, Psychology, 2003; Michael Portillo, "The Bevan Legacy", *British Medical Journal*, vol. 317, 1998, pp. 37–40.

매몰되어 있다는 비판으로부터 자유롭지 않다. 어떤 주제 또는 시기를 다루건 NHS의 역사 서술이 제시하는 결론은 대체로 대단히 논쟁적이며, 현실 정치와 분리하기 어려운 측면이 있다.[8] 다행인 것은 영국 역사학계가 최근에 이러한 연구 경향의 한계를 분명하게 인지하고 자성을 추구하고 있다는 사실이다. 특히 이제는 NHS의 정치사에서 벗어나야 하며 NHS의 사회문화사를 새롭게 써야 한다는 필요성에 많은 이가 공감하는 분위기이다.

이 장에서는 이러한 문제의식에서 출발하여, 평범한 영국인들이 일상에서 경험하는 NHS의 모습을 재구성하려 한다. 보다 구체적으로 NHS의 구성과 운영이라는 측면에 집중하여, 이 제도의 역사적 특징을 조망하고자 한다. 결론적으로는 대단히 영국적이라고 여겨지는 이 의료시스템의 운영을 담당하는 인력은 결코 영국적이지 않다는 점을 강조할 것이다.[9] "(영국인들의) 목숨이 그들의 손에 달려 있다"는 문장은 극단적이기는 하지만 NHS와 영국 사회가 처한 현실을 정확히 보여준다.[10] 이 표현을 영국인들의 일상 경험 속에서 확인하는 것 역시 전혀 어렵지 않다. '인도계 의사', '필리핀 출신 간호사' 또는 '서인도제도 출신 간호사'라는 정형화된 이미지는 영국인들의 일상 경험과 상당 부분 일치한다.[11] 다양한 인종과 민족 또는 국가 출

8 Gorsky, "The British National Health Service 1948-2008", pp. 437-460.

9 Julian M. Simpson, Aneez Esmail, Virinder S. Kalra, & Stephanie J. Snow, "Writing Migrants Back into NHS History: Addressing a 'Collective Amnesia' and its Policy Implications", *Journal of the Royal Society of Medicine*, vol. 103, no. 10, 2010, pp. 392-396.

10 Lesley Doyal, Geoff Hunt, & Jenny Mellor, "Your Life in Their Hands: Migrant Workers in the National Health Service", *Critical Social Policy*, vol. 1, no. 2, 1981, pp. 54-71.

11 Simpson, Esmail, Kalra, & Snow, "Writing Migrants Back into NHS History", p. 393.

신의 인력이 NHS 내 1차 진료기관에서 최상급 진료기관까지, 접수 담당자부터 전문의까지, 여러 층위에서 다양한 종류의 업무를 담당하고 있기 때문이다. 브렉시트(Brexit)를 둘러싼 논의가 한창이던 당시 주요 일간지의 헤드라인만 훑어봐도 NHS 내에서 이주 노동력이 차지하는 비중과 중요성을 쉽게 짐작할 수 있다. 유럽연합(European Union, 이하 EU) 국가 출신 인력이 빠져나갈 경우, 그렇지 않아도 인력난에 허덕이는 NHS가 정상적으로 작동할 수 없을 것이라는 전망이 제기되었고 "NHS는 EU 안에서 훨씬 안전하다"는 전문가들의 목소리가 곳곳에서 들려왔다.[12]

인적 구성과 조직 운영이라는 측면에서 "이주 노동력에 대한 높은 의존성"은 NHS의 시작부터 현재에 이르기까지 그 역사를 관통하는 일관된 특징이다.[13] 다양한 방식으로 영국에 유입된 이주민 노동력의 존재는 NHS의 기능은 물론이고 이 제도의 존폐 자체와도 직결되어 있다. 이 장에서는 NHS 내 인력 구성의 비영국적·국제적·혼종적 성격이 이 조직의 핵심 특성임을 강조할 것이다. 그리고 영국식 의료제도의 이러한 면모가 곧 전후 영국 사회의 현실을 비추고 있으며, 전후 영국인들의 정체성에 영향을 미쳤다고 주장할 것이다. 이를 위해 먼저 NHS에 소속된 다양한 이주민 노동력의 경험을 시간과 공간의 축 위에서 재구성할 것이다. 이 거대 조직이 걸어온 길을 조망하는 한편, 그 내부에서 일어난 변화와 시간의 흐름 속에서도 유지된 연속성을 논할 예정이다. 또한 '공룡'이라고 불릴 정도로 거대한 조직 내부에 존재하는 다양한 집단들 간의 차이와 공통점을 분석할 것이다.

12 Martin McKee, "Brexit: the NHS is Far Safer inside the European Union", *British Medical Journal*, vol. 353, May 2016.

13 Doyal, Hunt, & Mellor, "Migrant Workers in the National Health Service", pp. 54–71.

다만 이 짧은 연구를 통해 70년이 넘는 NHS의 역사 전체를 다루는 것은 무리인 점을 고려하여, 여기에서 서술의 초점은 국민의료서비스 역사의 처음 절반에 해당하는 20세기 중반과 후반에 주로 놓일 것이다.

2. 보조 노동력으로서 이주민 노동력

NHS는 영국 내에서 가장 덩치가 큰 고용주이다. 2017년 통계에 따르면, 고용 규모를 기준으로 했을 때 잉글랜드 NHS는 여러 대기업과 각종 정부 조직을 제치고 영국 내 1위의 자리에 올랐다.[14] 보다 놀라운 사실은 스코틀랜드 NHS가 바로 그 뒤를 잇고 있으며 웨일스 NHS가 불과 몇 계단 아래인 6위에 자리 잡고 있다는 것이다. 2012년 전 세계 기업을 대상으로 한 통계는 더욱 놀라운 결과를 보여준다. 고용 규모를 기준으로 했을 때 영국 NHS는 영국 기업 가운데 유일하게 10위권에 진입하여, 전 세계에서 5위를 차지했다.[15] 이처럼 거대한 조직 내에는 다양한 수준과 다양한 종류의 전문적 지식을 가진 인력이 소속되어 있고, 직렬과 직군에 따라 그 인력의 구성 역시 크게 달라진다. 해외 출신 노동력의 활용에 대해서도 마찬가지이다. NHS가 해외 출신 노동력에 크게 의존하고 있기는 하지만, 부문별로 그 양상은 사뭇 다를 수밖에 없다. 직군이나 직렬에 따라 이주민 노동력이 차지하는 비중과 중요도는 달라질 것이고, 따라서 NHS 조직

14 "Top 10 British Companies", https://www.economicshelp.org/finance/top-10-companies/

15 "NHS is Fifth Biggest Employer in the World", *The Telegraph*, http://www.telegraph.co.uk/news/uknews/9155130/NHS-is-fifth-biggest-employer-in-world.html

전체에 대한 일반적 결론을 제공하는 것은 쉽지도 않고 바람직하지도 않다. 이에 이 장에서는 NHS 내부에 존재하는 다양한 양상을 구체적으로 드러내고, 각 집단의 경험을 비교 또는 대조하는 작업을 실시하려 한다. 이러한 이유로 NHS에 소속된 이주민 노동력을 업무의 성격에 따라 보조 노동력과 핵심 노동력으로 나눠 이들의 역사적 경험을 재구성한다. 그리고 후자는 NHS가 제공하는 의료서비스의 중추를 담당하는 두 전문가 집단, 즉 간호사 직군과 의사 직군에 집중하여 분석하고 서술할 것이다.

NHS라는 거대한 조직 내에는 다양한 종류의 전문 인력이 포함되어 있지만, 또 한편으로는 미숙련 노동력 또는 반숙련 노동력으로 분류되는 인력도 고용되어 있다. 여기에서는 이들을 보조 노동력이라고 총칭한다. 물론 이들을 동질적인 집단이라고 간주하기는 어렵다. 여기에는 각종 사무직 직원부터 청소, 식사, 세탁을 담당하는 인력, 수위 및 건물 관리인까지 다양한 업무를 담당하는 노동력이 포함되어 있기 때문이다. 1980년대에 본격적인 '구조조정'이 이루어지기 전에 작성된 통계를 보면 NHS에 고용된 전체 인력 가운데 행정 및 사무직이 10~15%를 차지하고, 그 외 보조 업무를 담당하는 직원이 25~30%를 차지했다.[16] 지금이야 NHS 소속 인력 가운데 보조 노동력이 차지하는 비중이 많이 낮아졌지만, 그 수는 여전히 무시할 수 없는 정도이다. 문제는 이 보조 노동력의 구성과 경험에 대해서는 알려진 바가 별로 없다는 것이다. 의사나 간호사, 전문 치료사와 같은 핵심 인력에 비해서 이들의 업무는 잘 드러나지도 않고 때로는 경시

16 *Report of the Royal Commission on the National Health Service* [Cmnd 7615], 1979, p. 178.

되기 때문이다. 하물며 해외 출신 보조 노동력에 대해서는 알려진 것이 거의 없다고 할 수 있다. NHS 내 이주 노동력을 다루는 연구들 역시 해외에서 유입된 의사와 간호사에 집중하며, 외국인 보조 노동력에 대해서는 대체로 무심한 편이다.

그러나 이들 보조 노동력 중 외국인의 비중은 전문직군에 비해서도 높은 편이며, 이들의 '수급'은 NHS 내에서 법률, 정책, 제도 등에 의해 가장 큰 영향을 받는 부분이기도 하다. 따라서 보조 노동력 가운데 외국인이 차지하는 비중이나 이들의 인종적·민족적 구성은 시대에 따라 큰 변화를 보여준다. 오래된 자료이기는 하지만 1980년대 초에 작성된 통계에 의하면,[17] NHS 소속 병원에 고용된 보조 노동력의 78%가 외국인으로 몇몇 직렬에서 해외 출신 구성원의 비중이 더욱 높게 나타났다. 특히 요리와 세탁 등의 분야에서 이주민 노동력의 비중이 압도적으로 높았다. 비슷한 시기에 이루어진 또 다른 조사는 NHS에 소속된 외국인 보조 노동력 가운데 여성의 수가 남성의 두 배에 이른다고 밝혔다. 이 결과를 종합하면 의료서비스 분야에서 반드시 필요한 미숙련 노동력의 매우 높은 비율이 외국인으로 채워지며, 특히 이 분야에서는 여성 노동력에 대한 수요가 압도적으로 우세했다. 또한 일부 직종에서는 특정 국가나 지역 출신의 인력을 선호하는 현상이 두드러지는데, 예를 들어 요리를 담당하는 자리에는 남유럽 출신 이민자의 비율이, 잡역부의 경우에는 아프리카계 카리브해인의 비율이 특히 높았다.[18]

보조 노동력으로 분류되는 이들은 특히 이민 관련 법률이나 제도

---

17 Doyal, Hunt, & Mellor, "Your Life in Their Hands", pp. 58-59.

18 Doyal, Hunt, & Mellor, "Your Life in Their Hands", pp. 58-61.

의 변화에 많은 영향을 받았다. 의사, 간호사, 치료사 등 전문 지식과 기술을 가진 이들은 이민과 이주의 과정에서 일종의 특별 대접을 받을 수 있었지만, 미숙련/반숙련 노동자들의 경우는 완전히 달랐다. '숙련 노동자' 집단은 20세기 후반 영국에서 이민법이 수차례 개정되고 관련 법률이 새롭게 제정되는 와중에도 비교적 수월하게 영국에 입국할 수 있는 일종의 특권을 유지할 수 있었다. 따라서 NHS의 입장에서 보면, 핵심 인력 충원이라는 측면에서는 관련 법률의 변화로 인한 타격을 적게 받거나 피할 수 있었다. 그러나 미숙련 노동자 또는 반숙련 노동자의 경우에는 이민법의 제정과 개정에 따른 즉각적이고, 주로는 부정적인 영향을 받아야 했다. 일례로 1962년에 제정된 영연방이민법(Commonwealth Immigration Act)은 영연방에서 영국으로 들어오는 이민을 제한하는 첫 번째 법적 장치였다. 이 법률은 구식민지 출신 사람들 가운데 영국에 직업이 있거나 영국 사회에 도움이 될 지식과 기술을 갖추고 있는 사람에게만 영국으로의 이주를 허용했다. 이제 미숙련 노동자의 영국 입국은 대단히 엄격하게 제한되었고, 이후 NHS의 미숙련 노동자 고용 건수 역시 눈에 띄게 줄었다. 1968년 영연방이민법의 개정과 1971년 새로운 이민법(Immigration Act)의 제정으로 미숙련 노동자가 영국에 들어오거나 보조 노동력으로 NHS에 취직하는 것은 점점 더 어려운 일이 되었다. 그러나 의사, 치과의사, 간호사 등은 여전히 특별한 직업군으로 분류되었고, 이들은 앞서의 법률이 부과하는 각종 제약과 제한에서 제외되었다.[19]

이처럼 NHS 내 보조 노동력의 역사적 경험은 같은 조직에 속하는 핵심 인력 직군의 그것과 전혀 다르고, 따라서 이들 모두를 포괄

19 Doyal, Hunt, & Mellor, "Your Life in Their Hands", pp. 55–60.

하는 일반적인 '이주민 노동력'에 대해 서술하기는 불가능하다. 그러나 지난 70년 동안 NHS 내에서 온갖 '궂은일'을 담당했던 이주민 노동자들은 아직까지 NHS 내에서, 그리고 영국 사회 내에서 제대로 된 평가를 받지 못하고 있는 듯하다. NHS의 역사를 서술하는 측면에서도 이들은 여전히 응당 받아야 할 학문적 관심의 바깥에 머물고 있다. 이들의 '살아 있는' 경험을 되살리기 위해 의지할 수 있는 자료도 매우 파편적으로만 존재할 뿐이다. 차후에 이루어질 연구를 위해 제언하자면, 보조 노동력으로 분류되는 이주민들의 경험을 구체적으로 이해하고 이들을 온전한 역사적 주체로 되살리기 위해서는 그들이 처했던 고유한 상황에 특별히 주목해야 한다. 즉 전문직 또는 핵심 노동력으로 분류되는 이들을 다룰 때보다 제도, 법률, 정책 등의 변화에 더욱 주의를 기울여야 한다. 또한 이 보조 노동력 내부에 존재하는 차이를 드러내는 일에도 인색해서는 안 될 것이다. 보조 노동력이라는 범주 자체가 워낙 광범위할 뿐만 아니라, 앞에서 살펴봤듯이 영국으로 이주하여 NHS에서 일하는 미숙련 노동자로서 이들이 경험한 바는 담당 업무 외에도 인종, 국적, 성별 등에 따라 크게 달라지기 때문이다.

3. 핵심 노동력으로서 이주민 노동력

1) 간호사 직군

NHS 조직 내에 단일한 직군으로서 가장 많은 인력을 보유한 단위가 바로 간호사이다. 이 직군에는 간호사, 임상간호사, 조산사까지 포함되는데, 이들을 모두 합하면 전체 NHS 소속 직원의 40%를 훌쩍 넘길 정도이다.[20] 이 직군 내에서도 외국인 전문 인력의 존재와 중요성은 NHS의 역사 초기부터 두드러졌다. 물론 그 역사적 기원은 이 의료시스템이 도입되기 이전까지 거슬러 올라간다. 전통적으로 브리튼섬에 가장 많은 간호 전문 인력을 제공한 주체는 아일랜드였다. 20세기 전환기부터, 보다 본격적으로는 1930년대 이후로 간호와 돌봄을 전문적으로 담당하기 위한 인력이 아일랜드에서 잉글랜드로 유입되었고, 이와 같은 이주의 흐름은 1948년 이후에도 한시적으로 지속되었다.[21] 그러나 아일랜드 간호사들이 주연을 담당한 시간은 길지 않았다.

전후에 등장한 의료시스템 안에서 압도적인 비중을 차지한 것은 서인도제도 출신의 간호사들이었다. 1950년대부터 서인도제도, 아프리카, 아시아의 영연방 국가에서 영국으로 이주한 이들이 영국에서 영국식 교육과 훈련을 받은 후 NHS의 간호사로 일하게 되는 경우가 가장 일반적이었다. 그리고 1960년대 후반부터는 말레이시아와 필리핀 출신 간호사 및 수습 간호사들이 서인도제도에서 온 전임자들을 점차 대체하기 시작했다.[22] 그러나 1980년대에 들어서서 이러한 충원 방식에 변화가 나타났다. 이제는 해외에서 교육과 훈련을 이수하고 전문 인력으로서의 자격을 이미 갖춘 간호사를 직접 채용하는 방식이 선호되었다. 이처럼 방향을 선회한 배경에는 기존의 방식으로 간

---

20 *Report of the Royal Commission on the National Health Service* [Cmnd 7615], 1979, p. 178.

21 Stephanie Snow & Emma Jones, "Immigration and the National Health Service: Putting History to the Forefront", *History and Policy*, vol. 8, 2011, pp. 1–10.

22 Doyal, Hunt, & Mellor, "Your Life in Their Hands", pp. 57–58.

호사 수요를 충당할 수 없을 뿐만 아니라 영국이 배출한 간호사만으로는 개별 병원과 NHS를 운영하는 것이 불가능하다는 현실적 계산이 있었다. 또한 1970년대까지는 국가 단위의 정책에 따라 일괄적으로 간호사를 양산하고 고용했다면, 이제는 개별 NHS 지역 트러스트가 이들의 채용 및 고용의 주체가 되었다. 그 결과 이 전문가 집단을 고용하는 비용과 조건, 그리고 이들의 근무 환경 등은 지역에 따라 달라졌다. 보건부 역시도 해외에서 간호사 자격을 획득한 이들을 고용하는 정책을 장려했고, 1990년대 이후로 NHS 지역 트러스트들은 해외에서 직접 간호사 채용 절차를 진행할 정도로 공세적인 태도를 취했다. 그 결과 NHS에서 일하는 간호사 직군 중 영국 밖에서 교육과 훈련을 받은 이들이 압도적인 비율을 구성하게 되었다.[23]

NHS에 속한 비영국인 간호사들의 경험은 시대에 따라, 또는 출신 국가와 지역에 따라 상당히 달라졌다. 대략 1980년을 기점으로 그 이전에 NHS에서 일했던 해외 출신 간호사들은 일찍이 영국으로 이민하여 영국식 교육을 받고 영국에서 자격을 취득한 후 상대적으로 중앙집중적인 시스템 아래에서 일했다면, 그 이후에 NHS에 합류한 이들은 성인이 되고 전문가로서의 자질을 어느 정도 갖춘 후에 영국 사회에 진입하는 경우가 많았다. 물론 간호사라는 직업은 계속해서 변화하는, 더 정확하게 말하면 갈수록 엄격해지는 이민법 제도 속에서 일종의 이민 선호 대상 직업군으로 남아 있었다. 따라서 구체적인 이민 절차 등은 시대에 따라 달라지더라도, 이 직업군에 속한 이들이 영국으로 진입할 수 있는 문은 개방되어 있었던 것이다. 이러한

23 Terri O'Brien & Stephen Ackroyd, "Understanding the Recruitment and Retention of Overseas Nurses: Realist Case Study Research in National Health Service Hospitals in the UK", *Nursing Inquiry*, vol. 19, no. 1, 2012, pp. 39–50.

상황을 고려하면 해외 출신 간호사 집단이 공유하는 어떤 공통적인 경험에 대해 말하기는 어렵다고 할 수 있다.

해외 출신 간호사들이 NHS의 핵심 인력으로서 NHS의 운영, 환자의 치료, 전반적인 영국민들의 건강과 복지를 위해 애써온 것은 주지의 사실이다. 그러나 이들이 NHS 내에서, 그리고 영국 사회에서 차지하는 위상은 영국 출신 동료들의 그것과 차이가 있다. 이러한 '불평등'을 드러내는 지표는 다양하다. 이들은 영국인 동료들에 비해 최고 등급의 간호사 자격을 취득하는 비중이 훨씬 낮고, 의과대학 부속병원에서 근무하는 확률도 현저하게 떨어진다. 이는 NHS가 해외에서 들여온 간호사들을 덜 숙련된 영역에 주로 배치하며, 또는 적극적으로 이 인력을 자국 출신 인력보다 열등한 상태에 묶어둔다는 것을 의미한다. 또한 이들이 주로 배치되는 전공은 영국인 간호사들이 기피하는 대상과 대체로 일치한다. 정신의학이나 노인의학이 그 대표적인 예이다.[24] 바로 이 지점에서 이주민 출신 간호사와 이주민 출신 의사의 경험이 겹치는데, 다음 절에서는 후자의 사례를 구체적으로 살펴보려 한다.

2) 의사 직군

2017년 영국의료협회(General Medical Council)가 발표한 통계에 따르면 영국 내에는 약 28만 명의 의사가 있으며, 이들 가운데 약 3분의 1은 해외에서 취득한 의사 자격을 소지하고 있었다. 그리고 그중 절대다수는 인도와 파키스탄 출신이었다.[25] 영국 전체 인구 가운데

24 Doyal, Hunt, & Mellor, "Your Life in Their Hands", pp. 57–58.

인도계의 비중이 8% 이내임을 감안하면, 이 전문가 집단 내에서 아대륙 출신 인구가 차지하는 비중은 놀라운 정도라고 할 수 있다.[26] 이러한 현상은 비단 오늘날만의 일은 아니다. NHS가 수립된 이래로 해외 출신의, 또는 해외에서 의사 자격을 취득한 의사들의 존재와 중요성은 압도적이었다. 더욱 놀라운 점은 이러한 이주민 출신 의사가 NHS에서 차지하는 비중이 상당히 오랜 기간 일정한 수준을, 보다 정확하게 말하면 일정하게 높은 수준을 유지해왔다는 사실이다. 물론 이 전문직 인력의 영국으로의 유입은 이미 20세기 전반에 시작된 흐름이다.[27] 단지 NHS의 설립 이후에 그 규모가 확대되고 사회적 중요성이 표면화되었을 뿐이다. 특히 1960년대 이래로 많은 수의 의료 전문 인력이 아대륙에서 영국으로 유입되었고, 수적으로 인도계에 비할 바는 아니지만 영연방 출신의 의료인들이 꾸준히 NHS에 합류했다. 이후에는 EU 국가 출신 의사들도 NHS의 핵심 전문 인력 풀의 일부를 채워나갔다.[28]

이주민 노동력으로서 NHS 내의 의사들을 역사적으로 복원하는

25 Raghunandan Gaind, "Indian Doctors in the UK: A Historical Viewpoint", *International Journal of Culture and Mental Health*, vol. 10, no. 3, 2017, pp. 347-351.

26 Aneez Esmail, "Asian Doctors in the NHS: Service and Betrayal", *British Journal of General Practice*, vol. 57, 2007, pp. 827-834.

27 황혜진, 「영국 현대 정신의학의 다국적 기원: 모즐리 병원 사례를 중심으로」, 『영국 연구』, 43호, 2020, 153-192쪽; Snow & Jones, "Immigration and the National Health Service", pp. 1-10.

28 Karen D. Ballard, Susan I. Robinson, & Priscilla B. Laurence, "Why do General Practitioners from France Choose to Work in London Practices? A Qualitative Study", *British Journal of General Practice*, vol. 54, 2004, pp. 747-752; Thomas Kopetsch, "The Migration of Doctors to and from Germany", *Journal of Public Health*, vol. 17, no. 1, 2009, pp. 33-39.

작업은 앞에서 살펴본 보조 노동력이나 간호사 등의 경우와 완전히 성격이 다르다는 점을 먼저 언급해야 할 것이다. 이 전문가 집단의 경험은 법률, 제도, 사회적 인식 등 여러 측면에서 다른 직렬 및 직군에 속하는 노동자들의 그것과 본질적인 차이를 갖기 때문이다. 또한 이 외국인 의사들의 NHS에 대한 (그리고 영국에 대한) 경험은 상당한 정도의 동질성을 보여주며, 따라서 비교적 일관된 서술이 가능한 영역에 해당한다. 특히 시간의 흐름에 따른 변화를 추적해보면 의사 집단의 경험에서는 놀라울 정도의 일관성이 발견된다. 바로 이 지점에서 의사라는 전문가 집단의 경험은 다른 직렬이나 직군에 속하는 이주민 노동력과 결별하며, 이 장은 이 지점에 주목한다.

알렉 메리슨(Sir Alec Merrison)이 이끌었던 '국민보건서비스에 대한 왕립위원회(Royal Commission on the National Health Service, 이하 왕립위원회)'의 1979년 보고서에 따르면 조사 당시 영국 내에는 약 1만 8,000명의 외국인 의사가 등록되어 있었다. 그 가운데 절반은 인도와 파키스탄 출신이었고, 4분의 1은 그 외 영연방 출신이었다. NHS에 소속된 의사의 3분의 1은 해외에서 태어난, 또는 해외에서 자격을 취득한 이들이었는데, 이들의 회전율은 영국 출신 의사들보다 훨씬 높았다. 즉 매년 약 4,000명 정도의 의사들이 NHS에 들어왔고, 약 3,000명 정도는 이 조직을 떠났다. NHS 수립 이후 약 30년이 지난 시점에 활동했던 왕립위원회는 "그들이 NHS에 기여한 바는 아무리 강조해도 지나치지 않다"고 결론지었다.

왕립위원회는 또한 해외 출신 의사들이 영국에서 경험하게 되는 일종의 불이익에 대해서도 언급했다. 즉 이들은 영국 태생의 동료 의사들보다 NHS 내에서 '덜 성공적인' 경력을 쌓게 된다는 것이다. 일반적으로 외국인 의사들은 NHS 내의 경쟁에서 불리한 위치에 놓여 있고, 그 결과 다수는 영국인 의사들이 택하지 않을 '비인기' 전공으로 밀려나며, 경제적으로나 문화적으로 낙후된 지역에 많이 배치된다는 것이다.[29] 다시 한번 놀랍게도, 1979년에 왕립위원회가 보고서를 통해서 지적한 내용의 대부분은 아직까지 유효하다.

이 글에서 초점을 맞추고 있는 시기와 다소 차이가 있기는 하지만, 2000년대 들어 이루어진 조사와 분석에 따르면 영국으로 이주한 의사 가운데 압도적인 다수는 더 나은 환경에서 전문의 수련 과정을 이수하기 위해 영국행을 선택했다.[30] 이들 대부분은 전문의 수련이 끝날 때까지 한시적인 기간만 영국에 머물고 자신의 목표를 달성한 이후에는 본국으로 돌아가겠다는 계획을 가지고 있었다. 물론 애초의 의도대로 영국에서 경력을 쌓은 뒤 자국으로 돌아간 이들도 있지만, 훨씬 더 많은 수의 의사는 교육과정이 끝난 이후에도 영국에 남아서 전문적인 지식과 노동력을 그 사회에 제공했다. 스스로가 인도계 의사인 아니즈 이스마일(Aneez Esmail)은 이들을 NHS에 속한 "연한 계약 노동자(indentured labourers)"라고 일컫기도 했다.[31]

교육과 수련의 기회 외에도 '더 나은 임금' 또는 '더 나은 근무 환경'이 외국인 의사들이 영국행을 선택하는 동기로 작용했다. 또한 소수의 의사는 '영국에 거주하는 가족 및 지인의 존재' 때문에 영국에 왔다고 밝혔다.[32] 물론 영국이 아닌 국가에서 교육을 받고 자격을 취

29 *Report of the Royal Commission on the National Health Service* [Cmnd 7615], 1979, pp. 217-221.

30 Jyothis T. George et al., "Non-European Union Doctors in the National Health Service: Why, When and How Do They Come to the United Kingdom of Great Britain and Northern Ireland?", *Human Resources for Health*, vol. 5, no. 1, 2007, pp. 1-6.

31 Esmail, "Asian Doctors in the NHS", pp. 827-834.

32 George et al., "Non-European Union Doctors in the National Health Service", pp. 1-6.

득한 의사들이 영국으로 이주한 이유는 다양하고, 그 이유 역시 시대에 따라 조금씩 달라져왔다. 그러나 애초에 이들이 영국으로 이주한 이유, 그리고 그 목표를 달성한 이후에 영국을 떠났다면 떠난 이유 또는 영국에 남았다면 남은 이유는 지난 70여 년 동안 거의 달라지지 않았다.

영국에 남아 NHS에서 일하는 이 외국인 의사들의 존재와 관련하여 가장 많이 논의되는 사안 중 하나는 이들의 전공별·지역별 쏠림 현상이다. 언급했듯이 이는 이미 1970년대에 활동한 왕립위원회가 지적한 사안이기도 하다. 사실 이 현상은 NHS 내에서 비영국인 의사들이 차지하는 위상과 이들이 받는 처우를 노골적으로 드러내는 지표라고 할 수 있다. 해외에서 유입된 의사들이 유난히 높은 비율을 차지하는 분과는 의학계 내에서 전통적으로 '신데렐라' 취급을 받는 전공들이다. 즉 영국인 의사들이 기피하는 분과를 해외에서 유입된 동료들이 채우는 구조가 벌써 오래전부터 고착된 것이다. 외국인 의사들이 다수를 차지하는 가장 대표적인 전공은 노인의학과, 정신의학과, 비뇨기과, 마취의학과 등이다.[33] 이러한 분야에서 일하는 해외 출신 의사들이 순전히 자발적으로, 또는 본인의 선호에 따라 해당 전공을 선택했다고 보기는 힘들 것 같다. 이러한 비인기 전공을 담당하는 외국인 의사들의 대다수는 완전히 무관한 전공에서 넘어왔기 때문이다.[34] 즉 대학원 과정 이상의 교육과 수련을 위해 영국에 온 외국

33 Julian M. Simpson, Stephanie J. Snow, & Aneez Esmail, "Providing 'Special' Types of Labour and Exerting Agency: How Migrant Doctors Have Shaped the UK's National Health Service", Laurence Monnais & David Wright (eds.), *Doctors Beyond Borders: The Transnational Migration of Physicians in the Twentieth Century*, University of Toronto Press, 2016, pp. 208–229.

34 David J. Smith, "Overseas Doctors in the National Health Service", *Policy Studies*, vol. 3,

인 의사들이 애초의 계획과 동떨어진 전공을 선택하게 되었고, 그 분야의 전문 인력으로서 NHS와 영국 사회에 기여하게 된 것이다.

대표적인 사례로 노인의학의 경우를 살펴보면, 이 전공은 서남아시아 출신 의료인들의 영역이라고 보아도 무방할 정도이다.[35] 전후에 노인의학은 사회적 필요성 때문에 NHS 내에서 독립된 분과로 자리를 잡았고, NHS와 보건부로서는 이 분야를 책임질 전문 인력이 절실하게 필요했다. 그러나 의료 전문가 집단 내에서 노인의학은 "다른 곳에서는 성공할 수 없는 의사들이나 선택할" 이류 전공으로 여겨졌고, 영국인 의사들 입장에서는 사회적 인정과 경제적 보상이 충분히 주어질 인기 전공을 포기하고 이 분과를 택할 이유가 없었다.[36] 이때 바로 이 자리를 채운 것이 당시 아대륙에서 영국으로 쏟아져 들어오던 인도계 전문 인력이었다. 이들은 NHS 안에서 아직 그 실체가 분명하지 않은 노인의학이라는 신생 분과를 만들어나갔고, 그럼으로써 NHS의 구조(structure) 형성에 기여했다.[37] 이런 면에서 서남아시아계 전문 인력이 아니었다면 노인의학은 그 초기 단계에서 고사하

no. 1, 1982, pp. 12–20.

35 영국 노인의학의 역사에 대해서는 다음을 참조. Alistair Ritch, "History of Geriatric Medicine: From Hippocrates to Marjory Warren", *The Journal of the Royal College of Physicians of Edinburgh*, vol. 42, no. 4, 2012, pp. 368–374; Graham Mulley, "A History of Geriatrics and Gerontology", *European Geriatric Medicine*, vol. 3, no. 4, 2012, pp. 225–227; Alan Barton & Graham Mulley, "History of the Development of Geriatric Medicine in the UK", *Postgraduate Medical Journal*, vol. 79, 2003, pp. 229–234; John Grimley Evans, "Geriatric Medicine: A Brief History", *British Medical Journal*, vol. 315, 1997, pp. 1075–1077.

36 Barton & Mulley, "History of the Development of Geriatric Medicine", p. 232.

37 Simpson, Snow, & Esmail, "Providing 'Special' Types of Labour and Exerting Agency", pp. 208–229.

고 말았을 것이며 그 존립 자체가 불가능했을 것이라는 평가에는 조금의 과장이나 거짓도 섞여 있지 않다.[38] 물론 이후에도 노인의학에 대한 사회적 인식과 전문가들 사이의 평판은 크게 나아지지 않았고, 이 분야를 채운 인력은 인도 의사들의 뒤를 이어 영국으로 유입된 또 다른 외국인 의사들이었다.

한편 외국인 의사들은 영국인 의사들에 비해 훨씬 높은 비율이 일반의로서 NHS에서 일하고 있다. 통계에 따르면 해외 의사면허 소지자가 영국으로 이주하는 경우 열에 아홉은 보다 높은 수준의 교육 및 수련 과정을 이수하고 '전문의'가 되는 것을 목표로 한다. 영국인 의사들 가운데 전문의가 되고자 하는 비율이 절반이 되지 않는 것과 비교하면, 이 외국인 의사들이 택한 영국행의 목적은 더욱 분명하게 드러난다. 그러나 이 외국 의료면허 소지자 가운데 4분의 1 이상은 결국 일반의로 영국에 남는다. 이들 대부분은 영국 출신 일반의 동료들과 비교하여 훨씬 늦은 시기에 일반의로서의 경력을 시작하는데, 그 이유는 앞서의 통계를 보면 어렵지 않게 짐작할 수 있다. 영국의 의료 및 교육 제도 안에서 '일종의' 실패를 경험한 이후 마지못해 일반의로서 경력을 시작하기 때문이다.[39] 이러한 상황은 역설적으로 목표한 바를 이룬 이들은 영국을 떠나고, 그렇지 못한 이들은 영국에 남는 결과를 가져온다. 이를 두고 덜 성공적인 경력을 일군 이들이 NHS에 남게 되었으니 영국과 NHS 입장에서는 불행이자 손해라는

38 Joanna Bornat, Parvati Raghuram, & Leroi Henry, "'Without Racism There Would Be No Geriatrics': South Asian Overseas-Trained Doctors and the Development of Geriatric Medicine in the United Kingdom 1950-2000", Laurence Monnais & David Wright (eds.), *Doctors Beyond Borders: Transnational Migration of Physicians in the Twentieth Century*, University of Toronto Press, 2016, pp. 185-207.

39 Smith, "Overseas Doctors in the National Health Service", pp. 13-14.

해석도 존재한다.[40] 그러나 이유야 어찌 되었건 영국에 남은 이 일반의들은 오랫동안 가장 기본적인 의료서비스를 담당함으로써 영국 사회에 기여해왔고, 또한 NHS의 고질적 문제인 인력 부족 문제를 일정 부분 해소하는 데에도 큰 도움이 되었음을 인정해야 한다.

또한 이들 외국인 의사들의 지역적 분포에도 주목해야 한다. 특히 지역 담당 의료기관에 소속된 일반의의 경우 영국인 의사와 비영국인 의사의 지역 차이가 두드러진다. 앞에서도 지적했듯이, NHS 설립 이래 소위 낙후된 지역의 1차 진료를 담당하는 것은 압도적으로 해외에서 유입된 의사들의 몫이었다. 이들은 외딴 도서·산간 지역, 쇠퇴한 공업 도시 또는 '노동계급 지역' 등에 위치한 지역 의료시설을 책임져왔다.[41] 오죽하면 인도와 파키스탄에서 이주한 이민 1세대 의사들이 은퇴할 시점이 다가오자 이러한 '후진' 지역에 발생할 의료 공백을 우려하는 목소리가 영국 사회 전역에서 들려올 정도였다.[42] 이 사회에서 전형적인 중간계급으로 분류되는 영국 출신 의사들은 목가적인 환경이나 남동부의 해안 지방을 선호하고, 경제적으로 융성하고 각종 사회문화적 혜택을 충분히 누릴 수 있는 지역의 의료기관을 선택하는 것이 일반적이다.[43] 이들은 서남아시아 등에서 영국으로 이주한 그들의 동료들에 비해 훨씬 폭넓은 선택의 기회를 누릴 수

---

40 Smith, "Overseas Doctors in the National Health Service", p. 16.

41 Simpson, Snow, & Esmail, "Providing 'Special' Types of Labour and Exerting Agency", pp. 208–229.

42 Donald H. Taylor Jr. & Aneez Esmail, "Retrospective Analysis of Census Data on General Practitioners Who Qualified in South Asia: Who Will Replace Them as They Retire?", *British Medical Journal*, vol. 318, 1999, pp. 306–310.

43 J. R. Butler & Rose Knight, "The Choice of Practice Location", *The Journal of the Royal College of General Practitioners*, vol. 25, 1975, pp. 496–504.

있고, 높은 확률로 자신이 원하는 환경에서 근무할 수도 있다. 결국 영국인 의사들에게 선택받지 못하고 남겨진 지역의 1차 진료소가 이주민 출신 일반의에게 돌아가는 게 1948년 이후 지금까지 계속된 현상이다.

지난 70년 동안 NHS 내의 핵심 인력, 특히 그 가운데서도 의사 직군의 경험은 비교적 일관된 경향성이라고 할 만한 것을 보여준다. 즉 대표적인 전문직 종사자인 동시에 이주 노동자로서 이들이 NHS에서, 그리고 영국 사회에서 경험한 바와 이들이 놓인 처지는 이 제도의 설립 이후 지금까지 크게 바뀌지 않았다. 물론 여러 가지 각도에서 이러한 해석에 대한 비판을 제기할 수 있을 것이다. 예를 들어 같은 비영국인 의사라고 하더라도 인종이나 국적에 따라 이들이 받는 대우 등이 크게 달라진다는 점을 지적할 수 있다. 대표적으로 줄리언 M. 심슨(Julian M. Simpson)과 스테파니 J. 스노우(Stephanie J. Snow) 등은 NHS의 해외 인력 활용과 그 의존성의 역사를 제대로 쓰기 위해서는 "이주민 의사(migrant doctors)"라는 개념부터 확실하게 재정의하고 시작해야 한다고 주장한다. 이 용어가 다양하고 이질적인 집단에 소속된 이들을 포괄하고 있을 뿐만 아니라 시대에 따른 변화를 온전히 반영하지 못하기 때문이다.[44]

한편 데이비드 J. 스미스(David J. Smith)는 "영어권 출신 백인(white anglophone)" 의사들은 교육, 채용 등 기회의 측면에서 다른 아대륙이나 아랍권 출신보다 훨씬 유리하다는 점을 지적한다.[45] 이러한 주장을 종합해보면, 해외에서 유입된 의사들 역시 이주민으로서 영국 사

44 Simpson, Snow, & Esmail, "Providing 'Special' Types of Labour and Exerting Agency", pp. 211–214.

45 Smith, "Overseas Doctors in the National Health Service", pp. 12–20.

회가 가지고 있는 선입견에서 자유롭지 않으며, 따라서 본래의 국적이나 피부색, 출신 문화, 언어 등에 따라 일종의 위치가 부여된다는 것이다. 따라서 이들을 하나의 집단으로 이해하고 이들 모두를 포괄하는 이주민 의사의 역사를 쓸 수는 없다는 것이다. 물론 이들의 지적은 현상과 현실을 정확하게 포착하고 있다. 단지 이주민 의사들이 형성하고 있는 이 구조 자체가 70년 이상 지속되고 있다는 점을 고려한다면, 그것 역시 외국인 노동력으로서 이들의 경험이 보여주는 일관성의 일부라고 이해할 수 있다.

4. 남아 있는 문제들

1948년 설립된 이후부터 지금까지 NHS는 영국 밖에서 유입된 인력에 크게 의존해왔다. 영국인들의 생로병사를 직접 주관하는 NHS 내에서 이주민 노동력이 동원되지 않는 영역은 없었다고 해도 과언이 아니며, 이 명제는 일의 성격이나 위계의 고하와 상관없이 어디에나 적용될 수 있다. 한편 NHS의 이러한 특성은 전후 영국 사회의 특성을 십분 반영한다. 이 공동체를 운영하기 위해서는 영국에서 조상 대대로 살아왔거나 그곳에서 나고 자란 사람들만으로는 충분하지 않았다. 브리튼섬으로 유입된 이들의 존재는 그 사회가 유지되고 작동되는 데 있어 중요한 부분을 담당했다. 이러한 현실은 전후 영국인들의 정체성에 영향을 주었고, 또한 이주민들의 현실은 그들에 대한 영국인들의 태도로부터 영향을 받았다. 전후 영국을 설명하는 중요한 키워드 중 하나가 바로 이주와 혼종성이며, 앞에서 살펴본 NHS의 역사는 1948년 이후 영국 사회의 이러한 특성을 극명하게 드러내는 사례로 읽힐 수 있다.

이 장의 일차적 목표는 NHS에 소속된 이주민 출신 노동력의 경험을 드러내는 데 있었다. 그러나 전술했듯이 NHS라는 거대한 조직 전체의 모습을 포괄하는 동시에 그곳에 소속된 수많은 사람의 경험을 정확하게 반영하는 상(像)을 제공하기란 현실적으로 불가능하다. 따라서 이 글은 국민보건서비스를 구성하고 운영했던 다양한 이주민 노동력의 경험을 조망하는 일종의 '조감도'를 제시하는 선에서 그칠 수밖에 없었다. 장래의 연구를 통해 개별 직렬이나 직군에, 또는 특정한 지역에, 구체적인 전공 분과에 집중하는 보다 세밀한 그림을 제시할 수 있으리라 기대한다.

이 장의 도입부에서 언급한 것처럼 NHS의 사회문화사는 영국 학계에서도 이제 막 주목을 받기 시작한 분야이다. 게다가 NHS 내 이주민 노동력에 대한 학술적 논의가 본격적으로 시작된 것 역시 최근의 일이다. 해당 주제에 대한 학문적 관심이 높아지는 것은 환영할 만하지만, 연구 동향과 관련하여 우려되는 점도 없지 않다. 가장 큰 문제는 이 논의를 이끌어가는 주체가 제한적이라는 점이다. 현재 이 주제를 가장 적극적으로 다루는 집단은 영국에서 활동하는 해외 출신 의사들이다. 이들은 NHS의 운영에 직접 참여하는 한편, NHS와 영국 의료시스템, 나아가서는 영국 사회 전반에 대해 비판적인 시각을 유지하며 이주 노동력으로서 자신의 경험을 사회적·역사적 맥락 속에 위치시키고 있다. 즉 이들은 NHS의 역사를 만들어나가는 동시에 그 역사를 서술하는 역할까지 수행하고 있는 것이다. 그러나 이러한 상황은 때때로 객관성을 침해할 가능성을 안고 있으며, 종종 연구의 주제를 제한하는 방향으로 작용한다. 예를 들어 이 이주민 출신 의사들의 지속적인 관심은 NHS의 인력 충원 구조, NHS(와 영국 사회 전반)에 만연한 인종주의, 인종이나 국적에 따라 달라지는 이주민 출신 의료 노동력의 경험의 차이 등에 놓여 있다.[46] 따라서 앞으로 NHS 내 이주민 노동력을 역사화하는 작업은 이들이 내놓은 결과물을 계승하는, 또 한편으로는 극복하는 방향으로 진행되어야 한다.

이 글을 시작하면서 의료·의학의 사회문화사의 역할을 언급한 바 있다. NHS 내 이주민 노동력을 역사의 주체로 되돌리는 것뿐만 아니라 NHS의 역사를 다각도에서 조망하고 재구성하는 것은 의료의 영역이 아닌 역사의 영역에서 이루어져야 하는 일이다. 그리고 이러한 '역사적 접근'이야말로 다양한 문제를 안고 있는 NHS를 개선할 수 있는 의료 정책의 출발점이 될 수 있을 것이다.[47]

---

46 Maureen Mackintosh, Parvati Raghuram, & Leroi Henry, "A Perverse Subsidy: African Trained Nurses and Doctors in the NHS", *Soundings*, vol. 34, 2006, pp. 103-113; Michael J. Goldacre, Jean M. Davidson, & Trevor W. Lambert, "Country of Training and Ethnic Origin of UK Doctors: Database and Survey Studies", *British Medical Journal*, vol. 329, 2004, pp. 597-603; David Innes Williams, "Overseas Doctors and the Staffing Structure of Hospitals", *British Medical Journal*, vol. 291, September 1985, pp. 873-876; Bornat, Raghuram, & Henry, "Without Racism There Would Be No Geriatrics", pp. 185-207; Esmail, "Asian Doctors in the NHS", pp. 827-834.

47 Virginia Berridge, "History Matters? History's Role in Health Policy Making", *Medical History*, vol. 52, no. 3, 2008, pp. 311-326.

참고문헌

1장 조선 전기 국가의 질병 관리: 혜민서와 활인서

· 사료

『文宗實錄』.
『三峯集』.
『成宗實錄』.
『世祖實錄』.
『世宗實錄』.
『陽村集』.
『中宗實錄』.
『太祖實錄』.
『太宗實錄』.
『鄕藥集成方』.

· 연구서 · 단행본

김두종, 『한국의학사』, 탐구당, 1966.
김성수, 「16·17세기 중앙의료기구의 운영실태」, 『서울학연구』 20, 2003.
_____, 「조선전기 두창 유행과 『창진집』」, 『한국한의학연구원 논문집』 16-1, 2010.
_____, 「『묵재일기』가 말하는 조선인의 질병과 치료」, 『역사연구』 24, 2013.

______, 「조선 시대 한증 요법의 운영과 변천」, 『한국과학사학회지』 38-3, 2016.
박훈평, 「조선 시대 활인서 연구-연혁 및 상비처방을 중심으로」, 『한국의사학회지』 33-1, 2020.
손홍렬, 『한국중세의 의료제도연구』, 수서원, 1988.
이경록, 「고려와 조선전기 중풍의 사회사」, 『태동고전연구』 30, 2013.
______, 「조선 중종 19~20년의 전염병 창궐과 그 대응」, 『중앙사론』 39, 2014.
______, 「조선전기 『의방유취』의 성취와 한계: '상한'에 대한 인식을 중심으로」, 『한국과학사학회지』 34-3, 2012.
______, 「조선전기 의료기구 개편의 성격과 그 의의」, 『의사학』 29-1, 2020.
______, 「조선초기 『鄕藥濟生集成方』의 간행과 향약의 발전」, 『東方學志』 149, 2010.
이상협, 「조선시대 동·서활인서에 대한 고찰」, 『향토서울』 56, 1996.

2장 송대 자선기구와 의료 구제: 안제방과 양제원

· 사료

『續資治通鑑長編』, 中華書局, 2008.
『宋大詔令集』, 中華書局, 2009.
『宋會要輯稿』, 中華書局, 2006.

· 연구서 · 단행본

김대기, 「남송대 향촌 구제기구와 구제활동의 성격」, 『동양사학연구』 제116집, 2011.
김문기, 「'귤화위지'와 중국의 기후변동」, 『동북아문화연구』 제38집, 2014.
박지훈, 「남송 효종대 융흥화의와 화전론」, 『동양사학연구』 제61집, 1998.
신규환, 『질병의 사회사: 동아시아 의학의 재발견』, 살림출판사, 2006.
오원경, 「중국의 경로 전통과 북송대 노인구제 정책」, 『역사교육논집』 제53집, 2014.

유소민, 『中國歷史上氣候之變遷』, 박기수·차경애 옮김, 『기후의 반역』, 성균관대학교출판부, 2005.
이근명, 「남송시대 사창제의 실시와 그 성격: 복건지방을 중심으로」, 『역사교육』 60, 1996.
______, 「남송시대 황정의 운용과 지역사회: 순희 7년(1180) 남강군의 기근을 중심으로」, 『전남사학』 제23집, 2004.
______, 「송대 사회구제제도의 운용과 국가권력」, 『동양사학연구』 제57집, 1997.

甄盡忠, 「論宋代安濟坊的設置與管理」, 『河南社會科學』 第18卷 第6期, 2010.
郭文佳, 『宋代社會保障文化研究』, 中國文史出版社, 2014.
金中樞, 「宋代幾種社會福利制度: 居養院·安濟坊·漏澤園」, 『新亞書院學術年刊』 10, 1968.
范祖禹, 『范太史集』 卷36, 「龍門山勝善寺藥寮記」, 文淵閣四庫全書本.
夫馬進, 『中國善會善堂史研究』, 同朋舍出版社, 1997.
梁峻, 『中國古代醫政史略』, 內蒙古人民出版社, 1995.
吳保英, 「北宋安濟坊所反映的社會保障制度研究」, 『商丘師範學院學報』 第31卷 第10期, 2015.
王德毅, 『宋代災荒的救濟政策』, 中國學術著作獎助委員會, 1970.
王子今 等, 『中國社會福利史』, 武漢大學出版社, 2013.
李經緯·林昭庚 主編, 『中國醫學通史』 古代卷, 人民衛生出版社, 2000.
李伯重, 「气候变化与中国历史上人口的几次大起大落」, 『人口研究』 第23卷 第1期, 1999.
張文, 『宋朝社會救濟研究』, 西南師範大學出版社, 2001.
丁一匯 主編, 『中國氣候』, 科學出版社, 2015.
陳高傭 等 編, 『中國歷代天災人禍表』 上·中·下, 北京圖書館出版社, 1937/2007.
曾鞏, 『元豊類稿』 卷19, 「越州趙公救災記」, 文淵閣四庫全書本.

3장 일제 시기 식민지 의료 정책과 도립의원

· 사료

조선총독부, 『조선총독부관보』, 1942-1944.

조선총독부, 『조선총독부구료기관』, 1912.

조선총독부, 『조선도립의원개황』, 1930.

조선총독부, 『조선도립의원요람』, 1936-1941.

三木榮, 『경기도립수원의원이십오년사』, 1936.

「慈醫增設地, 今明間發表할 모양」, 『동아일보』, 1920. 8. 31.

「慈惠醫院建設地 十二處를 決定」, 『동아일보』, 1920. 9. 11.

「慈惠醫院增設」, 『동아일보』, 1921. 5. 24.

「道立醫院에 醫官을 增員」, 『동아일보』, 1928. 6. 18.

「施療部나 有料部나 조금도 다를 것이 없습니다」, 『매일신보』, 1918. 10. 31.

「中等學校와 醫院의 移管」, 『매일신보』, 1924. 11. 22.

「治療의 便宜를 圖코자 道立病院을 擴張」, 『매일신보』, 1928. 6. 12.

「專門醫官을 增員 道立醫院을 擴張」, 『매일신보』, 1928. 6. 17.

「長箭, 利川, 安城에 道立醫院을 新設, 四日定例閣議서 決定」, 『매일신보』, 1938. 11. 6.

「利川, 安城의 兩出張所 道立醫院으로 昇格」, 『매일신보』, 1938. 11. 11.

「萬二千의 官吏를 減員-劃期的인 朝鮮行政簡素化決定」, 『매일신보』, 1942. 8. 22.

「朝鮮人의사 配置를 要望」, 『조선일보』, 1933. 11. 3.

· 연구서 · 단행본

김영수, 「1910-1920년대 식민지 조선의 시료사업의 변천: 시료대상과 운영 주체의 변화를 중심으로」, 『역사와경계』 95, 2015.

박윤재, 「조선총독부의 지방 의료정책과 의료 소비」, 『역사문제연구』 21, 2009.

______, 『한국 근대의학의 기원』, 혜안, 2005.

박인순, 「일제통치기 제주자혜의원(~전라남도립제주의원) 일고」, 『제주도연구』 46, 2016.
박찬승·김민석·최은진·양지혜 역주, 『국역 조선총독부 30년사』, 민속원, 2018.
신동원, 『한국근대보건의료사』, 한울, 1997.
_____, 『호환, 마아, 천연두: 병의 일상 개념사』, 돌베개, 2013,
이꽃메, 『한국근대간호사』, 한울아카데미, 2003.
이방현·이방원, 『한국 사회복지역사』, 신정, 2018.
이형식, 「고이소 총독 시기(1942.5-1944.7) 조선총독부의 운영과 통치이념」, 『일본역사연구』 52, 2020.
장민숙, 「1910년대 광주자혜의원 연구」, 전남대학교 대학원 석사학위논문, 2020.
장필구·전봉희, 「풍경궁과 화성행궁의 자혜의원 전용에 관한 연구」, 『대한건축학회논문집』28-12, 2012.
주상훈, 「1910년대 자혜의원 계획도면에서의 병실 유형과 온돌병실의 특징」, 『대학건축학회논문집』 37-4, 2021.
주상훈·전봉희, 「1910-1920년대 관립 자혜의원 계획의 시기적 특징과 변화」, 『대한건축학회논문집 계획계』 27-11, 2011.
한동민, 「근대 수원지역의 공공의료기관: 관립수원자혜의원에서 도립수원의원까지」, 『경기사학』 8, 2004.

4장 고대 로마의 군대 의료: 군의와 군병원

· 사료

Caesar, *Commentarii de Bello Gallico*.
Celsus, *De Medicina*.
Cicero, *Tusculum Disputaions*.
Codex Iustinianus.
Corpus inscriptionum latinarum (=*CIL*).
De Munitionibus Castrorum.

Digesta.

Galenus, *De Compositione Medicamentorum Secundum Locus.*

Inscriptiones latinae selectae (=*ILS*).

Inscriptiones Siciliae (=*ISic*).

Livius, *Ab urbe condita.*

Onasander, *Strategikos* (Στρατηγικός).

Oxyrhynchus Papyri.

Plinius, *Naturalis Historia.*

Plutarchos, *Antonius.*

Roman Inscriptions of Britain (RIB).

Scribonius Largus, *De compositione medicamentorum liber.*

Tacitus, *Annales.*

Vegetius, *De Re Militari.*

Velleius Paterculus, *Historiae Romanae.*

Vergilius, *Aeneid.*

· 연구서 · 단행본

김옥주, 「전쟁과 의학연구」, 『전쟁과 의학』, 서울대학교 의학역사문화원 엮음, 2013, 34-61.

김석희, 「전쟁과 외과학의 발전」, 『전쟁과 의학』, 서울대학교 의학역사문화원 엮음, 2013, 62-85.

신명주, 「고대 로마사회에서의 목욕과 의료」, 『이화사학연구』 제62집, 2021.

플라비우스 베게티우스 레나투스, *De re militari*, 정토웅 옮김, 『군사학 논고(천줄읽기)』, 지식을만드는지식, 2011.

프리츠 M. 하이켈하임 & 세드릭 A. 요, *A History of The Roman People*, 김덕수 옮김, 『하이켈하임 로마사』, 현대지성사, 1999.

Antal, Adriana, "A God of Convalescence. Telesphorus/Genius Cucullatus in Roman Dacia", *Acta Musei Napocensis*, National History Museum of Transylvania. vol. 51, no. 1, 2014, 195-206.

Bader, Pascal, "The Identity, Legal Status and Origin of the Roman Army's Medical Staff in the Imperial Age", Brigitte Marie (ed.) *'Greek' and 'Roman' in Latin Medical Texts: Studies in Cultural Change and Exchange in Ancient Medicine*, Brill, 2014, 43-59.

Baker, Patricia A., *Archaeological Remains as a Source of Evidence for Roman Medicine*, University of Kent, 2009.

Belfiglio, Valentine J., & Sylvia I. Sullivant, *Roman Military Medicine: Survival in the Modern Wilderness*, Cambridge Scholars, 2019.

Berger, Adolf, *Encyclopedic Dictionary of Roman Law*, New Series, vol. 43, part 2, The American Philological Society, 1953 (Reprint 1980).

Birley, Aanthony R., "A Case of Eye Disease(Lippitudo) on the Roman Frontier in Britain", *Documenta Ophthalmologica*, vol. 81, 1992, 111-119.

Bowman, Alan K., & J. David Thomas, "A Military Strength Report form Vindolanda", *Journal of Roman Studies*, vol. 81, 1991, 62-73.

Brewster, Ethel H., "In Roman Egypt", *The Classical Weekly*, vol. 29, no. 4, October 1, 1935, 25-29.

Cesarik, Marijan, Nikola Cesarik, Darko Duplančić, & David Štrmelj, "Roman Military Medicine and Croatian Archaeological Perspectives", *Coll. Antropol*, vol. 40, no. 3, September, 2016, 171-176.

Cruse, Audrey, *Roman Medicine*, The History Press, 2004.

Davies, Roy W., "The Medici of the Roman Armed Forces", *Epigraphische Studien,* January 1, 1969, 83-99.

______, "The Roman Military Medical Service", *Saalburg-Jahrbuch*, vol. 27, 1970, 84-104.

______, *Service in the Roman Army,* Edinburgh University Press, 1989.

Dyczek, Piotr, "The Asklepios from Novae: Difference Face of One God", Vitoldo Dobrowolski (ed.), *Et in Arcadia ego: Studia Mamoriae Professoris Thomae Mikocki Dicata*, Institute of Archaeology, University of Warsaw, 2013, 137-148.

Dyczek, Piotr, & Jerzy Kolendo, "Archaeological and Epigraphical Sources for the Cult to Asclepius and Hygia in the Army Hospital at Novae", *Archeologia*, LXI, 2010.

Israelowich, Ido, "Medical Care in the Roman Army during the High Empire", William V. Harris (ed.), *Perspectives on Popular Medicine in Classical Antiquity,* Brill, 2016, 215–226.

Jackson, Ralph, *Doctors and Diseases in the Roman Empire*, University of Oklahoma Press, 1988.

Lipka, Michael, *Roman Gods: A Conceptual Approach,* Brill, 2009.

Milne, John S., *Surgical Instrument in Greek and Roman times*, The Clarendon Press, 1907.

Nutton, Vivian, *Ancient Medicine*, Routledge, 2004.

Salazar, Christine F., *The Treatment of War Wounds in Graeco-Roman Antiquity,* Brill, 2000.

Scarborough, John, *Roman Medicine*, Cornell University Press, 1969.

Southern, Pat, *The Roman Army: A Social and Institutional History*, ABC CLIO, 2006.

Stephens, Gerald R., "Military Aqueducts in Roman Britain", *Archaeological Journal*, vol. 142, no. 1, 1985, 216–236.

Timea, Varga, "Telesphorus. A Healing Child God in Roman Dacia", *Studia Universitatis Babeş-Bolyai. Historia*, vol. 60, no. 1, 2016, 17–40.

Unz, Christoph, "Römische Militärfunde aus Baden: Aquae Helveticae", *Jahresbericht 1 Gesellschaft Pro Vindonissa,* 1971, 41–44.

Walter, Goffart, "The Date and Purpose of Vegetius' 'De Re Militari'", *Traditio,* vol. 33, 1977, 65–100.

Wiedemer, Hans Rudolf, "Die Römischen Heilthermen von Baden: Aquae Helveticae", *Badener Neujahrsblätter*, vol. 44, 1969, 45–56.

5장 20세기 초 미국 인디언의 정신질환과 모빌리티 통제

· 사료

RG 75 Muskogee Entry 19 Case Files, National Archives and Records Administration, South Dakota.

Report of the United States Indian Inspector for the Indian Territory to the Secretary of the Interior for the year ended June 30, 1905, Government Printing Office, 1905.

"About the Insane Indian", *Dakota Farmers Leader*, 1899. 7. 14.

"Asylum for Insane", *The St. Paul Globe*, 1899. 7. 16.

"Ickes Ousts Head of Indian Hospital", Special to *The New York Times*, 1933. 10. 17.

"Indian Civilization", *The Scranton Tribune*, 1895. 8. 12.

"Insane Indian Reveal History of Injustice", *Daily News*, 1933. 12. 23.

"Opposition to Moving Insane Indians", Special Correspondence, *The New York Times*, 1933. 11. 12.

"'Sane' Indians Held in Dakota Asylum", Special to *The New York Times*, 1933. 10. 15.

"She Thought She Was a Queen", *Hartford Courant*, 1897. 11. 30.

"To Send Eight Crazy Indians", *Argus-Leader*, 1903. 1. 12.

"Transfer of Insane Indians", *Evening Star*, 1901. 11. 5.

· 연구서 · 단행본

Bellows, Barbara, "'Insanity Is the Disease of Civilization': The Founding of the South Carolina Lunatic Asylum", *South Carolina Historical Magazine*, vol. 82, no. 3, 1981.

Bhatara, Vinod S., Sanjay Gupta, & Martin Brokenleg, "The Hiawatha Asylum for Insane Indians: The First Federal Mental Hospital for an Ethnic Group", *The American Journal of Psychiatry*, vol. 156, no. 5, 1999.

Blackhawk, Ned, "Look How Far We've Come: How American Indian History Changed the Study of American History in the 1990s", *OAH Magazine of History*, vol. 19, no. 6, 2005.

Britten, Thomas A., *American Indians in World War I: At Home and at War*, University of New Mexico Press, 1999.

Burch, Susan, "'Dislocated Histories': The Canton Asylum for Insane", *Women, Gender, and Families of Color*, vol. 2, no. 2, 2014.

Cresswell, Tim, *On the Move: Mobility in the Modern Western World*, Routledge, 2006.

Coleborne, Catharine, "Mobility Stopped in Its Tracks: Institutional Narratives and the Mobile in the Australian and New Zealand Colonial World, 1870s–1900s", *Transfers*, vol. 5, no. 3, 2015.

De Young, Mary, *Madness: An American History of Mental Illness and Its Treatment*, McFarland, 2010.

Deligny, Claire, "On the Road to the Asylum: Migration and Mental Illness in Victorian Lancashire (c.1865–1905)", Marie Ruiz (Ed.), *International Migrations in the Victorian Era*, Brill, 2018.

Dilenschneider, Anne, "An Invitation to Restorative Justice: The Canton Asylum for Insane Indians", *Northern Plains Ethics Journal*, 2013.

Ellinghaus, Katherine, *Blood Will Tell: Native Americans and Assimilation Policy*, University of Nebraska Press, 2017.

Gamwell, Lynn, & Nancy Tomes, *Madness in America: Cultural and Medical Perceptions of Mental Illness Before 1914*, Cornell University Press, 1995.

Ganser, Alexandra, *Roads of Her Own: Gendered Space and Mobility in American Women's Road Narratives, 1970-2000*, Rodopi, 2009.

Goffman, Erving, *Asylums*, Vintage Books, 1961.

Grillot, Thomas, "Indian Nations, Indian Tribes: Notes on the Colonial Career of Twin Concepts", *Revue Française d'Études Américaines*, vol. 144, no. 3, 2015.

Hoelscher, Steven D., *Picturing Indians: Photographic Encounters and Tourist Fantasies in H. H. Bennett's Wisconsin Dells*, University of Wisconsin Press, 2008.

Joinson, Carla, *Vanished in Hiawatha: The Story of the Canton Asylum for Insane Indians*, Bison Books, 2016.

Leahy, Todd, "The Canton Asylum: Indians, Psychiatrists, and Government Policy, 1899-1934", Ph.D. dissertation, Oklahoma State University, 2004.

Marano, Louis, "Windigo Psychosis: The Anatomy of an Emic-Etic Confusion", Ph.D. dissertation, University of Florida, 1981.

Minas, Harry, & Milton Lewis (Eds.), *Mental Health in Asia and the Pacific: Historical and Cultural Perspectives*, Springer, 2017.

Moon, Heehyul, Yeon-Shim Lee, Soonhee Roh, & Catherine E. Burnette, "Factors Associated with American Indian Mental Health Service Use in Comparison with White Older Adults", *Journal of Racial and Ethnic Health Disparities*, vol. 5, no. 4, 2018.

Mountz, Alison, Kate Coddington, R. Tina Catarina, & Jenna M. Loyd, "Conceptualizing Detention: Mobility, Containment, Bordering, and Exclusion", *Progress in Human Geography*, vol. 37, no. 4, 2012.

Nagel, Joane, *American Indian Ethnic Renewal: Red Power and the Resurgence of Identity and Culture*, Oxford University Press, 1996.

______, *Race, Ethnicity, and Sexuality: Intimate Intersections, Forbidden Frontiers*, Oxford University Press, 2003.

Naylor, Celia E., *African Cherokees in Indian Territory: From Chattel to Citizens*, The University of North Carolina Press, 2008.

Ødegaard, Ørnulv, "Emigration and Insanity", *Acta Psychiatrica Scandinavica Supplement*, vol. 4, 1932.

Putney, Diane T., "The Canton Asylum for Insane Indians, 1902-1934", *South Dakota History*, vol. 14, 1984.

Riney, Scott, "Power and Powerlessness: The People of the Canton Asylum for Insane Indians", *South Dakota History*, vol. 27, no. 1/2, 1997.

Seuffert, Nan, "Civilization, Settlers and Wanderers: Law, Politics and Mobility in Nineteenth Century New Zealand and Australia", *Law, Text, Culture*, vol. 15, 2011.

Soule, Bradley, & Jennifer Soule, "Death at the Hiawatha Asylum for Insane Indians", *South Dakota Journal of Medicine*, vol. 56, no. 1, 2003.

Spaulding, John M., "The Canton Asylum for Insane Indians: An Example of Institutional Neglect", *Hospital and Community Psychiatry*, vol. 37, no. 10, 1986.

Stratton, Ray, "The Cherokee National Indian Asylum", *Bulletin of the Menninger Clinic*, vol. 47, no. 3, 1983.

Sweet, Kelli, "Controversial Care: The Canton Indian Insane Asylum: 1902–1934", MA thesis, University of Nebraska at Omaha, 2000.

Treadway, Walter Lewis, *Mental Hygiene with Special Reference to the Migration of People*, Government Printing Office, 1925.

Turner, Jennifer, & Kimberley Peters (Eds.), *Carceral Mobilities: Interrogating Movement in Incarceration*, Routledge, 2017.

Waldram, James B., *Revenge of the Windigo: The Construction of the Mind and Mental Health of North American Aboriginal Peoples*, University of Toronto Press, 2004.

· 인터넷 자료

"40d. Life on the Reservations", U.S. History: Pre-Columbian to the New Millennium, https://www.ushistory.org/us/40d.asp

"Union Agency", Oklahoma Historical Society, https://www.okhistory.org/publications/enc/entry.php?entry=UN003&l=

Yellow Bird, Pemina, "Wild Indians: Native Perspectives on the Hiawatha Asylum for Insane Indians", http://www.power2u.org/downloads/NativePerspectivesPeminaYellowBird.pdf

6장 일본 전매 공장 노동자와 보건위생

· 사료

「造幣醫及專賣醫官等級俸給令中ヲ改正ス·(造幣薬剤師設置)」,『公文類聚·第五十九編·昭和十年·第十九巻·官職十七·官制十七(官等俸給及給与~~分限)·雑載』, 国立公文書館所蔵.

「造幣醫及專賣醫官等等級俸給令ヲ定ム」,『公文類聚·第五十一編·昭和二年·第十三巻·官職九·官制九(会計検査院)~旅費』, 国立公文書館所蔵.

· 연구서·단행본

金澤地方專賣局專賣醫前田功,『金澤地方專賣局職工ノ罹病状態ニ就イテ』, 專賣局製造部管理課, 1934.

後藤劢,「喫煙(禁煙)の醫療経濟に及ぼす影響」,『日本気管食道科學会会報』68巻5號, 2017, 352–357.

三浦宏子,「人間にとってたばことは何か: 近現代の日本の喫煙と禁煙の歴史を事例に」,『歴史遺産研究』12, 東北芸術工科大學芸術學部歴史遺産學科, 2018, 31–48.

三和良一·鈴木俊夫,『日本たばこ産業: 百年のあゆみ』, 日本経営史研究所, 2009.

川上武,『現代日本醫療史』, 勁草書房, 1962.

前田信雄,「やさしい保健の経濟學-13-喫煙の損害予防の経濟分析 — コストベネフィット分析」,『健康保険』33–5, 1979. 5., 98–107.

大蔵省專賣局,『煙草製造創業三十年誌』, 1935.

______,『煙草專賣史』全3巻, 1915.

______,『專賣局年報』, 各年度版.

______,『專賣史』, 1937.

______,『專賣局共濟組合事業成績』, 各年度版.

日本専売公社,『たばこ專賣五十年小史』, 日本専売公社総務部総務課, 1953.

日本專賣公社東京病院『日本專賣公社東京病院記念誌』1978.

日本専賣公社專賣史編集室編,『たばこ専賣史』, 日本専賣公社, 1963–1990.
林采成,「戦前日本逓信業における労働衛生システムの成立と変容」,『立教経済學研究』72巻4號, 2019, 135–160.
林采成,『鐵道員と身体: 帝国の労働衛生』, 京都大學學術出版会, 2019.
篭山京編集·解説,『女工と結核』, 光生館, 1970.
專賣協会,「震災記事」,『專賣協会誌』(臨時増刊)136号, 1923. 12., 21–54.
專賣醫富久田又三郎,『工場衛生瑣談』, 專賣局製造部管理課, 1931.

Chaisung Lim, "Health and Diseases of Laborers in Colonial Korea: Focusing on the Cases of the Bureau of Posts and Telecommunications, the Japanese Government General of Korea," *The Review of Korean Studies*, vol. 19, no. 1, 2016. 6.

7장 중국 공산당 근거지 시기의 위생 정치: 선전과 실천

· 사료

中国人民解放军历史资料丛书编审委员会,『后勤工作·回忆史料』第1冊, 解放军出版社, 1994.
中国医院管理杂志社,『革命卫生工作回忆录』, 人民卫生出版社, 1986.
中文出版物服务中心,『卫生工作重要文献汇编』, 구체적 출판 정보는 불상.
任文 主编,『延安时期的日常生活』, 陕西师范大学出版社, 2014.
北京军区后勤部党史资料征集办公室 编,『晋察冀军区抗战时期后勤工作史料选编』, 军事学院出版社, 1985.
华北军区后勤卫生部 编,『华北军区卫生建设史料汇编』, 华北军区后勤卫生部, 1949.
弗拉基米洛夫, 吕文镜等 译,『延安日记』, 东方出版社, 2003.
张炯 主编,『丁玲全集』第4冊, 河北人民出版社, 2001.
恩显 等 编,『新中国预防医学历史资料选编』第1卷, 人民军医出版社, 1986.
新湖大革命造反临时委员会宣传部,『战无不胜的毛泽东思想万岁』第1·2·3冊, 武汉, 1967.

本书编委会 编,『白衣战士的光辉篇章』, 陕西人民出版社, 1995.
毛泽东,『毛泽东选集』, 东北书店, 1948.
萧军,『延安日记』上·下卷, 牛津大学出版社, 2013.
谢觉哉,『谢觉哉日记』上·下冊, 人民出版社, 1984.
赵超构,『延安一月』(初版), 南京《新民报》股份有限公司, 1944.
陕甘寧边区政府办公厅 编,『医药卫生的模范』, 1944.
齐世杰,『延安内幕』, 华严出版社, 1943.

「<在医院中时>, <麻雀>及其它」,『解放日报』, 1941. 12. 5.
「人命关天」,『解放日报』, 1942. 3. 4.
「从速开展边区卫生工作」,『新中华报』, 1940. 7. 12.
「傅连暲同志批评目前卫生工作中的缺点」,『解放日报』, 1944. 5. 24.
「加强卫生医疗工作」,『解放日报』, 1941. 10. 25.
「医务界的创作一及延安市卫生展览会」,『解放日报』, 1944. 7. 23.
「卫生突击」,『新中华报』(延安), 1937. 3. 9.
「卫生问题」,『太岳日报』(山西沁源县), 1940. 8. 3.
「安塞卫生试验区调查结果」,『解放日报』, 1941. 6. 15.
「延城的卫生运动周」,『新中华报』, 1937. 3. 23.
「把卫生运动广泛的开展起来」,『新中华报』, 1939. 4. 7.
「本市伤寒痢疾流行」,『解放日报』, 1941. 10. 17.
「本市定六月十二日举行卫生动员大会」,『解放日报』, 1944. 5. 24.
「死的倒比生的多一安塞卫生试验区调查」,『解放日报』, 1942. 3. 4.
「瘟疫为什么在农村流行」,『太岳日报』, 1940. 8. 3.
「群众卫生工作的一些初步材料」,『解放日报』(延安), 1944. 4. 30.
「边区半年来卫生工作展开」,『解放日报』, 1941. 10. 4.
「边区卫生处防疫队返延安总结工作」,『解放日报』, 1941. 8. 17.
「边区政府委员会会议讨论卫生工作」,『解放日报』 1941. 5. 30.
「防疫工作的报告」,『解放日报』, 1944. 5. 18.
「鼠疫在河曲」,『解放日报』, 1942. 7. 30.

· 연구서 · 단행본

两院院史研讨会筹备组 编,『延安中央医院第一后方医院纪事』, 两院院史研讨会筹备组, 1992.

任偉,「红军将士的死伤與救治」,『苏区研究』第1期, 2018.

何正清 主编,『刘邓大军卫生史料选编』, 成都科技大学出版社, 1991.

刘亚娟,「"张顺有事件": 一个典型的"树典型"个案」,『中研院近代史研究所集刊』第84期, 2014.

宫正,『新中國中醫方針政策的歷史考察』, 中共中央黨校 博士學位論文, 2011.

张汝光 等,『中国工农红军卫生工作史简编』, 军事医学科学院 编, 출판년도 미상.

朱鸿召,「中西医在延安开始结合」,『延安曾经是天堂』, 陕西人民出版社, 2012.

黄金麟,『历史, 身体, 国家: 近代中国的身体形成』, 联经出版公司, 2001.

______,『政体与身体: 苏维埃的革命与身体, 1928-1937』, 联经出版公司, 2005.

Taylor, Kim, *Chinese Medicine in Early Communist China, 1945-63: A Medicine of Revolution*, Routledge, 2005.

Watt, John R., *Savings Lives in Wartime China: How Medical Reformers Built Modern Healthcare Systems Amid War and Epidemics, 1928-1945*, Brill Academic, 2014.

8장 한국 의료보장의 초기 형성: 낮은 수준의 보편적 평등의 기원

국민연금10년사편찬위원회,『국민연금 10년사』, 국민연금관리공단, 1998.

국민연금사편찬위원회,『실록 국민의 연금』, 국민연금공단, 2015.

김상균·이태진·강신욱·강혜규·구인회·김태완·문진영·박능후·신영석·여유진·이상은·홍경준,『국민기초생활보장제도 10년사』, 보건복지부·한국보건사회연구원, 2010.

김순양, 「권위주의적 발전국가의 사회정책 형성과정분석: 제2차 의료보험법 개정과정을 중심으로」, 『한국행정논집』 21-1, 2009.
김연명, 「한국 의료보험제도의 발달 및 행태규정요인에 관한 연구」, 보건과사회연구회 엮음, 『한국의료보장연구』, 청년세대, 1989.
김영범, 「사회보험의 기원과 제도적 특성: 의료보험과 국민연금을 중심으로」, 『경제와 사회』 55, 2002.
남찬섭, 「1970년대의 사회복지」, 『복지동향』 88, 2006.
박근갑, 『복지 국가 만들기: 독일 사회민주주의의 기원』, 문학과지성사, 2009.
박정호, 「국민복지연금법의 실시 연기에 관한 연구」, 『사회과학연구』 13, 가톨릭대학교출판문화원, 1997.
박태진, 「북한 보건의료의 이해를 위하여」, 보건과사회연구회 엮음, 『한국의료보장연구』, 청년세대, 1989.
사회보장심의위원회, 『사회보장: 이론정립을 위한 기초』, 보건사회부, 1982.
손준규, 『사회보장·사회개발론』, 집문당, 1983.
신영수, 「의료보험 도입 30년의 성과와 한계, 그리고 과제」, 『대한의사협회지』 50-7, 2001.
양재모, 『사회보장제도 창시에 관한 건의』, 보건사회부, 1961.
양재진, 「유신체제하 복지연금제도의 형성과 시행유보에 관한 재고찰」, 『한국거버넌스학회보』 14-1, 2007.
양재진·김영순·조영재·권순미·우명숙·정홍모, 『한국의 복지정책 결정 과정: 역사와 자료』, 나남, 2008.
우명숙, 「한국 초기 사회복지정책의 재해석: 제도주의적 시각의 분석적 유용성을 제안하며」, 『경제와사회』 67, 2005.
유승흠·김소윤·박은철, 『의료보장론』, 신광, 2010.
의료보험연합회, 『의료보험의 발자취: 1996년까지』, 의료보험연합회, 1997.
이경기, 「국민의료보험법의 형성과정에 관한 연구」, 『사회정책연구』 13, 1991.
이두호, 『국민의료보장론』, 나남, 1992.
이진석, 「보건의료정책의 역사적 변화와 전망」, 김병섭·강인철·김수현·김연명·김인숙·문진영·백종만·성경륭·양재진·이진석·이혜경·임채원·정광호·조흥식, 『우리 복지국가의 역사적 변화와 전망』, 서울대학교출판문화원, 2015.
이철수, 『북한의 사회복지: 반복지의 북한』, 청목출판사, 2003.
이혜경, 「한국의 소득보장제도: 압축성장의 한계와 탈도구화의 과제」, 『연세사회복지』 1, 1993.
이흥재, 「사회보장법 형성의 풍토적 특성: '전문집단 헌신'의 주도 속의 '국민저항과 집권층 대응'의 산물」, 『법학』 52-3, 2011.
전광석, 「1963년 사회보장 3법에 관한 연구」, 『저스티스』 164, 2018.
______, 『국제사회보장법론』, 법문사, 2002.
______, 『한국사회보장법론』, 집현재, 2019.
______, 『한국사회보장법의 역사』, 집현재, 2019.
최정원, 「한국의 복지정책 결정과정 비교: 1976년과 1989년 의료보험법 개정과정을 중심으로」, 『동서연구』 16-1, 2004.
최천송, 『한국사회보장연구사』, 한국사회보장문제연구소, 1991.
한몽헌, 「사회보장의 국제적 동향」, 『국회보』 24, 1959.
황병주, 「1970년대 의료보험정책의 변화와 복지담론」, 『의사학』 20-2, 2011.

Lubove, Roy, *The Struggle for Social Security 1900-1935*, Pittsburgh University Press, 1986.

9장 영국 국민보건서비스(NHS)의 운영: 이주민 노동력의 활용

· 사료

Report of the Royal Commission on the National Health Service [Cmnd 7615], 1979.
British Medical Journal
Lancet

· 연구서 · 단행본

권석하, 『영국인 재발견』, 안나푸르나, 2013.

황혜진, 「영국 현대 정신의학의 다국적 기원: 모즐리 병원 사례를 중심으로」, 『영국연구』 43호, 2020.

Ballard, Karen D., Susan I. Robinson, & Priscilla B. Laurence, "Why do General Practitioners from France Choose to Work in London Practices? A Qualitative Study", *British Journal of General Practice*, vol. 54, 2004.

Barton, Alan, & Graham Mulley, "History of the Development of Geriatric Medicine in the UK", *Postgraduate Medical Journal*, vol. 79, 2003.

Berridge, Virginia, "History Matters? History's Role in Health Policy Making", *Medical History*, vol. 52, no. 3, 2008.

Bornat, Joanna, Parvati Raghuram, & Leroi Henry, "'Without Racism There Would Be No Geriatrics': South Asian Overseas-Trained Doctors and the Development of Geriatric Medicine in the United Kingdom 1950-2000" Laurence Monnais & David Wright (eds.), *Doctors Beyond Borders: Transnational Migration of Physicians in the Twentieth Century*, University of Toronto Press, 2016.

Burki, Talha, "From Health Service to National Identity: the NHS at 70", *The Lancet*, vol. 392, 2018.

Butler J. R., & Rose Knight, "The Choice of Practice Location", *The Journal of the Royal College of General Practitioners*, vol. 25, 1975.

Doyal, Lesley, Geoff Hunt, & Jenny Mellor, "Your Life in Their Hands: Migrant Workers in the National Health Service", *Critical Social Policy*, vol. 1, no. 2, 1981.

Esmail, Aneez, "Asian Doctors in the NHS: Service and Betrayal", *British Journal of General Practice*, vol. 57, 2007.

Evans, John Grimley, "Geriatric Medicine: A Brief History", *British Medical Journal*, vol. 315, 1997.

Foot, Michael, *Aneurin Bevan: A Biography*, Faber & Faber, 2011.

Gaind, Raghunandan, "Indian Doctors in the UK: A Historical Viewpoint", *International Journal of Culture and Mental Health*, vol. 10, no. 3, 2017.

George, Jyothis T., Kavitha S. Rozario, Jeffrin Anthony, Edward B. Jude, & Gerard A. McKay, "Non-European Union Doctors in the National Health Service: Why, When and How Do They Come to the United Kingdom of Great Britain and Northern Ireland?" *Human Resources for Health*, vol. 5, no. 1, 2007.

Goldacre, Michael J., Jean M. Davidson, & Trevor W. Lambert, "Country of Training and Ethnic Origin of UK Doctors: Database and Survey Studies", *British Medical Journal*, vol. 329, 2004.

Gorsky, Martin, "The British National Health Service 1948–2008: A Review of the Historiography", *Social History of Medicine*, vol. 21, no. 3, 2008.

Harrington, John, "Visions of Utopia: Markets, Medicine and the National Health Service" *Legal Studies*, vol. 29, no. 3, 2009.

Kopetsch, Thomas, "The Migration of Doctors to and from Germany", *Journal of Public Health*, vol. 17, no. 1, 2009.

Lawson, Nigel, *The View from No. 11: Memoirs of a Tory Radical*, Bantam, 1992.

Mackintosh, Maureen, Parvati Raghuram, & Leroi Henry, "A Perverse Subsidy: African Trained Nurses and Doctors in the NHS", *Soundings*, vol. 34, 2006.

McKee, Martin, "Brexit: the NHS is far safer inside the European Union", *British Medical Journal*, vol. 353, 2016.

Monnais, Laurence, & David Wright (eds.). *Doctors Beyond Borders: The Transnational Migration of Physicians in the Twentieth Century*, University of Toronto Press, 2016.

Mulley, Graham, "A History of Geriatrics and Gerontology", *European Geriatric Medicine*, vol. 3, no. 4, 2012.

O'Brien, Terri, & Stephen Ackroyd, "Understanding the Recruitment and Retention of Overseas Nurses: Realist Case Study Research in National

Health Service Hospitals in the UK", *Nursing Inquiry*, vol. 19, no. 1, 2012.

Portillo, Michael, "The Bevan Legacy", *British Medical Journal*, vol. 317, 1998.

Powell, Martin, "Aneurin Bevan's Long Shadow Over 70 Years of the British National Health Service", *Health Services Management Research*, vol. 31, no. 2, 2018.

Rintala, Marvin, *Creating the National Health Service: Aneurin Bevan and the Medical Lords*, Psychology, 2003.

Ritch, Alistair, "History of Geriatric Medicine: From Hippocrates to Marjory Warren", *The Journal of the Royal College of Physicians of Edinburgh*, vol. 42, no. 4, 2012.

Simpson, Julian M., Aneez Esmail, Virinder S. Kalra, & Stephanie J. Snow, "Writing Migrants Back into NHS History: Addressing a 'Collective Amnesia' and its Policy Implications", *Journal of the Royal Society of Medicine*, vol. 103, no. 10, 2010.

Simpson, Julian M., Stephanie J. Snow, & Aneez Esmail. "Providing 'Special' Types of Labour and Exerting Agency: How Migrant Doctors Have Shaped the UK's National Health Service" Laurence Monnais & David Wright (eds.), *Doctors Beyond Borders: The Transnational Migration of Physicians in the Twentieth Century*, University of Toronto Press, 2016.

Smith, David J., "Overseas Doctors in the National Health Service", *Policy Studies*, vol. 3, no. 1, 1982.

Snow, Stephanie, & Emma Jones, "Immigration and the National Health Service: Putting History to the Forefront", *History and Policy*, vol. 8, 2011.

Stewart, John, "Ideology and Process in the Creation of the British National Health Service", *Journal of Policy History*, vol. 14, no. 2, 2002.

Taylor, Donald H. Jr., & Aneez Esmail, "Retrospective Analysis of Census Data on General Practitioners Who Qualified in South Asia: Who Will Replace Them as They Retire?" *British Medical Journal*, vol. 318, 1999.

Thomas-Symonds, Nicklaus, *Nye: The Political Life of Aneurin Bevan*, Bloomsbury, 2014.

Williams, David Innes, "Overseas Doctors and the Staffing Structure of Hospitals" *British Medical Journal*, vol. 291, 1985.

· 인터넷 자료

"Top 10 British Companies." Last modified on September 20, 2017. Accessed on April 30, 2021. https://www.economicshelp.org/ finance/top-10-companies/2020.

"NHS is Fifth Biggest Employer in the World." *The Telegraph*. Last modified on March 20, 2012, Accessed on April 30, 2021. http://www.telegraph.co.uk/news/uknews/9155130/NHS-is-fifth-biggest-employer-in-world.html

찾아보기

ㅅ

ㅇ

ㅈ

ㅊ

ㅋ

ㅌ

ㅍ

ㅎ

〈이화의료사총서 2〉

국가 질병 관리의 역사

질병 통제에서 보건 의료까지

펴낸날 1판 1쇄 2022년 4월 15일
지은이 이방원·김대기·김성수·신명주·신지혜·임채성·장중민·전광석·황혜진
펴낸이 정은경
펴낸곳 이화여자대학교출판문화원
주소 서울특별시 서대문구 이화여대길 52(우 03760)
등록 1954년 7월 6일 제9-61호
전화 02) 3277-2965(편집), 02) 362-6076(마케팅)
팩스 02) 312-4312
전자우편 press@ewha.ac.kr
홈페이지 www.ewhapress.com
책임편집 이지예
디자인 신성기획
찍은곳 (주)한영문화사

ISBN 979-11-5890-415-9 94900(SET)
979-11-5890-459-3 94900

값 28,000원

표지 그림 설명

영국 NHS 소속 간호사들의 1958년 해부학 강의 모습 사진(관련 장: 9장)

중국 부상병들을 치료하고 있는 헨리 노먼 베쑨의 모습 그림(관련 장: 7장)

미국 캔톤 인디언 정신병원의 전경 사진(관련 장: 5장)

로마시대 이탈리아 폼페이에서 발견된 프레스코 벽화 사진(관련 장: 4장)

한국 일제 시기의 주사 치료 모습 사진(관련 장: 3장)

중국 송대 안제원의 모습을 그린 그림(관련 장: 2장)